高等学校特色专业建设点教材 【中国现当代文学书系】

◎丛书主编：陈少华　张玉金

20世纪90年代以来
中国散文现象

20 SHIJI 90 NIANDAI YILAI
ZHONGGUO SANWEN XIANXIANG

主　编/陈剑晖

副主编/司马晓文　黄雪敏

广东高等教育出版社
Guangdong Higher Education Press
广州

图书在版编目（CIP）数据

20世纪90年代以来中国散文现象/陈剑晖主编. —广州：广东高等教育出版社，2013.7
（高等学校专业建设点教材·中国现当代文学书系）
ISBN 978-7-5361-4894-9

Ⅰ. ①2… Ⅱ. ①陈… Ⅲ. ①散文-文学研究-中国-当代 Ⅳ. ①I207.67

中国版本图书馆CIP数据核字（2013）第083547号

出版发行	广东高等教育出版社 社址：广州市天河区林和西横路 邮编：510500　　营销电话：（020）87554153 http://www.gdgjs.com.cn
印　　刷	广州市穗彩彩印厂
开　　本	890毫米×1 240毫米　1/32
印　　张	10.75
字　　数	310千字
版　　次	2013年7月第1版
印　　次	2013年7月第1次印刷
定　　价	26.00元

总 序

陈少华 张玉金

华南师范大学中国语言文学（师范）专业历史悠久，是建校时即创办的专业之一，它的前身是广东文理学院中文专业。本专业重视教学、科研、学科建设和师资队伍建设。自创办以来，中文专业教师取得了丰硕的科研成果，获得了一系列的重要奖项。目前，中文专业拥有中国语言文学一级学科硕士学位授予权，中国语言文学一级学科博士后流动站，有中国古代文学、中国现当代文学、汉语言文字学三个二级学科博士学位授权点。中文专业涌现了许多成就突出、在国内外有影响的专家，如廖苾光教授、吴三立教授、李镜池教授、廖子东教授、李育中教授、钟旭元教授、管林教授、曹础基教授、唐启运教授、诸孝正教授、沈开木教授等。现有专任教师 86 人，其中教授 24 人（含博士生导师 11 人），副教授 31 人，有博士学位的教师 37 人。本专业教学成就突出，2004 年被批准为广东省名牌专业，2007 年获批为国家特色专业建设点。

如何建设国家特色专业？教育部专门为此发出了《关于加强“质量工程”本科特色专业建设的指导性意见》（教高司函〔2008〕208 号）。我们认为，其核心是强化优势、突出特色，而特色是在比较中得来的。就华南师范大学中国语言文学专业而言，与综合性大学以及其他专科大学相比，其特色显然是在“师范性”上；与其他教学型本科师范院校相比，其特色是“研究性”、“示范性”；与同类同层次师范大学相比，其特色应是“国际性”，即发挥毗邻香港和澳门特区的优势，加强与我国的港澳台地区及其他国家的交流合作，以拓宽本科生的国际视野，增强他们的国际竞争力。

建设国家特色专业的目的是培养优秀人才，培养优秀人才的主渠道是课程和课堂，而课堂授课需要好的教材。正因如此，我们把编写教材作为教学改革的突破口。

我们编写的教材系列具有以下鲜明的特色：

第一，定位上具有明确性。华南师范大学属于教学研究型大学，是国家“211 工程”重点建设的大学，中国语言文学专业是师范专业，培养的学生 90% 到学校就业。因此，我们所编写的教材，必须适应学校的办学定位和中文专业的师范特点，必须考虑绝大部分学生到中学就业的去向。

第二，书目上具有系统性。本教材系列是一个系统，系统内又包含一些子系统，即一些书系。如古代汉语书系、现代汉语书系、古代文学书系、现代文学书系、当代文学书系、外国文学书系等。我们希望经过长期的建设，形成比较完善的具有鲜明特色的中国语言文学（师范）专业教材系统。由于是一个完整的体系，所以要照顾到彼此的衔接，相互之间要有明确的分工，避免不必要的重复。

第三，内容上具有新颖性。学术研究不断进步，本教材系列要全面吸收学术界最新的定论性成果，特别注意使教师的科研成果转化为教学内容，解决现有教材内容陈旧、落后于学术研究的问题。不但讲授知识，更注重传授科学研究的方法。要深入研究基础教育界对人才知识、能力、素质结构的要求，积极开发反映这些要求的新课程。

第四，教法上具有先进性。要突破以知识传授为中心的传统教学模式，避免“满堂灌式”的教学方法，而探索以能力培养为主的教学模式。要善于使用现代信息工具，采用探究式、研究性教学方法，推进启发式教学。

这次推出的是本教材系列的第一辑，具体书目如下：张桂光的《古汉字学简论》、《简明书法教程》，沈建民的《汉语音韵学概论》，吴辛丑的《训诂学》，钟明立的《古代汉语词汇简论》，张玉金的《古代汉语语法学》，谭赤子的《古代汉语和广东的方言》，戴伟华的《唐诗宋词研究》，马茂军的《唐宋散文研究》，谢洁瑕的《诗词格律》，陈剑晖的《20世纪90年代以来中国散文现象》，姚玳玫的《中国现代小说导读》，侯桂新的《中国现代抒情文学经典导读》，陈少华、王世诚的《当代中篇小说选读》，凌逾的《台港澳作品选读》。

这是一支高水平的作者队伍，有教授9人（其中博士生导师4人）、副教授4人。上述教材，大都是作者在多年的教学实践基础上编写而成的，既吸收了学术界近些年来的研究成果，又含有作者自己长期的研究心得。

我们有个长期的宏伟规划。目前出的是第一辑，以后要出第二辑、第三辑，直至建立起比较完善的中国语言文学（师范）专业的教材体系。此后，我们还要根据中国语言文学学科的发展以及基础教育行业的需求，不断地加以修订、完善。在编写教材的基础上，我们还要编写相关的教学参考资料，开发相应的教学课件，要推进这种三位一体的立体化教材建设。与之相关的，还要进行网络课程建设、国家特色专业建设点网站建设等。

为了实现这一远大的目标，我们要本着认真负责的精神，一步一个脚印，踏踏实实地去做，这样我们的目的就一定能够达到。

2010年元月

目录

绪论　沉稳平静中的奋起与繁华

一、对60年散文创作的总体评价

20世纪50年代以来，与小说、诗歌的大红大紫、亢奋热闹相比，当代的散文创作在大部分时间里都是沉稳平静，甚至可以说是默默无闻，十分冷落萧条的。即使被誉为“散文时代”的90年代以来的散文创作，同样尚未达到20世纪80年代鼎盛时期小说创作的“轰动效应”。当然，当代散文创作的影响力不及小说、诗歌或者说整体的思想艺术成就不及五四时期的散文，并不意味着当代散文创作没有成就，没有“热点”和“亮点”。事实上，当代散文创作的可贵之处，就在于它在默默无闻中积蓄力量，在沉稳平静中奋起前进，并在20世纪90年代之后到21世纪之初达到其创作的高点，形成乱花迷眼，繁花似锦的局面。这是散文创作与其他文体创作的区别之处，也是我们必须正视的一个文学事实。

在描述当代散文创作60年的历程时，我们首先必须看到，当代散文创作是在一种“断裂”的文学史背景下起步的。“断裂”作为一种历史存在的事实，作为一种文学史现象和文学史叙述，它不仅存在于散文，也存在于中国现当代的小说、诗歌和戏剧创作中。但相较而言，散文创作中的“断裂”现象尤甚。就20世纪五六十年代的散文创作来说，“断裂”首先是与五四的散文传统、散文精神“断裂”；其次是与散文的审美性，与自由自在的表达“断裂”；再次是与个人体验，与个性和自我“断裂”；最后是与散文的多元化和多样化的“断裂”。而“断裂”的结果，是散文的人文精神丧失殆尽，散文的群体意识得以强化，与此同时散文的自我性和审美性则日益削弱。总而言之，在20世纪五六十年代，散文由抒写自我的人生经验，由多样化地表现生活变为单一地记叙战斗故事，歌颂新的生活或英雄和劳动模范的事迹；散文的品种则由过去的写景抒情、自由聊天和独语变为单一的报告文学或通讯特写。例如，20世纪50年代初期传诵一时的《谁是最可爱的人》，以及《英雄城——平壤》、《万古青春》、《生活在英雄们中间》等作品就是通讯特写式散文的代表作。难怪有人这样说："新中国初建的头几年中，不论是从体制或风格的基本倾向看，中国当代的散文，实为20世纪40年代'延安散文'的延续。"① 遗憾的是，当时这种普遍存在于散文创作界的价值观念、审美意向和情感心理状态，或者说"断裂"的散文创作姿态，并没有被散文创作者和散文研究者意识到，这就不可避免地导致了五六十年代之间通讯特写式散文的盛行以及后来衍化为诗化散文的创作倾向。

回顾20世纪50年代末60年代初出现于中国散文界的诗化散文现象及其在艺术上所取得的成就，采取非历史主义的虚无态度，随意否定、随意抹杀是不可取的做法。诚然，这一时期的散文创作带有明显的"政治+诗意"的意识形态烙印，同时由于过分强调宣传的功用，从而使作品的内容普遍地过于虚假，作家不敢敞开心扉讲真话，而在抒情方面又体现出自我封闭、人格萎缩的特征，在艺术结构上则表现出模式化、雷同化的弊端。即使如此，我们也不应一概否定五六十年代的诗化散文。因为这一时期的散文在意境的营造、意象构成的比兴化，以及语言锤炼上的优雅精致等方面，都有值得后来的散文学习、借鉴之处。吴周文教授认为，新中国成立后的17年尤其是20世纪60年代前后出现的诗化散文是取得了一定的艺术成就，对当代散文的发展史做出了贡献的。"我们不能因为这时期的散文受到'左'的思想的影响，不能因为它们欠缺真实性而否认其在艺术上的成就，这样的判断并不是历史主义的态度。"②也就是说，一方面要看到散文在特定的历史时期臣服于政治、自我矮化的困境；另一方面又要看到这一时期的散文在皈依传统，追求散文的审美性上所做出的努力，并在文学史的背景上给予准确的评价和确认。

正是抱着这样的理解和立场，我们不赞同一些散文研究者将20

① 佘树森．当代散文之艺术嬗变．北京大学学报，1989（5）.

② 吴周文．20世纪散文观念与名家论．呼和浩特：远方出版社，2001：44－46.

世纪80年代的散文说得一无是处，更不赞同所谓的“末路论”和“消亡论”。[1] 在这些“消亡论”、“末路论”者看来，整个80年代的散文简直是一派冷落肃杀的景象，其间除了几位老作家之外，偌大的散文界简直空无一物。然而事实并非如此。早在20年前，在《论新时期散文的艺术发展——兼与“散文消亡论者”商榷》（《新东方》1990年创刊号）一文中，就对此做出了回答。80年代的散文，在告别了“挽悼”散文之后，在作家的队伍、题材的开拓、主题的挖掘和艺术表现手法上都有所拓展。这一时期，巴金、秦牧、孙犁、杨绛、陈白尘等一批老作家焕发了青春，写出了《随想录》、《干校六记》、《将饮茶》、《老荒集》、《晚华集》、《云梦断忆》等一批敢于抒真情、说真话的作品。除此之外，以贾平凹为代表的一批中青年散文家的崛起，壮大了当代散文的创作队伍。特别是贾平凹，在80年代，他先后出版了《月迹》、《爱的踪迹》、《人迹》、《商州初录》等一批散文集，不但数量多，且以其独特的“味道”和“语调”受到广大读者的欢迎。贾平凹的散文创作，代表了80年代的散文创作，甚至其质量和影响一度超过了他的小说创作。80年代的散文创作还有一个有趣的现象，即女性散文作家特别活跃。这时期较有名的女性散文家有王英琦、叶梦、苏叶、唐敏、周佩红、李佩芝、韩小惠、吕锦华、曹明华等，在短短几年间出现了这样一个女性散文作家群，而且其作品都有鲜明的个性，达到了较高的艺术水准，这在过去的散文史上并不多见，这也从一个侧面证明了散文“末路论”、“消亡论”的荒谬。当然，与轰轰烈烈的小说、诗歌、报告文学创作相比，80年代的散文创作从整体看的确是较为平淡的。这里有散文作家自身的散文观念、审美情趣、艺术修养等方面的问题，也有文艺体制、社会环境、时代氛围等方面的原因。这一切都预示着：在80年代，散文创作的春天尚未到来。

散文创作春天的到来，或者说，一个真正散文时代的到来，应是在进入20世纪90年代之后。这一时期，由于政治的相对宽松，散文

---

① 黄浩．当代中国散文：从中兴走向末路．文艺评论，1988（1）．

生态环境的改善，加之公共空间的拓展和出版界的推波助澜，以及小说家、诗人和学者的加盟，散文创作的队伍空前扩大，当代散文一改以往的边缘姿态，一跃成为最受读者欢迎的“时代的文体”。当然，也有人认为90年代以来的散文繁荣是一种“虚热”，是“繁华遮蔽下的贫困”，是“苍白”与“浮躁”的世纪末的大众狂欢，甚至断言当今的散文已进入了“侏罗纪末期”。然而，对90年代以来散文创作的有意贬低乃至冷嘲热讽，除了让读者看到一些批评家的“酷评”本性，以及固执的学科偏见外，这样的“酷评”并不能改变90年代以来散文创作的整体成就已远远超越了诗歌、戏剧和报告文学，甚至可以与小说创作并肩这一事实。因为每一个客观公正的批评家或研究者都应看到，这一时期的散文不仅是最受读者、出版家欢迎的文体，而且这一时期还出现了诸如史铁生、韩少功、王小波、张承志、贾平凹、余秋雨、王充闾、周涛、张炜、刘亮程等一大批优秀的散文家，这种盛况在以往是很少见到的。再说，这一时期的散文一方面数量极大；另一方面是精品迭出。例如，史铁生的《我与地坛》，贾平凹的《秦腔》，韩少功的《夜行者梦语》、《性而上的迷失》，张承志的《英雄荒芜路》，王小波的《椰子树与平等》，余秋雨的《这里真安静》，刘亮程的《寒风吹彻》，等等，都是思想性、艺术性俱佳，经得起时间检验，甚至有的可以是传世之作。特别值得指出的是，这时期还出现了不少新的散文品种，如文化大散文、学者散文、思想散文、新散文、在场主义散文、新媒体散文，乃至“小女人”散文、行走散文、打工散文等，这些散文品种可以说都是90年代以后的产物。至于散文观念的现代化，散文表达上的自由自在，散文艺术形式的多样化，散文表现手法的各种革新，也是这一时期散文的特点。这一切都彰显了这样一个事实：90年代以来的散文创作不但超越了新中国成立后的17年和20世纪80年代的散文创作，甚至可以这样认为，其总体成就已经十分接近五四时期的散文了。而更可贵的是，这一时期的散文创作不像小说和诗歌那样急功近利，不是“跑马占地”就是“各领风骚三五天”，而是根据自己的本性，按照自己的节奏和步伐，虽然平静缓慢，但是稳健扎实地向前迈进，而这正是散文繁荣的可喜标志之一。

由于篇幅所限，我们无法全面探讨60年散文创作的起落兴衰的原因，也无法对各个时期散文的思想内涵和艺术特征做全面的梳理分析，只是在对60年来散文创作进行整体把握的前提下，考察各个时期散文的总体创作倾向和感情基调，并在此基础上重点考察20世纪90年代以来散文创作的特征和变化。

二、变革中的散文新因素

20世纪90年代以来散文创作的开拓和创新是全方位、多方面的。例如，在散文品种上，出现了以余秋雨为代表的文化大散文和以张中行为代表的学者散文，这两类散文的题材选择、价值取向和艺术情趣都大异于以往的散文。此外，通俗闲适散文的崛起，也开拓了这一时期散文的题材领域。不过在这里，拟从散文创作的格局和精神，从人格主体、个性的复苏对创作主体心灵世界的开拓与生命的体验，以及艺术思维的多元化和文体的解放三个方面，来探讨变革中散文出现的新因素。

新因素之一：走向大气的散文格局和理性精神的增长。20世纪90年代的散文之所以超越了新中国成立后的17年和20世纪80年代的散文，一个明显标志，就是散文越来越走向大气。不容否认，90年代也有许多只停留于小山小水，书写个人的一点小小悲欢的“小景”散文；但同样不容否认，90年代也出现了不少大气的散文。这些散文的一个共同特点，一是篇幅长（有不少超过万字）；二是这些作者都倾向于思考各种大命题。例如，史铁生的《我与地坛》、《随笔十三》，思考的是生与死、命运与生存的问题；韩少功的《夜行者梦语》、《性而上的迷失》、《佛魔一念间》探讨的是“后现代”、性的形而下与形而上、宗教与人心等问题；张承志的散文篇幅虽然不长，但他对于时代、国家、民族、宗教，以及如何活得美，活得崇高和战胜污脏卑小的思考同样具备了大命题的内涵；而周涛的《游牧长城》、《巩乃斯的马》，则是在人的意志与严酷自然环境的对峙，在对历史的追问和思索中表现出大气魄。其他像郭保林写黄河、写秋天的篇什，像林非的一些散文，不仅写得大气，且透出学者的人文情怀。而更重要的是，这种大气不是外在的形式，而是内在的呈现。这种大气是一种理性精神的内化，一种博大的情怀，一种人格智慧的闪光。

需要指出的是，上述作品不但写得大气，有较高的文化品位，而且自始至终透出一种理性精神。这是十分可喜的新散文现象。因为如前所说，在以往的散文观念中，人们一直认为散文应写得优美精致，而且只适宜于抒情而不长于说理，加之中国人天生倾向于感悟而不善于理性思辨，这就使得自五四以来我国散文中的理性精神十分薄弱。尽管20世纪80年代中期，也有一些散文家力图对历史和生命进行思考，但因知识储备的不足或思想认识的局限，这些带有理性特征的散文总的来说还不尽如人意，更缺乏世界优秀散文中的理性力量。而现在，余秋雨等人的散文，却把这种理性精神的立足点上升到20世纪现代人文的哲学高度。如余秋雨的散文不是没有抒情的成分，也不是舍弃叙事与描写，不过构成他散文的重要内容却是他独到的文化眼光和理性议论。他从从容容、有条不紊地介绍他所经历的名山古迹，特别是书院、藏书阁一类的文化重镇，分析其历史背景、考证其文化源流、描述活跃于其中的人和事，还时不时结合个人对历史的感受和理解，穿插进一些富于情趣又体现了作家的人格色彩的议论。于是，透过那些独到的议论、深邃的剖析和自省，读者不仅感受到中国文化的韧性和苦难历程，中国文化人的悲剧性命运，不仅感觉到作家本人对中国文化的挚爱、不倦的求索和求索中的苦涩而又不乏悲怆的心境，同时也体验到一种理性的力量、理性的美。而这样的散文创作格局和理性精神，无疑是对以往散文的超越。

新因素之二：心灵世界的开拓与生命的体验。新中国成立后的17年的散文，由于受到政治气候的影响，总体来看过于强调“文以载道”，强调外在地歌颂与抒情。散文作者一般都不敢面向心灵世界，真实地袒露自我。20世纪80年代，虽然出现了巴金等的一批说真话的作品，但因这些散文在艺术上没有新的突破，终不免给人以浅白直露之感。而到了80年代末90年代初，这一切都发生了很大的变化。首先是叶梦的新潮散文，她以意识流的表现手法，辅之以隐喻、象征、暗示等艺术技巧，大胆地袒露了女性在初潮来临与做新娘时的期待、喜悦和恐惧的心理活动。如果说，叶梦的散文，在袒露心灵世界时还不够自然从容，过于晦涩费解的话，则程黛眉、斯妤的散文，显然自然成熟多了。程黛眉的《如期而归》，以十足诗意的笔调，灵动飘忽的情思，写一个女孩子在“深秋的落叶纷纷摇曳”的黄昏的心路历程。这篇散文没有按照时间逻辑顺序进行语言编排，而是让情绪的片断、生活细节随着“如期而归”的意识流动自行涌动，因而是无序的、不确定的，但却是心灵化的、个性的。程黛眉的许多散文，如《浪人的家园》等，都具有“内心独白”的特点，每一篇都是一次心灵的跋涉。斯妤是90年代以来颇受读者欢迎的一位女散文家，她的作品最引人注意之处，便是对于“心的形式”的探究，如在《心的形式》、《心灵速写》、《幻想三题》等作品里，斯妤从女性的角度，将外在社会现实与内在生命相融合，心理的时间与物理的时间相交织，于是，人生的短暂，青春的逝去，对往事的苦涩回忆，现实的苦难，宇宙的永恒，便超越了具体的人生经验，而升华为“心灵的模式”，以及对人类终极意义的追问。在90年代的散文中，能够从“心的形式”探究人的生存状态和生命意义，而且内容和形式结合得较完美的作家，应该说还不是很多，因此斯妤在这方面的努力才显得弥足珍贵。至于斯妤的后继者如胡晓梦、曹晓冬、王子君、于群等人，她们的心灵独白一方面表现了年青一代的理想和人生态度；另一方面证明了散文的“向内转”，已经成了一种时尚，一种趋势。

20世纪90年代的散文，在重视抒写心灵的同时，十分注意人生的感受和生命的体验。在这方面，史铁生的散文堪称典范。他的《我与地坛》借地坛的一角，思考死与生、命运与生存意义等永恒问题，史铁生显然没有张承志的激烈狂傲，他也不像张承志那样发誓要献身于一场“精神圣战”，但他们对于人性的体察，他们为人为文的高贵却是相通的。史铁生以对人世的洞察和至宥至慈的宽容，对苦难做出了一种完全迥异于世俗的解释。他发现了苦难也是财富，虚空即是实在，而生存不仅需要勇气，更需要选择，需要承担责任与义务。他从地坛，从古园的老树、荒草、鸟虫、墙基、青苔感受到生命的纯净与辉煌，万物的永恒与和谐，而这一切，均离不开他的轮椅，离不开他的静思和自语。

新因素之三：艺术思维的多元化和文体的解放。艺术思维的多元化，首先带来了叙述方式的变化。叙述，本来属于小说诗学的范畴，由于它带有虚拟性的因素，过去的散文家对此并不重视。可是近年来，一方面由于小说家的加盟；另一方面由于散文家对传统的单一而权威的"我"的叙述方式的不满，同时对散文的"想象和虚构"问题有了新的理解，这样叙述问题便越来越成为散文家的一种艺术的自觉。例如，在传统的散文中，一般采用第一人称"我"展开叙述，而且这个建立在"真实"基础上的"我"具有不容动摇的牢固地位，别的叙述方式皆因有悖于散文的"真实原则"，怕造成"阅读障碍"而遭到摒弃。而现在不少散文中的"我"竟消失了；或者在一篇散文中，在"我"之外又有其他叙述视角，例如，余秋雨的《这里真安静》、史铁生的《我与地坛》、钟鸣的《旁观者》、桑桑的《旗语》等作品，就有这样的叙述特点。再如，现在的散文在叙述中大胆吸收其他文类的特长，再辅之以象征、隐喻、通感、意象组合等表现手法，从而使叙述丰富而多变，如刘烨园、钟鸣、苇岸等的散文就常用此法，这种叙述方式在以往的散文中极少见到。凡此种种，都使我们有理由确信，进入20世纪90年代，散文的叙述已经由单一走向开放，由确定明朗变为模糊和非确定。

艺术思维多元化的另一方面是散文中大量出现了建立在艺术感觉上的意识流动。即是说，在20世纪90年代，作为一种现代创作方法的意识流表现手法的介入瓦解了传统散文按部就班的叙述和描写进程，使散文表现生活的空间骤然扩大了。例如，程黛眉的《如期而归》，斯妤的《心的形式》、《心灵速写》、《幻想三题》等作品没有简单地根据顺叙、倒叙、插叙进行组合，而是伴随着意识流动，让时空切换、场景重叠，现在、过去、未来交错。也许由于更倾向于内心，受理性的约束较少的缘故，女性散文家在意识流手法的运用上较男性作家更为普遍，也更为出色。例如，周佩红的《偶然进入的空间》、《一抹心痕》，斯妤的《心灵速写》，马莉的《黑色虫子及其事件》，蝌蚪的《家·夜·太阳》，黑孩的《醉寨》等作品，都是以情绪的奔涌加以随意拼贴连接；或者，捕捉偶然浮现的情绪、感觉，乃至幻觉、潜意识，将散文写得虚幻又真切，呈现一种灵动朦胧且不确定的诗的意蕴。当然，这方面走得最远的是一批更为年轻，被有的批评家称为“新生代”的作者，如胡晓梦、于君、曹晓冬、黄一莺等，她们的散文不仅在思想内容方面向传统发起了大胆和直率的挑战；在艺术方面，则是淡化叙述的现实，增加虚构和想象的成分，让一个个的意象，一系列的动作、感觉、潜意识纷至沓来，它们像一连串大幅度游移跳跃的音符，构成了散文的外在状态和内在的律动。

艺术思维多元化还表现在散文结构的开放性。20 世纪 90 年代以来的散文已经彻底告别了传统的“三段式”结构套路，而呈现出形态各异的结构状态。例如，史铁生的《我与地坛》，其外在结构是记述“我”与地坛的缘分，以及活跃在地坛的人对“我”的生命拯救。由于作者在叙事时将过去时态中的“我”、精神世界里的“我”和写作时的“我”交错重叠，再加上作者在描述中又穿插进关于四季的天籁般的想象，以及诸如小灯笼之类的意象不断重复出现，于是，《我与地坛》的结构便呈现出这样的特点：一方面条分缕析、层层推进，直指生命的内核；另一方面又虚实相间、伸缩自如，在结构上显示出极大的张力，这种表面看起来似散漫和不经意，而内里却无懈可击、十分缜密的结构形态，的确显示出史铁生过人的艺术功力。此外，周佩红的《偶然进入的空间》、赵玫的《以爱心，以平静》、韩小蕙的《有话对你说》等散文，采用的也是这种以情绪、意象为线索的结构方式。至于在“新生代”中采用“情绪—意象式”的结构方式就更普遍了。这也从一个侧面显示了 90 年代以来散文随笔的开放和进步。

通过上面的分析，可以看出，20 世纪 90 年代散文正在发生着变化，即散文不但更加真实，而且更加贴近心灵，贴近人生，贴近生活本身。散文的这种变化，是时代生活的变化使然，也是散文家更新散文观念的结果。这一方面表现了散文的自觉；另一方面也提高了散文表现生活的深度和广度，使散文发挥出更大的作用，同时更易于为读者接受。

三、关于新世纪散文的思考

散文在20世纪90年代以后获得了全面的丰收，形成了新中国成立以后前所未有的繁荣局面。但现在还不是高奏凯歌，盲目乐观的时候，因为在散文繁荣的背后，的确还存在着“苍白”与“虚浮”的现象。因此，在肯定散文创作成就的同时，还要进一步拓展散文的思想艺术空间。面对新世纪的散文，应思考和解决好如下问题。

其一，散文如何进一步强化个性，解放心灵。新世纪的散文要发展，还必须进一步解放心灵。如果有很多的思想顾虑，有很多的精神束缚，怎么能写出自由潇洒的散文呢？我们读一些散文，觉得作者很真诚，题材很有意思，文字也很优美，就是写得太拘谨、不够洒脱，这正是心灵还不够解放的表现。我们看一些古代散文家写的散文，包括现代的周作人、梁实秋、林语堂等人的散文，都是自由自在，心灵是较解放的。这样即使他们写得很随意平淡，但是有一种内在深沉的意境。今天我们正处于一个改革开放的时代，散文要敏感而真实地表现出这个时代中最有诗意、最激动人心的画面，倘没有精神的解放，心灵的自由，那么当代的散文创作将永远落后于时代生活，无法创作出既体现了现代人的理想追求、精神气质，又具备较高艺术水准的大作品。因此，散文的现代化问题，实际上也就是心灵解放的问题。因为有了现代意识，有了新的文化精神，就能够冲破落后、保守、僵化的东西，建造起全新的当代散文的大厦。

其二，散文必须进一步打破常规。散文要繁荣，还必须打破常规，一切为我所用。散文的本质在于一个“散”字。“散”，即以“自然”的形态和真实的情感体验追踪不断发展的生活，这是散文特殊的审美功能，也是散文有别于其他文体的重要标志。鲁迅说，散文的体裁是大可以随便的，便是将散文当作很散漫的文学形式来看待。苏轼将散文比作“水”，说它“随物赋形”，不择地而出，流到哪里算哪里，大概也是取其“散”。但当代的散文却有很多条条框框，20世纪五六十年代是“诗化”、“形散神不散”，到了时下，又有文化大散文等的条条框框仍然在束缚着许多散文家的手脚。这样怎能写出真正自由自在的散文呢？因此，散文要超越前人，就要敢于用“越轨”的笔，描绘人性和生活。这是时代和读者对于当代散文家的要求。

其三，散文如何面向现实生活。考察当代60年的散文创作，当前应大力倡导散文面向现实生活，面对大地的“在场”写作，以此来抵御一味迷恋历史后花园的文化大散文写作，以及迎合俗众的商业写作，还有几十年如一日的风花雪月、小桥流水的写作。当然，面向现实生活，面对大地的写作也是形态各异的，不能一概而论。例如，张炜、刘亮程笔下的乡村大地，固然美好富于诗意，但往往被过度美化，它们离真正的现实还有距离。以周晓枫为代表的新散文写作，有较强的个人的体验，有独特的表现生活的视角，他们的散文十分强调“在场”，但是过于推崇个性化，甚至把个性推向极致，反对将个性与社会、时代和人类连接起来。此外，新散文的某些散文为了反对崇高、反对优美、反对抒情，故意展示一些生活中很丑陋的东西，这不是一种健康的写作。相比较而言，夏榆的《白天遇见黑夜》用下层人的眼光来看下层人的生活，有作者的血肉和痛感贯穿其间的作品值得提倡，只不过，《白天遇见黑夜》的境界还不够高，还需要精神和美学上的提升。

由此可见，当前的散文一方面要坚持个人的体验，要有独特的生活视角，要有生命的投入，有感情的温润，有精神的维度；另一方面应面对现实生活，面对真实，面对大地，总之要将个性化与社会、与时代、与人类共有的体验连接起来，这样当代的散文创作才有可能迎来一个生机勃发的散文时代。

第一章 文化大散文

【学习提示】

文化大散文是20世纪80年代中后期至90年代，随着社会的改革，时代的进步，散文观念的变化而出现的一种散文新品种。学习本章，要把握文化大散文的内涵，以及这一散文新品种与传统的抒情散文在取材、结构、表达方式和篇幅上的不同，同时感悟文化大散文是如何借助自然山水和名胜古迹，诗性地表达对于中国文化的思考。

历史与人文的诗性交融

20世纪80年代中后期至90年代，随着散文观念的变化，散文创作无论是创作内涵的提升、题材的挖掘，还是视野的开阔、意境的创造以及写作形式的丰富，都有积极的进展以及多方面的尝试，呈现出繁荣的局面。其间，出现了诸如学者散文、文化大散文、思想随笔、新散文、行走散文等提法。有的提法如学者散文、文化散文，在一些评论者看来似乎就是同一种散文形态。李晓虹在她的专著《中国当代散文审美建构》① 中谈到文化散文时指出，学者文化散文、学者散文、文化散文几种提法都是互通的，或是包含与被包含的；有的学者也试图对这些提法的内涵进行阐释，如沈义贞认为："学者散文不等于文化散文。文化散文主要指散文主体写作时采用一种文化视角，文化散文主要靠学者或经过一定人文训练的作家来写，而学者散文在具体操作时并不完全是文化视角。"② 也有的学者认为："用'文

① 李晓虹．中国当代散文审美建构．广州：海天出版社，1995：203－204.

② 沈义贞．中国当代散文艺术演变史．杭州：浙江大学出版社，2000：242.

化大散文’来命名20世纪80年代末出现的一种散文文体和随之而来的一种散文创作现象，缺少学理支撑，因为它无法解释‘文化’与‘散文’、‘散文’与‘大散文’的关系。”① 在此暂且不论这些提法是否准确，在命名上是否严谨，但可以肯定地说，它们对散文的发展、繁荣是有积极的推动和促进作用的。

本章要探讨的文化大散文（或称文化散文，或称历史文化散文），主要是指在20世纪80年代中后期至90年代初期兴起并盛行的一种散文形态，并以余秋雨、王充闾等作家作品为主要分析对象。

一、文化散文概说

对20世纪90年代文化散文进行研究，本来应该对文化散文这一概念或提法有比较准确的认识或界定，然而目前文学理论界和评论界对此尚未达成共识，“文化”、“散文”都是界定比较含混的概念，在此不作探讨，只是对文化散文的兴盛做一个简要的梳理与归纳，以期对文化散文有一个基本的认识，以便把握文化散文的基本特征。

20世纪70年代末80年代初，以巴金的《随想录》为代表的老一代作家创作的“挽悼散文”、“回忆散文”给新时期散文带来巨大的震撼，标志着散文话语由“文化大革命”时期的政治意识形态话语方式向以内心自由表达的知识分子话语方式的转变，散文创作逐渐回归散文本体。80年代以后，王英琦的“文化遗址”系列散文，汪曾祺、贾平凹的乡土散文，周涛、马丽华的西部散文等作品的涌现，表明散文作家在创作中对文化意识的关注，也可以说是90年代文化散文的早期形态。

1988年，湖北散文作家王维洲主编的《当代散文报》，与青年散文作家喻大翔打出文化散文的旗帜，并推出了一批属于文化散文范畴的作品，如李少月的《中国的月》、牧惠的《礼仪之邦的绝技——送礼艺术》、熊兆政的《吴家山避暑手记》等，虽然没有形成较大的影响，

---

① 王尧．文字的灵魂．济南：山东友谊出版社，2007：110，112．

但毕竟树起了文化散文这面旗帜。

1988年《收获》杂志以“文化苦旅”专栏的形式连载余秋雨的散文，一时成为文坛的热门话题。直到1992年余秋雨第一部散文随笔集《文化苦旅》甫出文坛时，评论界还为这类“山水文章”是否可归属于散文文体，并将其定位于哪一类散文争执不休。最初有人认为余秋雨散文是学者散文，后来又有论者认为是文化散文、文化大散文，文化大散文的概念迅速在读书界和评论界得到广泛认同，继而被文坛和出版界大为播扬，东方出版中心推出23卷本“东方文化大散文原创文库”①，以及“文化大散文系列”②。甚至“在20世纪90年代中期以后转化为文化工业系统中的一个散文品牌标志”③。

文化散文作为概念的提出，大约在1990年。佘树森在《90散文琐谈》中用了文化散文的概念，所谓文化散文即“贴近生活的又一表现，就是世俗化倾向。人情种种，世俗百态，成为一些散文家观照的热点。由于这种观照常取文化视角，伴以历史文化反思，故又称之为‘文化散文’；由于这种观照多以非凡的机智，集中透视矛盾诸相，故行文常含幽默，还由于作者故作‘超脱’与‘旷达’，所以常有苦涩掩藏于闲适中”④。这是较早对文化散文进行的理论描述。

严格意义上说学者散文、文化散文这些散文形态自古有之，只是

---

① 胡平《千年沉重》、鲁枢元《精神守望》、夏坚勇《湮没的辉煌》《旷世风华》、张加强《傲骨禅心》、鲍鹏山《寂寞圣哲》、费振钟《堕落时代》、汤世杰《烟霞边地》、蔡翔《神圣回忆》、郭保林《昨天的地平线》、赵剑敏《远去的牧歌》、汪应果《灵魂之门》、梁衡《把栏杆拍遍》、李元洛《怅望千秋》、沈琨《岁月山河》、朱鸿《夹缝中的历史》、南帆《叩访感觉》、朱以撒《古典幽梦》、卞毓方《长歌当啸》、王开林《天地雄心》、李国文《大雅村言》、曾纪鑫《千秋家国梦》、王充闾《沧桑无语》等。

② “东方文化大散文原创文库”与“文化大散文系列”大部分作家作品是相同的。

③ 李林荣. 90年代中国大陆散文的文化品格. 海南师范学院学报，2002（5）.

④ 佘树森，陈旭光. 中国当代散文报告文学发展史. 北京：北京大学出版社，1996：258.

当时没有命名意识。王兆胜认为："五四开始的中国现代散文可分为两大类，一是从政治、社会和道德方面切入的文明批判，我们称之为意识形态散文；二是从文化角度展现人的精神、心理、生活和审美方式，我们称之为文化散文。"① 由此可以这样理解，文化散文只是对一种不同于过去，特别是新中国成立的"十七年散文"写作的不甚确切的模糊命名，因侧重点不同，或侧重于作者的身份，或侧重于创作视角，或侧重于创作篇幅，或侧重于创作题材等，称之为学者散文、文化散文、文化大散文、历史文化散文等。由于指涉本身的不确定而产生的歧义，也就在所难免。尽管如此，文化散文作为一种对具有某些共同特征的散文的指称，还是得到广大读者及评论界的普遍认可的。

何谓文化散文？以下列举一些相关描述：

王兆胜认为："文化是一个相当复杂的概念，它有广义和狭义之别。广义上，它是指人类创造的一切物质和精神成果，是人类赖以生存的物质和精神文明生活方式。狭义上，它就是指政治、社会和道德相区别的精神、心理、人格和审美方式。我们使用的'文化'不是广义的，而是狭义的。从此意义上说，文化散文更多的是带有文化内蕴，内含一个民族乃至人类共同的生活方式、情感方式和审美意趣。"②

范培松认为："所谓文化散文，必须具备这样两个品格：第一是要具有尖端性和非大众性：'冶古今中外于一炉且引经据典'，'在整个散文的广大世界中，是造诣较高，弹性较大，内涵较丰富的'。第二是要对社会能持公论，站在独特的思想或文化立场上，对社会持有一种文明批判的精神，具有独特的学者和思想者的品格。"③

於可训认为："'文化散文'（'大散文'、'学者散文'）是指那种在创作中注重作品的文化含量、往往取材于具有一定历史文化内涵

①② 王兆胜．文学的命脉．上海：华东师范大学出版社，2005：120.

③ 范培松．中国散文史．南京：江苏教育出版社，2008.

的自然事物和人文景观，或通过一些景物人事探究一种历史文化精神的散文。这种散文的作者多为一些学者或具有较深文化修养的学者型作家。因为上述原因，这类散文往往视野开阔、气魄宏大，且具有较强的学术性。”①

王剑冰认为：“所谓文化散文……作家们运用散文的形式描写历史事件、解说历史场景、反观世事生活、透视人文景观。”②

文化散文当是指显示着人格力量、生命价值、思想光辉的大境界、大气魄、大视野的散文，其主要是以人文的观点审视传统文化、历史发展及社会的变迁。仅是有别于较为纯粹的美文，其在散文的纯粹艺术上的追求（包括语言、境界等）当更深、更透。③

丁晓原认为：“文化散文，质言之，是一种历史链接着主体当下性存在的对话。文化散文，通常也称历史文化散文。历史是文化散文生成的前提、基础。它不仅为作者提供了言说起兴的背景、文本构成‘有形化’的事实材料，而且也给主体的联想感悟设置了‘媒质’材料，同时，它还为作者自我言说，一种当代性的表达策略，给出了直接的可资阐释的对象物。”④

综取以上各家所论，“文化散文”作为一种散文形态，它具有多方面、多层次的价值体系，内涵也是极其丰富的。

二、文化散文的基本特征

（一）创作主体的定位：文化人，文化积淀的解读者和文化灵魂的传播者

对于散文创作而言，无论文章内容多么复杂，散文作家在从事这一非虚构文体的创作时，在意识中或潜意识中对自身存在都有精神上

---

① 於可训．近十年“文化散文”创作评述．文艺评论，2003（2）．

② 王剑冰．散文时代．郑州：河南文艺出版社，2008：282．

③ 王剑冰．散文时代．郑州：河南文艺出版社，2008：91．

④ 丁晓原．文化散文：历史书写中的历史与“自我”．甘肃社会科学，2006（5）．

的定位，这一定位即作家话语坐标的原点或基点。如张承志把自己定位成“回民的儿子”、“哲合忍耶教徒”，而张炜是“大地守夜人”、“麦田守望者”，贾平凹则说“我是农民”。在20世纪中国散文史上，最早注重自己作品身份的当是周作人，他把自己的第一本散文集命名为《自己的园地》，“所谓自己的园地……只要本了他个人的自觉，在他认定的不论大小的地面上，用了力量去耕种，便都是尽了他的天职了。在这平淡无奇的说话中间，我所想要特地申明的，只是在于种蔷薇地也是耕种我们自己的园地，与种果蔬药材，虽是种类不同而有同一价值”①。“文学是情绪的作品，而著者所能最迫切的感到者又只有自己的情绪，那么文学以个人自己为本位，正是当然的事”②。周作人强调他的作品是属于“自己的”，“自己的”既是创作主体的定位。沈从文也非常重视自己散文的身份，一再强调自己是“乡下人”。传统的散文是“独抒性灵”的文体，散文家强调并重视自己散文的身份是很正常的。

与文化散文相比较，传统的散文写作更是心灵的倾诉，故散文家的“自身定位”完全可从他们的创作中找到。而文化散文的创作者中很少心灵直白的倾诉，他们往往就某一人文景观、历史人物或历史事件发话、抒情，所以他们的“自身定位”相对隐晦些。余秋雨从《文化苦旅》、《山居笔记》到《霜冷长河》，再到《千年一叹》、《行者无疆》，五部主要散文作品集具体风格虽有所递变，尤其后三部与前两部之间风格差异很大，但五部作品中，作者的自身定位和写作思考的视角是一以贯之的，余秋雨散文不是通常意义的“学者散文”，而是承载作家个人文化解读的载体，作者寻访文化遗迹的目的是传播失落的文化，试图找回文化的尊严。余秋雨在《文化苦旅·自序》里说道：“我们这些人，为什么稍稍做点学问变得如此单调窘迫了呢？如果每宗学问的弘扬要以生命的枯萎为代价，那么世间学问的最终目的又是什么呢……我在这种困惑中迟迟疑疑地站起身来，离开案

① 周作人. 自己的园地. 长沙：岳麓书社，1987：5.
② 周作人. 自己的园地. 长沙：岳麓书社，1987：25.

头，换上一身远行的装束，推开书房的门。”① 可见，从《文化苦旅》到《行者无疆》，作者的意图都是通过自身体验寻找文化，传播文化，实现其“重建文化生态”的目的。有论者认为：“《文化苦旅》既是一个自觉张扬个人意识的文本，又是一个自觉绕开现实国家政治话语范畴的文本，就写作手段的具体形式而言，《文化苦旅》是一个把作者的讲述基点设定在面向历史文化和学术文化的位置上的文本。什么样的人才有资格面对历史文化和学术文化侃侃而谈，并且是在社会文化空间里冲着大多数人侃侃而谈呢？20世纪90年代初期的评论家和读者似乎都只肯说出这个问题的一半答案，反映在对《文化苦旅》的判断上，就是只说：这是‘学者散文’，或说是‘文化散文’。其实确切地讲，真正有资格在社会文化空间里向大多数人发布历史文化和学术文化信息的人是教师，而不是所谓学者或文化人。”② 其实，余秋雨散文中的教师意识，在《千年庭院》（《山居笔记》）和《长者》（《霜冷长河》）中都有明确的体现。真正点出作者自身定位的是《千年庭院》中的一句话：“我的老师！我的学生！我就是你们！”③ 解释这一自身定位的语句是前面一句：“我是个文化人，我生命的主干属于文化，我活在世上的一项重要使命是接受文化和传递文化。”④ 更准确一点，把“学者散文”、“文化散文”中的“一半”和“教师”的强调重点都说出来，则作者的自身定位是：文化积淀的解读者和文化灵魂的传播者。

王充闾、梁衡都是政府官员，王兆胜称他们创作的散文为官员散文，“由政府官员创作出来的散文，因其不同的身份、地位、经历、价值观和审美理想，从而使其散文有着独特的内涵和形态”⑤。他们都是以文学的方式走入历史文化的散文家，他们是有着古典精神和现代意识的读书人，他们以文化传承者的身份自觉地对本土文化传统资

① 余秋雨．文化苦旅．上海：知识出版社，1992：2．

② 李林荣．90年代中国大陆散文的文化品格．海南师范学院学报，2002（5）．

③④ 余秋雨．山居笔记．呼和浩特：内蒙古文化出版社，1998：98．

⑤ 王兆胜．文学的命脉．上海：华东师范大学出版社，2005：203．

源进行发掘、检讨和继承，他们有自己的创造视角，凭借丰厚的中国古代文化和历史修养，激活了一个个历史瞬间、一个个历史人物。王充闾的《用破一生心》、《驯心》，梁衡的《觅渡，觅渡，渡何处》、《读韩愈》、《武侯祠：一千七百年的沉思》，他们既以官员的复杂、矛盾心态，又以百姓的眼光去剖析解读一个个历史人物，以探讨人的生命价值。梁衡在《我写〈觅渡〉》中说："与大自然的雄浑博大、深奥无穷一样，人也是永远探究不完的课题。人的精神世界其广阔、博大、复杂，绝不亚于自然世界。人是另外一个宇宙。"这里强调的"人是另外一个宇宙"，这个宇宙实际就是人的精神宇宙，他们关注人的精神宇宙，与他们身处的官场、当下的困境密切相关。"实际上，在阐释历史的过程中，作家本人也在被阐释——读者通过作品中的独特感悟解读了、发现了阐释者"①。读文化散文，处处是作者对历史文化全新的个人的解读。

文化散文的创作者是知识分子、精英阶层，具备历史文化的解读能力。在文化散文创作中，他们以历史文化的解读者，文明的传播者的姿态出现，他们是传统文化和文明的传播者。

（二）创作内涵：具有文化诗性的品格

文化散文家既然是文化人、知识分子。他们就具有知识分子的历史使命感与社会责任感。他们的创作大多取材于历史，以文化为视角，从人文古迹、中国文人、历史人物的命运，探询人类的生存状态、生存理想和生存本质，对人生终极生存意义进行文化深层追问，发掘他们生命深处的精神状态。文化散文从创作内涵上看，具有文化诗性的品格。陈剑晖认为："'文化诗性'应包含这样的一些内涵：一是对人类生存状态、生存理想和生存本质的探询，并在这种追问探询中体现出诗的自由精神特质；二是感应和诠释民族的文化人格；三是对传统文化的批判和守护；四是文化诗性还包含着对'还乡文化'

① 王充闾．散文激活历史——关于历史文化散文的创作．当代作家评论，2001（6）．

的认同和感受。”①

20世纪90年代以后，由于抒情的淡出和思想的凸显，特别是由于在散文领域中确定了知识分子的存在方式和说话方式，散文作家心灵的自由和个人的话语权利获得了保障。对人类生存状态、生存理想和生存本质的探询成为文化散文家探索的重点。王充闾在谈到他创作的内在追求时，认为他的创作永远是对人的生存状态，特别是精神状态的写照与思考。他的《青山魂》、《桐江波上一丝风》，余秋雨的《苏东坡突围》、《遥远的绝唱》、《青云谱随想》、《西湖梦》、《流放者的土地》，梁衡的《读柳永》、《青州说寿：一个永恒的范仲淹》、《觅渡，觅渡，渡何处》等作品，都是在历史文化背景下思考人的存在的。在《苏东坡突围》中，苏东坡这位大文豪为什么活得如此狼狈艰难？不但被多次流放到荒凉边地，甚至差点被迫害致死。因为像苏东坡这样的旷世之才并不能见容于他所处的时代，而中国的“世俗社会机制”，特别是各种“文化群小”更是“围困”苏东坡的强大而邪恶的力量，正是他们的穷凶极恶的揭发，给苏东坡的生存带来极大的灾难。一方面，作者用具体生动的材料写出苏东坡因遭围困而面临的各种生存困境，同时给“文化群小”以极度的蔑视；另一方面，作品又细致地描写了苏东坡精神上的痛苦，心灵上的孤独无告。此外，还写出苏东坡虽然获罪，但仍“扁舟草履，放浪山水间，与樵夫杂处”的乐观洒脱的性格和人生态度。从多个角度、多个侧面来表现苏东坡的生存状态。王充闾在《青山魂》中，以“现实存在的李白”和“诗意存在的李白”来展示李白的存在状态，并通过他们之间的巨大反差，“形成了巨大的内在冲突，表现为试图超越却又无法超越；顽强的选择命运却又终归命运所选择的无奈，展示着深刻的悲剧精神和人的自身的有限性”。

在文化散文的写作中，除了侧重于反映知识分子的个体生存状态外，也关注对民族的文化人格的再现与诠释，《一个王朝的背影》之所以是文化散文的精品，就在于它在广阔恢宏的文化背景下建构了一

---

① 陈剑晖．诗性散文．广州：广东教育出版社，2009：119.

种强健开放的文化人格。作品中的康熙虽是一个皇帝，但他同样是一个历史之子，是文化中人。在他身上固然有一代帝王的标识，但更重要的是文化人的人格气质的流露，他具有强壮的体魄、健全进取的精神和超乎寻常的生命力，他勤奋好学，视野开阔，有刚毅的性格和开放的胸襟。在《风雨天一阁》中，作者再现的范钦是一个具有文化良知的文化人，他的文化良知主要体现在他创造了天一阁藏书楼及对藏书楼的管理和保护上，他以一种超越意气、嗜好和才情的意志力，以一种冷峻得不近人情的理性提炼了文化良知，使藏书变成一种清醒的社会行为，一种文化传承和民族精神的凝聚。

文化诗性既然主要是以传统文化和民族文化精神为建构的对象，那么，它就必然要从文化自身出发，对丰富复杂的文化现象进行反思与价值判断。在对传统文化的批判上，余秋雨主要表现在对“毛笔文化”、“夜航船文化”、“隐士文化”的批判。他认为：“‘毛笔文化’过于迷恋承袭，过于消磨时间，过于注重形式，过于讲究细节，‘毛笔文化’的这些特征，正恰是中国传统文人群体人格的映照，在总体上，它应该淡隐了。”中国的“夜航船文化”实际上正是造成中国古代的士大夫文化因循守旧、闭关自守、崇尚空谈，脱离民众和实际的特殊的社会土壤。由于这些原因，中国的“夜航船”才这样狭小平稳，而且迟迟达不到现代的彼岸。隐士一般是指封建社会具有较高的文化知识和道德修养的士人。尽管他们的才能智慧高出一般人甚至有较大的名气，但他们却不愿入仕，而宁愿隐居山林，过着一种原始化和贫困化的生活。由于隐士洁身自好，追求一种怡然自得、没有功利的自然境界，因而自古以来，隐士一直受到人们的尊敬和颂扬。王充闾的《桐江波上一丝风》以著名隐士严子陵作为焦点人物，由此引出历史上诸多隐士：巢父、许由、伯夷、叔齐、庄子、阮籍、嵇康、陶弘景、八大山人、王夫之等，从隐逸现象形成的社会原因、历史原因，从隐士的生存方式、生存理念和生命追求，从隐士的人格心理等方面进行深入的探讨，由此揭示中国隐逸文化的独特魅力和深刻内涵。余秋雨却一反传统的文化价值评判标准，在《西湖梦》中对隐士林和靖进行了批判，作者认为知识分子是一个特殊的群体，他们是一个民族前行的推行者，因此他们应有比较强健硬朗的主体意识和理性思考的精神。如果知识分子都像林和靖那样隐居孤山，终老荒林，那么春去秋来，梅凋鹤老，文化就成了一种无目的的浪费，封闭式的道德完善导向了总体上的不道德，结果群体性的文化人格也日渐暗淡，而与此相联系的文明的进化、国家民族的现代性目标也因此被取消，“剩下一堆梅瓣、鹤羽，像书签一般，夹在民族的史册上”。这样的文化批判具有强烈的现实意义。但是，我们应该看到，文化散文家对传统文化既有批判，也有守护，如对“废墟文化”的守护。

文化散文家的创作虽然大多取材于历史，但他们的创作指向是明确的，观照现实。他们具备将历史感与现实感相融合的功力，穿梭于历史与现实之间，将历史作为审美观照的对象，同时又不忘对现实的思考，实现历史与现实之间的生命追问。王充闾在北大中文系作过题为《历史文化散文的现实关怀》的讲演，开篇就提到“在历史文化散文创作中，如何以一种开放的、现代的语境，做到笔涉往昔，意在当今”。现实关怀“指涉的是关于现代性的判断与选择，体现在对于现实人生与人性的关注，诸如人生的困境、生存的焦虑、命运的思考、人性的拷问等各类问题”。这里作者很明确地表明了自己的创作指向：取材于历史，观照于现实。余秋雨的《都江堰》虽着眼于古人，但“由此而向现代官场衮衮诸公诘问：活着或死了应该站在哪里”？给现实以警示，他以穿越历史文化的力量把人们带入一种对民族、对社会的现状以及前景的深深思考之中。王充闾在《面对历史的苍茫》这组散文中，作者没有停留于记叙曾经发生过的史事，而是在解读历史的同时，有意揭示作者对于社会发展和具体生命形态的超越性的理解。①

（三）创作思维：以个人解读的方式，对历史文化进行理性的思辨，同时融入个体生命的体验

个人解读这一指称无疑具有两重性。首先，解读是一种理性的行

---

① 王充闾．散文激活历史——关于历史文化散文的创作．当代作家评论，2001（6）．

为，是运用概念、判断、推理等理性思维要素，采用逻辑推理或实证的方法去分析、解释自然物理现象和社会精神现象的方法。通常来讲，解读的方法多用于学术研究，这一方法的运用应该遵守严谨的学术规范和客观规律。其次，个人解读中“个人”是一种观照历史文化的人本视角，即关注人类个体生命。文化散文家在探询古代文化遗迹、文化现象或对历史人物考察的过程中，着力于剖析、解读历史个案——即他们笔下经常出现的“远年的文化灵魂”，在对这些历史生命的解读中，渗透创作主体的生命体验，以达到“个人”与“个人”的精神脉搏产生共振。这些“远年的文化灵魂”，如《阳关雪》中的王维、《柳侯祠》中的柳宗元、《都江堰》中的李冰、《风雨天一阁》中的范钦、《千年庭院》中的朱熹、《春梦留痕》与《苏东坡突围》中的苏东坡、《青山魂》与《两个李白》中的李白、《读韩愈》中的韩愈、《青州说寿：一个永恒的范仲淹》中的范仲淹等。作者对这些具有“较为健全的文化人格”的历史人物并非提到而止，而是尽可能再现历史情境、探索人物的心路历程。余秋雨在《苏东坡突围》中写道：“正是这种难言的孤独，使他彻底洗去了人生的喧闹，去寻求无言的山水，去寻找原始的古人。”“成熟是一种明亮而不刺眼的光辉，一种圆润而不腻耳的音响，一种不再需要对别人察言观色的从容，一种终于停止向周围申诉求告的大气，一种不理会哄闹的微笑，一种洗刷了偏激的淡漠，一种无须声张的厚实，一种并不陡峭的高度……”对苏东坡的这种解读，明显地渗透着作者的倾向性和价值观，读着读着已经分不清作者写的是中年的苏东坡还是中年的余秋雨了。苏东坡遭遇流放后的淡泊与宁静在不同作家笔下是不同的审美存在，王充闾在《春梦留痕》中写苏东坡“入乡随俗，完全与诸黎百姓打成一片……一副地地道道的黎家老人形象”，是主动地融入使其获得精神与文化的双重超越。可见，不同的作家对同一历史人物的解读明显地打上了主体的印记。

新历史主义认为，历史本身就是一个巨大的文本。历史文本存活在历史的长河中，给各个时代都留下了解读的空间，各个时代的人根据自己对历史的理解以及需要，去阐释历史，与历史对话。当然史学家与文学家对历史的言说方式是不同的。文学家在面对历史时，往往把历史纳入自己的审美视角，进行个性化的个人解读，因此他们解读历史的视角是独特的。王充闾是为官之人，却对“厌恶官场”的庄子情有独钟，他在《寂寞濠梁》中，表现出对庄惠临流，濠梁间观游鱼之乐的向往。他崇尚庄子的精神富有与身心的自由，感叹庄子“高踞于精神之巅来俯瞰滚滚红尘，因而能够看轻俗人之所重，也能够看重一般人之所轻”。因此，他“不愿‘危身弃生以殉物’，不愿因专制王权的羁縻而迷失自我、葬送身心的自由”。“他把身心的自由自在看得高于一切”。作者对他这种“逍遥于天地之间而心意自得”的悠然境界的崇尚，并非官道中人的附庸风雅，而是现代社会里的生命个体，在被种种现实性的功利原则所左右后的一种生命的感悟。因此在他道经安徽凤阳，首先“提出寻访庄、惠濠梁观鱼遗址”，而不是去观览两大名城胜迹明皇陵和中都城时，东道主感到“愕然惊叹”，这种选择的本身，就是作者的一种个人解读，一种对历史文化的个人价值判断。他对曾国藩的解读，摆脱以往对他的分析与评价，认为曾国藩的苦突出“功名两个字，用破一生心”。

文化散文家大多是对文明、文化有极强感悟力的学者，有着强烈社会责任感和现代意识，因此他们的“个人”就必然牵扯着厚重的文人观念、知识分子意识，这其中与中国传统文人一脉相承的便是对民族文化、历史使命、文明传播的强烈忧患意识，这些优秀的精神已经融入个体生命，因此文化散文中的解读才是一种个体的、偏执的理性。然而，人是感性和理性兼具的动物，许多时候很难把二者绝然分开。在生命的体验与自然倾诉中，理性必然受到感性、感情和自身体验的影响，无法实现完全客观冷漠、远离自然和人群。

中国古代先哲正是以全部精神生命——包括理性和感性，探寻人类社会的真理，他们的探寻成果，如孔子的《论语》、老子的《道德经》，还有《庄子》、《孟子》等。这些先秦散文具有浓郁的个人思想意识，给人以理性上的启示、顿悟和情感上的洗礼。“五四”时期也是思想哲理散文辈出，鲁迅便是杰出的代表。从历史源流来看，不能不说文化散文创作主体在创作中表现出来的强烈的理性意识与历史上的思想大家没有精神上的牵系。而且，从时代精神来看，中国20世纪80年代末90年代初，文坛散文仍沉迷于国家民族话语的重复或者个人闲适生活的呓语，文学尤其散文几乎处于“失语”状态，在这种时候，文坛需要呼唤理想，呼唤深刻的思考；应该说，这种“时代需要”与文化散文的出现、盛行并广受赞誉不无关系。他们以个人独立的理性思考为思维模式，融入个人情感的生命体验，实现超越性的哲学感悟。

（四）创作艺术：对话式的议论，重新叙述历史故事，充满人文情怀的抒情

对于文化散文，无论从褒扬的文章，还是从贬抑的文章，或者从读者的反响来看，都是大多数人无法抗拒的诱惑。文化散文具有严肃的内容，它是关于文化的传递、保存和弘扬的问题。但其轰动阅读效应的产生和读起来有一种亲切感、促使人想往下读的原因是什么呢？从文化散文的创作艺术进行探讨，大致体现在以下三个方面。

1. 对话式的议论

在文学批评领域里，“对话”这一概念和巴赫金的“复调小说”理论是分不开的，“对话”指的是在陀思妥耶夫斯基等作家的小说里，不单是叙述者一个人在说话，而是有两个声音在说话。文化散文里的“对话”与巴赫金的“对话”不完全等同，却有相似之处。传统散文，往往都是运用第一人称进行叙述，叙述的声音往往是比较单一的，但在文化散文写作中，我们明显感到叙述声音呈现出多重对话的特征。首先，作者与那些“远年灵魂”的对话，似乎他们早已认识、对坐长谈，余秋雨在探询古代文化遗迹或文化现象的过程中，着力于剖析历史个案，即是他笔下经常出现的“远年的文化灵魂”。如《阳关雪》中的王维、《柳侯祠》中的柳宗元、《都江堰》中的李冰、《风雨天一阁》中的范钦、《千年庭院》中的朱熹、《苏东坡突围》中的苏东坡等，作者对这些具有“较为健全的文化人格”的历史人物并非提到而止，而是尽可能再现历史情境、探索人物的心路历程，当然这种探索中渗透着作者的倾向性和价值观。当读到《苏东坡突围》中“成熟是一种明亮而不刺眼的光辉，一种圆润而不腻耳的音响，一种不再需要对别人察言观色的从容，一种终于停止向周围申诉求告的大气，一种不理会哄闹的微笑，一种洗刷了偏激的淡漠，一种无须声张的厚实，一种并不陡峭的高度……”时，已经分不清作者写的是中年的苏东坡还是中年的余秋雨了。其次，作者与读者对话，无论作者走到哪里，他总是忘不了读者、面向读者，在与古人对话之后，自己便出现，向读者介绍自己的经历和体验。再次，实现读者与历史、历史人物的对话，呈现出多重对话的特征，多重对话拓展了文章的空间也吸引了读者——读者不仅能欣赏到别人的交谈，还时刻能感受到自己的存在。王充闾在《两个李白》中，描述了李白的两个世界，一个是现实存在的李白世界，一个是诗意存在的李白世界。对李白政治上的惨败给予清醒的审视，对诗意存在的李白给予深切的审美观照。作者进入李白的狂饮世界，体验李白之体验：“在他看来，饮醉始终是生命本身，摆脱外在对于生命的羁绊，就是拥抱生命，热爱生命，充分享受生命，是生命个体意识的彻底解放与真正觉醒。”然而作者又跳出李白的世界，思考两个世界的特殊关系及其对于李白的意义：“以自我为中心的心态，主体意识的张扬，超越现实的价值同残酷现实的剧烈冲突，构成了他诗歌创造力的心理基础和内在动因，给他带来了超越时代的持久生命力和极高的视点、广阔的襟怀、悠远的境界、空前的张力。”① 作者对李白的解读不是盲目地回归历史，而是深入其精神世界，对其生命的个体关注，这里作者既完成了与李白的对话，同时，又跳出文本，完成了与读者的对话。这样，读者就不再只是在文本之外观看作者的炫耀学识或是演绎自己的人格魅力，也不再驻足历史文化之外对曾经的风风雨雨采取漠然中立的认知式态度，而是被作者邀请进入文本营造的话语空间和历史文化空间，和作者一道去经历一番文化苦旅。在他那圆熟的语言技巧经营出的具有魔咒般魅力的文字的感召下，读者也被带到了特定的历史文化场景中，个人的生命之流与历史的洪流浑融一片……这样，又形成了读者与历史的对话。由此可以看到，余秋雨的对话在两个层面展开而形成

---

① 王充闾．一生爱好是天然．广州：海天出版社，2001．77．

了多重对话的格局。在这多重对话中，余秋雨以自我的敞开博得了历史的敞亮。

2. 重新叙述的历史故事

即使不细心的读者也会发现，在文化散文中，并非单调地讲述历史事件，更不直引史书，而且绝对不是史书的白话文翻译（人物语言除外）。余秋雨的“讲史”一个很重要的特点，即是融入了自己的情感，借小说、戏剧等表现手法重新叙述的历史故事，如《道士塔》第二节的叙述：

王道士每天起得很早，喜欢到洞窟里转转，就像一个老农，看看他的宅院。他对洞窟里的壁画有点不满，暗乎乎的，看着有点眼花。亮堂一点多好呢，他找了两个帮手，拎来一桶石灰。草扎的刷子装上一个长把，在石灰桶里蘸一蘸，开始他的粉刷。第一遍石灰刷得太薄，五颜六色还隐隐显现，农民做事就讲个认真，他再细细刷上第二遍。这儿空气干燥，一会儿石灰已经干透。什么也没有了，唐代的笑容，宋代的衣冠，洞中成了一片净白，道士擦了一把汗憨厚地一笑，顺便打听了一下石灰的市价。他算来算去，觉得暂时没有必要把更多的洞窟刷白，就刷这几个吧，他达观地放下了刷把……

敦煌文物被窃取这一历史事件毕竟发生在一个世纪前，作者对于这一事件的认识，只能从历史记载中了解，而文章中对王道士细微的动作神情以及思想的描写，完全是作者丰富的想象，突出了现场感——好像作者亲历了历史事件一样。这便把“一般过去时”改成了“现在进行时”。强化视觉效果。类似这样的叙述，在文化散文创作中是较为常见的。这种写法虽然引来了不少质疑，被认为是用写小说的方法写散文，但文学史上已经出现孙犁、汪曾祺那样的“散文化小说”，既然人们已经认同不同文体技巧的互补互用；况且，文化散文家在散文创作中“虚构”历史事件，并没有违反散文的真实性要求，只是对历史细节进行艺术化的合理想象，事实上，这种写法点铁成金，有利于深化主题，也增强了文章的可读性。子曰：“言之无文，行而不远。”

3. 充满人文关怀的抒情

现代散文艺术创作，不管是侧重议论还是侧重叙事，都不可背离抒情这一文体本性或属性。无论议论散文或叙事散文，缺少作者主观情感的介入，就会变成一种直白的说教和纯客观的呈现。在20世纪90年代初，中国的改革开放已经进展到一定的深度，在市场观念的初步洗礼下，人们的精神出现荒芜的现象。这时候，文化散文对人、人性和人格的关注无疑是一抹阳光、一泓清泉。1993年，王晓明、陈思和等人在上海发起了“人文精神”大讨论。在某种意义上，余秋雨的早期散文创作为之敲响了前奏，从报刊上还可以清晰地看到，在1992年左右，全国无数读书人都在为《文化苦旅》中浓厚、博大的感情而感动。这种感情的抒发是个人行旅经验、情感体验和心灵体验的投入而带来的，是动人的，是艺术的，而非技术的。

此外，文化散文在创造意境时，更加注重个体生命体验的灌注。散文作为偏重于自我表现，特别强调个性的文体，它的意境更要求有真情和真景的融入。散文意境可以说是散文作家把握自然和社会人生，并将主观内情与客观物境交织渗透而构成的艺术境界。王充闾的《读三峡》这样写道：“始读之，止于心灵对自然美的直接感悟，目注神驰，怦然心动……再读之，就会感到主观的生命情调与客观景物交融互渗，物我融成了一体……卒读之，则身入化景，浓酣忘我，‘冲然而澹，翛然而远’，进入《易经》上讲的那种‘天地氤氲，万物化醇’的灵境，此刻该是‘此中有真意，欲辩已忘言’了。”作者以自己独到的心灵体验，融入生命情调，为读者展示了观照三峡的三种境界：一是“心灵对自然美的直接感悟”，二是“生命情调与客观景物交融互渗”，三是“身入化景，浓酣忘我”。这种意境不仅仅是人的自然化，或是自然的人化和社会化，事实上，是自然与人同一，人之生命即自然之生命。因此，这种意境的内涵更丰富，空间更广阔，给人的想象更深远，这样的散文自然也更富于灵气与韵味。雷达在对王充闾散文美学追求进行评析时说：“作者的审美心理和审美眼光有个基础，有个起锚地，那就是中国式的或东方式的美学精神。比如讲究气韵，讲究意境，讲究情景交融，讲究虚实相生等等。”① 另外，王充闾还善于用古代诗文或自创的古体诗文入文，借用古诗文所生发的意境来丰实、完善散文的意境。

三、文化大散文的意义及思考

“‘文化散文’突破了当代散文长期被局限于一己生活琐事和人生常态的褊狭视野，冲破了散文惯常的写‘小感触’、‘小哲理’式的审美规范。它在当代散文中的独树一帜，不但是对当代四十余年散文积弊的超越，也是对散文长期以来甜媚无骨、累飘俗丽习气的彻底摒弃和超越，更是对当代散文领域‘闲适小品’潮、港台风格的青春抒写小品等散文流向的反拨和庄重示范。”② 这种概括在今天看来也还是比较准确客观的。

（一）突破传统散文的创作模式

文化散文家在思维上突破传统的“借景抒情”、“托物言志”或“叙事记人”的散文模式，融文学、美学、哲学、史学及其他学科于散文创作，将叙事、抒情与议论融为一体，既有作者的理性思考，又有充满激情的抒发。他们也着墨于名山大川，风景名胜，如《阳关雪》、《庐山》、《千年庭院》、《都江堰》、《柳侯祠》、《读三峡》、《梦游沈园》等，从题目看似乎是写景记游的，但读后却发现，他们创作的重点并非如此，他们所关注的却是山水所负载的文化意蕴，余秋雨说：“我发现我特别想去的地方，总是古代文化和文人留下较深脚印的所在，说明我心底的山水并不是完全的山水，而是一种人文山水。”③ 楼肇明认为：“从文体建设的方面看，余秋雨的创作践履着五四文化巨人们的足迹，与五四散文的文化传统一脉相承、遥相呼应，突现和高扬了散文文化本体论的文体意识，续接当代散文创作中为其

---

① 雷达．读《清风白水》记．文艺报，1992－06－02.

② 余树森，陈旭光．中国当代散文报告文学发展史．北京：北京大学出版社，1996：261－262.

③ 余秋雨．文化苦旅·序．上海：知识出版社，1992：3.

三四十年之久的严重的‘文化断裂层’。”① 文化散文在结构方式上，也打破了杨朔“三段式”的结构模式，运用多维度、多层面、辐射式的构思方式，余秋雨的《文化苦旅》不少篇章都运用小说式的叙述模式结构全文，如《牌坊》、《酒公墓》、《腊梅》等，由于将传统小说的技法渗透于散文创作中，使得文章跌宕起伏；有的篇章如《这里真安静》，采用寓言结构体。

（二）拓展了散文创作空间

文化散文家超越时空限制，取材的角度比较大，大量取材于历史，从文化的视角展示历史事件、文化人格的深厚底蕴，注重散文的深度意识、超越意识，给人以大视野、大气魄、大容量、大格局的震撼力，较之轻灵、精致的抒情、写景的美文，有着更多的文化反省的意味，深刻的精神蕴涵。

当然如何处理散文与历史材料的关系，历史文化散文应如何写等问题，作家、评论家、读者都在思考与争论。如对王充闾的历史文化散文创作的不足，李晓虹认为：“一是作品中的历史叙述往往为知识所累，很难看到作者的情怀，本应属于背景的史料，因作者的引述，反倒成了文章的主体，留给读者的想象空间很小，使人读起来难以喘息；二是缺少现代意识的文化反省、灵魂撞击，缺乏精神的发掘。”② 另外，李吟咏还指出：“诚然，智慧的叙述可以引发人们对历史的新理解，但历史毕竟是历史，其庄严性与非诗性，不是情感的抒写所能充分把握的，因而，散文家虽有灵光闪现，但基于历史的文化散文，不许创作者过度诠释与发挥，只能就历史本身进行深度发掘。”③

文化散文在20世纪90年代生成时的确给人带来耳目一新的感

---

① 楼肇明，等. 繁华遮蔽下的贫困——九十年代散文之路. 太原：山西教育出版社，1999：63－64.

② 李晓虹. 内在超越之路——谈王充闾的散文创作. 辽宁日报，2004－02－06.

③ 李吟咏. 寻找那飘逝的文化诗魂——王充闾散文的一种解释. 当代作家评论，2004（2）.

觉，但随着文化散文这一文体形态的发展，越来越多的作家加入到文化散文创作的行列，作品渐渐陷入单调模仿的套路之中，创作出现了模式化的倾向。主要表现在："长篇大论的体式，往后转的历史视点，传统文人的内心冲突，自然山水的人文意义，文化分析的手法，知性和感性合一的语言，等等。"① 有学者将这种套路概括为"历史故事的讲述＋传统文化的宣讲＋抒情＋议论"；② 更有学者认为"故事＋诗性语言＋文化感叹"的套路显然是一条有效的"生产流水线"，③ 史料加上诗性的语言和文化感叹、抒情，这样的结构重复使用，似乎成了一次"集体写作"，创作主体的个性不但难以体现，而且也失去了散文创作的自由、灵动。作品过于借助大量的文化知识和历史史料，难免挤压文学艺术的丰富性，造成作家心灵与精神的缺席，今天"当我们再次面对这样的'集体写作'时，我们感叹'文化大散文'已经逐渐走向了他最初产生时的反面……'文化大散文'的出现和盛极一时，是20世纪八九十年代文学留给我们的重要记忆之一，而它由盛而衰的过程仍然在持续并且成为我们不能不面对的现实问题之一"④。

这里真安静

余秋雨

一

我到过一个地方，神秘得像寓言，抽象得像梦境。

很多长住新加坡的人都不知道有这么个地方，听我一说，惊讶万分。

是韩山元先生带我去的。韩先生是此地一家大报的高级编辑，又是一位满肚子掌故的乡土历史学家。那天早晨，他不知怎么摸开了我

① 王尧．文字的灵魂．济南：山东友谊出版社，2007．110．

② 王凌虹．文化散文模式化结构及成因．温州师范学院学报，2006（6）．

③ 朱国华．别一种媚俗．当代作家评论，1995（2）．

④ 王尧．文字的灵魂．济南：山东友谊出版社，2007：112．

住所的大铁门，从花园的小道上绕到我卧室的南窗下，用手指敲了敲窗框。我不由悚然一惊，因为除了一位轻手轻脚的马来西亚园丁，还从来没有人在这个窗下出现过。

他朝我诡秘地一笑，说要带我去一个很少有人知道的奇怪地方。我相信了他，他一定会发现一点什么的，就冲他绕来绕去绕到我这个窗下的劲头。

我打开大门，那里还等着两位女记者，韩先生的同事，也算我在这里的学生。她们都还年轻，对探幽索秘之类的事，兴趣很大。于是，一行四人。

其实韩先生也不太记得路了。在车上他托着下巴，支支吾吾地回忆着、嗫嚅着。驾车的女记者每到岔道口就把车速放慢，好让他犹豫、判断、骂自己的记性。韩先生寻路的表情越艰难，目的地也就变得越僻远、越离奇。

二

目的地竟是一个坟地。

新加坡的坟地很多，而且都很堂皇。漂泊者们葬身他乡已经够委屈的了，哪能不尽量把坟地弄得气派一点？但是，这个坟地好生奇特，门面狭小，黑色的旧铁栏萎萎缩缩。进得里面才发现占地不小，却冷冷清清不见一个人影。一看几排墓碑就明白，这是日本人的坟地。

“世界上没有哪一个坟地比它更节俭的了。你看这个碑。”韩先生用手一指，那只是许多墓碑中的一个矮小的方尖碑，上面刻着六个汉字：

纳骨一万余体

碑下埋着的，是一万余名侵略东南亚的“皇军”的骨灰。

“再看那边。”顺着韩先生的指点，我看到一片广阔的草地上，铺展着无数星星点点的小石桩，“一个石桩就是一名日本妓女，看有多少！”

用不着再多说话，我确实被震动了。人的生命，能排列得这样紧缩，挤压得这样局促么？而且，这又是一些什么样的生命啊。一个一度把亚洲搅得晕晕乎乎的民族，将自己的媚艳和残暴挥洒到如此遥远的地方，然后又在这里划下一个悲剧的句号。多少倩笑和呐喊，多少脂粉和鲜血，终于都喑哑了，凝结了，凝结成一个角落，凝结成一种躲避，躲避着人群，躲避着历史，只怀抱着茂草和鸟鸣，怀抱着羞愧和罪名，不声不响，也不愿让人靠近。

是的，竟然没有商人、职员、工人、旅游者、水手、医生跻身其间，只有两支最喧闹的队伍，浩浩荡荡，消失在这么一个不大的园子里。我们不能不把脚步放轻，怕踩着了什么。脚下，密密层层的万千灵魂间，该隐埋着几堆日本史，几堆南洋史，几堆风流史，几堆侵略史。每一堆都太艰深，于是只好由艰深归于宁静，像一个避世隐居、满脸皱纹的老人，已经不愿再哼一声。

三

到底是日本人，挤到了这么一个地方，依然等级森严。

一般士兵只立集体墓碑。除了“纳骨一万余体”外，还有一个含糊其辞的所谓“作业队殉难者之碑”，也是一个万人碑，为太平洋战争时战死的士兵而立。另一个“陆海军人军属留魂之碑”，则是马来西亚战争中战死日军的集体墓，原在武吉知马山上，后被抗日人士炸毁，日本人在碎墟中打点收拾残骨，移葬这里。

军曹、兵长、伍长，乃至准尉级的仕官，皆立个人墓碑。一根根细长的木桩紧紧地排着，其中稍稍高出周围的是准尉。

少尉以上均立石碑，到了高级军衔大佐，则立大理石碑。

让开这所有的群体，独个儿远远地坐东面西的，则是赫赫有名的日本陆军元帅、日本南方军总司令寺内寿一的大墓。这座墓，傲气十足，俯瞰着自己的数万属下。

作为一个中国人，我对寺内寿一这个名字十分敏感。1937 年 7 月 7 日卢沟桥事变后，寺内寿一曾被任命为日本华北方面军司令官，在他的指挥下，日军由北平进占山西、陕西、甘肃，直取兰州。在著名的平型关战役中遭受中国军队惨重打击的板垣师团，也属于他的部下。这么一个把古老的黄河流域整个儿浸入血泊的军阀，最终竟然躲到了这个角落！

我呆呆地伫立着，死死地看着这座墓。我深知，几乎未曾有过中国人，会转弯抹角地找到这里，盯着它看。那么，今天也算是你寺内元帅与中国人的久别重逢吧。你躲藏得好偏僻，而我的目光背后，应是华北平原的万里云天。

寺内寿一改任南方派遣军总司令是在1941年10月东条英机上台组阁之后，他与山本五十六的海军联合舰队相配合，构成了震动世界的太平洋战争。他把他在华北的凶残倾泻到了南洋，从西贡直捣新加坡。他的死亡是在日本投降之后，死因是脑溢血。

元帅的死亡，震动了当时由英军看守的日军战俘营。正是那些早就被解除武装、正在受到公审、正在受到全世界唾骂的战俘，张罗着要为寺内寿一筑坟，而且是筑一座符合元帅身份的坟。从我接触到的一些资料看，为了眼前这座坟，当时日军战俘营里所发生的事，今天想来依然触目惊心。

这些战俘白天在英军的监视下做苦工，到了夜晚空下来，就聚集在宿舍里密谋。他们决定，寺内寿一的墓碑必须采用柔佛（今属马来西亚）南部的一座石山上的石料，因为这座石山上曾发生过日军和英澳联军的激战，好多石块就浸染了日本军人的鲜血。他们要悄悄派出几个目睹当年激战的人去，确定当年日军流血最多的地方，再从那里开采巨石，躲过人们耳目，拼死长途运来。

这些战俘开始行动了。他们正儿八经向看守他们的英国军官提出申请，说想自己动手修建战俘营的宿舍，需要到外面去采伐、搬运一些木料石料。同时，他们又搜集身边带着的日本小玩意儿来笼络英军及其家属。英军同意了他们的申请，结果他们开始大规模地采运石料，不仅为寺内寿一，而且为其他战死的日军筑坟。柔佛那方染血的巨石完全不像修宿舍的材料，只能在星夜秘密偷运。运到离现在墓地八公里之外一座荒弃的橡胶园里，搭起一个帐篷，用两天时间刻琢碑文，刻好之后又运到墓地，恭恭敬敬竖好，浇上水泥加固。我现在死死盯着看的，就是这个墓碑。

这一切，竟然都是一个战败国的俘虏们偷偷做成的，实在让人吃惊。我想，如果有哪位电影大师拍一部影片，就表现一群战俘在黑夜偷运染血巨石来做元帅墓碑的艰苦行程，一定会紧扣人心。山道上，椰林下，低声的呼号，受过伤的肩膀，勒入肌肉的麻绳，摇晃的脚步，警觉的耳朵，尤其是月光下，那一双双不肯认输服罪的眼睛……

资料告诉我，即使在国际法庭公审和处决战犯之后，那些日军战俘，竟还想尽各种办法，通过各种途径，弄到了每一战犯处决时洒血的泥土，汇集起来到这个坟地“下葬”，竖起一个“殉难烈士之碑”。这个碑，我进入墓园不久就看到了的，不知底细的人怎会知道“烈士”是谁？

韩山元先生曾听守墓人说，别看这个坟地冷清，多年来，总有一些上年岁的人专程从日本赶来，跪倒在哪几座墓碑前献酒上香，然后饮泣良久。这些年，这样的老人看不到了，或许他们也都有了自己的墓碑。于是，坟地真正冷清了，不要说战争，就是那星夜运石的呼号，也已成了遥远的梦影。但是，只要你不小心走进了这个地方，在这些墓碑间巡睃一遍，你就会领受到人类精神中极其可怖的一个部分，阴气森森。这里上下有序，排列整齐，傲骨嶙峋，好像还在期待着某种指令……

四

现在该来看看那些可怜的日本妓女了。

论资格，这些妓女要比埋在近旁的军人老得多。大概从20世纪初以来，日本妓女蜂拥来南洋有过几次高潮，每次都和日本经济的萧条有关。而当时的南洋，由于橡胶和锡矿的开采，经济颇为繁荣，大批在国内不易谋生的日本少女就不远千里，给南洋带来了屈辱的笑颜。

日本女子的美貌和温柔使她们很快压倒了南洋各地的其他娱乐项目，轰轰烈烈地构成了一种宏大的职业。从野心勃勃的创业者到含辛茹苦的锡矿工人，都随时随地能找到适合自己的日本娼寮。各国、各族的嫖客，都在日本妓院中进进出出。在这个时候，日本民族在南洋的形象，显得既柔弱又可怜。

既然日妓南下与日本经济萧条有密切关系，而经济萧条又是日本必须向外扩张的根本动因，那么，不妨说，日本妓女的先来和日本军人的后到，确实存在着某种因果关系。让他们的坟墓紧紧靠在一起，好像是故意在搭建一种历史逻辑。

当日本军队占领南洋时，原先在这里的妓女再加上军妓，日妓的数量更是达到空前，连著名的南华女子中学也解散而成了日本艺妓馆。这简直成了一支与“皇军”可以并驾齐驱的队伍，有人戏称为“大和部队”。据说还有一位日本官员故意向寺内寿一总司令报告：“大和部队已经打进来了。”寺内寿一因此而把不少军妓遣送回国，但日本妓女真正在南洋的锐减，则是在日本投降之后。这些已经够屈辱了的女子，无法在更屈辱的大背景下继续谋生了。事实上，即便是战败的苦难，她们也比军阀们受得深，尽管她们远不是战争的发动者，也没有因战争而有任何得益。

日本妓女在南洋的悲惨命运，已由电影《望乡》表现得淋漓尽致。但是依我看，那毕竟是日本人自己搞的作品。在某些历史关节上无法冷静地开掘。日本妓女在南洋的遭遇，只有与以后日本军队的占领南洋疏通起来，现代日本民族的心态和命运才能梳理得更加完整和透彻。仅仅表现她们在屈辱中思念故乡，显然是把题目做小了。

《望乡》中一个让人难忘的细节是，日本妓女死后安葬南洋，墓碑全都向着故乡。但是，我在这个日本坟地中看到的情景却完全相反：300多个妓女的墓碑，全部向着正西，没有一座向着北方！

也许是不敢，也许是不愿，她们狠狠心拧过头去，朝着另一方向躺下了，不再牵肠挂肚，不再幽恨绵绵，连眼角也不扫一扫那曾经天天思念的地方。

岂止不再眼巴巴地望着故乡，在她们这么多的墓碑上，连一个真名字也没有留下。石碑上刻着的都是“戒名”，如“德操信女”、“端念信女”、“妙鉴信女”，等等。这些姑娘，身陷可怕的泥淖之中，为了保持住一点点生命的信念，便都皈依了佛教，希望在虔诚的祈求间，留住些许朦胧的微光。但是我觉得，她们不具真名，与其说是为了佛教信仰，不如说是要隐瞒自己家族的姓氏，不使遥远的族人因自己而招腥惹臭。

这种情景，与边上那些耀武扬威地写满军衔、官职的军人墓碑有多大的差别啊。我仔细地拨开草丛，读着那一个个姑娘自己杜撰的假名字。她们都有过鲜亮的青春，但很快都羞缩成了一枚枚琐小的石丁，掩埋在异地的荒草中。我认出那些字来了，显然都是死者的小姐妹们凑几个钱托人刻上去的，却又像死者在低声地自报家门。她们没什么文化，好不容易想出几个字来，藏着点儿内心的悲凉："忍芳信女"、"寂伊信女"、"空寂信女"、"幽幻信女"……

我相信，这些墓碑群所埋藏的故事，一定比那边的墓碑群所埋藏的故事更通人性。可惜，这些墓碑群什么资料也没有留下，连让我胡乱猜想的由头也十分依稀。

例如，为什么这座立于昭和初年的墓碑那么精雕细刻呢，这位"信女"一定有过什么动人的事迹，使她死后能招来这么多姐妹的集资。也许，她在当时是一位才貌双全、侠骨慈心的名妓？

又如，为什么这些墓碑上连一个字也没有呢？是因为她们做了什么错事，还是由于招致什么意外？

还有，这五位"信女"的墓碑为什么要并排在一个墓基上呢？她们是结拜姐妹？显然不仅是这个原因，因为她们必须同时死才会有这样的墓，那么，为什么又要同时死呢？

这些，都一定有故事，而且是极其哀怨、极其绚丽的故事，近乎中国明清之间的秦淮诸艳。

发生在妓院里的故事，未必都是低下的。作为特殊的时代的一个特殊交际场所，那里会包藏着许多政治风波、金融搏斗、人生沧桑、民族恩怨乃至国际谍情。也许，日本史和南洋史的某些线头，曾经由这些"信女"的纤纤素手绾接。我在这片草地上走了一圈又一圈，深深可惜着多少动人的故事全都化作了泥土。当地不少文学界的朋友常常与我一起叹息当今南洋文学界成果寥寥，恕我鲁莽，我建议南洋文化的挖掘者，多找找这些坟地。军人的坟地，女人的坟地，哪怕它们藏得如此隐蔽。

五

"军人，女人，还有文人！"韩山元先生听我在自言自语，插了一句。

是的，这个坟地里，除了大批军人和女人，竟然还孤零零地插进来一个文人。

这位文人的墓，坐落在坟地的最东边。本来，寺内寿一的墓坐东朝西，俯瞰整个墓地；但这座文人墓却躲在寺内寿一墓的后边，把它也当作了俯瞰的对象。

仅仅这一点，就使我们这几个文人特别解气。而且墓主还是一位挺有名的日本文学家：二叶亭四迷。我记得他的相片，留着胡子，戴着眼镜，头上的帽子很像中国的毡帽。我应该是在研究鲁迅和周作人的时候顺便了解这位文学家的，他葬在这里，对我也是个意外。不管怎么说，整个坟地中，真正能使我产生亲切感的只能是他了。

他的墓碑上的字也写得漂亮，是一种真正的书法。这又使我们几个多了一份高兴。那些军官的墓碑既然都是战俘们偷偷张罗的，字能好到哪里去？

二叶亭四迷1909年2月在俄国游历时发现患了肺结核，但是这位固执的文学家不相信医生，胡乱自己服药，致使病情严重，后由朋友帮助，转伦敦坐轮船返日本治疗。但是，他并没有能够到达日本，而是死在由哥伦坡驶向新加坡的途中。就这样，他永久留在新加坡了。他进坟地是在1909年5月，不仅那些军人的坟墓还一座也没有，连妓女的坟墓也不会有几座，因为当时，日本妓女还刚刚向南洋进发。

二叶亭四迷早早地踞守着这个坟地，他万万没有料到，这个坟地以后会有这般怪异的拥挤。他更无法设想，多少年后，真正的文人仍然只有他一个，他将永久地固守着寂寞和孤单。

我相信，如果二叶亭四迷地下有灵，他执拗的性格会使他深深地恼怒这个环境。作为日本现实主义文学的一员大将，他最为关注的是日本民族的灵魂。他怎么能忍心，日日夜夜逼视着这些来自自己国家的残暴军士和可怜女性。

但是，二叶亭四迷也许并不想因此而离开。他有民族自尊心，他要让南洋人民知道，本世纪客死外国的日本人，不仅仅只有军人和女人。“还有我，哪怕只有一个：文人！”

不错，文人。并没有什么了不起，但死的时候不用像那些姑娘那样隐姓埋名，葬的时候不用像那些军人那样偷偷摸摸、鬼鬼祟祟。

我相信，每一次妓女下葬，送葬的小姐妹们都会在整个坟地中走走，顺便看看这位文学家的墓碑，尽管她们根本读不懂他的作品；我相信，那些战俘偷偷地把寺内寿一的坟筑在他的近侧，也都会对他龙飞凤舞的墓碑端详良久。二叶亭四迷为这个坟地提供了陌生，提供了间离。军乐和艳曲的涡旋中，突然冒出来一个不和谐的低沉颤音。

不能少了他。少了他，就构不成“军人、女人、文人”的三相结构，就构不成一种寓言式的抽象。现在够了，一半军人，一半女人，最边上居高临下，端坐着一位最有年岁的文人。这么一座坟地，还不是寓言？

这个三相寓言结构竟然隐匿于闹市，沉淀成宁静。民族、历史的大课题，既在这里定格，又在这里混沌。甜酸苦辣的滋味，弥漫于树丛，弥漫于草地。铁栅栏围住的，简直是个历史的浓缩体。我走过许多地方，未曾见过如此具有概括力的所在，概括得令人有点难以置信。

六

离开墓地之后，我们的车又在闹市间胡窜乱逛。不知怎么，大家对街上的日本人特别注意起来。

显而易见，今天的日本人在这座城市地位特殊。前几天读到本地一位女作家的一篇作品，其中写到一个年轻繁忙的华人母亲把自己幼小的女儿托养在公婆家里，没想到一年以后，女儿牙牙学语吐出来的第一句话不是华语，不是方言，也不是英语，而竟然是日语。原来公婆家通用的是夹着日语的英语，而日语的成分又日见提高。这位年轻的母亲真正地发怒了，大声吼道：“我不能眼看着自己十月怀胎生下来的孩子，成为一个是华人又不像华人的怪物！”

这种现象，在这里比较典型。日本是亚洲首富，经济界人士竞相趋附是不奇怪的。你看，就在我们的车窗外，那些最豪华的商店门口，停得最多的是日本旅游团的大客车。一大串专供旅游的人力三轮车从我们的车外慢慢前行，不用细看，坐的大多是日本人。

这时我心中忽起一个念头，真想走上前去告诉那些坐在人力车上兴高采烈的日本朋友；就在这座城市，一个草木掩映的冷僻所在，有一个坟地。无论如何，你们应该去看看的。我们刚去看过。

真的，你们应该去看看。

余秋雨散文评论节选①

在对文化诗性的内涵进行界定时，笔者曾指出对人类存在问题的关注，是文化诗性思考的一个重要基点。为什么文化诗性要特别重视人的存在问题？

第一，所有的文学，都不能离开生存本身，都应当关注现实和历史中的人的不同存在方式。文学不是没有依持的精神高蹈，不是空洞的情感宣泄，更不是单纯的技术主义和游戏式的自我放纵。文学说到底是写人，是写人的命运，表现人的生命形态的。而人永远在生活着，他生活在特定的历史环境，生活在自己所设定的生活方式和个人的领域中，所以任何一个有深度、有责任感的作家都力图进入社会生活，挖掘出生活中的人性因素，人的生存的丰富性和独特性，以及生存的质量和人存在下去的理由。这就是文学对生存意义的诗性质询。这种质询，是小说、诗歌和散文共有的深度模式之所在，也是考量小说、诗歌和散文达到了何种水准的世界性的度量衡。遗憾的是，在过去，由于理论认识上的偏差，散文要么就是沉溺于风花雪月之中，要么是写生活中的一些小事情，罗列一些表面的现象，在美学风范上则崇尚古典优雅，讲究精雕细琢，而独独忽略了对人的生命方式和生存意义的质询。这样一来，散文在表现生活的深度和广度方面，自然也就远不及小说和诗歌，这也是散文长期以来内部匮乏，并因这种匮乏而落后于小说和诗歌的原因之一。而现在，散文将在文化诗性的张扬中加强对人的生存方式和生存意义的质询。

第二，每一个人都是现实生活中的人，同时也是历史中的人，文化中的人。每一种历史，每一种文化在每个不同的个体生命中，都有

---

① 陈剑晖. 诗性散文. 广州：广东教育出版社，2009.

着不同的存在方式，呈现出不同的存在意义。散文既然从属于历史，从属于文化，从属于人类的精神创造，它就应当从文化诗性的角度出发去阐释人的存在意义，并通过人的生存的发现去昭示历史的演进、文化的价值和民族的思维方式与审美品格。正是在这个意义上，散文的文化诗性在本质上也就是一种存在的诗性。它通过对存在的思考发现了存在的意义，而存在意义的发现又反过来强化了这种诗性，使这种诗性成为人类文化中最为美好、最为灿烂的品质。

如上所述，散文中的文化诗性即存在诗性在以往的散文创作中基本是一片空白，不过进入20世纪90年代以后，由于抒情的淡出和思想的凸现，特别是由于在散文领域中确定了知识分子的存在方式和说话方式，散文作家心灵的自由和个人的话语权利获得了保障，这样，散文中的个体存在，个人的生存方式、生存际遇和生存经验也就受到了普遍的关注。特别在文化散文中，人的存在和存在意义更成为散文作家探索的重点，如余秋雨的《苏东坡突围》、《遥远的绝唱》、《这里真安静》、《青云谱随想》、《西湖梦》、《流放者的土地》等作品，便是在宽阔的历史文化的背景下思考人的存在的问题。

在对传统文化的批评和文化精神的维护方面，余秋雨的散文不但写得特别多，而且见解也较为独到和深刻，而他的表达既富文化诗性又富哲理诗性。他对于传统文化的批判，可以归纳为是对中华民族三种文化形态的批判：

其一，“毛笔文化”批判。中华民族作为世界上最早进入文明的种族之一，它曾让人惊叹地创造了独特而美丽的象形文字，还创造了简帛、纸和印刷术，而与这一系列创造和发明相联系的就是创造了世上独特的“毛笔文化”。可以说，当整个中华民族的知识分子都操作着一副笔墨，写着一种在世界上十分独特的毛笔字的时候，事实上它就传达了一种独特的文化精神、心理习惯和生命信息。余秋雨不愧为慧眼独到的文化散文大家，他敏感地抓住了这一独特的文化现象，并运用他的诗性和哲理的思考，写出了颇为别致的文化散文《笔墨祭》。在文中，作者首先肯定“毛笔文化”是产生于特殊的文化传统和社会氛围中的“一个完整的世界”。它不仅是一种共同的技术手段，而且是中国古代文人的一种基本的生命形态：“一种包括书写者、接受者和周围无数相类似的文人们在内的整体文化人格气韵，就在这短短的便条中泄露无遗。在这里，艺术的生活化和生活的艺术化相溶相依，一支毛笔并不意味着一种特殊的职业和手艺，而是点化了整体生活的美的精灵。”接着，作者又将毛笔与古代的一些杰出书法家的生活和书法联系起来，具体展示书法家是怎样在苦练书法的同时也在修炼自己的生命形象。特别是将毛笔与五四运动，与胡适的白话文，与林琴南的翻译，与陈独秀、周作人等新文化运动的宿将联系起来，并在五四新文化和传统文化的碰撞，在人的生命人格的构建与耗散中对“毛笔文化”进行了切中肯綮的批判：“本该健全而响亮的文化人格越来越趋向于群体性的互渗和耗散。互渗于空间便变成了一种社会性的认同；互渗于时间便变成了一种承传性定势。个体人格在这两种力量的拉扯中步履维艰。生命的发射多多少少屈从于群体惰性的熏染，刚直的灵魂被华丽的重担渐渐压弯。请看，仅仅是一支毛笔，就负载起了千年文人的如许无奈。”不能说“毛笔文化”不令人肃然起敬，不能说以“毛笔文化”为其精髓内涵的中国传统文化不辉煌灿烂，但正如作者接下来所分析的：它太“过于迷恋承袭，过于消磨时间，过于注重形式，过于讲究细节，毛笔文化的这些特征，正恰是中国传统文人群体人格的映照，在总体上，它应该淡隐了”。由毛笔而传统文化，而人的生命状态，再由生命状态延伸到中国传统文人的群体人格。最后，作者得出的结论是“在总体上，它应该淡隐了”。当然，“淡隐”并不是消亡，并不是完全否定。因为“这个民族的生命力还需要在更宽广的天地中展开，健全的人格需不断立美逐丑”。尽管“对美的祭奠”有时“最让人消受不住”，但为了中华文明的前行，为了民族文化人格的健全发展，我们非如此不可。这就是余秋雨的《笔墨祭》和其他一些相类似的文化散文的结论。

其二，“夜帆船文化”批判。与“毛笔文化”在题旨上紧密衔接的，是对于“夜帆船文化”的批判。夜帆船，历来是中国南方水乡苦旅长途的象征，同时也是中国文化的另一个内涵丰富的象征。由于余秋雨生活于南方水乡，他是听着“笃笃笃”的夜航船的声音长大的，因而夜航船所涉及的乡风民俗以及历史给他留下了难以磨灭的印象。于是，他写出了《夜航船》。此文采用回忆性的表现手法，以童年的生活印象为素材，先写自己对夜航船的认知和感受，写许多山民如何为夜航船失眠，特别是细致地描状了夜航船里的各种人生世态。这一部分写得自然质朴，十分生动传神，且富于南方水乡的生活气息。接下来便写到明代张岱的著作《夜航船》，作者说张岱写《夜航船》其实是一个潇洒幽默的举动。由于张岱这位大学者是夜航船中的常客，他在乘船的切身体验中，深感“天下学问，唯夜航船中最难对付”。所以发心写一本介绍中国一般文化常识的书，使士子不至于在类似于夜航船这样的场合献乖露丑。没想到，张岱的这一即兴性的潇洒举动，竟启发了余秋雨进一步探究“夜航船文化”的冲动。他以出色的文化感悟力和高度抽象概括的理性思维，在夜帆船缓慢的航行进程中，细细品味着已逝的历史陈迹，包括明代的社会氛围，知识分子的满足于清谈和炫耀知识，或为千百年前的某个细枝末节争得脸红耳赤，以及鲁迅、周作人和丰子恺等文学大家对夜航船及两岸景物的描述，这样，在细细品味和比较中，作者终于领悟到：中国文化的进程，正像这艘夜航船：

船头的浪，泼不进来；船外的风，吹不进来；船行的路程，早已预定。谈知识，无关眼下；谈历史，拒绝反思。十年寒窗，竟在谈笑争胜中消耗。把船橹托付给老大，士子的天地只在船舱。一番讥讽，一番炫耀，一番假惺惺的钦佩，一番自命不凡的陶醉，到头来，争得稍大一点的铺位，倒头便睡，换得个梦中微笑。

然而，此时大洋的彼岸又是怎样的情形呢？法国诞生了狄德罗，另一部百科全书便是在此人手上编成的。但“这部百科全书，不是谈资的聚合，而是一种启蒙和挺进。从此，法国精神文化的航船最终摆脱了封建社会的黑夜，进入了一条新的河道”。自然，作者拿狄德罗的百科全书与张岱的《夜航船》作比较，其用意不在于批判张岱，而在于指出这样一个事实：中国的“夜航船文化”，实际上正是造成中国古代的士大夫文化因循守旧、闭关自守、崇尚空谈、脱离民众和实际的特殊的社会土壤。由于上述的原因，中国的夜航船才这样狭小平稳，而且迟迟达不到现代的彼岸。这确实体现出了一个现代知识分子对文化、对学术的独特的思考。至于此文对生活场景的生动逼真的描写，它在文化还原方面所体现出来的开阔的文化想象，以及对象征、对比等表现手法的出色运用，则在很大程度上强化了这篇作品的文化诗性。

其三，“隐士文化”批判。隐士指的是封建社会具有较高的文化知识和道德修养的士人。尽管他们的才能智慧高出于一般人甚至有较大的名气，但他们却不愿入仕，而宁愿隐居山林，过着一种原始化和贫困化的生活。由于隐士洁身自好，追求一种怡然自得，没有功利目的的生存境界，因而自古以来，隐士一直受到人们的尊敬和颂扬。然而，余秋雨却不这样看。在《西湖梦》中，他一反传统的文化价值评判标准，对西湖边的隐士林和靖进行了批判：

他似乎把什么都看透了。隐居孤山20年，以梅为妻，以鹤为子，远避官场与市嚣。他的诗写得着实高明，以“疏影横斜水清浅，暗香浮动月黄昏”两句来咏梅，几乎成为千古绝唱。中国古代，隐士多得是，而林和靖凭着梅花、白鹤与诗句，把隐士真正做道地、做漂亮了。在后世文人眼中。白居易、苏东坡固然值得羡慕，却是难以追随的……然而，要追随林和靖却不难，不管有没有他的才份。梅妻鹤子有点烦难，其实也很宽松，林和靖本人也是有妻子和小孩的。哪儿找不到几丛花树、几只飞禽呢？在现实社会碰了壁，受了阻，急流勇退，扮作半个林和靖是最容易的。

这种自卫和自慰，是中国知识分子的机智，也是中国知识分子的狡黠。不能把志向实现于社会，便躲进一个自足小天地自娱自耗。他们消除了志向，渐渐又把这种消除当作了志向。安贫乐道的达观修养，成了中国文化人格结构中一个宽大的地窖。尽管有浓重的霉味，却是安全而宁静。于是，十年寒窗，博览文史，走到了民族文化的高坡前，与社会交手不了几回合，便把一切沉埋进一座座孤山。

因为认定社会现实和仕途官场充斥着黑暗和污浊，因而不愿与俗流同污，而愿意在大自然中寻找寄托，使灵魂有所安顿，这本来也是一种特殊的生存方式和生存理念，其选择应当说是无可厚非的。问题是，知识分子是一个特殊的群体，他们是一个民族前行的推动者，因而他们应有比较强健硬朗的主体意识和理性思考的精神。如果知识分子都像林和靖那样隐居孤山，终老荒林，那么春去秋来，梅凋鹤老，文化也就成了一种无目的浪费，封闭式的道德完善导向了总体上的不道德，结果群体性的文化人格也日渐暗淡。而与此相联系的文明的进化、国家民族的现代性目标也因此被取消，“剩下一堆梅瓣、鹤羽，像书签一般，夹在民族精神的史册上”。这样的文化批判，具有强烈的现实意义。

但是，应当看到，对于传统文化，余秋雨并不是一味地批判。对于传统文化，余秋雨既有批判也有守护，他的批判是为了使文化的诗性具有更强的理性负载能力。《废墟》这篇散文便典型地体现出了余秋雨对历史文化的态度。此文一开篇便写道：“我诅咒废墟，我又寄情废墟。”为什么既“诅咒”又“寄情”呢？因为废墟一方面“吞没了我的企盼，我的记忆”。另一方面，理性的思维又使“我”意识到，“没有废墟就无所谓昨天，没有昨天就无所谓今天和明天。废墟是课本，让我们把一门地理读成历史；废墟是过程，人生就是从旧的废墟出发，走向新的废墟”。

废墟不仅是人类进化的长链，废墟还有“一种形式美，把拔离大地的美转化为皈依大地的美。再过多少年，它还会化为泥土，完全融入大地。将融未融的阶段，便是废墟。母亲微笑着怂恿过儿子们的创造，又微笑着收纳了这种创造”。这里是化抒情为理性的沉思，化丑为美的写法，也体现了作者对待废墟的科学辩证的态度。在文章的最后两节，作者更由对眼前的废墟的描述，上升到对历史文化的深刻反思。作者指出，“中国历史上缺少废墟文化”，这反映出中国人喜好大团圆的文化心理。他说：“中国历史充满了悲剧，但中国人怕看真正的悲剧。最终都有一个大团圆，以博得情绪的安慰，心理的满足”。然而，“没有悲剧就没有悲壮，没有悲壮就没有崇高……中国人若要变得大气，不能再把所有的废墟驱逐”。作品的最后一节，作者更用诗性的笔调写道：

废墟的留存，是现代人文明的象征。

废墟，辉映着现代人的自信。

废墟不会阻遏街市，妨碍前进。现代人目光深邃，知道自己站在历史的第几级台阶。他不会妄想自己脚下是一个拔地而起的高台。因此，他乐于看看身前身后的所有台阶。

是现代的历史哲学点化了废墟，而历史哲学也需要找素材，只有在现代的喧嚣中，废墟的宁静才有力度；只有在现代人的沉思中，废墟才能上升为寓言。

因此，古代的废墟，实在是一种现代构建。

现代，不仅仅是一截时间。现代是宽容，现代是气度，现代是辽阔，现代是浩瀚。

我们，夹带着废墟走向现代。

显然，作者的视野开阔，想象力十分丰富。作者思考的问题十分宏大，他先从具体的废墟写起，由废墟的历史文化价值写到废墟的形式美，再进而深入到对民族文化心理的批判，最后再上升到对现代文明建设的思考。作品的思考是现代的，但作者的表达却富于诗性。它不仅有作者自己的人生感悟和体验，而且文笔畅达华丽，叙述中激情飞溅。总之，文化与历史、感性与理性、想象与激情三者的融合，形成了余秋雨散文中一种独特的“废墟的美”。

千载心香域外烧

王充闾

那天在越南的首都河内市，听到一个惊人的信息：唐代诗人王勃的墓地和祠庙在越南北部的义安省宜禄县宜春乡，那里紧靠南海。《旧唐书》中本传记载，王勃到交趾省父，“渡南海，堕水而卒”。罹难场所和葬身之地向无人知，想不到竟在这里！

由于急切地想要看个究竟，第二天，我们便由越南作协外联部的负责人陪同，前往实地访察。一路上的话题，自然离不开这位短命的天才诗人。对于一个1300多年前的外国文学家，他们不仅熟知，而且饶有兴趣，确属难得。只是，心里越着急，汽车越是跑不起来，路又窄，车又多，不足200公里的路程竟然走了六个小时，到达那里已经是夜幕沉沉了。

我们在海边一家简易旅馆住下。客房在楼上，很空阔，窗户敞开着，夜色阴森，林木缝隙中闪现出几星渔火，杂着犬吠、鸦啼，空谷足音一般，令人加倍感到荒凉、阒寂。“哗——哗——哗——”，涛声阵阵，好像就轰响在脚下，躺在床上有一种船浮海面的感觉，似乎随时都可能漂走。迟迟进入不了梦乡，意念里整个都是王勃——到底是怎么死的，死了之后又怎么样……很想冲出楼门，立刻跑到海边去瞧一瞧，无奈环境过于生疏，只好作罢，听凭脑子去胡思乱想。

当年，少陵诗翁出巫峡，至江陵，过诗人宋玉故宅，曾有“怅望千秋一洒泪，萧条异代不同时”的慨叹，其时上距宋玉时代恰值千年上下；于今，又过去了一千多年，我们来到了另一位名扬中外、光耀古今的诗人的终焉之地，不仅是“萧条异代”，而且远托异国，自然感慨尤深。我多么想望，这位同宗的先辈能够诗魂夜访，相与促膝欢谈，尽倾积愫啊！那脍炙人口的“海内存知己，天涯若比邻”的名句，不知倾倒了多少颗炽热的游子之心，今天晚上，尔我竟然“天涯若比邻”了，真是三生有幸。

东方刚刚泛白，我便三步变作两步地飞驰到海边。风很大，衣服被鼓得像个大包袱，潮也涨得正满，目力所及尽是滔滔的白浪。几只渔船正劈波入海，时而被抛上浪尖，时而又跌下谷底。说是船，其实本是藤条编的大圆笸箩，里外刷上厚厚的黑漆。平时扣在潮水漫不到的沙滩上；捕鱼时翻转过来推进海里，然后架起长长的木桨艰难地划行着。

当地文友说，这里是蓝江入海口，距离中国的海南岛不远，大体在同一纬度上。气候很特殊，看上去滩平坡缓，视野开阔，没有任何遮拦，可是，老天爷却老是耍脾气，喜怒无常，瞬息万变。说声变脸，立刻狂风大作，搅动得大海怒涛汹涌，面目狰狞，往来船只不知底里，时常招致灭顶之灾。听到这些，王勃遇险的因由，我已经猜到了几分。

草草用过了早餐，我们便赶忙去看王勃的祠庙和墓地。听说有中国作家前来拜望王勃，乡长停下正在进行的会议，早早等候在那里。见面后，首先递给我一本铅印的有关王勃的资料。封面印着王勃的雕像，里面还有墓碑的照片，正文为越南文字，后面附有以汉文书写的《滕王阁序》。大家边走边谈，突然，一大片荒榛断莽横在眼前，几个圆形土坑已经长起了茂密的茅草。乡长指着一块凸凹不平的地基说，这就是王勃祠庙的遗址，整个建筑1972年被美国飞机炸毁了。我急着问："坟墓呢?"当地一位乡民指告说：离这不远，也都被炸平了。这时，乡长从我手里取回资料，让大家看封底的照片——炸毁前此地的原貌：在参天乔木笼罩下，祠堂高耸，不远处有荒冢一盔，累然可见，徜徉其间还有一些游客。真是"此情可待成追忆，留得残图纸上看"了。

全场静默，榛莽无声。苍凉、凄苦、愤懑之情，壅塞了我的心头；而目光却充盈着渴望，继续往四下里搜寻，我很想从历史的丛残碎片中打捞出更多的劫后遗存。于是，又拨开对面的灌木丛，察看隐没其间的一座墓碑。已经断裂了，碑额抛掷在一旁，以汉字刻写的碑文多处残损，而且漫漶模糊，大略可知竖立于王勃祠庙重修之际，时间约在18世纪末年。

越文资料中记载王勃的身世比较详细。说他是山西绛州龙门人，生于唐太宗贞观二十三年（649），六岁善文辞，有"神童"之誉，还未成年就经人举荐入朝为朝散郎。一生著述甚丰，有《王子安集》传世。由于恃才傲物，深为同僚所嫉，仕途屡遭颠折。最严重的那一次，不仅自己丢掉了官职，被投进监狱，险些送了性命，而且连累了他的父亲。这一年他26岁。幸亏赶上唐高宗册立太子，大赦天下，他才挣脱了缧绁之苦。他决意从此告别仕途，远涉千山万水，前往交趾看望被流放的父亲。这年六月，他从龙门出发，一路沿黄河、运河乘舟南下，再溯江而上，经芜湖、安庆抵达马当。九月初八这天，听说滕王阁重修工程告竣，洪州都督阎伯屿将于重阳节邀集宾朋，盛宴庆祝。他十分珍视这次以文会友的机会，可是，马当山离洪州（南昌）尚有七百里之遥，一个晚上是万万不能赶到的。这时奇迹发生了，据说，因有江神相助，一夕间神风飒飒，帆开如翅展，船去似星飞，次日清晨就系舟于滕王阁下。于是，“敢竭鄙诚，恭疏短引，一言均赋，四韵俱成”，那篇千秋杰作《滕王阁序》应运而生。

显而易见，王勃此行，心情是十分压抑的。少年壮志已成尘梦，而今以一无爵无禄的刑余之人，萍浮梗泛，羁身南北，怎能不深深陷于极度的愤懑与绝望之中！这种情怀在序文中表现得十分充分。文章在正面描绘了滕王阁壮美的形势和秀丽的景色之后，笔锋一转，便进入淋漓酣畅的抒情，极写其兴尽悲来，怀才不遇的惆怅：

> 关山难越，谁悲失路之人；萍水相逢，尽是他乡之客。怀帝阍而不见，奉宣室以何年？嗟乎！时运不齐，命途多舛。冯唐易老，李广难封。屈贾谊于长沙，非无圣主；窜梁鸿于海曲，岂乏明时？

里面满是牢骚，满是愤慨。最后，索性弃官就养，一走了之——“舍簪笏于百龄，奉晨昏于万里”了。

显然，这是借滕王的酒杯浇自己的块垒。我想，即使没有这次重阳雅集，他也会凭借其他由头写出类似文字的。许久以来，他实在是太伤心、太抑郁、太苦痛了，憋闷得简直喘不过气来，胸膛都要炸裂了。作序，使他在集中展现才华的同时，也获得一个敞开心扉，直抒忧愤的机会。

其实，这里面是潜藏着一定的风险的。好在与会者一时为其华美的词章所打动，惊服他的旷世才情，并没有过多地玩索其中的深意；否则，纵使初唐时期文学环境比较宽松，不致像后世的苏东坡那样，遭人轻易地罗织一场“乌台诗狱”，也总会给那些蓄意倾陷，别有用心之人提供一些彰明昭著的口实，难免再次招致什么难以预料的灾愆。

就是说，这次他还是很幸运的。雄文一出，不但四座叹服，并且为后世文坛所极力推崇。当然，也有轻薄訾议王勃等四子之文“以骈骊作记序，多无足取”者，但受到了诗圣杜甫毫不留情的抨击：

“王杨卢骆当时体，轻薄为文哂未休。尔曹身与名俱灭，不废江河万古流。”轻薄者“身名俱灭”，而王勃等“初唐四杰”则“江河万古”。大文豪韩愈一向是目无余子的，可是，他也为自己的《滕王阁记》能排在王文之后而感到无比荣耀。此后，地以文传，马当山也跟着出了名。清代诗人潘耒路过这里，题诗云：“飞帆如箭劈流开，遥奠江神酒一杯。好风肯与王郎便，世上唯君不妒才。”借着讲述马当山神风相助的故事，抒写他对王勃高才见嫉的深切同情和愤懑不平。

也是借助这一故实，后来在元明小说、戏曲中便出现了一句常用的文词：“时来风送滕王阁。”中国过去讲究对句，那么，“运去……”呢，也还是因为风神作祟。王勃于公元676年夏初来到交趾，陪父亲一起度过了炎热的溽暑，秋八月踏上归程，由蓝江起航，刚刚驶入南海，即不幸为风浪所噬，终年28岁。也许是“天道忌全”吧，一个人如果太完美、太出色了，即将为造物者所忌。上帝总是在最不合时宜的当儿召回他亲手创造的天才。结果，那七彩斑斓的生命之华还未来得及充分绽放，就悄然陨落了，身后留下了无边的空白。

据越文资料记载，那一天，海水涨潮倒灌，把王勃的尸体顶入蓝江，被村人发现，认出是这位中土的早慧诗人，即刻通知他的父亲，然后就地埋葬在蓝江左岸。出于对他的崇敬，并且雕像、修祠，永为纪念。千古文章未尽才，无论就整个文坛还是就他个人来讲，都是抱恨终天的憾事。传说王勃死后，情怀郁结难舒，冤魂不散，蓝江两岸总有乌云滚动。还有人在南海之滨看到过他那飘忽不定的身影；夜深人静时，风翻叶动，簌簌有声，细听，竟是他操着中原口音在吟咏着诗文。

这一带文风比较盛。过去许多上了年纪的人都能背诵“落霞、孤鹜”的名句和“闲云潭影日悠悠，物换星移几度秋”的诗章；子弟们潜心向学，有的还科名高中，历代出现过许多诗人。其中，成就最大、声望最高的是被誉为“越南的屈原”、“民族的天才诗人”阮攸。他出生于黎王朝的末叶，中年入仕后，曾几度出使中国，到过长江沿岸许多地方，对于中国的风物人情，尤其是汉文学素有深湛研究。他根据中国章回小说改写的诗歌作品《金云翘传》，长达 3254 行，享有世界性的声誉。阮攸从小就熟读王勃的诗文，心向往之，不仅在作品中引用过“风送滕王阁”的逸闻佳话，还专门凭吊过王勃祠、墓。听说，重修后的王勃祠庙的对联“座中尽是他乡客，眼底无非失路人”，就是阮攸亲拟的；还有一副联语“信哉天下有奇作，久矣名家多异才”，引自陆放翁诗，亦出自阮攸之手。他曾在《漫兴》一诗中写道：“行脚无根任转蓬，江南江北一囊空。”虽有自嘲意味，但用来比况王勃也是至为贴切的。

明朝末年，中国的白话短篇小说《三言·二拍》付梓后，不久便传入越南，并产生深远的影响。其中冯梦龙编的《醒世恒言》第四十回《马当神风送滕王阁》，里面有“王勃乃作神仙而去”的说法，还附了一首七绝：“从来才子是神仙，风送南昌岂偶然？赋就滕王高阁句，便随仙杖伴中源（江神名）。”大约就是从这时开始，王勃便在南海沿岸一带被作为神祇供奉了。原本是出于敬慕，现在又涂上了一层信仰的釉彩，于是，这位青年才俊便在香烟缭绕中开启了他的仙家岁月。

什么圣帝贤王、天潢贵胄、巡边都抚、镇海将军，当地人民早已通通置诸脑后了，唯有这位谈不上任何功业而又时乖运蹇的文学家，却能世世代代活在人们的心里。

承乡长见告，王勃祠庙遭受轰炸后，当地一位名叫阮友温的退伍大尉，冒着生命危险把王勃的雕像抢救出来，没有地方安置，便在家中腾出一间厅堂把他供奉起来。这引起了我们的极大兴趣，立即赶赴阮家探望。阮先生已经故去，其胞弟阮友宁和先生的儿媳、孙儿接待了我们。王勃像供在中堂左侧，前面有一条几，上设香案。像由上好红木雕刻，坐姿，为唐朝士大夫装束，通高约一米四五。由于年深日久，脚部已开始朽损，面孔也有些模糊。跟随着主人，我们一同上前焚香拜祝。我还即兴吟咏了一首七律：

南郡寻亲归路遥，孤篷蹈海等萍飘。
才高名振滕王阁，命蹇身沉蓝水潮。

祠像由来非故国，神仙出处是文豪。

相逢我亦他乡客，千载心香域外烧。

站在雕像面前，我为这样一位悲剧人物深情悼惜——

对于文学天才，造物主不该这样刻薄悭吝。唐代诗人中得享上寿者为数不少，怎么偏偏同这位“初唐四杰”之冠过不去，不多留给他一些创造璀璨珠玑的时间！

短命还不算，在他二十几年的有限生涯中，几乎步步都在翻越刀山剑树，弄得伤痕累累，焦头烂额。他的身心确是太疲惫了，最后，只好到南海之滨寻觅一方逍遥化外的净土，让那滚滚狂涛去冲洗倦客的一袭黄尘，满怀积愆，让富有诗情画意的蕉风椰韵去抚慰那颗久滞异乡的破碎的心。

他失去的太多太多。他像彗星那样在大气层的剧烈摩擦中倏忽消逝，如一粒微尘遗落于亘沙瀚海。他似乎一无所有，然而却在文学史上留下了一串坚实、清晰的脚印，树起一座高耸云天的丰碑，特别是能在域外长享盛誉，历久弥新。如此说来，他可以死而无憾了。

王勃属于那种精神世界远比行为层面更为丰富、更为复杂的文学家，有着广泛而深邃的可研究性。相对地看，我们对于这位天才诗人的关注反而不如兄弟邻邦，至于不为成见所拘，独辟蹊径地解读其诗文，恐怕就更欠火候了。

王充闾散文评论节选[①]

不断地回望来路、探索和拓展写作领域，在表达个人情怀的同时，深入地展现人的心灵风貌并探询人的精神归宿，既从外观（外部世界）、远观（中外历史）到内观（心灵世界）构成了王充闾已经实现的创作历程。文学可以以个人化的方式处理历史和现实题材，那些已然发生的事件、人物和见闻应该是作家表达的对象，在这些题材的创作中，体现了作家的史识、修养、趣味和胸襟。应该说对已然事

① 孟繁华. 散文困境中的一座丰碑. 中国作家网，2007-01-12.

物的把握相对容易些，而对未然事物的把握就困难得多。特别是在社会转型、价值失范、方位不明的精神漂流时代，如何寻找精神家园和归宿，如何寻找灵魂的栖息地，不仅是我们共同面对的时代命题，同时也应该是作家焦虑探讨的核心领域。文学最终要处理人的精神和灵魂事务，它有义务回答人类的精神难题。这可能是我们面对的困惑，但王充闾在可能范畴内的追问，有价值的探讨却为这个难题提供了可贵的参照。

我们注意到，王充闾在探讨这一领域问题的时候，他并没有从一个庞大的乌托邦框架出发，并没有提供一个普世性、终极的精神宿地，而是以相当个人化的方式，实现了他个人的精神还乡。这个精神故地，既是他亲历生长的地方，也是一个遥远但却日益清晰的梦乡。王充闾有一本散文集，他将其命名为《何处是归程》。这个命名隐含了一种沧桑、悲凉和困顿，同时也隐含了一种叩问和探询的坚忍。书前有两首七绝题记诗。其一："世间无缆系流光，今古词人引憾长。且赏飞花存碎影，勉从腕底感苍凉。"其二："生涯旅寄等飘蓬，浮世嚣烦百感增。为雨为晴浑不觉，小窗心语觅归程。"诗中确有对人生短暂苍凉的慨叹和难以名状的悲剧意识。但这种悲剧并不仅仅源于"无缆系流光"的无奈，它更来自诗人对"浮世嚣烦"，世人对功名利禄的争斗或倾轧。特别是诗人"人过中年"之后，似乎就有打点心灵归程的意思了。

当然，无论从作家对风光的状写还是对历史人物人性的开掘，都不同程度地表达了他对人生选择的理解和志向。但并没有像晚近作品那样更关注心灵去向的问题。这一写作倾向的偏移，既是作家对切近思考的反映，同时也纵向地联系着他一贯的旨归和意趣，只不过没有像晚近这样突出和明显罢了。特别在他一些"忆旧"式的散文里，如《童年的风景》、《碗花糕》、《青灯有味忆儿时》、《华发回头认本根》、《灵魂的回归》、《乡音》、《故园心眼》、《思归思归，胡不归》等，抒发的是一种别样的情怀。这是一种给人亲近、质朴、纤尘未染甚至有些"前现代"意味的生活图景。王充闾先生对故土家园的眷恋和一往情深，与他出生于乡土中国有关，与他深受中国古代文化的熏染有关，但作为一名现代知识分子，更与他经历了官场和世事的“乱云飞渡”有关。纷乱的现实使他心绪难平，他才萌发了“小窗心语觅归程”的心绪。于是，在作家的笔下，童年时节嫂嫂明亮阳光的笑靥，充满民间色彩的玩笑以及来自嫂嫂真心的爱怜、嫂嫂过早去世的痛心疾首（《碗花糕》）；房客靳大叔捉鳖捕鹰的本事和“笑婶”的先天痴憨（《西厢里的房客》）；读私塾时先生讲“找得”的故事和灵机一动的“对句”（《青灯有味忆儿时》）；和私塾先生女儿小好姐的两小无猜，私下“关照”的情景和没有实现的婚事（《小好》）；等等，成为作家安顿心绪的驿站。但值得注意的是，王充闾与中国现代作家逃离乡村到都市生活遇挫之后，再度追忆乡村生活时将其诗化和圣化的民粹主义立场截然不同。他与当下世相比较时，宁愿重新体验未被污染的乡村的“童年记忆”，那里确实存在着诗意和美好，亲和的人间情怀。但是，王充闾的意义就在于，他在追忆前现代生活时，并未将其乌托邦化。他一贯的警醒和自我检视使他获得了另一种自觉，这就是对放大想象的检讨警惕。他曾说：“对于故乡的认识，游子们无一例外地都会夹杂着浓重的感情色彩和想象的成分。原本十分鄙陋的乡园，经过记忆中的漫长岁月的刷新，在离人的遥遥想望中，已经变作温馨的留念与甜美的追怀，化为一种风味独具的亮点，放射出诗意的光芒。在回忆的网筛过滤之下，有一些东西被放大了，又有一些东西被汰除了，留下的是一切美好的追怀，而把种种辛酸、苦难和斑驳的泪痕统统漏出。”（《思归思归，胡不归》）这种敢于面对心灵诚实体会的表白，亦道出了“怀乡情结”相伴相生的问题。

【问题与思考】

1. 比较文化大散文与学者散文的异同。

2. 说说20世纪90年代抒情散文淡出，文化大散文兴起的原因。

3. 你如何看待余秋雨的文化大散文？试为论述。

4. 文化大散文发展到今天，在你看来暴露出了哪些弊端？应如何调整或完善？

【相关作品与文献】

1. 余秋雨. 文化苦旅. 上海：东方出版中心，1992.

2. 王充闾. 一夜芳邻. 郑州：河南文艺出版社，2002.

3. 梁衡. 觅渡. 北京：中国人民大学出版社，2004.

4. 卞毓方. 长歌当啸. 上海：东方出版中心，2004.

5. 郭保林. 昨天的地平线. 上海：东方出版中心，2003.

6. 喻大翔. 用生命拥抱文化. 北京：人民文学出版社，2002.

7. 黄科安. 知识者的探求与言说. 北京：中国社会科学出版社，2004.

8. 梁向阳. 当代散文流变研究. 北京：中国社会科学出版社，2007.

9. 萧朴. 感觉余秋雨. 北京：文汇出版社，1996.

10. 颜翔林. 历史与美学的对话. 北京：学林出版社，2001.

第二章 学者散文

【学习提示】

理解文体的概念和文体的层次。比较学者散文与文化大散文的区别。感悟学者散文主体文体的内敛性思维方式、生命的本真、智慧写作、自由的心灵与语体文体的关系。把握学者散文平实亲切、自由随意的聊天式“絮语”特征，以及寄繁于简，寄浓于淡，善用“四字格”与“骈文”的取向。

学者散文文体的特点与价值

一

20世纪90年代以来，我国的文学创作进入了一个“乱花渐欲迷人眼”的“散文时代”。这一时期，散文不但在题材开拓、思想内涵、艺术形式上获得了质的提高和发展，散文的品种更是丰富多样、林林总总，令人目不暇接。而在这春色满眼、繁花似锦的散文园地里，学者散文一直以其独异的精神魅力和艺术风采吸引着广大读者的目光。对于当代散文领地里出现的这道亮丽的风景线，近年来已有不少学者做过研究，不过其切入点大多为学者散文的历史文化、思想内涵和主题取向，而较少从文体的视角对学者散文做总体性的考察。而实际上，倘若我们从文体的视阈来检视这一时期的学者散文，不仅可以更加贴近学者散文的本体，可以较准确判断学者散文已经达到了什么样的艺术高度，而且可以更清楚地看到学者散文为中国当代散文注进了什么样的精神元素。

文体，作为文体学的一个基本概念，迄今仍是众说纷纭、难以达成共识。大体说来，从五四至20世纪80年代中期以前，人们讲文体，一般都是指文学的体裁，这显然是被窄化了的文体。而在20世纪的西方，在现代语言学的大背景下，文体又有被复杂化、被泛化的倾向。陈剑晖在《论20世纪90年代中国散文的文体变革》一文中，将文体分为文类文体、语体文体、主体文体和时代文体四个层次，其着眼点既在于文体的“外”也在于“内”，即从外在形式和内在结构来考察文体。现在，将沿着这一思路，主要从语体文体和主体文体两个角度来研究中国的学者散文。需要强调的是：一是这里所谈的“学者散文”，指的是20世纪80年代末以来在中国内地出现的学者散文；二是研究的对象一般出生于20世纪二三十年代，即有的学者文章中谈到的“老生代”。至于年青一代的学者散文，不在本文研究的范围。

我们知道，语体文体虽然是以外在形式呈现出来的表层语言秩序，但它却折射出作家独特的个性特征、思维方式、心理状态和人格结构，同时还隐含着历史、文化和时代的因素。正是看到这一点，别林斯基发表过这样的见解：“文体——这是才能本身，思想本身。文体是思想的浮雕性、可感性；在文体里表现着整个的人；文体和个性、性格一样，永远是独特的。因此，任何伟大的作家都有自己的文体，文体不能分上、中、下三等，世界有多少伟大的或至少才能卓著的作家，就有多少文体。”① 在文体问题上，别林斯基不但将一般性的语言描述和文体创造区别开来，而且特别强调文体的内在结构和深层意蕴，把外在的语言形式与创作主体的才能、个性、思想和思维方式结合起来考察，这样的见解无疑是独到的，即使在今天仍有其借鉴价值。除此之外，还应看到，每一种文体都有不同于别的文体的独特性，都有其内在的审美功能和意义。因此，任何关于文体的研究的目的都是要将文体的这种审美独特性发挥到极致，而不是要模糊甚至抹杀文体的审美界限。从这一点出发，我们认为，研究学者散文的文体有助于我们建立一种自觉的文体意识，同时对那些随心所欲、信笔涂

---

① 别林斯基论文学. 上海：译文出版社，1979：234.

鸦、粗糙简陋的所谓“自由写作”也是一种必要的警醒和纠偏。

二

从主体文体的视角来考察学者散文，我们看到，学者散文的主体文体与语体文体呈现出一种深度交融、相得益彰的状态，这种状态在当代别的散文创作群体中是较少见到的。换言之，在20世纪90年代崛起的学者散文群体中，不论是张中行、金克木、季羡林，还是孙犁、汪曾祺、杨绛、萧乾、施蛰存、陈白尘、黄裳、黄苗子、黄永玉等，他们自小都接受过比较正规的传统文化教育，古代文化的学养十分深厚，同时他们年轻时大多游学西方，受到西方文化的浸染，兼之他们还耳濡目染了五四时代学人的思想和风采，因此他们的思想和为人处世自然更接近于五四学人而有别于当代的文人。他们以传统士大夫的情怀来创作散文随笔，以科学家的理性来介绍知识，释疑世间万物万事，又以哲学家的智慧来感悟社会人生。于是，他们的散文自有一种杂博阔大，一种古朴的历史感和文化氛围。

那么，学者散文群体的思维方式、人格结构和心灵向度有什么独特之处？或者说有什么共同特征呢？

首先，内敛性的思维方式。内敛的思维方式是一种“象思维”的思维方式，主要受到儒、道、佛的影响。它推崇“天人合一”的整体观，服膺“静”、“命”、“常”、“明”的“动态平衡”规律。内敛式思维注重直观、直觉、内省和体悟，其间既有质疑、批判、自我忏悔，也有冥想冷观，有大智若愚、大巧若拙的含蓄。内敛式的思维崇尚古朴简洁，一方面蕴含着古典的遗风余韵；另一方面又充满着科学的精神和现代的意识。内敛思维像禅又不像禅，看似平平淡淡，不愠不火，从容不迫，内里却有独特的生命体察。正是因此，内敛式思维具有“不事张扬”和“缄默的智慧”的特征。它拒绝飞扬躁厉，远离抒情感伤，亦与急功近利无缘。这一点在张中行的散文中表现得特别明显。比如他一再强调人要“顺生”：“生，来于天命，我们抗不了，于是顺；顺之暇，我们迈出几步，反身张目”。自然平淡的语言，体现的是中西融汇的生命智慧和对人世百态的冷静观照，而这与作者崇尚的儒学禅学思想在内蕴上是一致的。张中行有大量写人记事的散文，他的思维方式也很独特。他笔下的文化名人如章太炎、熊十力、周作人、胡博士、梁漱溟、刘半农等，个个如雷贯耳，但张中行没有去渲染他们学术上的成就及影响，而是以近于《世说新语》的笔法，琐话琐谈，极尽这些文化名人的奇癖、怪癖和随便淡泊的性格，如写熊十力：

夏天，他总是穿一条白布裤，上身光着，无论来什么客人，年轻的女弟子，学界名人，政界要人，他都是这样，毫无局促之态。这我们未必成。他不改常态，显然是由于信道笃，或说是真正能躬行。

"信道笃"，"能躬行"，由人谈到文，由浅及深，由近及远，由面相到内心，琐事轶闻中有"史"，而"史"中又有"诗"，这大概就是内敛式的思维了。

事实上，张中行所有写人记事的散文都具有这种"内敛"的特点：他像是与一个个老朋友聊天，又像在欣赏一件件文物古董，其间的褒贬臧否都是十分节制内敛的。张中行如此，金克木也不例外。他是一位学贯中西，知识极为广博的学者。不仅人文科学、语言学、自然科学、古代文章典籍等方面都造诣颇深，甚至还精通印度梵文。然而在他的《文化问题断想》、《燕啄春泥三题》、《我们的文化难题》、《春秋数学：理性思维》等文中，我们看不到任何知识的炫耀，也没有看到新一代学人铺天盖地的名词术语大轰炸，而是将古与今、中与西互通，理性与感性相融，平静的叙述与想象力交织，而究其根源，这也是内敛式的思维方式所导致的结果。至于杨绛那些被称为"哀而不伤，怨而不怒"的作品，更是鲜明地打上了内敛思维的烙印。否则，面对那个非理性的时代和非理性的人与事，她不可能有那样的大悲悯，那样不露声色的叙述。

其次，生命的本真。这涉及作家的人格主体问题；或者说，它是散文作家人格主体的底蕴。也就是说，生命本真，是散文真实的内核。但过去的散文研究对这一层面的"本真"明显地不够重视。事实上，我们说散文是率性之作也好，说它是表现"自我"的艺术也好，这其间也就昭示着散文作家不仅要无中介地面对读者，而且要使生命本真任情任性地呈现。我们经常读到一些矫情滥情的散文，作者不是在那里无病呻吟，就是说一些不着边际的废话假话。之所以如此，是因为这些作者失去了生命的本真。他们不是以整个的生命，以赤裸诚挚的心灵去感知事物、去拥抱世界，而后自自然然、老老实实地写出自己对于这个世界的真实感受，而是将“自我”包裹起来，以伪装的满身披挂代替对生命的全部理解。这样的散文是虚假肤浅，同时也是令人厌恶的。因为它失去了生命的本真，也就意味着失去了散文最为可贵的品格。

应该看到，生命的本真是一种更深层、更内在的真，因而也是一种真正贴近了主体性的真。因为生命不仅是人的本能、意志的集中体现，生命还具有无限开发的可能性，它是超个人、超主体的充满原始激情的实在。此外，如果按照德国近代生命哲学的理解，生命力本体本身还是诗，是美，是对抗现代工业文明的内在之源。因此，在散文创作中高扬生命的旗帜，或者说，把散文生命化，把生命化为诗——这应是一切散文家追求的一个目标。事实上，我们看到，在散文创作中，哪一位作家的生命主体意识愈强大，他的生命力在作品中渗透得愈深广、愈彻底，他的作品也就愈有力量。应当说，在生命本真这一点上，学者散文作家是得天独厚且深有体味的。由于这些作者有着丰富的人生阅历，且大都历经多年的战乱，在“文化大革命”中又蹲过“牛棚”，饱经忧患的人生经历，使他们对生命的体验较一般散文家深刻。

另一方面，对于散文的“真”，学者散文作家也有独到的理解。比如，汪曾祺就这样阐述过他心目中的“真”：

我写作，强调真实，大都有过亲身感受，我不能靠材料写作。我只能写我熟悉的平平常常的人和事，或者如姜白石所说“世间小儿女”。我只能用平平常常的思想感情去了解他们，用平平常常的方法表现她们。这就是淡。①

学者散文的另一位主将孙犁也十分重视真实。他认为创作的命脉，在于真实。这指的是生活的真实，和作者思想感情的真实。在《谈师》一文中，他也谈到这一点：

凡我所记，都是我亲眼所见，亲身所受，六神所注，生命所关。镂心刻骨，印象是非常清楚的。

学者散文对于散文真实性的理解，与年青一代的散文作者有极大的不同。他们固守散文的“事实”底线，执著于“修辞立其诚”。认为散文应当写“亲身经历，亲眼所见”，不仅思想所及，情感所系要真，而且应“六神所注，生命所关”。不仅如此，他们坚决反对散文中的任何“虚构”，认为“虚构”是散文的大敌，会扼杀散文的生命。尽管散文能否“虚构”这一点还可进一步讨论，但有一点可以肯定：由于忠实于散文的真实原创，且注重生命的投入，这样学者散文的“真”便给人以一种入木凿石之感。比如孙犁散文中的真，便透出冷、真、沉的特色，这种生命的本真绝不同于年青一代散文家那种激情飞扬的真，可谓是“庾信文章老更沉”。而这种生命的本真，在张中行、金克木、季羡林、杨绛、汪曾祺、陈白尘等的散文中，同样表现得十分通脱和投入。尽管他们的作品个性各异、表现有别，但总根却离不开小生命与大生命的和谐，而且随处流露出自适淡泊、乐天知命的达观。这正是学者散文的特点，也是他们的作品特别可贵之处。

再次，智慧写作。曾经有人说，中国老生代的学者散文作者，可以说是“当代中国一个最有文化，最富智慧，人格最为高洁的创作群体”②。诚哉斯言。为什么学者散文的文体如此诱人，这其中固然有学识，有人生的修养与人生境界使然，但若没有智慧的渗透润滑，

① 汪曾祺．汪曾祺全集·散文卷．北京：北京师范大学出版社，1998：1.

② 楼肇明，等．繁华遮蔽下的贫困——九十年代散文之路．太原：山西教育出版社，1999：45.

则学识有可能变成“掉书袋”，人生境界也有可能因坚硬刻板而流于说教，使散文随着失去了味道。可见，散文尤其是其中的随笔小品等品种，不但需要修养、学识、思想，同样需要人格的智慧。有智慧的散文启人心智，既传达了真理，激发起读者的理性认识活动，又带给他们阅读的轻松与愉悦；没有智慧的散文一般来说都显得干巴枯燥、呆板滞重，而且往往伴随着思想的苍白和艺术上的平庸，这样的散文就如大锅清水汤一样寡淡乏味。所以，文学史上那些优秀散文作家，一般来说都具备着较为出色的主体人格智慧。比如，现代文学中的林语堂、梁实秋、王力等，当代文学中的王小波、韩少功、孙绍振、南帆等均是如此。当然，由于每个散文家主体人格构成的不同，故而他们作品中的智慧表达又各有千秋。如同属“论语派”的作家，林语堂的人格智慧就不同于梁实秋的人格智慧。林语堂和梁实秋都提倡“幽默”和“闲适”，但由于林语堂更崇尚中国传统文化中的智慧和士大夫式的自适生活，加之他遍览欧美的幽默理论，这样他散文中的人格智慧便既有知识之博，“左右逢源，涉笔成趣”的特点，又带着较浓的书卷气和欧美的“牛油味”。而梁实秋的主体人格更倾向于现实和世俗，他一方面认为“有个性就可爱”；另一方面又善于“化俗为雅”，“把生活当作艺术来享受”，于是，梁实秋由日常生活入手又曲尽了社会世态和人性之妙；同时，他的细致入微的洞察，特别是他的那种幽默调侃的轻松笔调，以及看似平实质朴实则其味无穷的生活化语言，又处处折射出梁实秋“这一个”作家的主体人格智慧。从林语堂、梁实秋、钱钟书、王力等人的散文可以看到，智慧的确是散文树上诱人的花朵和果实，它能给散文尤其是随笔增添无限的生机和情趣。但有一点要明确：智慧不是聪明的滑头和取巧，不是知识的炫耀和卖弄。智慧从根本上说是一种生活态度，一种精神境界，一种心血的燃烧。在智慧的渗透和表达方面，当代学者散文一方面承续了前辈散文作家的优良传统；另一方面又体现出独特的人格色彩。如张中行的智慧，在于在“平民化”的叙述中透出知识者的气质；季羡林的智慧，带有一种诗化哲学的风味；金克木的智慧，是科学理性、思辨和情趣的高度融合；而杨绛的智慧，则是尽量将议论和抒情控制到最低限度，在不臧否、不褒贬中体现对历史是非、人性美丑的道德和美学判断……总而言之，主体人格上的智慧和诗性，不仅给学者散文带来了既入世又出世，既冷峻又宽容的独特生存体验，带来了朋友式的会心微笑。智慧和诗性，还给学者散文的文体带来了一些特质。

最后，自由的心灵。散文是所有文学体裁中最少拘束、最自由自在的文体。作家们在这里可以尽情驰骋，发挥出自己的最大艺术才能，甚至有人说，散文作家想怎么写就怎么写，能怎么写就怎么写，根本不用去管什么文学创作的清规戒律。还有人说，生活有多么丰富，散文也应该有多么丰富。更有人将散文比作“散步”，认为“应用文是赶路，散文是散步。赶路有目的地，有固定的路线。散步不一定需要目的地，随兴所至，走到哪里就是哪里，也不一定要固定的路线，一路行来，花依柳，东张西望，路愈曲折愈富于情趣，不必顾虑到目的地需要多花时间”①。这一切都表明，散文作为一种人类精神的自由表达，它本质上是对于坚硬刻板的秩序的反动；同时还表明，散文在本质上应是“闲适”的。它偏爱“闲谈体”，倾向于性灵，倾向于亲切从容的表达，而要做到这一点，毫无疑问，散文作者不仅需要具备一种博大的胸襟，一种包容的心态，还需要拥有通达洒脱，俯仰自如，“手挥五弦，目送归鸿”的自由自在的心灵。考察当今的学者散文，我们看到，由于深受儒、道思想的浸润，同时又乐天知命，甘于下层，甘于淡泊和淡化自我，将人生的姿态放得很低，即在“生活上悃愊无华，行事上取予不苟”（启功评张中行语）。总而言之，由于信奉平常心是道，加之适逢处于“改革开放”、“王纲解纽”的相对宽松的社会环境中，因此，学者散文作者的心灵普遍都是较为自由放松的。他们或状物，或写事，或怀人；或记叙，或聊天，或抒情；或古拙，或冷静，或深沉，或超脱，真可谓是信笔由缰，任意为之，当行即行，当止即止。一切都是这样无拘无束、水到渠成、天然成趣。而这，都离不开学者散文作者的生活心境，离不开他们自由自在的充盈心灵。

---

① 罗大冈. 散文与散步. 文艺研究，1988（1）.

上面主要从思维方式、生命本真、智慧写作和自由心灵等方面考察学者散文的主体文体。之所以做这样的考察，是考虑到语言不仅仅是一种交流的工具，语言其实是一种哲学，一种人生状态，它是人的存在的家园。语言还是人类文化活动的最为基本的表现，是一种如苏珊·朗格所说的符号化了的人类情感形式的创造和凝结。因此，语言既是主体，也是客体；既是内容，也是形式；既是共性，更是个性。如果从这一角度来审视20世纪90年代以来的学者散文的文体，我们便不会认为关于“主体文体”的探讨纯属多余，而应视这种考察为文体研究的题中应有之义。

三

对主体文体的考察，使我们对20世纪90年代的学者散文获得了一种内在“文本结构”的整体性认识。这就是：以五四的精神和散文传统为圭臬，在观念上，摆脱“文以载道”、“代圣贤立言”的桎梏；在生活态度上，以平常生活和平常心为道；在思维方式上，以智性和内敛自审为特征；在人生境界上，以自然质朴和谐为真；在心态上，则表现为平静从容、自由自在、随意挥洒。那么，当这种独特的“主体文体”与“语体文体”相遇，其结果又是如何呢？

学者散文在语体文体上给人的第一个整体印象是平实亲切、自由随意。在这方面，张中行的散文语言最具代表性。他的散文随笔，几乎是聊天式的“絮语”。他无论写“红楼旧事”、“故人梦影”，还是考证文化，把玩“案头清供”，追忆“碎影流年”，用的皆是平平常常，普普通通的大白话。的确，在张中行的作品中，你感到他似乎并没有十分用力去写，也极少见到抒情感叹，更没有看到他刻意用华美辞藻来装饰自己的语言。在他的散文中，一切都是这样地平淡无奇、轻松自然、自由随意。这样的一种“语体文体”，虽不免一些作品有“从头道来”、“事无巨细”一一罗列的弊端，但不可否认，这样的语体的确能给读者一种自然感、平实感和亲切感。何况，考虑到这样的“絮语”是出自于一个进入耄耋之年的老作家之手，一般的读者和研究家大概也就不会过于苛求了。除了张中行外，金克木、季羡林、孙犁、杨绛、陈白尘、萧乾等的语体从总体看也属于自然质朴、平实亲切一路，其心态同样是闲适自得，极其放松的。只不过，金克木的语体，常于如道家常般的朴素平易、不事喧哗的“对话体”中将中西古今融会贯通，不但左右逢源，举重若轻，且有一种与生俱来的活泼洒脱、谐谑与思辨色彩。季羡林则是一个特例，他的语体基调总体倾向于大朴无华、自然天成，但有时他也会用华彩丽辞，甚至还运用了比喻、通感、顶真乃至意识流表现手法来写人叙事、状物写景，如《黄昏》等作品就是如此。杨绛的语体，一方面有淡雅清丽的特点；一方面又婉而多讽。而萧乾的语体，既有平白如话的人生实录，又有坦率、达观与揶揄。

需要着重指出的是，尽管学者散文的语体文体表面上看都是一些大白话，但细加品味，却是寓意深刻，其间蕴含着一种特别的文调和韵味。在这方面，张中行、季羡林、杨绛的散文自不必说，即便是名气略小的黄裳，其语体在平淡无奇中同样有深意在：

从小就喜欢书，也从小起就开始买书。对书的兴趣多少年来一直不曾衰退过。可是六年前的一天，身边的书突然一下子失了踪，终于弄到荡然无存的地步了。当时的心情今天回想起来，也是很有趣的。好像一个极大极沉重的包袱，突然从身上卸了下来，空虚是感到有些空虚的。不过像从前某藏书家卖掉宋版书后那种有如李后主“挥泪对宫娥”的感情倒也并未发生过。我想，自己远远不及古人的淳朴，那自然不需说，就连自己真的喜欢书，似乎也大可怀疑了。

——《书的故事》

这应该说是较为典型的学者散文的语体。它的特点是在平易中见跌宕，在朴素中见趣味，而且情思是如此优美，表达又是如此典雅含蓄。记得梁实秋说过：“一个人的人格思想，在散文里绝无隐饰的可能，提起笔来便把作者整个的性格纤毫毕现的表达出来……有一个人便有一种散文，每人都有他自己的文调……文调的美纯粹是作者的性格的流露，所以有一种不可形容的妙处。”① 确实，在学者散文中，我们通过他们那种平实亲切、自由随意的语体，不但感受到了一种隽永的情致，一种性灵，一种甘醇的文调，而且还看到了文调背后站立着的那个人。

学者散文在语体文体上的另一个特点，是寄繁于简，寄浓于淡。简，自然是简洁精炼、言简意赅，即尽量做到“句无可削，字不得减”。因此，有人将其称为“竹简精神”②。而淡，则是冲澹，是寄至味于淡泊，也可视为豪华之后见其淳。之所以尚简贵淡，其一是由于学者散文深受晚明小品及五四时期散文传统尤其是周作人文风的影响；其二是当代学者散文的作者大多已步入晚年。对于他们来说，辞达意足矣。至于辞藻装饰大可忽略不计。在这方面，孙犁最具代表性。孙犁早年的语言以清丽纯美著称，晚年随着对人生世事体会的深刻，他创作基调转而为客观冷静，淡泊以明志，而语言则更为简约和含蓄，如《火炉》的语言就是如此：

它伴我住过大屋子，也伴我迁往小屋子，它放暖如故。大屋小暖，小屋大暖。小暖时，我靠它近些；大暖时，我离它远些。小屋时，来往的客人，少一些；大屋时，来往的客人，多一些。它都看到了。它放暖如故。

文字朴素之极，可谓用字考究，惜墨如金，言简意赅。作品以火炉来比事喻人，以“大屋小暖”，“小屋大暖”；小屋时，客人“少一些”；大屋时，客人“多一些”，以及有意重复的“放暖如故”，以此进行旁敲侧击，道尽人情的冷暖，世事之沧桑，无限慨叹，尽在简约的文字之中，真的是弦外之音，不绝如缕。加之简短的句式，如拉家常般的叙述，如此一来其语言就更耐人寻味了。孙犁的《残瓷人》，同样具有简约精炼之美：

---

① 梁实秋．论散文//俞元桂．中国现代散文理论．南宁：广西人民出版社，1987：36.

② 陈亚丽．文海晚晴．北京：首都师范大学出版社，2008：57.

不知为什么，我忽然有些感伤了。我的一生，残破印象太多了，残破意识太浓了。大的如“九一八”以后的国土山河的残破，战争时代的城市村庄的残破。“文化大革命”的文化残破，道德残破，个人故园残破，亲情残破，爱情残破……我想忘记这一切。我又把小瓷人放回筐里去了。

司马迁引老子之言：美好者不祥之器。我曾以为是哲学之至道，美学的大纲。这种想法，当然是不完整的，不健康的。

由地震中打碎的小瓷人，写到“九一八”、战争年代、“文化大革命”的各种“残破”，最后再以老子“美好者不祥之器”做结。一篇1000多字的文章，内涵却极其丰富深刻：它以“残破”为思考的核心展开回忆与描叙，其间有对自己人生经历的总结，有对社会丑恶现象的批判，亦有对于美好事物的执著追求。读着《残瓷人》，我们自然会想起作者写于20世纪60年代的散文名篇《黄鹂》。只不过，《残瓷人》更加简约，文字更加节制，内涵也更加丰富有味。

如果说，孙犁的语体以朴素纯美、古雅含蓄著称，则季羡林的语体是以炼字炼句和节奏明快流畅见长。虽然季羡林的一些写景散文较注意意境的营造，感情表达富于朝气，文辞也较为华丽，但它的散文语言，总的来看是亲切、经济和简洁的。在《八十述怀》中，他对自己八十年的人生道路做过这样的描述：

我走过阳光大道，也走过独木小桥，路旁有深山大泽，也有平坡宜人；有杏花春雨，也有塞北秋风；有山重水复，也有柳暗花明；有迷途知返，也有绝处逢生。

季羡林将自己漫长复杂而又曲折坎坷的人生经历，只用60多个字就概括出来。既形象生动又节奏明快，音调和谐悦耳，且每个字都包含着内涵不同的情感体验。尽管作品中的意象不是十分新鲜独特，但当它们与作者独特的人生经验，与纯正的情思与特殊的语境相结合，古老的意象就产生出了诗意。而这种简洁中的诗性，与学者散文作者深厚的学养，宽广的胸襟，通达洒脱的人生态度以及内敛的思维方式和自省意识是分不开的。正是因此，才有张中行那些简洁传神的人物素描；有汪曾祺的文画渗透，动宾和谐配搭；有杨绛的词浅意深，正法眼藏；有金克木、陈白尘、萧乾等的妙手偶得，涉笔成趣……从老一辈学者散文的简洁平淡而内涵丰富的语体中，我们感受到了一种学问、情怀、智慧与思想，同时深感到文字表达之不易。是的，文学的成功，在某种程度上是表达的成功，是简洁与醇美的成功。应当说，在这方面，学者散文的作者为我们树立了一个很高的标尺。

学者散文在语体文体上还有一个鲜明的特色，即文言合一铸古韵。这一特点，可以说是老一辈学者散文作家的专利。而这一文言与白话文互用的语体特色，一方面是继承了五四那种“文白杂糅，土洋并用”的散文语言传统；另一方面是他们的内敛思维作用于语体的结果。关于这一点，陈亚丽在《文海晚晴》中有过中肯的论述：“老生代散文突出的语言特色之一，就是蕴涵其中的文言色彩。在他们的散文里，白话当中时常穿插一些文言词汇与文言句式，既恰当地表明了文意，又使文章的格调典雅、大方。”① 这种“文言合一”的语体运用，主要表现在以下两个方面。

其一，善用“四字格”。四字短语是古汉语的一种惯常表达方式，它规整划一，典雅精致，充分体现出了汉语的特点和优势。学者散文作者基本上都受过正规国学的训练，他们深谙汉语的特质，因而他们的语言不仅以简约见胜，而且对“四字格”有一种天然的偏好。如季羡林的《游石钟山记》其中有一段落共24个短语，而“四字格”竟占了20个。孙犁更是喜用“四字格”。他的《读柳宗元》全篇大多是“四字格”，如“头也不梳，脸也不洗，浑身泥垢，指甲很长。嬉笑之怒，长歌之哀……傲啸山水，读书作文，垂名后世”。柯灵同样对“四字格”情有独钟，在《结缘》中，他这样写道：

深入生活，祸福悲欢，兴衰冷暖，日月盈虚，草木枯荣，一对男女萍水相逢，一见钟情，一粒种子，偶然飞坠，落地生根，必然中有

---

① 陈亚丽．文海晚晴．北京：首都师范大学出版社，2008：52.

偶然。

在《台湾散文选序》中，柯灵更是用优美的“四字格”将论文写得美轮美奂：

20世纪70年代以来，名家辈出，百体纷呈，孳乳繁衍……有的铅华落尽，真纯始见，娓娓而谈，引人入胜；有的功底深藏，秀丽内容，闲闲而来，风致自见。

除了上述几位，张中行、施蛰存、汪曾祺等也常用“四字格”。这些“四字格”语段整齐，结构划一，中间夹杂两三个长句，朗读起来颇有“大珠小珠落玉盘”之感。不仅使学者散文的内容与形式达到了和谐统一，也给他们散文的语体增添了一种古风古韵。

其二，“骈文”的取向。善用“四字格”，固然可以见出学者散文受到骈文的影响，不过，学者散文的“骈文”取向还有另一种表达形式，即特别注意行文的工整对仗。比如上文引用的季羡林的《八十述怀》，孙犁的《火炉》就是如此。而柯灵的“骈文”倾向更为明显。如《神奇的时间》中这样感叹时间：“三百天不是一个小数目，要看多少日落日出，花谢花开，潮涨潮退，人往人来？体验多少冷暖咸酸，离合悲欢，青眼白眼，红脸黑脸，秦关汉月，沧海桑田？”虽不是典型的骈文，却有骈文的工整、精美和典雅。需要指出的是，学者散文语体上的“骈文”取向，并非一味地“食古不化”，而是尽量将文言与白话杂糅调和，使之既透出古风古韵而又浅白流畅，从而营造出一种雅俗共赏的散文语体。

学者散文还善于化用成语或名言。如在季羡林的散文中，我们经常可以读到这样的句子：“烽火连八年，家书抵亿金”，“拜读广场内，悠然见雪山”，“同是东洋地上人，相逢何必曾相识”，“不识芦湖真面目，只缘身在此湖中”，等等。这一类的成语或名句，本来读者就较为熟悉，现在经过学者散文作家之手略为改动，其内涵、意境、表情达意的效果便截然不同，甚至在一定程度上给读者造成了一种陌生化的艺术功效。这可以看作学者散文在语体文体上的另一种创新。

由于学者散文的创作主体极为充盈，心灵自由放松，加之富于生命的智慧，这样在他们的语体中，也就时常会流露出幽默、谐趣乃至反讽的机锋。这种情况，在张中行、季羡林、金克木、孙犁、杨绛、陈白尘、萧乾、施蛰存、黄永玉、黄苗子等的作品中随处都可见到。

四

研究20世纪90年代以来的学者散文的文体，对于我们认识当代的散文创作，尤其深化当代的散文研究有着不容忽视的价值。因为以前的散文研究，大多侧重于作家的生活道路、作品的思想内涵、文化意蕴，或立意构思、营造意境、叙述描写等方面的分析探讨，相对来说在文体方面的研究较少。而事实上，从文体的角度切入，更能够抵达散文的内部，贴近作家的心灵，揭示出散文的美点和特点。而就本书来说，研究学者散文的文体，起码可以启发我们思考如下的一些问题：

其一，五四散文精神的传承问题。毫无疑问，五四散文的精神是中国散文的一份优良遗产，但在20世纪的大部分时间里，我们的散文却遗失甚至背叛了这份遗产。直到80年代后期一批沐浴过五四自由思想的学者散文家陆续登上散文舞台后，当代的散文才真正承接上了五四的散文传统。他们一方面继续和发扬了五四的自由民主思想，追求人格独立、心灵的解放，强调个性与性灵；一方面又摆脱了旧的价值尺度、思维习惯和旧有的语言，使散文的题材范畴、主题意向发生了极大的改变，同时在语体上由过去的“颂歌体”、“代言体”向“自由体”、“个人体”转化。不仅如此，从他们对“文言合一”的偏爱，以及在语体表达上追求“言与意”、“形与心”的和谐交融上，我们也可以感受到五四散文的流风余韵。总之，学者散文的意义，在于他们既是五四散文精神的继承者和传播者，同时还时时刻刻提示着我们：当代的散文若要在精神上强健起来，在人格上丰盈起来，在心灵上飘逸起来，就不能忘了五四散文这个源头。

其二，回归散文的审美性。长期以来，由于受到政治的干预和扭曲的散文观的影响，散文创作在很多时候都是空疏空洞、虚伪做作的代名词，是远离散文的本体同时也是远离审美的匠人式制作。比如从20世纪30年代中后期到50年代，散文是以特写、报告文学或通讯的面目出现，以能够及时反映斗争生活为荣，以“匕首”和“投枪”为美。60年代则是以禁锢作家想象力的“形散神不散”和虚假矫情的“诗化”为最高创作目标。新时期的第一个十年，虽然散文作家的观念有了很大改变，但那时的散文仍以歌颂，以抒时代之情和人民群众之情为主。这样的抒情尽管无可厚非，但它离散文的本体，离真正的散文审美性还有一定的距离。然而在学者散文这里，我们却感受到一种完全不同于“匕首”、“投枪”，或倾诉式抒情的审美性，而是一种主体文体与语体文体相统一、相结合的审美形态。在这里，创作者对每一种文体本身的独特审美品质有着清醒的认识，因此他们在充分尊重文体的独特性和规范性的前提下，融进了哲学、文史、政治、经济诸方面的学识，更融进了情怀、趣味、智慧和内在的生命气质，因此，他们的审美既是客观的也是主观的，既是精神的也是形式的；他们的语体既保留了传统语言的凝练含蓄、意蕴丰厚的特质，又有着现代语言的通俗易懂，生动流畅和摇曳多姿。正是在这个意义上，我们说学者散文纯洁了当代散文的文体，使当代散文在回归审美的途中向前迈进了一大步。

其三，昭示了未来散文的发展方向。评论家李书磊曾指出：“如果从历史的观点看，聊天式散文才真正实现了散文这种文体的本意，是散文精神的一种成功的实践，代表了我们对这种文体的理想。”①这个见解很有见地，一方面，散文作为人类文化的一种符号，作为人类精神的表现形式，它的本性就是自由自在，“法无定法”，因此了无约束、兴之所至、任心随意的聊天式语体，正好符合了散文的本性。如果非要给散文设定一些规矩，规定散文只能这样写不能那样写，反而扼杀了散文的生机，使散文创作成为一种没有灵性，没有自由度的写作。另一方面，散文应允许“破体”，应有多种发展的可能性。假如我们的散文园地里只有抒情散文这一条路，那么当代的散文

① 李书磊．散文作为一个问题．天津文学，1991（12）．

势必十分单调贫弱。而聊天式的学者散文的出现，不但丰富了当代散文的品种，开拓了当代散文的视阈，为当代散文注进了一种精神素质，从而提高了当代散文的人文境界。而且，它还昭示了未来散文的发展方向，即在自由自在的聊天，在心境放松、袒露性灵，在本真、自然、智性的基础上，再增加一些现实的关怀、人文主义的渗透和现代意识的提升，若当代的散文能达到这一要求，则有可能进入到一个新的境界。

红楼点滴

张中行

（一）

民国年间，北京大学有三个院：一院是文学院，即有名的红楼，在紫禁城神武门（北门）以东汉花园（沙滩的东部）。二院是理学院，在景山之东马神庙（后改名景山东街）路北，这是北京大学的老居址，京师大学堂所在地。三院是法学院（后期移一院），在一院之南北河沿路西。红楼是名副其实的红色，四层的砖木结构，坐北向南一个横长条。民国初年建造时候，是想用作宿舍的，建成之后用作文科教室。文科，而且是教室，于是许多与文有关的知名人士就不能不到这里来进进出出。其中最为大家所称道的当然是蔡元培校长，其余如刘师培、陈独秀、辜鸿铭、胡适等，就几乎数不清了。人多，活动多，值得说说的自然就随着多起来。为了把乱丝理出个头绪，要分类。其中的一类是课堂的随随便便。

一般人谈起北京大学就想到蔡元培校长，谈起蔡元培校长就想到他开创的风气——兼容并包和学术自由。这风气表现在各个方面，或者说无孔不入，这孔自然不能不包括课堂。课堂，由宗周的国子学到清末的三味书屋，规矩都是严格的。北京大学的课堂却不然，虽然规定并不这样说，事实上总是可以随随便便。这说得鲜明一些是：不应该来上课的却可以每课必到，应该来上课的却可以经常不到。

先说不应该上课而上课的情况。这出于几方面的因缘和合。北京大学不乏名教授，所讲虽然未必都是发前人之所未发，却是名声在外。

这是一方面。有些年轻人在沙滩一带流浪，没有上学而同样愿意求学，还有些人，上了学而学校是不入流的，也愿意买硬席票而坐软席车，于是都踊跃地来旁听。这也是一个方面。还有一个方面是北京大学课堂的惯例：来者不拒，去者不追。且说我刚入学的时候，首先感到奇怪的是同学间的隔膜。同坐一堂，摩肩碰肘，却很少交谈，甚至相视而笑的情况也很少。这由心理方面说恐怕是，都自以为有一套，因而目中无人。但这就给旁听者创造了大方便，因为都漠不相关，所以非本班的人进来入座，就不会有人看，更不会有人盘查。常有这样的情况，一个学期，上课常常在一起，比如说十几个人，其中哪些是选课的，哪些是旁听的，不知道；哪些是本校的，哪些不是，也不知道。这模模糊糊，有时必须水落石出，就会近于笑谈。比如刘半农先生开“古声律学”的课，每次上课有十几个人，到期考才知道选课的只有我一个人。还有一次，听说是法文课，上课的每次有五六个人，到期考却没有一个人参加。教师当然很恼火，问管注册的，原来是只一个人选，后来退了，管注册的人忘记注销，所以便宜了旁听的。

再说应该上课而不上课的情况。据我所知，上课时间不上课，去逛大街或看电影的，像是很少。不上有种种原因或种种想法。比如有的课不值得听，如“党义”；有的课，上课所讲与讲义所写无大差别，可以不重复；有的课，内容不深，自己所知已经不少；等等。这类不上课的人，上课时间多半在图书馆，目的是过屠门而大嚼。因为这样，所以常常不上课的人，也许是成绩比较好的；在教授一面，也就会有反常的反应，对于常上课的是亲近，对于不常上课的是敬畏。不常上课，有旷课的处罚问题，学校规定，旷课一半以上不能参加期考，不考不能得学分，学分不够不能毕业。怎么办？办法是求管点名（进课堂看座位号，空位画一次缺课）的盛先生擦去几次。学生不上课，钻图书馆，这情况是大家都知道的，所以盛先生总是慨然应允。

这种课堂的随随便便，在校外曾引来不很客气的评论，比如，北京大学是把后门的门槛锯下来，加在前门的门槛上，就是一种。这评论的意思是，进门很难；但只要能进去，混混就可以毕业，因为后门没有门槛阻挡了。其实，至少就我亲身所体验，是进门以后，并没有很多混混过去的自由，因为有无形又不成文的大法管辖着，这就是学术空气。说是空气，无声无臭，却很厉害。比如说，许多学问有大成就的人都是蓝布长衫，学生，即使很有钱，也不敢西服革履，因为一对照，更惭愧。其他学问大事就更不用说了。

时间不很长，我离开这个随随便便的环境。又不久，国土被侵占，学校迁往西南，同清华、南开合伙过日子去了。一晃过了十年光景，学校返回旧居，一切支离破碎。我有时想到红楼的昔日，旧的风气还会有一些吗？记得是1949年或1948年，老友曹君来串门，说梁思成在北大讲中国建筑史，每次放映幻灯片，很有意思，他听了几次。下次是最后一次，讲杂建筑，应该去听听。到时候，我们去了。讲的是花园、桥、塔等等，记得幻灯片里有苏州木渎镇的某花园，小巧曲折，很美。两小时，讲完了，梁先生说："课讲完了，为了应酬公事，还得考一考吧？诸位说说怎么考好？"听课的有近二十人，没有一个人答话。梁先生又说："反正是应酬公事，怎么样都可以，说说吧。"还是没有人答话。梁先生像是恍然大悟，于是说："那就先看看有几位是选课的吧。请选课的举手。"没有一个人举手。梁先生笑了，说："原来诸位都是旁听的，谢谢诸位捧场。"说着，向讲台下作一个大揖。听讲的人报之以微笑，而散。我走出来，想到北京大学未改旧家风，心里觉得安慰。

（二）

点滴一谈的是红楼散漫的一面。还有严正的一面，也应该谈谈。不记得是哪位先生了，上课鼓励学生要有求真精神，引古希腊亚里士多德改变业师柏拉图学说的故事，有人责问他不该这样做，他说："吾爱吾师，吾更爱真理。"红楼里就是提倡这种精神，也就真充满这种空气。这类故事很不少，说几件还记得的。

先说一件非亲历的。我到北京大学是20世纪30年代初，其时古文家刘师培和今文家崔适已经下世十年左右。听老字号的人说，他们二位的校内住所恰好对门，自然要朝夕相见，每次见面都是恭敬客气，互称某先生，同时伴以一鞠躬；可是上课之后就完全变了样，总要攻击对方荒谬，毫不留情。崔有著作，《史记探原》和《春秋复始》都有北京大学讲义本，刘著作更多，早逝之后刊为《刘申叔先生遗书》，可见都是忠于自己的所信，当仁不让的。

20世纪30年代初，还是疑古考古风很盛的时候；同是考，又有从旧和革新之别。胡适写了《中国哲学史大纲》上卷，在学校讲中国哲学史，自然也是上卷。顺便说个笑话，胡还写过《白话文学史》，也是只有上卷，所以有人戏称之为“上卷博士”。言归正传，钱宾四（穆）其时已经写完《先秦诸子系年考辨》，并准备印《老子辨》。两个人都不能不处理《老子》。这个问题很复杂，提要言之，书的《老子》，人的“老子”，究竟是什么时代的？胡从旧，二“老”就年高了，高到春秋晚年，略早于孔子；钱破旧，二“老”成为年轻人，晚到战国，略早于韩非。胡书早出，自然按兵不动，于是钱起兵而攻之，胡不举白旗，钱很气愤，一次相遇于教授会（现在名教研室或教员休息室），钱说：“胡先生，《老子》年代晚，证据确凿，你不要再坚持了。”胡答：“钱先生，你举的证据还不能使我心服；如果能使我心服，我连我的老子也不要了。”这次激烈的争执以一笑结束。

争执也有不这样轻松的。也是反胡，戈矛不是来自革新的一面，而是来自更守旧的一面。那是林公铎（损），人有些才气，读书不少，长于记诵，二十几岁就到北京大学国文系任教授。一个熟于子曰诗云而不识ABCD的人，不赞成白话是可以理解的。他不像林琴南，公开写信反对；但又不能唾面自干，于是把满腹怨气发泄在课堂上。一次，忘记是讲什么课了，他照例是喝完半瓶葡萄酒，红着面孔走上讲台。张口第一句就责骂胡适怎样不通，因为读不懂古文，所以主张用新式标点。列举标点的荒唐，其中之一是在人名左侧打一个杠子（案即专名号），“这成什么话！”接着说，有一次他看到胡适写的什么，里面写到他，旁边有个杠子，把他气坏了；往下看，有胡适自己的名字，旁边也有个杠子，他的气才消了些。讲台下大笑。他像是满足了，这场缺席判决就这样结束。

教师之间如此。教师学生之间也是如此，举两件为例。一次是青年教师俞平伯讲古诗，蔡邕所作《饮马长城窟行》，其中有“枯桑知天风，海水知天寒”两句，俞说：“知就是不知。”一个同学站起来说：“俞先生，你这样讲有根据吗?”俞说：“古书这种反训不少。”接着拿起粉笔，在黑板上写出六七种。提问的同学说：“对。”坐下。另一次是胡适之讲课，提到某一种小说，他说：“可惜向来没有人说过作者是谁。”一个同学张君，后来成为史学家的，站起来说，有人说过，见什么丛书里的什么书。胡很惊讶，也很高兴，以后上课，逢人便说：“北大真不愧为大。”

这种站起来提问或反驳的举动，有时还会有不礼貌的。如有那么一次，是关于佛学某问题的讨论会，胡适发言比较长，正在讲得津津有味的时候，一个姓韩的同学气冲冲地站起来说：“胡先生，你不要讲了，你说的都是外行话。”胡说：“我这方面确是很不行。不过，叫我讲完了可以吗?”在场的人都说，当然要讲完。因为这是红楼的传统，坚持己见，也容许别人坚持己见。根究起来，韩君的主张是外道，所以被否决。

这种坚持己见的风气，有时也会引来小麻烦。据说是对于讲课中涉及的某学术问题，某教授和某同学意见相反。这只要能够相互容忍也就罢了；偏偏是互不相让，争论起来无尽无休。这样延续到学期终了，不知教授是有意为难还是选取重点，考题就正好出了这一个。这位同学自然要言己之所信。教授阅卷，自然认为错误，于是评为不及格。照规定，不及格，下学期开学之后要补考，考卷上照例盖一长条印章，上写：注意，六十七分及格。因为照规定，补考分数要打九折，记入学分册，评六十七分，九折得六十分多一点，勉强及格。且说这次补考，也许为了表示决不让步吧，教授出题，仍是原样。那位同学也不让步，答卷也仍是原样。评分，写六十，打折扣，自然不及格。还要补考，仍旧是双方都不让步，评分又是六十。但这一次算及了格，问为什么，说是规定只说补考打九折，没有说再补考还要打九折，所以不打折扣。这位教授违背了红楼精神，于是以失败告终。

张中行散文评论节选①

张中行写诸种散文、随笔，透着智者的情思。他的文体所以诱人，乃是人生的境界与修养使然。他曾经说：好的文章，许多都写得十分轻松，并不给人一种用力去写的感觉。在读了张中行的大量散文后，你会发现，先生的文风亦如他所说的那样轻松自然，是任意为之的，很少见他装饰自己的文字，都是大白话。但认真品味，却有深奥的东西在。这正如大书法家挥毫创作，水到渠成，天然成趣。有真骨在，何需外饰？也如化妆的女子不及天姿丽影的少女，一点缀，就少了真，少了深。文章的写法，庶几近之。

在张中行身上，具有成熟的艺术之美。他的作品，其实就是聊天式的精神漫游，把历史、玄学、人生，都用平平常常的话说出来，开创了当代文化散文的新路。探索人生，未必都用学院派的论文表述，用传统的散文笔法冥思达理，大概读者会更多一些吧？所以，他把中西的知识结合得很好，把雅俗的东西也结合得很好。什么人都可以读他的书，他把深奥的、台阁间的东西，移到大众中，以清淡平实的风格，笑谈人生。前人曾说，宁静方可致远。但这“静”字，并不是装扮一下就可做到的。张先生的“静”，得之于他对人生哲学的深省，对人间的苦楚、对生之有限有他特有的看法，故不为外界风雨所动。人为什么要活着，它的意义何在？世俗的功利能够拯救人生的宿命么？中国旧时文人，对于世俗社会想得太多，而对生命本体，思之甚少。虽然也有杜甫式的苍冷，苏轼式的悲郁，但那毕竟是由事功而后对生命的玄想，免俗却难。五四以后，西风东渐，我们总算有了周氏兄弟那样的作家，张中行继承了周氏兄弟的某些传统，在当代文坛，独树一帜。理性的局限他思索了，情感的局限也看到了。但他没有走向尼采，他知道那是有悖于生命价值的；同时，也没有走向佛门，那里面，亦有他所觉得的虚妄的东西。张中行选择的是“知其

---

① 孙郁．张中行论．当代作家评论，1995（4）．

不可奈何而安之若命”。这似乎是一个中庸的选择，但也恰恰是这种选择，给他的文体和思路，带来了一种前不同于古人，后有别于来者的风格。这风格既古拙，又宁静；既超脱，又深沉。如山谷间的足音，清脆而神秘地缭绕着。也如刘勰所云，作家的神思应是“意授于思，言授于意，密则无际，疏则千里”。张中行在高风跨俗式的跋涉中，把一种散淡、平实的美，留给了当代文坛。

八十述怀

季羡林

我从来没有想到，我能活到八十岁；如今竟然活到了八十岁，然而又一点也没有八十岁的感觉。岂非咄咄怪事！

我向无大志，包括自己活的年龄在内。我的父母都没有活过五十；因此，我自己的原定计划是活到五十。这样已经超过了父母，很不错了。不知怎么一来，宛如一场春梦，我活到了五十岁。那时正值所谓三年自然灾害，我流年不利，颇挨了一阵子饿。但是，我是“曾经沧海难为水”，在第二次世界大战时，我正在德国，我经受了而今难以想象的饥饿的考验，以致失去了饱的感觉。我们那一点灾害，同德国比起来，真如小巫见大巫；我从而顺利地度过了那一场灾难，而且我当时的精神面貌是我一生最好的时期，一点苦也没有感觉到，于不知不觉中冲破了我原定的年龄计划，度过了五十岁大关。

五十一过，又仿佛一场春梦似的，一下子就到了古稀之年，不容我反思，不容我踟蹰。其间跨越了一个十年浩劫。我当然是在劫难逃，被送进牛棚。我现在不知道应当感谢哪一路神灵：佛祖、上帝、安拉；由于一个万分偶然的机缘，我没有走上绝路，活下来了。活下来了，我不但没有感到特别高兴，反而时有悔愧之感在咬我的心。活下来了，也许还是有点好处的。我一生写作翻译的高潮，恰恰出现在这个期间。原因并不神秘：我获得了余裕和时间。在浩劫期间，我被打得一佛出世，二佛升天。后来不打不骂了，我却变成了“不可接触者”。在很长时间内，我被分配挖大粪，看门房，守电话，发信件。没有以前的会议，没有以前的发言。没有人敢来找我，很少人有勇气同我谈上几句话。一两年内，没收到一封信。我服从任何人的调遣与指挥，只敢规规矩矩，不敢乱说乱动。然而我的脑筋还在，我的思想还在，我的感情还在，我的理智还在。我不甘心成为行尸走肉，我必须干点事情。二百多万字的印度大史诗《罗摩衍那》，就是在这时候译完的。“雪夜闭门写禁文”，自谓此乐不减羲皇上人。

又仿佛是一场缥缈的春梦，一下子就活到了今天，行年八十矣，是古人称之为耄耋之年了。倒退二三十年，我这个在寿命上胸无大志的人，偶尔也想到耄耋之年的情况：手拄拐杖，白须飘胸，步履维艰，老态龙钟。自谓这种事情与自己无关，所以想得不深也不多。哪里知道，自己今天就到了这个年龄了。今天是新年元旦。从夜里零时起，自己已是不折不扣的八十老翁了。然而这老景却真如古人诗中所说的“青霭入看无”，我看不到什么老景。看一看自己的身体，平平常常，同过去一样，看一看周围的环境，平平常常，同过去一样。金色的朝阳从窗子里流了进来，平平常常，同过去一样。楼前的白杨，确实粗了一点，但看上去也是平平常常，同过去一样。时令正是冬天，叶子落尽了；但是我相信，它们正蜷缩在土里，做着春天的梦。水塘里的荷花只剩下残叶，“留得残荷听雨声”，现在雨没有了，上面只有白皑皑的残雪。我相信，荷花们也蜷缩在淤泥中，做着春天的梦。总之，我还是我，依然故我；周围的一切也依然是过去的一切……

我是不是也在做着春天的梦呢？我想，是的。我现在也处在严寒中，我也梦着春天的到来。我相信英国诗人雪莱的两句话：“既然冬天已经到了，春天还会远吗？”我梦着楼前的白杨重新长出了浓密的绿叶；我梦着池塘里的荷花重新冒出了淡绿的大叶子；我梦着春天又回到了大地上。

可是我万万没想到，“八十”这个数目字竟有这样大的威力，一种神秘的威力。“自己已经八十岁了！”我吃惊地暗自思忖。它逼迫着我向前看一看，又回头看一看。向前看，灰蒙蒙一团，路不清楚，但也不是很长。确实没有什么好看的地方。不看也罢。

而回头看呢，则在灰蒙蒙的一团中，清晰地看到了一条路，路极长，是我一步一步地走过来的，这条路的顶端是在清平县的官庄。我看到了一片灰黄的土房，中间闪着苇塘里的水光，还有我大奶奶和母亲的面影。这条路延伸出去，我看到了泉城的大明湖。这条路又延伸出去，我看到了水木清华，接着又看到德国小城哥廷根斑斓的秋色，上面飘动着我那母亲似的女房东和祖父似的老教授的面影。路陡然又从万里之外折回到神州大地，我看到了红楼，看到了燕园的湖光塔影。令人泄气而且大煞风景的是，我竟又看到了牛棚的牢头禁子那一副牛头马面似的狞恶的面孔。再看下去，路就缩住了，一直缩到我的脚下。

在这一条十分漫长的路上，我走过阳关大道，也走过独木小桥。路旁有深山大泽，也有平坡宜人；有杏花春雨，也有塞北秋风；有山重水复，也有柳暗花明；有迷途知返，也有绝处逢生。路太长了，时间太长了，影子太多了，回忆太重了。我真正感觉到，我负担不了，也忍受不了，我想摆脱掉这一切，还我一个自由自在身。

回头看既然这样沉重，能不能向前看呢？我上面已经说到，向前看，路不是很长，没有什么好看的地方。我现在正像鲁迅的散文诗《过客》中的那一个过客。他不知道是从什么地方走来的，终于走到了老翁和小女孩的土屋前面，讨了点水喝。老翁看他已经疲惫不堪，劝他休息一下。他说："从我还能记得的时候起，我就在这么走，要走到一个地方去，这地方就在面前。我单记得走了许多路，现在来到这里了。我接着就要走向那边去……况且还有声音常在前面催促我，叫唤我，使我息不下。"那边，西边是什么地方呢？老人说："前面，是坟。"小女孩说："不，不，不的，那里有许多野百合，野蔷薇，我常常去玩，去看他们的。"

我理解这个过客的心情，我自己也是一个过客。但是却从来没有什么声音催着我走，而是同世界上任何人一样，我是非走不行的，不用催促，也是非走不行的。走到什么地方去呢？走到西边的坟那里，这是一切人的归宿。我记得屠格涅夫的一首散文诗里，也讲了这个意思。我并不怕坟，只是在走了这么长的路以后，我真想停下来休息片刻。然而我不能，不管你愿意不愿意，反正是非走不行。聊以自慰的是，我同那个老翁还不一样，有的地方颇像那个小女孩，我既看到了坟，也看到野百合和野蔷薇。

我面前还有多少路呢？我说不出，也没有仔细想过。冯友兰先生说："何止于米？相期以茶。""米"是八十八岁，"茶"是一百零八岁。我没有这样的雄心壮志，我是"相期以米"。这算不算是立大志呢？我是没有大志的人，我觉得这已经算是大志了。

我从前对穷通寿夭也是颇有一些想法的。十年浩劫以后，我成了陶渊明的志同道合者。他的一首诗，我很欣赏：

纵浪大化中，
不喜亦不惧。
应尽便须尽，
无复独多虑。

我现在就是抱着这种精神，昂然走上前去。只要有可能，我一定做一些对别人有益的事，决不想成为行尸走肉。我知道，未来的路也不会比过去的更笔直、更平坦。但是我并不恐惧。我眼前还闪动着野百合和野蔷薇的影子。

季羡林散文评论节选①

季羡林先生散文的语言特色是十分重视在淳朴恬淡、天然本色中追求繁富绚丽的美。在季羡林先生笔下，燕园的美实在令人心醉。"凌晨，在熹微的阳光中，初升的太阳在长满黄叶的银杏树顶上抹上了一缕淡红"（《春归燕园》）。暮春三月，办公楼两旁的翠柏"浑身碧绿，扑人眉宇，仿佛是从地心深处涌出来的两股青色的力量。喷薄腾越，顶端直刺蔚蓝色的晴空"。两棵西府海棠"枝干繁茂，绿叶葳蕤"，"正开着满树繁花，已经绽开的花朵呈粉红色，没有绽开的骨朵呈鲜红色，粉红与鲜红，纷纭交错，宛如天半的粉红色彩云"（《怀念西府海棠》）。还有那曾经笑傲于未名湖幽径的古藤萝，从下

① 乐黛云. 我读季羡林散文. 光明日报，2000－05－06.

面无端被人砍断，“藤萝初绽出来的一些淡紫的成串的花朵，还在绿叶丛中微笑……不久就会微笑不下去，连痛哭也没有地方了”（《幽径悲剧》）。这些描写绝无辞藻堆砌，用词自然天成，却呈现出如此丰富的色彩之美！

季羡林先生写散文，苦心经营的，还有另一个方面，那就是文章的音乐性。季羡林先生遣词造句，十分注重节奏和韵律，句式参差错落，纷繁中有统一，总是波涛起伏，曲折幽隐。在《八十述怀》中，季羡林先生回顾了自己的一生：“我走过阳关大道，也走过独木小桥。路旁有深山大泽，也有平坡宜人；有杏花春雨，也有塞北秋风；有山重水复，也有柳暗花明；有迷途知返，也有绝处逢生。路太长了，时间太长了，影子太多了，回忆太重了。”这些十分流畅、一气呵成的“四字句”非常讲究对仗的工整和音调的平仄合辙，因此读起来铿锵有力，既顺口又悦耳，使人不能不想起那些从小背诵的古代散文名篇；紧接着，季羡林先生又用了最后四句非常“现代白话”的句式，四句排比并列，强调了节奏和复沓，与前面的典雅整齐恰好构成鲜明的对比。这些都是作者惨淡经营的苦心，不仔细阅读是不易体会到的。

鸟巢禅师

金克木

鹿野苑的中国庙的住持老和尚德玉，原先是北京法源寺的，曾见过著名诗僧八指头陀寄禅。他偶然还提起法源寺的芍药和崇效寺的牡丹。但他不写诗，只是每晚读佛经，又只读两部经：《法华》和《楞严》，每晚读一“品”，读完这一部，再换那一部，循环不已。

他来到“西天”朝拜圣地时，发现没有中国人修的庙，无处落脚，便发愿募化；得到新加坡一位中国商人的大力支持，终于修成了庙；而且从缅甸请来了一尊很大的玉佛，端然坐在庙的大殿正中央，早晚庙中僧众在此诵经礼拜。

他在国外大约有二十多年了吧，这时已接近六十岁，可是没有学会一句外国话，仍然是讲浓重湖南口音的中国话。印度话，他只会说两个字："阿恰（好）"和"拜提（请坐）"。

有一天他对我说，他要去朝拜佛教圣地兼"化缘"，约我一起去。我提议向西北方去，因为东南面的菩提迦耶、王舍城和那烂陀寺遗址我已经去过了。他表示同意，我们便出发到舍卫国、蓝毗尼、拘尸那揭罗去。这几处比前述几处（除迦耶同时是印度教圣地因而情况稍好外）更荒凉，想来是无从"化缘"乞讨，只能自己花钱的。我只想同他一起"朝圣"作为游览，可以给他当翻译，但不想跟随他"化缘"。

这几处地方连地名都改变了，可以说是像王舍城一样连遗迹都没有了，不像迦耶还有棵菩提树和庙，也不像那烂陀寺由考古发掘而出现一些遗址和遗物。蓝毗尼应有阿育王石柱，现在想不起我曾经找到过，仿佛是已经被搬到什么博物馆去了。在舍卫国，只听说有些耆那教天衣派的（裸形外道）和尚住在那里一所石窟里，还在火车站上见到不少猴子。

老和尚旅行并不需要我帮多少忙，反而他比我更熟悉道路。也不用查什么"指南"。看来语言的用处也不是那么大得不得了，缺了就不行，否则哑巴怎么也照样走路？有些人的记忆力在认路方面特别发达，我承认我不行。

老和尚指挥我在什么地方下车，什么地方落脚，什么地方只好在车站上休息。我们从不需要找旅馆，也难得找到，找到也难住下。我这时才明白老和尚的神通。他是有目的有计划的，他带着我找到几处华侨商店，竟然都像见到老相识的同乡一样，都化得到多少不等的香火钱，也不用他开口乞讨。

到佛灭度处拘尸那揭罗，我弄不清在一个什么小火车站下的车，下车后一片荒凉，怎么走，只有听从老和尚指挥。

他像到了熟地方一样，带着我走，我也不懂他第一次是怎么来的。这里有的是很少的人家和很多的大树。他也不问路。原来这里也无法问路。没有佛的著名神圣遗物，居民也不知道有佛教，只是见到黄衣的知道是出家人，见到我这个白衣的知道是俗人，正像中国人从佛教经典中知道"白衣"是居士的别称那样。

"这里只能望空拜佛。有个鸟巢禅师住在这里，我们去会他。"

我知道唐朝有位“鸟巢禅师”，是住在树上的一个和尚。如果我没有记错，《西游记》小说里好像还提到过他。怎么这里也有？

“他是住在树上吗？”我问。

“那是当然。”老和尚回答。

又在荒野中走上了一段，他说，“就要到了。”我这时才猛然想起玄奘在《西域记》中记山川道里那么清楚，原来和尚到处游方化缘，记人，记路，有特别的本事。

突然前面大树下飞跑过来一个人，很快就到了面前，不错，是一个中国和尚。

两人异口同声喊：“南无阿弥陀佛！”接着都哈哈大笑起来。我向这新见人物合掌为礼。

这位和尚连“随我来”都不说就一转身大步如飞走了。还是老和尚提醒我说，“跟他走。这就是我说的鸟巢禅师。”

走到大树跟前，我才看出这是一棵其大无比的树，足有普通的五层楼那么高。在离地约一丈多的最初大树杈上有些木头垒出一个像间房屋一样的东西。树干上斜倚着一张仿佛当梯子用的两根棍和一格一格的横木。

鸟巢禅师头也不回，一抬腿，我还没看清他怎么上的梯子，他已经站在一层“楼”的洞门口，俯身向我们招呼了。他仍不说话，只是打着手势。

老和尚跟了上去，手扶、脚蹬；上面的人在他爬到一半时拉了一把；一转眼，两位和尚进洞了。

这可难为我了。从小就不曾练过爬树，我又是踏着印度式拖鞋，只靠脚的“大拇指”和“食指”夹着襻子，脱下拿在手里，又不便攀登，因为手里还提着浣洗用品之类。勉强扶着“梯子”小心翼翼地，手脚并用地，往上爬，一步一步，好容易到了中途。大概鸟巢禅师本来毫不体会我的困难，只拉了老和尚一把就进去了；现在看到我还没有“进洞”，伸出头来一望，连忙探出半身，一伸手臂把我凭空吊上去了。我两步当一步不知怎么已经进了“巢”，连吃惊都没有来得及。

原来“巢”中并不小。当然没有什么桌、凳、床之类，只有些大大小小的木头块。有一块比较高而方正的木台上供着一尊佛。仔细看来，好像不是释迦牟尼佛像，而是密宗的“大威德菩萨”，是文殊师利的化身吧？佛前还有个香炉样的东西，可能是从哪位施主募化来的。奇怪的是他从哪里弄来的香，因为“炉”中似乎有香灰。

三人挤在一起，面对面，谈话开始了。鸟巢禅师一口浙江温州口音的话同老和尚一口湖南宝庆一带口音的话，真是差别太大了。幸亏我那时年纪还不大，反应较灵敏，大致听得出谈话的大部分，至少抓得住要点。

湖南和尚介绍了我并且说我想知道鸟巢禅师的来历。禅师听明白了大意，很高兴。大概他不知有多长时间没有和人长篇讲话了，尤其是讲中国话。我想，他也许会同这次路上“化缘”时见到的一位华侨青年一样干脆夹上印度话吧。然而不然，他非常愿意讲自己的家乡话。

“我一定要见佛，我一定能见到佛的。”这是他的话的“主题”。“变调”当然多得很，几乎是天上一句，地下一句，不过我还是弄清楚了大致情况。

他是温州人，到“西天”来朝圣，在这佛“涅槃”的圣地发愿一定要见佛，就住下修行。起先搭房子，当地居民不让他盖。他几次三番试盖都不成，只能在野地上住。当地人也不肯布施他，他只能到远处去化点粮食等等回来。这里靠北边，近雪山脚下，冬天还是相当冷。他急了，就上了树，搭个巢。可是当他远行募化时，居民把巢拆了。他回来又搭。这样几次以后，忽然大家不拆他的巢了。反而有人来对着大树向他膜拜。他也不知道是怎么回事。往后就好了，他安居了下来。

“我也听不懂他们的话。后来才知道，他们见我一个月不下树，也不吃东西，以为我成佛了，才让我住下来了。我也就不下树了。索性又搭了两层‘楼’，你们看。”说着他就出了巢。我同老和尚伸头出去一望，禅师正在上面呼唤。原来再上去约一丈高的又一个树杈处，他搭了一个比第一层稍小的“巢”。他招手叫我们上去。这可没有梯子，只能爬。老和尚居然胆敢试了几步。禅师拉着他时，他在巢门口望了一望，没有钻进去，又下来了。禅师随着出巢，三步两步像鸟一样又上了一层。从下面望去，这似乎又小了一些。仿佛只能容纳一个人。他一头钻进去，不见了。我看那里离地面足有四丈左右，也许还不止，不过还没有到树顶。巢被枝叶掩住，不是有他的行动，看不出有巢。

过一会儿，禅师下来了，他毫不费力，也不用攀缘：不但像走，简直像跑，也可以说是飞，进了我们蹲在里面的第一层巢。

“我在上两层的佛爷面前都替你们拜过了。”

这时我才明白，他上“楼”并非为显本事而是为我们祈福。不过这一层的佛像前，我们也没有拜。老和尚没有拜，可能是因为他看那神像不大像他所认识的佛。禅师却替我们拜了一拜，嘴咕噜了几句。我忍不住问：“难道你真有一个月禁食不吃斋吗?”很担心这一问会触犯了他。

他毫不在乎，说：“怎么不吃? 我白天修行，念经咒，夜深了才下去在荒地上起火，做好几天的饭，拿上来慢慢吃。这里的人不布施我，我就在夜里出去，到很远的地方化点粮食，火种，蔬菜，香烛，还有深夜回来。这里好得很，冬天不太冷，夏天也不太热，我也不知道过了多少春秋。我自己有剃刀，自己剃发。自己提桶到远处提水。什么也不求人，一心念佛。我发愿要在这里亲见佛爷。你们看。”说着，他把下身的黄褐色布裙一掀，露出两膝，满是火烧的伤疤。这使我大吃一惊。难修的苦行。可是，这不是释迦牟尼提倡的呀。

他又说：“现在不一样了。常有人来对树拜，不用我远走化缘，吃的、用的都有人送来了。我也不用深夜才下树了。有时这里人望见我就行礼，叫我一声，我也不懂，反正是把我当做菩萨吧。”

我估计这两位和尚年纪相差不远，都比我大得多，都应当说是老人了，可是都比我健壮得多。

我同老和尚下树走了。鸟巢禅师还送了我们一程才回去。他告诉了我，他的法号是什么，但我忘了。他并不以鸟巢禅师自居，他巢内也没有什么经典，他说诵的经咒都是自幼出家时背诵的。从他的中国话听来，他也未必认得多少中国字。他的外国话也不会比鹿野苑的老和尚更好多少。

在车站上等车时，恰巧有个印度人在我身边。他见到我和一位中国和尚一起，便主动问我是否见到住在树上的中国和尚。然后他作了说明：原来这一带被居民相信是印度教罗摩大神的圣地，所以不容许外来的“蔑戾车”（边地下贱）在这里停留。尤其是那棵大树，那是朝拜的对象，更不让人上去。“后来不知怎么，忽然居民传开了，说是罗摩下凡了。神就是扮成这个样子来度化人的。你们这位中国同乡才在树上住下来了。居民也不知他是什么教，修的什么道，只敬重他的苦行。你知道，我们国家的人是看重苦行的。”我看他仿佛轻轻苦笑了一下。我想，这也是个知识分子。

金克木散文评论节选①

金克木的诙谐是发自骨子里的，是他文化人格的一个组成部分。幽默如果仅停留在词语错位，逻辑错位，心理期待错位，而不是在价值错位上进行校正和颠覆，那也同样不是一位高明的幽默大师。学术工作被迫抛置一边，他不是首先想到自己，而是相同处境的同人，有一次，可以说是一种带有类似恶搞性质的对同人的关怀。在黑白颠倒的日子里，他居然倚老卖老地引诱一位同事“上当”，去翻译“倚老卖老”一词，一方面消解大家的苦闷，而其实是验证一下朋友是否荒疏了专业。幽默与诙谐已然成了他对待生活、审视生活不可或缺的态度。金克木在表现自己的思想时，时常闪现出唯有大智者才有的智慧。而幽默正是这种大智慧的表现，是大智者的“一种心理状态”，“一种对人生的看法”。

学贯中西、博古通今的金克木，他自谦是在中外之间“游走”，古今之间穿梭；他不光是精通文史，还由文涉理。一位人文科学学者，就不仅像一位自然科学家同时还是一位哲人，如 20 世纪初那一

---

① 逸风. 金克木散文：在中西文化中行走. 新浪博客，2008－12－30.

批物理学巨擘那样，在人类思想史上是贡献卓著的。个中原因，可能是青少年时代学了文科，成年后再修自然科学，年岁的季节已过，就不那么入门了。不过，金克木如果算不上是“通才”，那么，在人文科学学者的队伍里，他的自然科学知识无疑是十分丰富，起码是兴趣最为浓郁的一个了。金先生认为，中国传统思想主要集中于六部经书里，即《周易》、《老子》、《尚书》、《春秋》、《毛诗》、《论语》。作者从文化学的角度分别对这六部经书不仅有纵向的个案分析，而且有横向的比较。作者把佛法六经与儒道六经做了比较，剖析了二者的差异：

佛法的个性明显，倾向于分散。儒、道这方面则政治性极强，倾向于全体、集中。佛法是从个体到全体，无序。孔、老是从全体到个体，有序。

文字简洁，而且一针见血。作者这种宏观的审视，其见解之新颖之深刻，对专治儒、道、佛某门学科的专业学者，也是有诸多启发的。他的《用艺术眼光看世界》、《食人 · 王道》、《世界思潮》、《历史的断层》、《门外议儒家》、《妄谈孔子》等，不光是对中国传统文化自身的探讨，他还经常站在世界文化的高度，进行中外对比、东西对比，把中国的传统文化放在世界文化的潮流当中去观察。金克木除了对印度文化等社会科学有深厚造诣之外，举凡数学、天文、地理、生物等自然科学领域也涉猎广泛。施蛰存在他的《文学之贫困》里曾经呼吁作家应该有历史、哲学、政治等人文科学的修养，而金克木在他的散文里所反映出的学养已经远远超过了施蛰存提出的高标。金克木的文章，大多属于文化随笔，可以称得上是名副其实的“学者散文”。他在文化随笔里所呈现出的对古今文化、中外学术的“融会贯通”和“游刃有余”，颇有钱钟书的遗风，真是“凌云健笔意纵横”。他的随笔，不光是“穿越”文、史、哲，而且是文理兼备，简直就是“百科全书”，一切旧学新知，都能为“他”所用。更为重要的是，尽管他的文章真正是“上知天文，下知地理”，但是绝没有掉书袋的味道，文中涉及的学术观点，都是经过他自己的消化，从他的思想里自然流淌出来的。最为难能可贵的是作为一个老学者，他不光对旧学谙熟，更能在前卫性质的学科前沿发言。他博闻强记，思想敏锐。他的文章里，很少有大段的引文，他晚年以后没有像样的书柜，有要查询的内容，通常是给好朋友打个电话，只需印证一下自己的记忆而已。他需要的书，大多都储存在他自己的大脑里了。

【问题与思考】

1. 学者散文与文化大散文有什么区别？

2. 以往的文学分类中，一般将文体等同于文学体裁，你是否认同这样的分法？

3. 自五四白话文以来，现代散文有“倾诉”和“聊天”两大品种。说说这两大品种的代表散文家，以及你所喜欢的品种，并说明理由。

【相关作品与文献】

1. 张中行．负暄琐话．北京：中华书局，2006.

2. 季羡林．牛棚杂忆．北京：中共中央党校出版社，1999.

3. 金克木．中国当代散文八大家——华梵灵妙．深圳：海天出版社，2001.

4. 黄裳．黄裳散文选集．天津：百花文艺出版社，2004.

5. 俞元桂．中国现代散文理论．南宁：广西人民出版社，1987.

6. 陈剑晖．散文文体论．北京：中国文联出版社，2002.

7. 王兆胜．真诚与自由——20世纪中国散文精神．西安：陕西人民教育出版社，2003.

8. 陈亚丽．文海晚晴．北京：首都师范大学出版社，2008.

9. 楼肇明．繁华遮蔽下的贫困——九十年代散文之路．太原：山西教育出版社，1999.

第三章 思想散文

【学习提示】

帕斯卡尔说："人是一根会思想的芦苇。"虽然它十分脆弱，甚至一滴水就能将它折断。但因其会思想，会追问"我为什么活着"，"我为什么存在"，所以脆弱如芦苇的人才获得了做人的价值和尊严，才得以超越琐屑与平庸，翱翔于壮阔的精神天宇之中，并使生命变得强健有力，发出人性的迷人光泽。20世纪90年代出现的思想散文是如何体现出"人是一根会思想的芦苇"这一特质的？这一散文现象的价值和意义何在？

散文天空中的绚丽星光

在一个总体上失去了理想的激情，物质的享受胜于价值的渴求的时代，我们该如何来面对和谈论散文？也许，当批评家们和大众传媒在20世纪90年代兴奋地宣布一个散文时代正在向我们走来时，散文已开始显露出一些疲态，出现了"繁华掩蔽下的贫困"。的确，当散文置身于一个巨大的、混乱和喧哗的消费现场，当车载斗量的散文随笔夹着后现代商业社会的声色光影散落于人们的阅读视域中，人们对其批评责难，甚至认为是"世纪末的狂欢"也就毫不奇怪了。但不要忘了：在世纪末的散文潮中诚然有大量世俗化、商业化的粗制滥造之作，同时也有一批作家坚守散文的精神边界，创作出了同样数量可观的堪称优秀的思想随笔。他们的存在不仅是当代散文的光荣，也是一个平庸的物质时代仍孜孜执著于精神维度的作家的一种文化选择。而迄今为止，对这类思想散文的研究都是印象式、随感式的，缺乏实证的考量、客观的辨析和学理上的梳理。因此，本章拟从具体的创作入手，对20世纪90年代以来的思想散文作多层面的梳理和探讨，并以此作为观察点展望新世纪散文的发展方向。

一、从抒情散文到思想散文

熟悉中国散文史的人都知道，中国的现代散文，主要有三条流脉：一是以鲁迅为代表的侧重于精神探索的散文；二是以周作人为标志的闲话聊天式散文；三是以朱自清为典范的抒情散文。由于鲁迅的散文充满象征和隐喻，在结构和精神上过于复杂多义；而周作人的闲话聊天式散文又因不适宜于时代和社会现实的需要而长期遭到漠视，这样一来，从20世纪30年代中后期到80年代，先是及时反映当时社会现实和斗争生活的报告文学或特写大受青睐，而后（特别是20世纪60年代前后）是抒情性散文的一统天下，并成为一个时期散文创作的主导性品种。由于抒情性的散文在内容上有一个明确的政治化、世俗化的教育目标，在艺术上通常采用“借景抒情，托物言志”的表现手法，加之这类散文篇幅短小，结构精致，注重意境的营造，在语言上又体现出圆熟简约的文体特色，因而在特定的时代里，以杨朔、刘白羽和秦牧为代表的“当代散文三大家”的散文的确颇受读者的欢迎和批评家的认同，甚至即便“四人帮”被打倒后到20世纪80年代初，杨朔式的抒情散文的影子仍如影随形，“以小见大”、“托物言志”的写作方法仍束缚着不少散文作家的手脚。其时虽有一些老作家如巴金、孙犁、杨绛等的反思回忆性散文颇具影响，但总体而言，从1976年至整个80年代，相对于小说、诗歌、戏剧乃至报告文学的繁荣，散文创作的状况可谓波澜不惊、冷落萧条。这就难怪有人断言：“散文，正从中兴走向末路。”并由此预言散文是“多余的文体，必然灭亡”。①

但散文的发展却与散文的预言家开了一个玩笑。进入20世纪90年代以后，散文在没有任何征兆，没有任何预言的情况下，突然热闹和繁荣起来，真可谓是“忽如一夜春风来，千树万树梨花开”。而在这股散文热潮中，最引人注目的莫过于思想散文的崛起了。思想散文

---

① 黄浩．中国当代散文：从中兴走向末路．文艺评论，1988（1）．

的崛起并形成一股散文创作潮流大概有两个契机：一是这一时期，一些有识之士编辑出版了一批“思想随笔”丛书，比如“思想者文库”、“草原部落名报名刊精品书集”、“草原部落黑马文丛”、“九十年代思想散文精品丛书”、“思想者文丛”、“曼陀罗文丛”、“野草文丛”等。二是随着大量“思想文丛”的推出，这一时期涌现了一批倾向于思想探索的散文写作者，在这其中，较为优秀的有史铁生、韩少功、张承志、张炜、王小波、周涛、林非、王充闾、李锐、邵燕祥、林贤治、孙绍振、雷达、筱敏、南帆、周国平、王开林、刘烨园，以及钱理群、朱学勤、刘小枫、谢有顺、徐友渔、金岱、秦晖，等等。他们的写作，可以说是对以往的抒情散文的一种偏离，更是一种冲击和挑战。这类思想散文，一方面展现了中国当下的人文知识分子作为民族的脊梁和良知，在社会转型期敢于独立思考的可贵精神品质；另一方面也是对当代散文进行必要的“补钙”和“换血”。正是有了这样一批热心于思想探索的散文家和他们的思想散文，90年代以来的散文创作才呈现出“思想散文凸现，抒情散文淡出”的特色。他们是日渐明丽的散文天空中的点点星光，是庸常时代的精神坚守和心灵呐喊。

那么，产生于20世纪90年代的思想散文有什么样的外在特征和内在规定性呢？它与以往文学作品的“思想性”又有什么样的区别？这一切都需要进一步探讨。

“思想”，按《现代汉语词典》的解释是：“客观存在反映在人的意识中经过思维活动而产生的结果。”《牛津词典》的解释则是：“思想就是人类运用心灵与智慧观察外部的客观对象，并在这一基础上形成自己的看法、意见与决定。”从上述两部权威词典的解释可知，“思想”不同于“学术”。“学术”的“术”在《说文解字》中是“从行，求声”，“邑中道也”，且这“道”并非终极意义上的“道”，而是“路径”的“道”。这样“学术”便带有“技术”的意味，它的目的是“求证”，重在爬梳整理。而“思想”则不同，它既为客观的社会存在所决定，也是心灵与智慧的产物。所以法国哲学家笛卡儿的名言“我思故我在”，其所强调的便不仅仅是人作为物质和生理的身体的存在，更重要的是由“心”指向“思”和“灵”的存在。因此，能称之为“思想”的，一般应有这样的一些特征：一是个人性。思想是最具私人性、个人性的，而这种个人性又与个体的生活经验和生命力密切相关，没有个体的经验和生命的原动力就没有思想的创造力。二是独创性。思想富有的人，往往也是独立的人、自由的人、有个性的人，也是对事物有独到的认识和见解的人。思想最忌千篇一律，所以雷同就意味着思想的消亡。三是质疑性与批判性。思想不惧怕权威，不满足于现成的结论，也不安于保守平庸；思想心怀忧患，目光四射，坚定从容；思想既是现存秩序的挑战者，也是纷纭世界的提问者。当然，思想也是新的价值观、新的秩序的建构者和维护者。四是重大性与根本性。思想应是“心事浩茫连广宇”，而不是一般性地提出问题与回答问题，而是以深广的包容性，原创的穿透性，洞见的前瞻性，对一些重大的、带根本性的历史和现实问题提出自己的卓见，如马克思、达尔文、爱因斯坦、海德格尔、维特根思坦等的思想就是如此。正因思想有如此的特征，所以它才弥足珍贵，甚至有人将思想比喻为“泥沙中淘出的金子”，“海水里净滤出来的盐”。

思想是主观的东西，是无形的、看不见的；但它又是有形的、可以感知的。首先，就散文来说，思想必须具备心灵性。散文作为一种人类精神的实现方式，它比任何一种文类都更倾向于情感的倾诉，灵魂的呢喃。因此，思想散文的特点是用“心”去思考、质疑和批判。这就要求散文作家在创作时要以人为中心、以人为主体，突出创作者的主体作用和潜能，而且必须具有内心世界的通透和丰盈，这样散文才能在个人心灵的建筑，在对人类内在精神的探测上有所突进。其次，散文的思想还需要有智慧的中和。一方面，散文既是哲人的近邻，也是智慧的文体，所以散文家需要用慧眼慧心去体人悟事。另一方面，由于散文的精神一般寓于个体的生命，但精神的盔甲有时难免过于沉重，生命的热烈有时也会过于绚烂刺目，这时如果加进一些智慧和幽默，那么散文的冷峻尖锐中就有了温润和柔韧，厚实沉重中也会有从容、闲适和机趣相伴，这于散文无疑是不可或缺的元素。再次，是更为重要的一点，由于散文本质的自由随意；或者说，由于人类的精神是自由和独立而散文对自由精神的依赖又超过了所有的文类，所以，自由的精神应是思想散文旗帜上最为耀眼的标志。在这方面，洪堡特有过十分精彩的描述："诗歌只能够在生活的个别时刻和精神的个别状态之下萌生，散文则时时处处陪伴着人，在人的精神活动的所有表现形式中出现。散文与每个思想，每一感觉相维系。在一种语言里，散文利用自身的准确性、明晰性、灵活性、生动性以及和谐悦耳的语言，一方面能够从每一个角度出发充分自由地发展起来，另一方面则获得了一种精微的感觉，从而能够在每一个别场合决定自由发展的适当程度。有了这样一种散文，精神就能够得到同样自由、从容和健康的发展。"①

从上述可见，这里所指的"思想"，与以往分析文学作品时所归结出来的"主题"、"中心思想"或"思想内容"有着极大的区别。在过去，研究文学作品特别是评价新中国成立后 17 年的文学时，所谓的"主题"、"中心思想"的得出，一般都是与意识形态密切联系，都是服从于文学作品的教育功能或某个世俗目标，而且这"中心思想"无一例外都是积极的、正面的，同时没有任何个性色彩和灵魂挣扎的痕迹。例如，共产主义思想、无产阶级思想；或者大无畏的牺牲精神，大公无私精神、爱国主义精神、团结友爱精神等。显然，这些都是在"舆论一律"的大背景下，散文作家丧失了对独立和自由精神的追求，臣服于某种强大的意识形态之后产生出来的失去了生活的"血水"和生命体温的"思想"，它与真正的思想有着无法遥测的距离。诚如上述，真正的思想是个体的，也是独到的；是单纯的，也是丰厚的；是朴素自然的，也是神圣崇高的。它既带着生活的"血水"，留着苦难的印记，又是超越现实、超越作品的题材、主题、外在结构，甚至超越语言的一种精神性的存在。这正如曼·英伽登所说的："在文本之上，还存在着一个悬浮在上的'精神层面'，它是作品的'形而上本质'，是文学的'变幻无定的天空'，也是一些洞然

---

① 林贤治. 五十年：散文与自由的一种观察. 书屋，2000 (3).

大开而又捉摸不定的东西。"[1] 不消说，这里所指出的散文中的思想，正是英伽登所认为的文学的"形而上的品质"，而这种"形而上"散文品质的形成，很大程度上得益于今天这个"王纲解纽"、价值多元的时代。

的确，我们无法绕开这样的提问：其一，为什么思想散文偏偏在20世纪90年代而不是在别的时代崛起？其二，难道别的时代——如五四时期就没有思想散文吗？首先，由于中国社会由计划经济转向市场经济，原先统一的规范已被多元的价值取向所取代。这一时期，再也没有一个高高在上的意识形态主宰着散文的命运，也没有那么多条条框框规定散文只能这样写不能那样写。这样，作家在写作时心态比较放松，他们可以自由自在地表达自己的思想观念，可以无拘无束地叙述自己感兴趣的事情，这一点对于思想散文的兴起至为重要。其次，20世纪90年代是一个众声喧哗、日益多元的时代，一方面，旧有的道德规范和价值观念遭到了前所未有的挑战，而物质欲望的膨胀、理想的失落又加重了人们的精神危机；另一方面，当现实生活中"精神"、"感情"和"心灵"的因素越来越稀缺的时候，往往正是优秀的文学奋起抗击的时候。换言之，"精神危机的情状广泛而深重，正是文学实现其精神价值的历史性契机"（韩少功语）。正是从这个意义上，他们选择了思想散文实际上就是选择一种精神维度，选择了一种生存的方式和态度。这样就能够解释为什么自20世纪90年代以来，思想散文能够超越过去的任何时代，如火如荼地发展起来。再次，思想散文的兴起，还有其散文自身的原因。如众所知，90年代以来的散文出现了空前的繁荣，但在这散文热的背后又存在着贫困和苍白的一面。也就是说，这一时期，以娱乐媚俗、迎合大众的消费性为特征的散文大量产生。由于它们的存在，人们对这一时期的散文产生了极大的误解，甚至有人认为散文已进入了"侏罗纪末期"[2]。在文学出现如此严重的分化的时刻，一些散文家执著于文学的精神价

---

① 鲁枢元. 超越语言. 北京：中国社会科学出版社，1990：154.
② 李敬泽. "散文"的侏罗纪末期. 南方周末，2002-08-01.

值追问，拒绝将散文创作看作简单的一次性的文化消费，这不仅保持了文学应有的尊严，同时他们还以宿命般的精神皈依，和他们的富于思想力度的散文创作，回击了“侏罗纪末期”、“笑柄”之类的指控。还应看到，他们对于散文的思想深度的建构还深化了人们对于散文的认知：散文，不应只是软性的文化消费，不应只是媚俗的商品吆喝和文化弄姿。作为一种自由且富于个性体验色彩的文学品种，散文应揭示出这个时代中的人性的多面性，为现代人提供精神的多种可能性空间。

上述几个方面，便是20世纪90年代思想散文兴起的“特殊历史语境”，这样的历史语境，在整个现代散文史中，只有五四时期的散文创作可以与之相比。但五四时期除了鲁迅的散文有较高的思想含量外，其他散文家的创作从总体看思想的元素是较为稀缺的，所以五四时期大行其道的是朱自清式的抒情散文，以及周作人式的闲谈聊天式散文，而思想散文却从未形成一股创作趋向。至于五四之后至90年代这段时间，由于文学生态环境的恶劣以及散文家创作主体的萎缩，思想散文根本就没有获得生长的空间，更没有形成一个坚守人文与启蒙立场的散文“思想群落”。当然，由于散文的思想源于个体精神的丰富性，因此在这一时期思想散文的创作中，每个作家的思想风貌都是卓尔不群的；但作为一个思想群落而言，他们又具有某些近似的思想表征。惟其如此，他们的散文创作才显得厚实多样、异彩纷呈。

二、倾听思想者的声音

如果从人类精神发展的大框架来考察20世纪90年代以来的散文思想，我们会发现这一时期的思想散文与过往时期散文中的思想是十分不同的。概括来说就是立足于人文主义的立场，坚守知识者的心灵和道德理想，关注现实、历史以及人类的生存与命运的大命题，保持自由、独立的思考与质疑批判的姿态——这一切都使这一时期的思想散文达到了一种较高的精神维度。下面，简要地对这一时期较有代表性的倾向于精神思考的散文家作一抽样分析，通过对他们散文中的思想表征的描述，借以探测世纪之交当代散文的思想流向。

（一）独立的思考：质疑与批判

帕斯卡尔说："人是一根会思想的芦苇。"虽然它十分脆弱，甚至一滴水就能将它折断。但因其会思想，会追问"我为什么活着"，"我为什么存在"，所以脆弱如芦苇的人才获得了做人的价值和尊严，才得以超越琐屑与平庸，翱翔于壮阔的精神天宇之中，并使生命变得强健有力，发出人性的迷人光泽。的确，如果从事文学的人失去了思想的动机和思想的能力，那么从某种意义上也就没有了文学，当然也就没有散文了。不过，我们也必须看到这样一个事实：由于中国文学历来十分强调"载道"的功能，后来又发展到"为政治服务"，"为工农兵服务"，而五四时期的所谓"言志"，在很多时候也未能真正摆脱"载道"的束缚。所以，在新中国成立后17年乃至20世纪80年代，散文其实并未真正获得独立思考的思想品格。唯有到了"王纲解纽"的20世纪90年代之后，散文才逐渐摆脱了长期以来的精神奴役，拥有了独立思考的权利和质疑批评的能力。

考察20世纪90年代的散文创作，可以看到较早坚持独立思考、致力于思想质疑和批判的散文家当属邵燕祥、牧惠、舒展、严秀、钱理群、林贤治等人。他们的思想随笔秉承鲁迅杂文的精神和笔法，而反对现代迷信和造神运动，呼吁恢复五四的启蒙精神，抨击法西斯的独裁专制，反省人性的脆弱和缺失，等等，则是他们散文随笔的主要思想指向。在这些作家中，要特别提及的是林贤治，他不仅和邵燕祥合作主编了《散文与人》等思想性散文刊物和一批思想散文丛书，而且还在理论上力倡散文的批判和自由精神。此外，林贤治还创作了《平民的信使》、《守夜者札记》等思想随笔集子。这些思想随笔都带着强烈的怀疑、批判和探索精神，体现出了强健、独立和追求自由的思想者的风采。总体来看，林贤治的思想随笔坚硬、直白和犀利，文体较为自由松散，相对来说在诗性方面则稍有欠缺。

20世纪90年代的思想散文既显示出思想者独立思考的人格色彩，其创作又贴近散文文体，体现出散文的诗性特征的代表性作家当属张承志、王小波和韩少功。面对着消费时代人类精神的节节溃败，张承志挺身而出，决心"以笔为旗"，为"清洁"现实生活中已被污染的“精神”而奋起反击，在《天道立秋》、《致先生书》、《清洁的精神》、《无援的思想》、《以笔为旗》等作品中，他猛烈抨击文化知识界的道德堕落，批判媚洋媚俗的时代风气，同时对市场经济的自由竞争则采取拒绝乃至敌对的态度。张承志的特立独行的姿态是异端的，同时也是偏执和激愤的，而他的行文则优美且富于穿透力，因此比起那些媚俗矫情的风花雪月、家长里短之类的写作要有意义得多，所以当代中国的散文版图中应保留张承志这一脉。王小波思想随笔的批判锋芒，大多指向专制主义所带来的思想压迫，同时对中国文化的道德取向则深表怀疑。他还有不少思想随笔对中国知识分子自我人格的萎缩进行了深刻的反思与自省，对单一刻板和愚昧的思维方式进行嘲笑反讽，并由此提倡一种智慧的思维方式，一种健全的现代理性精神，这些思想对于处于转型期的世道人心都是及时雨。而韩少功的思想随笔，更多地保持着对当下社会现实的关注与警惕，例如，对世道人心、时代弊病、人性弱点，尤其是时下流行文化新潮的质疑与批判，是韩少功思想随笔最为着力之处，他在《人之四种》、《个狗主义》等作品中，对在金钱和权势面前各种人的不同态度的分析可谓入木三分，而对时下流行文化的批判，更体现出他作为一个思想型散文家的开阔、智慧与深邃。在《夜行者梦语》中，他一开始就这样写道：

人类常常把一些事情做坏。比如把爱情做成贞节牌坊，把自由做成暴民四起。一谈起社会均富就出现专吃大锅饭的懒汉，一谈起市场竞争就有财迷心窍唯利是图的铜臭，思想的龙种总是在黑压压的人群中一次次收获现实的跳蚤。或者说，我们的现实中本来就有太多的跳蚤，却被思想家们一次次说成龙种，让大家听得悦耳和体面。

《夜行者梦语》这篇散文全面质疑了后现代主义的价值观，批判了“圣徒和流氓，怎样都行”的后现代行为方式，同时维护了人性的高贵、神圣和责任。由于韩少功是一个既入世又出世，既看透又宽容，既有独立个性又不张狂的散文家，加之他的智慧和哲学思辨无处不在，这样，对于后现代的批判便超越了同类的作品，不但视野开阔，深刻独到，而且富于思辨的色彩和智慧的调侃反讽。而意象的丰满奇警，语言的节制、简洁和老辣，更显示了这位散文家深厚的学养和不凡的才情。需要指出的是，在韩少功的创作中，类似《夜行者梦语》这样优秀的思想散文，还可举出《性而上的迷失》、《心想》、《世界》、《佛魔一念间》等一大批，这些作品代表了当代思想散文的创作高度，有效地拓展了当代散文的精神空间。

在20世纪90年代的思想散文作家中，除了上面提到的几位外，史铁生、张炜、李锐、周涛、筱敏、王开林、刘烨园、刘小枫、朱学勤、摩罗等人也以思想探索著称。他们的散文随笔面影不同，情态各异，但在独立思考、质疑和批判这一思想指向上却是一致的。

（二）人文主义的坚守：重建人类的心灵和道德理想

诚如上述，20世纪90年代的中国社会进入了一个“王纲解纽”的多元化时代。由于现实社会的相对自由，拜金思想、享乐至上、消费主义的盛行，从而导致了价值观念的混乱和理想主义、道德水准的大面积沦陷。而随着大众精神生活的日益空洞和阅读口味的转变，文学也变得越来越商品化、功利化和世俗化。在这样的情况下，作家普遍感到了一种生存危机和精神危机：是臣服于世俗还是反抗世俗？是放弃理想还是坚守理想？是任由精神混沌还是重建人文主义的精神家园？这一切都要求作家做出属于自己的明确答复，其实这也是消费时代中作家无法逃避的两难抉择。

我们高兴地看到，当文学越来越成为消费时代里人类精神溃败的表征，当现实生活中“精神”的含量越来越少，人们的感情越来越沙化，心灵日渐枯萎的危险时刻，有一批秉持着知识分子良知的优秀散文家挺身而出，他们以圣徒般的决绝和赤子之心“一次次奔赴精神的地平线”（韩少功语），义无反顾地反抗世俗，拒绝平庸，同时坚守着人文主义的精神世界。在这方面，张承志是特别令人尊敬和值得推崇的一位作家。他的散文的思想内核，不仅包含着高贵、血性、激情、理想、浪漫等元素，而且，他还是一位为民族而活的散文家。在他那里，民族性已经成了一种诱惑，一种挥之不去的宿命。所以，他写回民的黄土高原，写西海固，写北庄的雪景，写旱海里的鱼。他以一种心灵独白的抒写方式，忘情于大西北贫瘠凄厉的风景，或借助下层劳动人民贫困然而坚韧的生存方式，赞美了他心目中的“清洁的精神”，体现出一种浪漫主义和英雄主义的生命激情。特别在《汉家寨》这篇富于诗性的散文中，这种理想主义和生命激情更是凝固为一种“坚守”的精神：“我从天山大阪上下来，心被四野的宁寂——那充斥天宇六合的恐怖一样的死寂包围着，听着马蹄声单调地试探着和这静默敲击，不由得屏住呼吸。”作品展现在我们面前的“汉家寨”是空旷宁寂、四顾无援的。它坐落于“三百里空山绝谷”之中，周围是“铁色戈壁”、“酥碎红石”、“淡红色的焦土”，以及“狞恶的尖石棱一浪浪堆起”。正是在这样的背景下，“我”走进了“汉家寨”。“我”看到的“仅仅有一柱烟在怅怅升起”，有“几间破泥屋”，“我”还看到一个老汉和一个七八岁的小女孩。老汉自始至终都是“无言”，而小女孩则是“一动不动”地“凝视着我”。她身上穿着的一件破红花棉袄特别惹眼，她黑亮的眼睛却深深嵌进我的灵魂里……的确，在张承志笔下，“汉家寨”就如“一颗被人丢弃的棋子，如一颗生锈的弹丸，孤零零地存在于这巨大得恐怖的大自然中”。但是，画面中的这一老一少却顽强地在这“绝地”里生存了下来，而且“从宋至今，汉家寨至少已经坚守着生存了一千多年了”，他们靠什么生存下来？这对“我”和读者来说永远是一个谜。但这其实并不重要。重要的是从“汉家寨”这一象征性的隐喻中，“我只是隐隐感觉到了人的坚守，感到那坚守如这风景一般苍凉广阔”。而且日后不管我走到哪里，“都在不知不觉之间，坚守着什么”。很显然，张承志在这里“坚守”的是一种理想主义，一种人文主义的精神。这种坚守自然十分苦涩、孤独，也相当地艰难，但这种坚守并非毫无价值可言。尤其在当今的时代，当许多人眼中只有金钱利益，只有物质享受，而理想主义失落，没有生活的方向和目标。这时候，的确需要一种在物欲横流中坚守清贫，在庸俗泛滥中坚守高洁，在寂寞孤独中坚守理想，在“全盘西化”中坚守民族自尊的人文主义精神。张承志的《汉家寨》，包括《离别西海固》、《英雄荒芜路》、《禁锢的火焰色》等作品的价值正在这里：他以特有的严峻、决绝和深邃笔致，把读者带进一个雄大磅礴、空寂辽阔的生活空间、自然空间和精神空间，让读者在静静的文字里感受着精神的硬度和心灵的力量。

类似张承志坚守理想主义立场的散文作家，还可以举出张炜、周涛、韩少功等人。在张炜的散文名篇《融入野地》中，他告别了城市的喧嚣和虚伪，告别了物欲和世俗，执意到“野地”中去“寻找一个原来，一个真实”。而当他真正“融入野地”，用心去谛听，去感受大地上的一切活跃的生命时，他便成为“野地”的一部分，他的灵魂因此获得了超越。周涛的《巩乃斯的马》，表面上在写马，写马的力与美，实际上却是在彰显一种理想的人格，一种进取的精神和对于崇高与壮阔的向往。在这里还要特别谈及韩少功新近出版的长篇笔记体散文《山南水北》，韩少功的这部新作与张炜的《融入野地》，有着异曲同工之妙。

《山南水北》是一部记录山野自然与民间底层生活的真实摹本。作者遵从生活和心灵的召唤，顺势而为，不浮躁，不矫饰，也不故意逃离现代文明和人群。于是，韩少功在乡村当了 7 年“业余农民”，在“春夏种豆南山，秋冬奔走红尘”的半隐居生活中，感受到了一种最自由最干净的空气。韩少功的写作与返乡，其实也是一种人文主义的坚守：他将知识分子对现代城市生活的焦虑与思考，延展到大自然和民间，他希望以一种体力劳动与脑力劳动相结合的健康生活方式，使自己的创作重获活力，重获一种健全的精神维度。也正因此，“第五届华语文学传媒盛典”的主持人在 2006 年度杰出作家的“授奖辞”中指出，韩少功的《山南水北》是“用一种简单的劳动美学，与重大的精神难题较量，为自我求证新的意义……在这个精神日益挂空的时代，韩少功的努力，为人生、思想的落实探索了新的路径”。韩少功、张炜、周涛、张承志的散文创作实践表明：散文坚守人文的阵地，要重建人类的理想和道德秩序，关键是作家要有一种健全的人格和精神的维度，尤其是散文家要以一种高远的、自由和纯净的心灵，即“天道人心”去建筑人类的心灵世界。如果散文中有一颗健康、自然、和谐与澄明的心灵，那么散文就有能力建构起一个完整的自我的世界——一个既有心灵的丰盈饶富，既有日常生活的现场感又与重大的命题、宏阔的历史息息相关的独特的精神世界。

（三）个人苦难与人类共有的生存困境

20世纪90年代以来散文创作的另一个思想特征，是不少散文作家开始关注苦难与人的生存问题，这是一种难能可贵的趋向，也是过去的散文创作较少见到的。我们知道，中国的散文长期以来都缺乏敢于直面苦难和存在的勇气，而多的是“歌颂”、“感恩”、“宗道”之类的作品。此外，在传统的散文观念中，散文还一直被当作“轻骑兵”或“小摆设”——要么是吟风弄月，花鸟虫鱼；或者是忆旧记趣、谈天说地。尤其到了20世纪90年代，随着消费思潮的兴起，许多通俗闲适的散文随笔更是大行其道，成了市民阶层包括白领阶层最为可口的文化快餐。不过也应看到，这一时期的散文随笔也不全是“轻”的，这一时期也有许多“重”的散文。比如，史铁生的《我与地坛》就是“重”的散文的代表作。作品中的“我”在风华正茂的年龄双腿突然瘫痪了，但“我”并没有沉溺于个人的苦难而不能自拔。我日复一日，年复一年地徜徉于地坛，在它的老树下荒草边或颓墙旁，静静地思考生与死、写作的意义以及人类的困境等问题。经过长年的冥思苦想，“我”终于感悟到：人类无论何时何地都存在着三重困境：一是人生来注定只能是自己，人生来注定无法与他人真正沟通，这就意味着孤独；二是人生来就有欲望，而人实现欲望的能力永远赶不上他对欲望的需求，这就注定了人的痛苦状态；三是人生来就不想死，可是人一生下来就必须一步一步走向死亡，这就意味着恐惧。不过，人类的困境虽然是一种宿命的存在，个体无法知道也没法反抗这种“宿命”，但人靠母爱，靠爱情，靠对生命过程的追求和智慧的感悟，是可以“识破”命运的机心，并使人类从困境中解脱出来。不仅如此，史铁生还通过对“差别”和“欲望”的思考，得出了如下的结论：

假如世界上没有了苦难，世界还能够存在么？要是没有愚钝，机智还有什么光荣呢？要是没了丑陋，漂亮又怎么维系自己的幸运？要是没有了恶劣卑下，善良与崇高又将如何界定自己，又如何成为美德呢？要是没有了残疾，健全会否因其司空见惯而变得腻烦和乏味呢……

看来差别永远是要有的。看来就只好接受苦难——人类的全部剧目需要它，存在的本身需要它。看来上帝又一次对了。

史铁生以对人性的洞察和至囿至慈的宽容，对苦难做出了一种迥异于世俗的理解：他发现了苦难也是财富，虚空即是实在，而生存不仅需要勇气，更需要选择，需要承担责任与义务。他由个人的严酷命运上升到对整个人类的生存困境的思考，于是，他的散文便超越了一己的悲欢，具有一种阔大的精神境界和人性内涵。

雷达的散文《还乡》，虽在思想境界上不及《我与地坛》那样阔大深邃，但他对于人的存在状态的思考，却更多地带着乡土的况味和世俗的原生态。作者相当具体、细致和生动地描写了“我”还乡途中挤火车的难堪尴尬的景况，正由于有这样的切身感受，他才“有一种跌落到真实生存中的感受”，并意识到“平时对人生的了解，太片面、太虚浮了，生活的圈子愈缩愈小，感性的体验愈来愈单调，虽然也大发感慨，大谈社会，实际多是书本知识和原先经验的重复”。不仅如此，作品还进一步从与亲友的交谈和喝酒的场景中，思考我的“存在”和“不存在”，这种角色的经常倒置和错位，不正是现代人类存在的真实景况吗？正是通过非常写实，非常具体的底层日常生活的叙写，《还乡》探测到了人的生存状态，从另一个方面体现了散文的思想指向。

20世纪90年代以来散文创作的思想表征还可以梳理出许多方面。比如，在刘小枫、筱敏、一平等的散文中，他们不约而同地涉及“苦难记忆”和“拒绝遗忘”的问题；而王小波的思想随笔，则集中关注人的尊严、平等，特别是智慧和健全以及理性的问题；至于钱理群、朱学勤、葛兆光、葛剑雄、秦晖、金岱、徐友渔等学院派思想者的散文，则以反省拷问国民性尤其是中国知识分子的弱点，以及以历史返照现实，以现代性与伪现代性的文化冲突剖析文化转型期中国人的精神走向而受到读者的欢迎。他们的思想随笔虽为学术研究之余的副产品，却以其独特的人格色彩和文化智慧为世纪末的中国散文创作守魂和导航。

三、散文的骨骼与灵魂

思想之所以值得我们如此重视，盖因思想是散文的骨骼和灵魂，对于散文而言它有着不可或缺的作用和价值。然而，必须承认，我们过去对于思想之于散文的意义是重视不够的；或者说，只是从“文学为政治服务”、“抒时代之情和人民之情”的“政治高度”去重视散文中的思想，这自然是狭隘和肤浅的理解，是带着鲜明意识形态烙印的“思想”，这样的思想与直面灵魂、直指人心的散文精神在本质上是南辕北辙的。因此，思想之于散文的作用和价值，主要应体现在两个方面：

其一，由散文的文体本质和特征所决定。我们知道，散文是一种最富个性化、最自由和宽容的文体。它不是文学的高山峡谷，却是文学的广阔平原。也就是说，它有着平原的辽阔、从容、沉稳与绵延不绝的地平线。散文的这种“平原”状态，既能最大限度地接纳其他文类在艺术上的长处，同时也是一切的思想或精神的理想栖息地。如果打个比方，我们可以说诗歌是人类感情和精神的极致，是文学中的舞蹈，诗歌不仅尖锐优雅，而且十分看重才情；小说是文学中的跑步，体现了人类生存的危机、冲突与和解，因此更重视阅历、叙述和结构的技巧；而散文则是文学中的散步，由于没有规范，没有太多约束，因此更接近人的本性和生存的日常状态。正因这个特点，与其他文类相比，散文更是心灵、智慧和哲学的近邻，其长处不在于描状一片树叶的枯萎，而在于用哲人的慧眼慧心去深究这片树叶与树枝、树干、大地乃至季节的内在联系，这一点是小说和诗歌所不及的。再从文体表现生活的特点来看，散文不似小说那样有人物、情节和叙述可以依傍，也不像诗歌那样以高度凝练的语言、跳跃的韵律节奏和奇特的意象组合来吸引读者。散文是以“自然”的形态呈现生活的片断，以“零散”的方式对抗现实生活的完整性和集中性，以“边缘”的姿态表达对现实和历史的臧否，所以散文不仅呼唤思想，更适合思想的生长，更渴求有个性、原创和深刻独特的思想的支撑。可以这样说，任何文学都需要思想，但散文对思想的渴望超过任何文学。的确，倘若没有思想的支撑，散文充其量只是一具徒有其表的空壳，只是一堆没有灵魂的文字的瓦砾。这样的散文文字再美丽，结构再严谨，意境再动人也是徒然。正是因此，"散文，我们时代的散文，没有理由逃避或淡化思想"①。这是从散文文体本质和特征与思想的内在一致性，以及散文需要思想的支持这一角度来考察。

其二，如果说散文随笔是一种属于思想者的文体，没有思想的散文随笔是纸做的花朵的话，那么，一个明显的事实是：思想的大规模介入，无疑在很大程度上拓展了散文的文体空间和心智空间。如前所述，新中国成立后很长一段时间里，当代的散文只有抒情性散文一统天下，散文的品类、题材和表现手法都十分刻板单一。而现在，随着思想散文的崛起，散文的文体形式也有了较大的演进与突破。比如说，过去的抒情性散文一般篇幅都较短小，而现在的一些思想散文动不动就是二三万字；过去的散文一般都遵循散文的边界，而现在"破体"已成为一种较普遍的现象；过去散文的叙述一般都是按照"景—事—理"的模式展开，现在却是真正地无拘无束，当行则行，当止则止，有的甚至采用多种人称互换和"意识流"的叙事手法。这是从文体模式方面而言。从思维层面和心理层面来看，以往的散文极少涉及精神体验和心灵体验，而现在的思想散文却有大量的有关精神体验和心灵体验的叙写。例如，在王充闾的《用破一生心》这篇散文中，一方面，从政治的角度写了曾国藩的才干和野心；另一方面，从人性、人生哲学、心理方面对他进行解读与批判，准确而细致地写出了曾国藩心理上的压力、灵魂上的折磨，这就抵达了人性的深处，拓展了散文的心智空间。可见，思想散文对于"重建散文的体裁，重建散文的深度，重建散文的个体经验和母语经验，同时开拓散

---

① 柯汉琳．仰望思想的星空——关于90年代以来思想散文的思考．文学评论，2002（3）．

文全新的文化语境和更有创意的审美境界”①，都有着不可取代的作用和价值。

若我们将视野放开一些，还可以看到，但凡古今中外那些优秀的散文，都有着深厚的思想的底子。庄子的散文就是如此。从思想的角度看，他的《逍遥游》既是生命的存在形式，又是追求自由精神和人格独立的体现。而正是这种生命体验和艺术精神，使两千年前的庄子成为一个比现代派更为现代的思想家。苏轼的《前赤壁赋》同样是建立在庞大的精神心理结构上的经典之作。这篇作品之所以成为中国散文史上的名篇。固然得益于“月出于东山之上，徘徊于斗牛之间。白露横江，水光接天。纵一苇之所如，凌万顷之茫然”这样的精妙写景和奇词丽句，但更重要的是，文中还有诸如“寄蜉蝣于天地，渺沧海之一粟，哀吾生之须臾，羡长江之无穷。挟飞仙以遨游，抱明月而长终。知不可乎骤得，托遗响于悲风”这样的哲理思考，我们虽然生存于天地之间，但其生命就如蜉蝣一样短暂。我们的存在，其实就像大海里的一滴水那么渺小。于是，我们一边悲叹生命的短暂，一边羡慕着长江的不尽东流。正是因此，作者想挽着神仙结伴而遨游，也想与明月相守而长存。但这样的愿望不可能实现，于是只好借着箫声将这无边的遗恨寄托于悲凉的风中。在这里，苏轼借助赤壁的月夜与江水，透过无限的宇宙时空来体验人生和观照自然，同时融进一种洒脱旷达的生死观。这样，《前赤壁赋》也就因其阔大丰富的思想内涵而超越同类的散文并流传千古。可以设想，倘若没有超越个体的思想追问，即便是再绚丽多彩的句子，也只是一件华美的外衣而已，不可能有现在这样的思想境界和艺术穿透力。

中国古代的优秀散文以及现代鲁迅的《野草》，都有着极为丰富深邃的思想内涵，那么，外国散文的情形又如何呢？我们同样可以看到，外国称得上一流的散文家和散文作品，同样以追问生命的价值，个体的存在状态，以及自由、平等，人的尊严等理性见长，如蒙田、

① 王岳川．关于王充闾散文的学术点评．中国散文论坛．北京：北京大学出版社，2003：295.

培根、罗素等人的散文就是如此。在这方面，南美大作家聂鲁达的散文堪称典范。他有一篇散文写他穿行于南美的丛林中，当他看到一个被洪水连根拔起的大树头，他这样写道："栎树倒下时发出天崩地陷般的声音，有如一只大手在敲击大地的门，要敲开一个墓穴。它听凭风吹雨打和隆冬的肆虐已达上百年，它伤痕累累的躯体，银灰色的色调，形成一种粗硬的、令人心醉的庄严美。它现在来到我的生活里，也许是要把它的沉默传染给我，并揭示出大地再次给予我的美学教育。"从表层看，这只是一段写景的文字，但若从精神生命的角度看，这段文字无疑包含着极为丰富广阔的精神与历史空间：它由大树根那种"粗硬的、令人心醉的庄严美"，延伸到南美这片大地上的"百年孤独"，呈现出一个民族、一个时代纷纭复杂的精神心理结构，并且给予人类以生存的信息和无限的"美的教育"。这样的描写的确具有一种直逼事物本质的思想硬度。当然，这样的描写绝不仅仅是文字经营的结果。只有具备了大胸臆，并将这种大胸臆投放到无限广阔的精神历史空间的作家，才有可能写出如此冷峻而又壮美的形而上的文字。

由此，我们便接触到这样一个问题：思想散文中的"思想"是否丰富、独立和深刻，与创作主体精神和心灵的强健纯正有着密切的关系。一般来说，个性独立而富于自由精神、胸臆博大且心灵充盈的作家，其笔下的思想必然富厚活泼并充满着启迪人心的力量，反之则平庸苍白了无生气。由此可见，任何一种文体的本质都取决于进入这种文体写作的人的精神高度和心灵的纯度。因此，要提高当代散文的思想质地，首先，散文写作者要成为真诚的人，独立的人，自由的人，有个性和有智慧的人；其次，散文写作者要敢于面对现实生活，敢于接触重大的社会命题并发表自己的意见，此外，还要敢于直面下层人民的生存状态，使其作品有一种生存感；再次，散文写作者既要拥有哲学家的心智又必须具有自己独到的眼光，还必须有对全人类的爱和拥有一颗悲悯之心。倘若中国当代的散文家拥有了这样的主体性和心灵性，那么，他的精神和心灵的质量必定是高的，其散文中的思想自然也就富有价值且不同凡响。

四、思想散文的局限及提升

作为20世纪90年代以来散文创作的主流品种，思想散文所取得的成就，其对于当代散文在散文题材、散文深度和散文文体的拓展有目共睹。但肯定成绩并不意味着忽视缺点。从21世纪散文发展的高度来要求，思想散文还存在着如下的一些不足：

其一，一些热衷于思想探索的散文写作者精神维度上还有所欠缺；或者说，他们的精神维度还不够阔大与宽容，还缺乏一种更加健康、更加民主的现代理性精神。在这方面，张承志表现得特别突出。他一方面坚守着人文主义精神的边界，一方面又执著于他的哲合忍耶圣徒的立场和“红卫兵情结”。如果说，他抨击时下知识界和文人圈的堕落，抵抗西方的新殖民主义文化还有其合理性和积极意义的话，那么他狂热地赞颂荆轲一类的洁净精神，甚至倡扬一种暴力主义，就值得今天的人们警惕了。在这个问题上，散文理论家王兆胜的批评可谓一针见血：“张承志被荆轲精神的光圈罩住了，缺乏了自己心灵的光芒。就是说，在对荆轲个人精神的陶醉中，张承志失去了自我反省的能力，而这正是现代知识分子最重要的品质。”① 不独张承志欠缺现代理性精神，在张炜、林贤治、祝勇等人的创作和批评文字中，也或多或少感到了这种缺失。例如，张炜的《融入野地》等赞美乡野的散文固然写得很美很具个性，但他将“野地”和现代都市对立起来，扬乡村生活而抑商业文明，这种非此即彼的思维方式的确值得商榷。再如，林贤治的文章中的评人衡文，只要是五四或外国的，便一定是自由的、民主的、强健的，值得今天的人们大力提倡，反之便不值一提。而祝勇对“体制散文”和传统散文的批判，同样流露出思维的狭窄、片面和简单化的创作倾向。显然，这些都与包容、明澈与自省的现代理性精神格格不入。

为什么张承志等人的创作会如此的偏执？这主要由两方面造成：一是他们过于执著于个体的经验，且在做出价值判断时往往过于粗暴

---

① 王兆胜．文学的命脉．上海：华东师范大学出版社，2005：190.

和简单化。历史在变化，时代在发展，社会生活更是错综复杂，因此作家在对社会现象做出价值评判时，应具有如康德说的从感性到知性再到理性的综合思考能力。此外，思想者还应心存信念、极目神游、心涵太虚。他的思想既具有快刀砍竹般的犀利，同时还应具备深广的包容性和“万物与我一体”的和谐澄明。倘若一个散文家只是偏执于一己的经验和感受，而缺乏一种博爱和大度、仁慈和宽容、悲悯与人道的心怀，那么他的散文创作就很容易走进片面、偏激、孤愤甚至走火入魔的误区，从而遮蔽了他本应独特深刻的思想。二是传统文化的影响。我们知道，植根于农业文明的中国传统文化在本质上其实有着根深蒂固的封闭自足性和反现代性的文化特征。这样的一种文化特性自然会潜移默化地渗透到每一个中国人包括中国作家的血液中。张承志、张炜等人自然也不能例外。虽然他们常常以反传统和抗争世俗的姿态出现，但一落实到具体的写作中，他们的作品中在行文立意、价值取向和意蕴情调等方面又不可避免地流露出了某种小农式的思维。由此可见，对于当代的散文作家来说，建构一种全新的文化品格，以现代的理性精神来指导自己的散文创作，便显得尤为重要。这一点，其实在散文创作和理论研究上均做出过重要贡献的林非先生早就倡导过，① 可惜他的呼吁没有引起散文作家普遍的重视。

其二，某些被称为“思想散文”中的思想缺乏深度和独创性，有的甚至只是表达了某个生活的常识。我们在前面谈过，思想的特征是个人性、原则性、穿透性和根本性，然而综观20世纪90年代以来的思想散文，有不少实际上并没有达到这样的思想高度。比如，有一些散文家的思想随笔，充斥于其中的无外乎经典名著或宗教故事以及神话传说的改写或阐释，不但理念陈旧，缺少新意，有的还存在着生吞活剥，乃至曲解和误读的成分。这种现炒现卖、随意衍生、勾兑思想的做法，并非写作思想散文的正途。还有一类思想散文，以格言体或语录体的方式谈论理想、人生、信仰、爱情和艺术等问题，表面看来颇具文采和哲思意味，但从“思想”的精义来衡量，其实只是一

---

① 林非. 现代观念与散文写作. 文学报，1986-03-13.

些适合白领口味、装潢精致的“心灵的鸡汤”。甚至即便是以思想独立著称的王小波的思想随笔，有不少也只是在阐释自由、民主、理性等常识而已，并没有包含多么深刻、独创的思想。凡此种种，都表明了这样一个事实：思想，并非是裸露于地表的随处可以捡到的矿石；思想，是深藏于地底的黑金，唯有长久地寻找，艰难地探测与挖掘，才有可能触摸到思想的矿脉。

其三，文学性不足，理论性有余。如上所述，我们倡扬散文中的思想，尤其是深刻独到且富于个人性的思想。但在全面考察20世纪90年代以来的思想散文时，不难发现有相当一部分思想散文存在着理胜于文、思想的盔甲过于沉重的弊端。有的思想散文流于知识的介绍、学问的考证、逻辑的推演；有的思想散文过于仰仗对于大师思想的援引，满纸都是“自我”、“经验”、“超验”、“此岸”、“彼岸”之类的哲学术语，几乎是哲学大师的思维和话语的翻版；还有的思想散文语言过于纠葛缠绕，表述又过于玄虚，而结构上又过于呆板单一。总而言之，没有生动可感的形象，只有一些所谓的“思想”；没有优美蕴藉的文字，只有一些大白话的堆砌；没有引人入胜的意境，只有千篇一律、冷冰冰的逻辑演绎，这是当前某些思想散文的主要病象。关于思想散文存在的这些病象，王兆胜在《超越与局限——论80年代以来中国的女性散文》、《困惑与迷失——论当前中国散文的文化选择》等文中已有过相当精彩的分析和中肯的评价，故此处不再展开论述。①

通过上面的考察，可以看到，20世纪90年代以来出现的思想散文并非尽善尽美，甚至可以说还存在着较大的问题。为了思想散文在新的世纪能够更好地发展；或者说，为了借助对思想散文的研究，克服、改变长期以来困扰当代散文创作和理论研究的一些根本性问题。未来的散文包括思想散文应在以下方面加以改进和提升。

第一，个体与整体。散文固然十分强调自我、个性、个人的生活经验和生命感受，但个体并不是远离大地，与世隔绝的绝缘体，更不

---

① 王兆胜. 文学的命脉. 上海：华东师范大学出版社，2005：149，178.

是一些私人化的生活碎片的聚合。散文中的个体，应从两方面来理解：一方面，散文中的个体是对自我世界的体验，它忠实于自己对生活的认知和心灵的感受，是自我的感情、生命和人格的自由自在的释放；另一方面，散文中的个体又联系着时代、社会、历史乃至整个人类。也就是说，散文的个体离不开整体；或者说，个体只是整体的一种浓缩。可以设想一下：如果史铁生的《我与地坛》只是沉溺于一己的苦难，如果他没有用一颗富于同情且健全的身心去感受园子中的不同的人物对于生命过程的追求，如果他没有将个体的苦难与全人类共有的苦难融汇于同一个调色板里，在静静的生命荒凉里感受着生与死、差别的意义、欲望的动力，以及宗教与信仰对于个体的启迪，那么可以肯定，《我与地坛》充其量也只是一篇艺术上较为圆熟，而思想则十分平庸落套的作品。而一旦史铁生将个体与整体联系起来，由个人严酷的命运上升到对全人类命运的思考，于是，《我与地坛》便超越了一己的悲欢，有一种阔大的思想境界和人性内涵。与此形成比照的是：一些被誉为“新散文”的作家的作品，其创作所体现出来的个性应当说是十分鲜明突出的，可惜他们是为了突出个性而个性，是完全疏离于时代、社会与全人类的正常的价值观，疏离于整体的个性，因此，“新散文”中的个体化、私人化描叙受到一些批评家的批评也是理所当然的。可见，思想散文包括新世纪的其他散文要获得大的境界和思想深度，就应当跳出“恶劣的个体化”的泥潭，而让社会的氛围、时代的精神、大众的情感和人类的命运溶进散文的创作中。当然，要做到这一点，散文家首先必须具备一种精神的高度，有广阔的生活视野，还应有一颗宁静而从容、淳朴而广大、敏锐而深刻的散文心。

第二，物质与思想。我们提倡散文中应有思想的元素，不过也要十分清楚地看到：散文中的思想，决不是来自于书斋，来自于书面知识或大师语录的摘抄。散文的思想，应来自于现实，来自于生活细节，来自于作家对这些生活细节的心灵和生命的感受。“当代的散文一方面要有一种对抗流俗的精神性存在；一方面又要更加贴近日常的、琐碎的现实生活。而且，在题材上要‘杂’一些，‘野’一些。”① 谢有顺则说得更肯定和明确。他将日常生活细节看作散文的物质部分，并认为：“今天的散文似乎并不缺少精神性的抒写，缺的正是有价值的物质元素……散文的物质性就是大量经过了内心发现和精神省察的事实、经验和细节，它们在散文中的全面建立，使心灵的抖动变得更真实，也使那些徒有抒情、喻理之外表的散文在它面前变得轻佻而空虚。”② 为什么有一些思想散文中的“思想”缺乏血肉，显得那样苍白、生涩、呆板和难以捉摸，盖因这些作品中的思想是悬空的、不及物的。因此其徒有思想的外衣，而没有思想的灵魂。所以说，思想散文中的思想应建立在具体的、真实可感的生活细节之上，惟其如此，思想散文中的思想才能真正落实到实处，才有可能既有一种精神的大境界、大气象，又具有建立在心灵发现和细节经验之上的存在感。

第三，思想与诗性。海德格尔有言：“思想即是诗，诗即是思想。”如果以此为标尺来检验20世纪90年代以来的思想散文，应当说有不少散文尚不能达标。因此在新的世纪，思想散文要获得更多读者的接受与认同，就必须在思想与诗性的融合上多下力气。在思想的探索和诗性的融合方面，史铁生、韩少功、张承志、张炜等人的创作都是较为理想的范本，而稍晚出现的筱敏的思想随笔，同样值得我们重视。筱敏的思想散文，有对法国大革命的遥想，有对俄罗斯精神的礼赞，有对德国法西斯暗影的省察，还有对“红卫兵”运动的反思，以及对“家”和“路”的追问，等等。总之，她的散文向读者展示了一个个宏阔的历史空间和思想空间，但她的散文又是富于诗性的。她的诗性首先来自于以神圣与高贵为底色的情思与理想浪漫的想象；其次来自于大量新奇与独特的意象；再次来自于优美典雅、清晰准确、精致结实的诗一般的语言。正是上述三方面，使筱敏的思想散文成为名符其实的思想的诗和诗的思想，并因此而受到广大读者的欢迎

---

① 陈剑晖．诗性散文的可能性与阐释空间．福建论坛，2005（11）．

② 谢有顺．从俗世中来，到灵魂里去．郑州：郑州大学出版社，2007：173．

和批评家的好评。筱敏散文创作的成功，给了我们这样的启示：在思想散文的创作中，思想与诗性的高度融合，可以使散文思想的地平线更加坚实、明朗和辽阔，同时也使散文的思想因诗性的融入而更加柔韧、绵长和令人沉醉。

五、结语

散文的世界宛若广袤无际的星空，而这星空是因思想，因其镶嵌了人类美丽的心灵而存在，因其注入了责任承担而高贵。这正如作家铁凝所说："文学可能并不承担审判人类的义务，也不具备指点江山的威力，它却始终承担理解世界和人类的责任，对人类精神的深层关怀。它的魅力在于我们必须有能力不断重新表达对世界的看法和对生命新的追问，必须有勇气反省内心以获得灵魂的提升。"① 的确，从个体的创作来说，一个散文作家如果拥有正义、良知、责任、承担、博爱、同情心以及反省批判等高贵品质，加之有真诚的态度，有生命的投入，有心灵的发现和文体方面的自觉，他就有可能写出无愧于自己和时代的散文。而就一个民族而言，"一个真正充满了希望的民族总是善于思考的，反过来说，一个浑浑噩噩的民族和远离思想的民族，就不可能走向光辉灿烂的明天"②。我们期待着新世纪的散文在思想的天空中无限地延展，也期待着散文思想的光芒随着时代的前进而更加绚烂。

我与地坛（节选）

史铁生

一

我在好几篇小说中都提到过一座废弃的古园，实际就是地坛。许多年前旅游业还没有开展，园子荒芜冷落得如同一片野地，很少被人

① 铁凝．无法逃避的好运．散文研究．石家庄：河北大学出版社，2001：230.

② 林非．当代散文精品序言．散文研究．石家庄：河北大学出版社，2001：308.

记起。

地坛离我家很近。或者说我家离地坛很近。总之，只好认为这是缘分。地坛在我出生前四百多年就坐落在那儿了，而自从我的祖母年轻时带着我父亲来到北京，就一直住在离它不远的地方——五十多年间搬过几次家，可搬来搬去总是在它周围，而且是越搬离它越近了。我常觉得这中间有着宿命的味道：仿佛这古园就是为了等我，而历尽沧桑在那儿等待了四百多年。

它等待我出生，然后又等待我活到最狂妄的年龄上忽地残废了双腿。四百多年里，它一面剥蚀了古殿檐头浮夸的琉璃，淡褪了门壁上炫耀的朱红，坍圮了一段段高墙又散落了玉砌雕栏，祭坛四周的老柏树愈见苍幽，到处的野草荒藤也都茂盛得自在坦荡。这时候想必我是该来了。十五年前的一个下午，我摇着轮椅进入园中，它为一个失魂落魄的人把一切都准备好了。那时，太阳循着亘古不变的路途正越来越大，也越红。在满园弥漫的沉静光芒中，一个人更容易看到时间，并看见自己的身影。

自从那个下午我无意中进了这园子，就再没长久地离开过它。我一下子就理解了它的意图。正如我在一篇小说中所说的："在人口密聚的城市里，有这样一个宁静的去处，像是上帝的苦心安排。"

两条腿残废后的最初几年，我找不到工作，找不到去路，忽然间几乎什么都找不到了，我就摇了轮椅总是到它那儿去，仅为着那儿是可以逃避一个世界的另一个世界。我在那篇小说中写道："没处可去我便一天到晚耗在这园子里。跟上班下班一样，别人去上班我就摇了轮椅到这儿来。园子无人看管，上下班时间有些抄近路的人们从园中穿过，园子里活跃一阵，过后便沉寂下来。""园墙在金晃晃的空气中斜切下一溜阴凉，我把轮椅开进去，把椅背放倒，坐着或是躺着，看书或者想事，撅一杈树枝左右拍打，驱赶那些和我一样不明白为什么要来这世上的小昆虫。""蜂儿如一朵小雾稳稳地停在半空；蚂蚁摇头晃脑捋着触须，猛然间想透了什么，转身疾行而去；瓢虫爬得不耐烦了，累了祈祷一回便支开翅膀，忽悠一下升空了；树干上留着一只蝉蜕，寂寞如一间空屋；露水在草叶上滚动，聚集，压弯了草叶轰然坠地摔开万道金光。”“满园子都是草木竞相生长弄出的响动，窸窸窣窣片刻不息。”这都是真实的记录，园子荒芜但并不衰败。

除去几座殿堂我无法进去，除去那座祭坛我不能上去而只能从各个角度张望它，地坛的每一棵树下我都去过，差不多它的每一米草地上都有过我的车轮印。无论是什么季节，什么天气，什么时间，我都在这园子里呆过。有时候呆一会儿就回家，有时候就呆到满地上都亮起月光。记不清都是在它的哪些角落里了。我一连几小时专心致志地想关于死的事，也以同样的耐心和方式想过我为什么要出生。这样想了好几年，最后事情终于弄明白了：一个人，出生了，这就不再是一个可以辩论的问题，而只是上帝交给他的一个事实；上帝在交给我们这件事实的时候，已经顺便保证了它的结果，所以死是一件不必急于求成的事，死是一个必然会降临的节日。这样想过之后我安心多了，眼前的一切不再那么可怕。比如你起早熬夜准备考试的时候，忽然想起有一个长长的假期在前面等待你，你会不会觉得轻松一点？并且庆幸并且感激这样的安排？

剩下的就是怎样活的问题了，这却不是在某一个瞬间就能完全想透的、不是一次性能够解决的事，怕是活多久就要想它多久了，就像是伴你终生的魔鬼或恋人。所以，十五年了，我还是总得到那古园里去，去它的老树下或荒草边或颓墙旁，去默坐，去呆想，去推开耳边的嘈杂理一理纷乱的思绪，去窥看自己的心魂。十五年中，这古园的形体被不能理解它的人肆意雕琢，幸好有些东西是任谁也不能改变它的。譬如祭坛石门中的落日，寂静的光辉平铺的一刻，地上的每一个坎坷都被映照得灿烂；譬如在园中最为落寞的时间，一群雨燕便出来高歌，把天地都叫喊得苍凉；譬如冬天雪地上孩子的脚印，总让人猜想他们是谁，曾在哪儿做过些什么，然后又都到哪儿去了；譬如那些苍黑的古柏，你忧郁的时候它们镇静地站在那儿，你欣喜的时候它们依然镇静地站在那儿，它们没日没夜地站在那儿从你没有出生一直站到这个世界上又没了你的时候；譬如暴雨骤临园中，激起一阵阵灼烈而清纯的草木和泥土的气味，让人想起无数个夏天的事件；譬如秋风忽至，再有一场早霜，落叶或飘摇歌舞或坦然安卧，满园中播散着熨帖而微苦的味道。味道是最说不清楚的。味道不能写只能闻，要你身临其境去闻才能明了。味道甚至是难于记忆的，只有你又闻到它你才能记起它的全部情感和意蕴。所以我常常要到那园子里去。

七

要是有些事我没说，地坛，你别以为我忘了，我什么也没忘，但是有些事只适合收藏。不能说，也不能想，却又不能忘。它们不能变成语言，一旦变成语言，就不再是它们了。它们是一片朦胧的温馨与寂寥，是一片成熟的希望与绝望，它们的领地只有两处：心与坟墓。比如说邮票，有些用于寄信的，有些仅仅是为了收藏。

如今我摇着车，在这园子里慢慢走，常常有一种感觉，觉得我一个人跑出来玩得太久了。有一天我整理我的旧相册，看见一张十几年前我在这园子里的照片——那个年轻人坐在轮椅上，背后是一棵老柏树，再远处就是那座古祭坛。我便到那园子里找那棵树。我马上按照片上的背景找到了它，按这照片上它枝干上的形状找，肯定就是它。但是它已经死了，而且在它身上缠绕着一条碗口粗的藤萝。有一天我在这园子里碰到一位老太太，她说："哟，你还在这儿哪?"她问我："你母亲还好吗?""你是谁?""你不记得我我可认得你。有一回你母亲来这儿找你，她问我您看没看见一个摇轮椅的孩子……"我忽然觉得，我一个人跑到这世界上真是玩得太久了。有一天夜晚，我独自坐在祭坛边的路灯下看书，忽然从那漆黑的祭坛里传出一阵阵唢呐声；四周都是参天古树，方形祭坛占地几百平方米空旷坦荡独对苍天，我看不见那个吹唢呐的人，唯唢呐声在星光寥寥的夜空里低吟高唱，时而悲怆时而欢快，时而缠绵时而苍凉，或许这几个词都不足以形容它，我清清醒醒地听出它响在过去，响在现在，响在未来，回旋飘转亘古不散。

必有一天，我会听见喊我回去。

那时您可以想象一个孩子，他玩累了可他还没玩够呢，心里好些新奇的念头甚至等不及明天。也可以想象是一个老人，无可质疑地走向他的安息地，走得任劳任怨。还可以想象一对热恋中的情人，互相一次次地说"我一刻也不想离开你"，又互相一次次说"时间已经不早了”，时间不早了可我一刻也不想离开你，一刻也不想离开你可时间毕竟是不早了。

我说不好我想不想回去。我说不好是想还是不想，还是无所谓。我说不好我像那个孩子，还是像那个老人，还是像热恋中的一对情人。很可能是这样：我同时是他们三个。我来的时候是个孩子，他有那么多孩子气的念头所以才哭着喊着闹着要来，他一来一见到这个世界便立刻成了不要命的情人，而对一个情人来说，不管多么漫长的时光也是稍纵即逝，那时他便明白，每一步每一步，其实一步步都是走在回去的路上。当牵牛花初开的时节，葬礼的号角便已吹响。

但是太阳，他每时每刻都是夕阳也是旭日。他熄灭着走下山去收尽苍凉残照之际，正是他在另一面燃烧着爬上山巅布散烈烈朝晖之际。有一天，我也将沉静着走下山去，扶着我的拐杖。有一天，在某一处山洼里，势必会跑上来一个欢蹦的孩子，抱着他的玩具。

当然那不是我。

但是，那不是我吗?

宇宙以其不息的欲望将一个歌舞炼为永恒。这欲望有怎样一个人间的姓名，大可忽略不计。

史铁生散文评论节选①

经过了痛苦的思考，史铁生终于想通了这样一个道理：“差别”是一种客观存在，是无法改变的。差别是上帝为了这个世界的总体和谐而故意制造出来的一个事实。要是这个世界上没有差别，那么“人间的剧目就全要收场了，一个失去差别的世界将是一条死水，是一块没有感觉没有肥力的沙漠”。如此看来，“差别永远是要有的。看来只好接受苦难——人类的全部剧目需要它，存在的本身需要它。看来上帝又一次对了”。

史铁生以其冷静和从容，以他的洞察和睿智，对苦难作出了迥异

① 陈剑晖. 我与地坛：诗性散文的经典文本. 名作欣赏，2010（3）.

于世俗的独特理解：他发现苦难也是财富，虚无即是实在。而生存，不仅需要勇气，需要选择，需要承担责任，更需要承认差别。他对苦难的理解，对差别的承认，源于他对生命的热爱和对生活的执著，也源于他的平常心。在这里，史铁生化哲学的思考为诗性的抒情，将个体的苦难和人类共有的苦难，以及对上帝的肯定和救赎之路的怀疑汇集于一个调色板里，在生命的苦涩荒凉和精神的重重矛盾中，静静地感受着大地的永恒，倾听着时间在自己生命上的滑过。

史铁生在思考人类的困境时，将不敢正视欲望和难以满足欲望视为造成人类困境的第二个因素。他反复强调了人对欲望的追求："说到底是这么回事，人真正的名字叫做：欲望。""算了吧你，我怎可能自由呢？别忘了人真正的名字是：欲望。"尽管欲望是"罪孽又是福祉"，欲望有可能使人变为"人质"，使人变得不自由，不过从主导观念来看，史铁生还是充分肯定欲望的。其一，欲望是人生而有之的本能倾向，作为一种自然属性和人的基本权利，欲望是上帝赐予人类的"爱的语言"（《务虚笔记》），它不仅不应被否定，被消灭，相反，应得到充分的尊重。其二，欲望不仅是人先天的本能，还是人后天的种种梦想、憧憬与追求。我们每个人都有自己独特的欲望，正是在欲望的渴求中，人不断地从人生的这一扇门走向那一扇门。机器人没有欲望，石头也没有欲望，所以它们既没有梦想，没有精神上的痛苦，却也没有自由与幸福。从这个意义上说，欲望不仅是物质的、肉体的，欲望也不仅仅是某种生理的现象，欲望其实蕴含着精神方面的因素，不过我们过去只看到前者而看不到后者，这无疑是片面的。其三，按史铁生的理解，欲望不仅是任何社会秩序建立的参照物，欲望还是宇宙所共有的一种神秘的力量，这是欲望作为形而上的意义。在《务虚笔记》中他认为："差别"构成了矛盾，矛盾产生了运动，有运动就有了方向，而方向说到底就是欲望。总之，欲望是永远的"动"。它既推动作为个体的人去追求，去创造，去享受生活的过程，去获得生命的价值，同时也是推动社会前进的动力。

总而言之，《我与地坛》是一篇真正的优秀之作，是"诗性散文"的经典性文本。从内容看，它由个人的严酷命运上升到对整个人类的生存困境的思考，于是，它超越了一己的悲欢，而被赋予了一种阔大的精神境界和深刻的人性内涵。这样阔大深刻而又带着荒凉苦涩的人生况味的散文，我们曾在鲁迅的《野草》中感受过，遗憾的是在当代的散文中我们还从未读到过这样的作品。再从作品的感情基调和美学风范看，一方面有着真诚坦荡的感情流露，自然朴素的理性思考；另一方面又弥漫着一种挥之不去的沧桑之感——那是宁静从容中的激情，寂寞底色下的血色，温馨辉煌中的荒凉苦涩。自然，那也是矛盾中的希望与绝望，是朦胧中透出的诗性。而这一切，是最能打动和吸引读者的。而从语言来看，《我与地坛》的语言表面上看朴素无华，不动声色，但它的内蕴却十分丰富。那是一种带着生命的本真，感情的原色，又有几分静思玄想的语言，也是一种从灵魂深处流出来的“心里话”。它不需要任何伪装，更鄙视任何粗鄙恶俗。而在叙事、描写和抒情时的那种舒徐平缓、绵长而柔韧的语感语调，尤其是质地的纯净，都体现出了诗的特质。也许正是由于这种诗性，韩少功才给予这篇作品以如此高的评价：“他的精神圣战没有民族史的大背景，而是以个体的生命为路标，孤单深入，默默探测全人类永恒的纯净和辉煌。”“他的辉煌不是因为满身披挂，而是因为非常简单非常简单的心灵则诚，立地成佛，说出一些对这个世界诚实的体会。”①

夜行者梦语（节选）

韩少功

一

人类常常把一些事情做坏，比如把爱情做成贞节牌坊，把自由做成暴民四起，一谈起社会均富就出现专吃大锅饭的懒汉，一谈起市场竞争就有财迷心窍惟利是图的铜臭。思想的龙种总是在黑压压的人群中一次次收获现实的跳蚤。或者说，我们的现实本来太多跳蚤，却被思想家们一次次说成龙种，让大家觉得悦耳和体面。

---

① 韩少功. 夜行者梦语——韩少功随笔. 上海：东方出版中心，1996：7－8.

如果让耶稣遥望中世纪的宗教法庭，如果让爱因斯坦遥望广岛的废墟，如果让弗洛伊德遥望红灯区和三级片，如果让欧文、傅立叶、马克思遥望苏联的古拉格群岛和中国的“文革”，他们大概都会觉得尴尬以及无话可说的。

人类的某些弱点与生俱来，深深根植于我们的肉体，包括脸皮、肠胃、生殖器。即使作最乐观的估计，这种状况也不会因为有所谓后现代潮出现就会得到迅速改观。

二

有一个著名的寓言：两个人喝水，都喝了半杯水，一位说：“我已经喝了半杯。”另一位说：“我还有半杯水没有喝。”他们好像说的是一回事，然而聪明人都可以听出，他们说的是一回事又不是一回事。

一个概念，常常含注和载负着各种不同的心绪、欲念、人生经验，如果不细加体味，悲观主义者的半杯水和乐观主义者的半杯水，就常常混为一谈。蹩脚的理论家最常见的错误，就是不懂得哲学大多不是研究出来的，而是从生命深处涌现出来的。他们不能感悟到概念之外的具象指涉，不能将概念解读成活生生的生命状态，跃然纸页，神会心胸。即使有满房子辞书的佐助，他们也不可能把任何一个概念真正读懂。

说说虚无。虚无是某些现代人时髦的话题之一，宏论虚无的人常被划为一党，被世人攻讦或拥戴。其实，党内有党，至少可以二分。一种是建设性执著后的虚无，是呕心沥血艰难求索后的困惑和茫然；一种是消费性执著后的虚无，是声色犬马花天酒地之后的无聊和厌倦。圣者和流氓都看破了钱财，但前者首先看破了自己的钱财，我的就是大家的。而后者首先看破了别人的钱财，大家的就是我的。圣者和流氓都可以怀疑爱情，但前者可能从此节欲自重，慎于风月；而后者可能从此纵欲无忌，见女人就上。

尼采说：上帝死了。对于有些人来说，上帝死了，人有了更多的责任。对另外一些人来说，上帝死了，人就不再承担任何责任。我们周围拥挤着的这些无神论者，其实千差万别。

观念总是大大简化了的，表达时有大量信息渗漏，理解时有大量信息潜入，一出一入，观念在运用过程中总是悄悄质变。对于认识丰富复杂的现实来说，观念总是显得有点不堪重用。它无论何其堂皇，从来不可成为价值判断标准，不是人性的质检证书。正因为如此，观念之争除了作为某种智力保健运动，没有太多的意义。道理讲不通也罢，讲通道理不管用也罢，都很正常，我们不妨微笑以待。

七

时旷日久的文化空白化和恶质化，产生了这样一代人：没读多少书，最能记起来的是政治游行以及语录歌，多少有点不良记录，当然也没有吃过太多苦头，比如当“右派”或参加战争。他们被神圣的口号戏弄以后谁也不来负责，身后一无所有。权力炙手可热的时候他们远离权力，苦难可赚荣耀的时候他们掏不出苦难，知识受到尊重的时候他们只能怏怏沉默。他们没有任何教条，生存经验自产自销，看人看事绝不迂阔一眼就见血。他们是文化的弃儿，因此也必然是文化的逆子。

这一些人是后现代思潮的天然沃土。他们几乎不需要西方学人们来播种，就野生出遍地的冷嘲热讽和粗痞话。

其实也是一种文化，虽然没有列于文化谱系，也未经培植，但天然品质正是它的活力所在。它是思想统治崩溃的必然果实。反过来，它的破坏性，成为一剂清泻各种伪道学的毒药。

“后现代”将会留下诗人——包括诗人型的画家、作家、歌手、批评家等等。真正的诗情是藐视法则的，直接从生命中分泌出来。诗人一般都具有疯魔的特性，一次次让性情的烈焰，冲破理法的岩层喷薄而出。他们觉得自己还疯魔得不够时，常常让酒和梦来帮忙。而后现代思潮是新一代的仿酒和仿梦制品，是高效制幻剂，可以把人们引入丰富奇妙的生命景观。它恢复了人们的个人方位，拓展了感觉的天地，虽然它有时可能失于混沌无序，但潜藏在作品中的革命性、独创精神和想象力的解放显而易见，连它的旁观者和反对者也总是从中受益。

“后现代”将会留下流氓。对于有心使坏的人来说，“怎样都行”

当然是最合胃口的理论执照。这将大大鼓舞一些人，以直率来命名粗暴，以超脱来命名懒惰，以幽默来命名欺骗，以法无定法来命名无恶不作，或者干脆以小人自居，也没有什么不可以。如果说，在社会管制严密的情况下，人人慎行，后现代主义只能多产于学院，成为一种心智游戏；那么在管制松懈之地，这种主义便更多流行于市井，成为一种物身的操作。这当然很不一样。前者像梦中杀人，像战争片，能提供刺激、乐趣、激动人心，而后者则如同向影剧院真扔上一颗炸弹——你受得了？因此，对后现代主义配置的社会条件不够，就必有流氓的结果。

诗人总是被公众冷淡，流氓将会被社会惩治。最后，当学院型和市井型的叛逆都受到某种遏制，很多后现代人可能会与环境妥协，回归成社会主流人物，给官员送礼，与商人碰杯，在教授的指导下攻读学位，要儿女守规矩。至于主义，只不过是今后的精神晚礼服之一，偶尔穿上出入某种沙龙，属于业余爱好。他们既然不承认任何主义，也就无所谓对主义的背叛，没有许诺任何责任。最虚无的态度，总是特别容易与最实用的态度联营。事实上，在具体的人那里，后现代主义通常是短暂现象，它对主流社会的对抗，一直被忧心忡忡的正人君子估计过高。

在另一方面，权势者对这些人的压制，也往往被人们估计过高。时代不同了，众多权势者都深谙实用的好处，青春期或多或少的信念，早已日渐稀薄，对信仰最虚无的态度其实在他们内心中深深隐藏。只要是争利的需要，他们可与任何人亲和与勾结，包括接纳各种晚礼服。不同之处在于，主义不是他们的晚礼服，而是他们某种每日必戴的精神假面。他们是后现代主义在朝中或市中的潜在盟友。

这是“后现代”最脆弱之点，最喜剧化的归宿。

从某种意义上来说，后现代主义是现代主义的分解和破碎，是现代主义猛烈燃烧的尾声，它对金灿灿社会主流的批判性，正在被妥协性和认同倾向所悄悄置换。它挑剔和逃避了任何主义的缺陷，也就有了最大的缺陷——自己成不了什么主义，不能激发人们对真理的热情和坚定，一开始就隐伏了世俗化的前景，玩过了就扔的前景。它充其量只是前主义的躁动和后主义的沮丧，是夜行者短时的梦影。

如果“后现代”又被我们做坏，那也是没法子的事。

夜天茫茫，梦不可能永远做下去。我睁开眼睛。我宁愿眼前一片寂黑，也不愿当梦游者。何况，光明还是有的。上帝说，要有光。

韩少功散文评论节选①

韩少功的随笔，一般说来相当冷峻。他的冷峻，主要来自于他的题材的严肃，来自于他对世态人心、时代弊病、人性弱点，尤其是对流行文化的冷面批判，这是韩少功随笔的力量之所在。但是，韩少功又不是一个严肃古板、正经得过分的冬烘先生。从本质上说，韩少功应属于先锋行列的作家。他视野开阔，有良好的外语基础，又有一颗活跃的散文心。于是，他的随笔又是呈现出这样的特质：一方面是圣战；一方面是游戏。以自由自在的心态，看似漫不经心的淡化笔墨，此外再加上智慧的中和，恰如其分的幽默调侃来表现严肃的主题。韩少功的随笔，大抵具有“圣战与游戏”的特色，譬如《夜行者梦语》、《性而上的迷失》、《佛魔一念间》就是如此。这三篇随笔之所以是迄今为止是韩少功写得最出色的作品，不仅在于它们是作者献给当代人和当代文化的一帖“清凉剂”，是引导人们的灵魂进入天国的启示录，还在于这几篇随笔自始至终保持着一种平淡轻松、生动活泼的文学情调。作者“与其说是一个圣者，倒更像一个智者；与其说在作一种情感的激发，倒更像在作一种智识的引导；与其说是天国的诗篇，倒更像一种人间的耐心讨论和辩答”（《佛魔一念间》），他的启示录充满着朋友式的微笑。

韩少功的随笔，之所以能超越现实生活，把日常的经验转化为哲学的思考，这固然是他的智慧，他耽于沉思的天性使然；另一方面，这种超越与他出世的人生态度也有紧密的联系。在《科学地对待科学》中，他曾这样强调：“寂寞孤郁，才能养气，才能孕育出一种作

① 陈剑晖．智慧的独语——关于韩少功随笔的札记．当代作家评论，1994（4）．

家必备的心境、气质和通今古纳天地的胸怀……”他又说：“有些作家活得太热闹，左右逢源，张牙舞爪，百战百胜，兴奋与忧郁随时得到排解，这对写作不一定是好事。还是活得宁静一些为好。”韩少功不光主张作家要活得寂寞宁静一些，更重要的是他正是这样去实践。虽然身处商潮汹涌的大特区，但韩少功仍在作文学抗战。自《海南纪实》停刊后，他闭门读书，潜心写作，不像某些先锋作家，为了金钱轻而易举便放弃了“先锋姿态”和往日的清高。韩少功虽说不像张承志那样高标孤傲，走向极端，但他和张承志一样拒绝文学的商品化，拒绝文学的“媚俗”和无意义的写作。这种不求热闹闻达但求清丝玄妙的“出世”态度，在一个浮华的时代中越发显得弥足珍贵。

正由于甘于宁静，甘于淡泊，重视“内美”的自我修养，在流行文化铺天盖地而来之际处变不惊，并及时确立了自己的岗位和视阈；尤其是近年潜心于佛学的研究，韩少功才有了平易近人、真诚宽怀、超然豁达、睿智明敏的品格；而他作品中那种超越有限现实环境的视野，那种自然的挥洒、无拘无束，看似无心实则有意的别致写法，正是他超凡脱俗的人生修炼的结果。从韩少功的随笔中，我们看到了这一代作家培育自己的灵魂，重建自己人格的尝试和努力。

韩少功的随笔，是将文学样式与生活常态、哲学理论予以“三合一”粘连的尝试。为此，他拒绝花花草草，厌恶吟风弄月，唾弃拿腔拿调。他不无英勇地向散文界的庸俗、无聊、苍白和肤浅的风气挑战。于是，他的随笔获得了文学的高品位和新面貌——这也就是韩少功的“精神圣战”。

然而，韩少功又不是完全出世的。其实，在上面的举例中，我们已经看到在做哲学超越的同时，他的作品又常常显示出较强的现实针对性和人间情怀，透出一种精神搏杀的激烈。《人之四种》、《个狗主义》可谓这方面的代表作。《人之四种》分析了在金钱面前四类人的不同态度：第一类是能赚钱而不迷钱，可谓全人或至人；第二类不能赚钱但不迷钱，可称为雅人；第三类能赚钱又迷钱，只能算作俗人；第四类不能赚钱却偏偏迷钱，这类人不怎么好说，恐怕叫作废人才合适。韩少功对四种人的归类和描绘，应当说十分准确和精彩，而更精彩的是接下来的议论：

被大锅饭养久了的人，长期靠行政特权牟利的人，最容易成为废人。他们可能也吵吵嚷嚷“下海”，但从来都是坐着旧体制的旅游船或救生船，并不曾真正识水，也根本不会游泳，一旦船沉了，必定呛死。

成天偏食新潮电视广告的人，长期来文化失血的人，也最容易成为废人。他们不会游泳本来也没什么关系，可以站在岸边捡点小螺小贝，但一看见别人抓了大鱼便两眼血红，就成天在岸上做着大鱼梦，自然只能苦了自己。

《个狗主义》主要分析了个人主义在中国的退化和危机，对“不把别人当人，也不把自己当人”的“个狗主义”进行了冷峻的描状和嘲讽，同时表达了作者对于“精神重建”的渴望。从这两篇作品中，可以看出韩少功是一个入世很深的作家。他对现实有较深刻的了解，对历史有冷静的远瞩，对人性有清明的内省。因此，他不仅善于捕捉当代人的精神难点和热点，而且能够站在时代的前沿和当代人文精神的制高点，对其进行社会批判和文化透视。这是韩少功随笔一个十分突出而鲜明的特点。

韩少功对于当代散文的意义，最主要的是他确立了一种“写作姿态”，一种叙述话语和追求本真的风格，他提供了一个个相当通达的文本，刷新了当代散文的语言，而能做到这一点的，在当代散文家中恐怕只有贾平凹、张承志、史铁生等可数的几个人。

韩少功的随笔，是很别致的一体。他的随笔拓展了当代散文的思路，使当代散文在形态上更加多样化。也就是说，韩少功的随笔在体式上既是散文又像小说又像杂文，甚至还可以将他的随笔当作理论文章来读。这些随笔没有小说所需要的故事情节，但从那些纷至沓来的丰满意象，可以读出小说的味道。他的随笔总的来说不是很抒情，亦不太叙事，其主要构成因素是议论和理性的思辨，但他的议论情趣横生，他的思辨充满色彩，他的分析透辟深邃，而他的“片断体”则十分灵活自如，因此尽管抒情和叙事的成分减少了，但读者自然感受到一种只有散文才有的情调和韵味，而不是在读枯燥乏味的学术论文。这是由于韩少功本质上是一个诗人，一个小说家，一个睿智的学者。

思维的乐趣（节选）

王小波

一

二十五年前，我到农村去插队时，带了几本书，其中一本是奥维德的《变形记》，我们队里的人把它翻了又翻，看了又看，以致它像一卷海带的样子。后来别队的人把它借走了，以后我又在几个不同的地方见到了它，它的样子越来越糟。我相信这本书最后是被人看没了的。现在我还忘不了那本书的惨状。插队的生活是艰苦的，吃不饱，水土不服，很多人得了病，但是最大的痛苦是没有书看，倘若可看的书很多的话，《变形记》也不会这样悲惨地消失了。除此之外，还得不到思想的乐趣。我相信这不是我一个人的经历：傍晚时分，你坐在屋檐下，看着天慢慢地黑下去，心里寂寞而凄凉，感到自己的生命被剥夺了。当时我是个年轻人，但我害怕这样生活下去，衰老下去。在我看来，这是比死亡更可怕的事。

我插队的地方有军代表管着我们，现在我认为，他们是一批单纯的好人，但我还认为，在我这一生里，再没有谁比他们使我更加痛苦过了。他们认为，所谓思想的乐趣，就是一天二十四小时都用毛泽东思想来占领，早上早请示，晚上晚汇报，假如有闲暇，就去看看说他们自己“亚古都”的歌舞。我对那些歌舞本身并无意见，但是看过二十遍以后就厌倦了。假如我们看书被他们看到了，就是一场灾难，甚至“著迅鲁”的书也不成——小红书当然例外。顺便说一句，还真有人因为带了旧版的鲁迅著作给自己带来了麻烦。有一个知识可能将来还有用处，就是把有趣的书换上无趣的皮。我不认为自己能够在一些宗教仪式中得到思想的乐趣，所以一直郁郁寡欢。像这样的故事有些作者也写到过，比方说，茨威格写过一部以此为题材的小说

《象棋》，可称是现代经典，但我不认为他把这种痛苦描写得十全十美了。这种痛苦的顶点不是被拘押在旅馆里没有书看、没有合格的谈话伙伴，而是被放在外面，感到天地之间同样寂寞，面对和你一样痛苦的同伴。在我们之前，生活过无数的大智者，比方说，罗素、牛顿、莎士比亚，他们的思想和著述可以使我们免于这种痛苦，但我们和他们的思想、著述，已经被隔绝了。一个人倘若需要从思想中得到快乐，那么他的第一个欲望就是学习。我承认，我在抵御这种痛苦方面的确是不够坚强，但我绝不是最差的一个。举例言之，罗素先生在五岁时，感到寂寞而凄凉，就想道：假如我能活到七十岁，那么我这不幸的一生才度过了十四分之一！但是等他稍大一点，接触到智者的思想的火花，就改变了想法。假设他被派去插队，很可能就要自杀了。

谈到思想的乐趣，我就想到了我父亲的遭遇。我父亲是一位哲学教授，在20世纪五六十年代从事思维史的研究。在老年时，他告诉我自己一生的学术经历，就如一部恐怖电影。每当他企图立论时，总要在大一统的官方思想体系里找自己的位置，就如一只老母鸡要在一个大搬家的宅院里找地方孵蛋一样。结果他虽然热爱科学而且很努力，在一生中却没有得到思维的乐趣，只收获了无数的恐慌。他一生的探索，只剩下了一些断壁残垣，收到一本名为《逻辑探索》的书里，在他身后出版。众所周知，他那一辈的学人，一辈子能留下一本书就不错。这正是因为在那些年代，有人想把中国人的思想搞得彻底无味。我们这个国家里，只有很少的人觉得思想会有乐趣，却有很多的人感受过思想带来的恐慌，所以现在还有很多人以为，思想的味道就该是这样的。

五

我虽然已活到了不惑之年，但还常常为一件事感到疑惑：为什么有很多人总是这样的仇恨新奇，仇恨有趣。古人曾说：天不生仲尼，万古长如夜。但我有相反的想法。假设历史上曾有一位大智者，一下发现了一切新奇、一切有趣，发现了终极真理，根绝了一切发现的可能性，我就情愿到该智者以前的年代去生活，这是因为，假如这种终极真理已经被发现，人类所能做的事就只剩下了依据这种真理来做价值判断。从汉代以后到近代，中国人就是这么生活的。我对这样的生活一点都不喜欢。

我认为，在人类的一切智能活动里，没有比做价值判断更简单的事了。假如你是只公兔子，就有做出价值判断的能力——大灰狼坏，母兔子好；然而兔子就不知道九九表。此种事实说明，一些缺乏其他能力的人，为什么特别热爱价值的领域。倘若对自己做价值判断，还要付出一些代价；对别人做价值判断，那就太简单、太舒服了。讲出这样粗暴的话来，我的确感到羞愧，但我并不感到抱歉。因为这种人士带给我们的痛苦实在太多了。

在一切价值判断之中，最坏的一种是：想得太多、太深奥、超过了某些人的理解程度是一种罪恶。我们在体验思想的快乐时，并没有伤害到任何人；不幸的是，总有人觉得自己受了伤害。诚然，这种快乐不是每一个人都能体验到的，但我们不该对此负责任。我看不出有什么理由要取消这种快乐，除非把卑鄙的嫉妒计算在内——这世界上有人喜欢丰富，有人喜欢单纯；我未见过喜欢丰富的人妒恨、伤害喜欢单纯的人，我见到的情形总是相反。假如我对科学和艺术稍有所知的话，它们是源于思想乐趣的浩浩江河，虽然惠及一切人，但这江河决不是如某些人所想象的那样，为他们而流，正如以思想为乐趣的人不是为他们而生一样。

对于一位知识分子来说，成为思维的精英，比成为道德精英更为重要。人当然有不思索、把自己变得愚笨的自由；对于这一点，我是一点意见都没有的。问题在于思索和把自己变聪明的自由到底该不该有。喜欢前一种自由的人认为，过于复杂的思想会使人头脑昏乱，这听上去似乎有些道理。假如你把深山里一位质朴的农民请到城市的化工厂里，他也会因复杂的管道感到头晕，然而这不能成为取消化学工业的理由。所以，质朴的人们假如能把自己理解不了的事情看作是与己无关的事，那就好了。

假如现在我周围的世界又充满了“文革”时的军代表和道德教师，只能使我惊，不能使我惧。因为我已经活到了四十二岁。我在大学里遇到了把知识当作幸福来传播的数学教师，他使学习数学变成了一种乐趣。我遇到了启迪我智慧的人。我有幸读到了我想看的书——这个书单很是庞杂，从罗素的《西方哲学史》，一直到英国维多利亚时期的地下小说。这最后一批书实在是很不堪的，但我总算是把不堪的东西也看到了。当然，我最感谢的是那些写了好书的人，比方说，萧伯纳、马克·吐温、卡尔维诺、杜拉斯等等，但对那些写了坏书的人也不怨恨。我自己也写了几本书，虽然还没来得及与大陆读者见面，但总算获得了一点创作的快乐。这些微不足道的幸福就能使我感到在一生中稍有所得，比我父亲幸福，比那些将在思想真空里煎熬一世的年轻人幸福。作为一个有过幸福和痛苦两种经历的人，我期望下一代人能在思想方面有些空间来感到幸福，而且这种空间比给我的大得多。而这些呼吁当然是对那些立志要当军代表和道德教师的人而发的。

王小波散文评论节选①

散文作家精神的主体性，首先体现在精神的独创性方面。散文作为文学的代表和最高范本，作为文学种类中最自然朴素的“存在”，不仅要求散文作家在创作中体现出精神性的倾向，而且要求这种精神必须是独特的。因为散文不似小说那样有人物、情节可以依傍，也不像诗歌那样以跳跃的节奏、奇特的意象组合来打动读者。散文是以自然的形态呈现生活的“片断”，以“零散”的方式对抗现实世界的集中性和完整性，以“边缘”的姿态表达对社会和历史的臧否，所以散文作家的精神性追求必须是与众不同，而且是犀利深刻和富于批判性的，这样散文才有可能让人读后精神为之一振。比如王小波的《沉默的大多数》中的不少思想随笔，就体现出了强烈的精神独创性的创作倾向。王小波十分推崇西方以罗素为代表的“健全的理性”精神，认为“低智、偏执、思想贫乏是最大的邪恶”。不仅如此，他

① 陈剑晖. 中国现当代散文的诗学建构. 南昌：江西高校出版社，2004.

还认为“愚蠢是一种极大的痛苦；降低人类的智能，乃是一种最大的罪孽”。而“以愚蠢教人，那是善良的人们所能犯下的最严重的罪孽”。为了让读者进一步认识到愚蠢和偏执的可恶和缺乏理性精神的可悲，在《智慧与国学》中，王小波讲述了一个关于傻大姐的故事。傻大姐因智力出现了故障，于是每当她缝完了一个扣子，总要对“我”狂嚎一声：“我会缝扣子!”并且她还要“我”向她学缝扣子。作者由此想到，假如傻大姐学了一点西洋几何学，一定会跳起来大叫道：“人所以异于禽兽者，几稀!”再进而想到傻大姐理解中的这种“超级智慧”，即便是罗素和苏格拉底恐怕也学不会。不仅如此，王小波还从傻大姐“这个知识的放大器”，联系到国人对待国学的态度与傻大姐亦十分相近：中国的人文学者弄点学问，就如拉封丹寓言《大山临盆》中的“大山临盆一样壮烈”。这样，就不单批判了迷恋国学者的偏执、盲目和自大，也充满了戏剧性的幽默效果。在《思想和害臊》中，他独出心裁地将“思想”和“害臊”并置在一起进行思考，也带有戏仿的意思。而在《椰子树与平等》一文中，更将这种深刻中的戏剧性幽默推到极端：

人人理应生来平等，但现在不平等了：四川不长椰树，那里的人要靠农耕为生；云南长满了椰树，这里的人活得很舒服。让四川也长满椰树，这是一种达到公平的方法，但是限于自然条件，很难。所以，必须把云南的椰树砍掉，这样才公平。假如有不平等，有两种方式可以拉平：一种是向上拉平，这是最好的，但实行起来有困难；比如，有些人生来四肢健全、有些人生有残疾，一种平等之道是把所有的残疾人都治成正常人，这样可不容易做到。另一种是向下拉平，要把所有的正常人都变成残疾人就很容易：只消用铁棍一敲，一声惨叫，这就变过来了。

《椰子树与平等》谈的是平等问题，但作家故意挂羊头卖狗肉，先讲诸葛亮为了改变当地人生活习惯下令砍椰树的故事，再讲为了平等“向上拉”和“向下拉”的两种方式，最后突出奇招，竟然想出用铁棍敲击正常人的脑袋使其残废，这样平等的问题也就解决了。从司空见惯的悖论现象入手，再配之以轻松调侃的口吻，由此推出荒谬绝伦的逻辑，使读者在会心一笑中体味到“思维的乐趣”，王小波散文随笔中的精神独创性正是在这种“思维的乐趣”中体现出来。

就作家精神主体性这一层面而言，有独创性和原创性的作家当然不止王小波一位，特别在20世纪90年代的散文随笔热潮中，类似王小波这样坚守精神视阈、充满人文情怀的散文作家还可举出好几位。比如张承志、韩少功、张炜、周涛等人均在探索精神的独特性方面做过努力。张承志始终在追寻充满阳刚之气的主体人格与宽阔粗犷的客观世界的契合，因此，在《禁锢的火焰色》中，他以近乎宗教的狂热，以强烈的平民意识和民族情绪表达了对现代工业文明的愤怒和批判，以及对自诩自己是“精灵”，具有“健全的精神”的梵·高的崇拜。在《天道立秋》中，他更以立秋日午后“瞬间”的一丝清凉证明“天理的真实”和“天道的存在”。这种对美丽“瞬间”的沉迷，以及由此而获得的启示、激发、感悟、超越，无不烙印着张承志的思维方式和精神气质：他一方面是凌厉迫人，是孤独高傲的；另一方面又是躁急不安和狭隘的。韩少功与张承志一样执著于人文理想的坚守和人类精神家园的探索，但由于韩少功是一位有着古典的人道主义情怀，同时又是一位既入世又出世的智慧型作家，所以他的散文一方面毫不留情、一针见血地针砭时下的社会状况和文化状况；另一方面他又杜绝了极端和偏执的倾向，也不像张承志那样以绝对的宗教信仰为匡时救世之道。这一切均源于韩少功对知识、文化、人类乃至自我都保持着足够的警觉和怀疑，因而他的散文的精神探求无不透出达观大度和成熟智慧的思辨魅力。而张炜的精神追求又有别于韩少功，他一般是借助“野地”来表达他对人生、社会和世界的认识。在他的作品中，野地象征着某种原初的、自然的、本源性的事物，但张炜显然没有在存在论的层面上作大段的抽象演绎，他只是用感性的语言描绘出一个个生动的意象，并把它们呈现于读者面前；而他那种心血斑斑的倾诉，那种唯有“融入”野地他的语言和灵魂才得以安顿的炽热之情，又使他的精神性蒙上了一层诗意和人道主义的光辉，这就是张炜精神探求的独特性。至于周涛，他主要从边地的独特视角来进行他的精神反思，他的主体人格力量的获得，往往得益于边疆大漠严酷的自然环境，这使他的散文的理性反思具有一种狂放、强悍、气度恢弘的精神气质。

【问题与思考】

1. 试比较“思想”与“学术”的区别，同时说说“思想”有什么样的特征。

2. 说说20世纪90年代思想散文的特征。为什么思想散文会作为一种散文现象出现于20世纪90年代，而不是别的年代？

3. 20世纪90年代的思想散文，与五四时期的思想散文有什么不同？

4. 为什么散文随笔必须有思想？

【相关作品与文献】

1. 林非. 林非论散文. 南昌：江西高校出版社，2000.

2. 程金城. 中国新时期散文研究资料. 济南：山东文艺出版社，2006.

3. 谢有顺. 从俗世中来，到灵魂里去. 郑州：郑州大学出版社，2007.

4. 吕林. 世纪末的精神守望——论20世纪90年代中国散文主潮. 上海：上海三联书店. 2011.

5. 陈剑晖. 诗性散文的可能性与阐释空间. 福建论坛，2005 (11).

6. 林贤治. 五十年：散文与自由的一种观察. 书屋，2000 (3).

7. 柯汉琳. 仰望思想的星空——关于90年代以来思想散文的思考. 文学评论，2002 (3).

第四章　性灵散文

【学习提示】

性灵散文的兴荣是20世纪90年代散文绕不开的存在，这与90年代的时代特征和性灵散文的自身特点都有密切的关系。很多作家涉猎过性灵散文，也有很多作家倾心专注于此类散文的创作。在这一章节中，我们试图接近性灵散文的概念，追溯它的历史渊源，从内部条件和外部条件中探寻90年代性灵散文的发展，进而探究90年代性灵散文的主要特征。

逸韵闲适中的趣味与情致

20世纪90年代的性灵散文在沉淀发酵了近20年后，依然吸引着我们的目光和思绪，时空拉开的距离，也使我们能在对这类散文进行细部鉴赏品味的同时观照它们在90年代这一维度上所呈现出的整体特性。

在20世纪90年代创作性灵散文的作家中，以汪曾祺、贾平凹、谷林、钟叔河、谢大光、王兆胜、桂苓等作家为代表，他们极富个性的创作和论述，不但承续了晚明、五四以来性灵小品的流韵，更丰富了性灵散文的时代样式和内涵。

一、“性灵”与性灵散文

“性灵”一词，溯源于秦汉哲学，指的是生命之物的特殊自然本性。“性灵”用于文论最早见于《文心雕龙》：“仰观吐，俯察含章，高卑定位，故两仪既生矣。惟人参之，性灵所钟，是为三才。为五行之秀，实天地之心，心生而言立，言立而文明，自然之道也。”①“故象天地，效鬼神，参物序，制人纪，洞性灵之奥区，极文章之骨髓者也。”刘勰虽未对“性灵”这一概念进行解释，但我们可从中窥见“性灵”大致所指的是人的精神世界，与人的情感、性情有联系，愈对人性有所洞察，文章便愈妙，文章是“性灵”所创造的又反作用于人的情感。

此后，南朝的钟嵘在《诗品》中论阮籍的诗道，“陶性灵，发幽思。言在耳目之内，情寄八荒之表”②。及至明代著名的思想家李贽提出“童心说”，他认为，“童心”即“真心”，是未受过虚伪理学浸染的“赤子之心”。文学要写“童心”，实质就是要表现“真情”，反对描写受儒家礼义束缚的“伪情”。这为性灵说的提出奠定了思想理论基础。当然，“性灵”一说在文学史上第一次成为一个重要的文学命题出现在明代，提出者是晚明文坛声名甚著的“公安派”袁氏三兄弟，即袁宗道、袁宏道和袁中道。袁中道认为：“性情之发，无所不吐，其势必互异而趋俚；趋于俚又变矣，作者始不得不以法律救性情之穷。法律之持，无所不束，其势必互同而趋浮；趋于浮又将变矣，作者始不得不以性情救法律之穷。夫昔之繁芜，有持法律者救之；今之剽窃，又将有主性情者救之矣：此必变之势也。”③其中的“性情”可以理解为“性灵”。袁宏道在为其弟袁中道的诗歌集所作的序文《叙小修诗》中赞美后者的诗“大都独抒性灵，不拘俗套，非从直接胸臆流出，不肯下笔”④。他认为，“要以出自性灵者为真诗尔。夫性灵窍于心，寓于境”，“以心摄境，以腕运心，则性灵无不毕达”⑤。其性灵论的基本内涵指创作主体的本真情感、感性欲求和

---

① 刘勰．文心雕龙．北京：人民文学出版社，1998：1，21.

② （清）何文涣．历代诗话：上．北京：中华书局，1997：8.

③ 游国恩，等．中国文学史．北京：人民文学出版社，2004：162.

④ 吴公调．公安三袁选集．武汉：湖北人民出版社，1988：229.

⑤ 江盈科．敝箧集叙．袁宏道集笺校：附录三．上海：上海古籍出版社，1981.

艺术灵感。

继承并发扬这一学说的是清代的文学家袁枚，作为性灵派创作理论的提倡者，他认为“性灵”即性情，反对各种的形式主义，呼唤挣脱传统的束缚，要求文学上的自由，号召作家要写真性情。在他的《随园诗话》中多次提到性灵：“诗者，人之性情也，性情之外无诗。”又说：“凡诗之传者，都是性灵，不关堆垛。”① 他认为诗歌是内心的声音，是性情的真实流露。尽管他是以诗论提出，但在他的散文中着实也渗透了这样的理论。

其实在文章中流露性灵并非自晚明“三袁”而起，在中国传统文学体内，虽然“文以载道”一直占据文坛上不可撼动的正统地位，但其中还蕴涵着潜在的文学倾向，即表现个人情感的更接近文学特质的“性灵”的内容。陶渊明的《桃花源记》、《五柳先生传》、《与子俨疏》，郦道元的《三峡》，庾信的《枯树赋》，韩昌黎的《祭十二郎文》，柳宗元山水记和苏轼的《前赤壁赋》等，尽管所写内容不同，但都在抒发“大情感”（经世治国）下隐藏着性灵的抒发。

性灵是从人的真实感情而来，这种感情不必冠冕堂皇，不必言定歌功颂德，而是性情的自然流露，即使是正统八股文当道的朝代，文人们还是潜隐地在文中表现出自己，如庾信的《枯树赋》中明里哭树，暗里哭人哭己，明写树的荣枯，暗叹个人身世。最后一句落笔使人戚戚然：“昔年种柳，依依汉南；今看摇落，凄怆江潭；树犹如此，人何以堪!”

诚如周作人所说：“唐宋文人也作过性灵流露的散文，只是大都自认为文章游戏，到了要做正经文章时便又照着规矩去做古文。明清时代也是如此，但是明代的文艺美术比较地稍有活气，文学上颇有革新的气象，公安派人能够无视古文的传统，以抒情的态度作一切的文章。”② 这大抵也说明了性灵一词是贯穿在文人的创作中的，如星星之火隐匿，在晚明出现极为短暂的燎原之势，却很快暗灭，不过

① 袁枚．随园诗话：上．北京：人民文学出版社，1998：146.

② 张明高，范桥．周作人散文：2．北京：中国广播电视出版社，1992：281.

“性灵说”却一直影响到中国现代散文的开端和发展。

“公安三袁”没有想到他们的诗文创作和理论在20世纪30年代引发了一场大争论，对后世散文的创作和理论研究都产生了深远的影响。

1922年，胡适在《五十年来的中国之文学》一文里，探讨了现代白话散文的发展渊源，认为现代散文的发展脉络大致如下：由严复、林纾的翻译文章—谭嗣同、梁启超的政论文章—章炳麟的述学文章—章士钊一派的政治文章—现代白话散文。这一观点引起了一定反响，但有两点问题也凸显出来，其一，把现代散文的源头仅局限于翻译西方文学这一“外援”，其二，这一说法仍未逃脱“载道文学”的窠臼。

稍后，周作人另辟蹊径从明代小品这一历史背景上寻找现代散文的源头，认为“现代的散文好像是一条淹没在沙土下的河水，多少年后又在下流被掘了出来，这是一条古河，却又是新的……”[①] 由此他发现了“独抒性灵”的公安派与“表现自我情感”的现代散文之间的联系，引发了20世纪30年代的晚明小品之争，对文坛和批评界造成很大的冲击，也使晚明小品出版风气日盛，“性灵”的晚明小品由出版业的推波助澜多少影响了当时人们的审美情趣。

同时期林语堂的《新旧文学》称周作人表彰公安派、竟陵派，真正找到“现代散文之祖宗”，并于1933年4月和11月，在《论语》上发表《论文》和《论文下》，强调“性灵”二字不仅为近代散文之命脉，也将启现代散文之绪，“得之则生，不得则死”。他撰写了《论性灵》专门探讨了“性灵”问题，大力推举提倡性灵文学。他在文中逐层提出对“性灵”的理解，应该说是极具代表性且很有见地的。首先，他认为“性灵”是难以言喻的，有其复杂性和神秘性。他以一问题入手——“人谓性灵是什么?”他并未回答这一问题，而是又抛出一个反问——“我曰，精神是什么你知之否?”其次，通过熟知的“神感”（即灵感）与性灵的对比，指出产生“性

---

① 周作人. 杂拌儿·跋//俞平伯. 杂拌儿. 上海：开明书店，1927.

灵”的条件，“由精神可进而言神感，由神感可进而言性灵”。“神感乃一时之境地，而性灵赖素使之培养”。进而指出“一人有一人之个性，以此个性 Personality 无拘无碍自由自在表之文学，便叫性灵”。最后他明确地说：“在文学上主张发挥个性，向来称之为性灵，性灵即个性也。”“古来文学有圣贤而无我，故死，性灵文学有我而无圣贤，故生。”林语堂自觉地对“性灵”和性灵文学进行了深刻思考，并把这些观点渗透在自己的创作中，和周作人一起成为现代散文之性灵散文的拓荒者。

关于“性灵”的研究，从周作人、林语堂开始引起学界的注意，一般是沿着两条线索进行，一条是晚明小品文的“性灵”，一条是现代小说和散文文体中的“性灵”。

但是何谓“性灵”，众说纷纭，仍难以界定。这或许正显现了“性灵”的特质，即它是人独有的性能，属于精神、性情、情感的范畴，具有模糊性和难以言说性。“性灵”强调真性情，与一个人的感觉和悟性有很大关系，是在对外面的世界进行内视时的突然的领悟和感动。

二、20 世纪 90 年代性灵散文的再度繁荣

性灵散文在五四时期和 20 世纪 30 年代前期十分兴旺发达，自 30 年代中期至 80 年代，由于外敌入侵、阶级矛盾激化，以及文学逐渐成为政治的工具，性灵散文也就逐渐被边缘化，进入了萧条冷寂期。直到 90 年代后，散文在没有预期的情况下，终于从小说和诗歌热闹的阴影中走向前台，又一次进入繁荣高潮期。90 年代散文热潮的兴起，主要是从两条线进行的：一条是性灵散文（有人称之闲适散文），还有一条是历史文化散文。性灵散文的热闹既与历史文化散文一起引导了 90 年代散文的重要写作方向，刺激了其他类型散文的创作，同时也促使了自身在 90 年代的发展兴盛。

性灵散文在 20 世纪 90 年代的繁荣虽说让人始料不及，但终有其因，大致可从以下方面来考查。

（一）外部原因：20世纪90年代中国社会的全面转型

20世纪80年代中国在政治和经济领域做尝试性的变革，进入90年代后在经济全球化的影响下，中国社会发生了急剧的转型，国家政治文化的中心由上层建筑层面向经济基础层面移位，由此带来的市场经济的繁荣，使中国社会的形态发生了非常大的改变。经济领域的体制转轨所带来的飞速发展使商品经济意识充斥到中国社会的各个角落。政治话语这个曾经在文化和文学中扮演着生死攸关的重要角色，在90年代社会全面转型的关节上，终于"退场"至本来之位，转型后的市场经济社会为文学的发展提供了前所未有的崭新的外部环境。

1. 宽松环境

周作人在《近代散文抄·序》说："小品文是文学发达的极致，他的兴盛必须在王纲解纽的时代。"五四时期是一个"王纲解纽"的时代，"散文小品的成功在小说戏曲和诗歌之上"。吕林在《世纪末的精神守望——论20世纪90年代中国散文主潮》中这样解释"王纲解纽"："就是大一统的崩溃，是价值观念的多元，是自由精神对权力的战胜。"20世纪90年代中国社会时局的变化消解了政治意识形态的一元规范，在价值观念上出现了多元化的特点，意识形态话语渗透于普通百姓的日常生活中的状态也已结束，人们有权利在生活的方方面面做出个性化选择。对作家而言，不再为履行国家意识形态职能的权威性而进行创作活动，而是获得了"自由言说"的宽松环境。在"为道而道"影响了中国多年之后，作家们可以以一种审美的姿态正视自己的内心、反观自己的心性，无拘束地展开自己的精神世界，最接近散文本质的性灵散文便在这个时候悄然孕育并成长。

2. 物质载体

20世纪90年代经济的迅速发展带来了印刷和传媒的大步前进，各种散文全集、选本、刊物层出不穷，畅销不衰。一些报纸增加副刊专发散文和随笔，一些杂志也开辟了散文专栏（如《十月》和《收获》），出现了专发散文的刊物，如《散文》、《散文选刊》等。在图书市场上，各种散文集也开始畅销。

一些出版社敏锐地把握了社会的脉搏和读者的心理需求，大量重版了周作人、林语堂和梁实秋等现代散文大家的幽默闲适的性灵小品，引起了读者的追捧。于是五四至20世纪30年代的这几位大家的经典作品穿过时空的隧道，隔着历史的长河，轻轻抚摸和舒缓着读者的心灵，使为生活疲于奔命的人们沉浸在精神的轻松愉悦之中。横向来看的话，这时期推出了很多港台作家的散文，尤其是几位台湾作家，如余光中、林清玄和张晓风等作家的散文，是承性灵一脉的。印刷和传媒这类物质载体大量传播了性灵散文，刺激了读者对性灵散文的消费，增强了某些作者的创作信心，是为性灵散文在90年代繁盛的原因之一。

3. 消费群体

文学史家洪子诚先生曾说："作为一种总体状况下的'散文热现象'，却是与市场经济下的文化消费取向有密切关联。是对社会的物质化追求和消费性的文化需要所作出的趋同反应。"① 他肯定了读者在"散文热"中所起到的重要作用。的确如此，20世纪90年代社会的市场经济把文学也一把拉入市场，从而刺激了消费型文学作品的生成，这种文学作品要以活动大众化的市场的促销成功为目标，以读者的兴趣为标准。

多元化的时代使读者获得了思想和言论的自由，他们在阅读中追求真正放松和休闲。闲暇之余他们通过多种途径缓解由工作和生活带来的各种压力，看电视、上网冲浪、K歌、逛街、泡吧和阅读等眼花缭乱的方式给人们带来了身心的愉悦。当阅读和这些休闲方式并列在一起，不可避免地带上了娱乐的特点，尤其是印刷传媒的推波助澜，这种娱乐特性在阅读中的泛化是以往任何时代达不到的。人们不再愿意"远眺"那些主旨宏大的作品，而愿意低头看与自己的平时生活密切相关，与自己的心绪暗合的，或能给自己带来乐趣，或能使心灵找到片刻宁静的作品。

但是不得不承认，市场是一把"双刃剑"，它带来读者选择的自由的同时也冲击着读者的思想观念、道德准则、价值取向和人生态

① 洪子诚. 中国当代文学史. 北京：北京大学出版社，1999：371.

度，他们的审美趣味也随之发生改变，抛开沉重的政治功利给人们带来的压抑，伴随而来却是经济功利带给人们的浮躁，人们追求平面化、快餐化，放弃深度思考和距离审美，这使散文开始世俗化和娱乐化，报纸的副刊和某些杂志充斥着“新生活散文”、“小女人散文”、“小资散文”，其读者也是众多的，但这一类的闲适散文与在俗中保有自己的文化守成姿态、浸润中国古典文学的涵养的性灵散文是不具可比性的。

（二）内部原因：散文文体的回归

1. 散文文体的特点

性灵散文在20世纪90年代的兴盛可以借用阿来的一篇散文标题“离开就是一种归来”来描述，当20世纪40年代中后期至80年代中期的大环境不能提供性灵散文土壤和阳光的时候，它悄然退出，却默默生根于一些作家心里，最终在90年代自由的空气中散发出独特的魅力。

性灵散文是一种向内的散文，这和文化大散文的向外是截然相反的，一个是显示“小我”，一个是在文化外宣扬“大我”。相比之下，性灵散文更接近散文主情内敛的文体特点。20世纪80年代对散文的“真”的召唤（主要是真诚），切合了散文文体在情感方向的特点；90年代的性灵散文沿着情感真的方向，向作者个性化的方向发展，汪曾祺、贾平凹、谷林、钟叔河、止庵、谢大光、王兆胜、桂苓和车前子等以闲适的笔触，蘸趣味的滋养、融个人不同的古典文学修养于其中，以审美的方式关注民众的日常生活，在散文中表现出性灵各异，姿态不同的特点。例如，汪曾祺的出世、老道、清逸；贾平凹的阴柔、怀旧、神秘、自卑与自足的交织；谷林的宽宏、透彻、宁静；桂苓的素朴中对生命的思索；钟叔河在博识通透中对社会的审视。

与同时在20世纪90年代流行的文化大散文相比，性灵散文的文体形式是短小、明快，可以放置手边随时舒缓慰藉读者的紧张神经，增强了性灵散文在传媒的传播速度，这种文体上的便捷是小说和戏剧等文体所比不上的。当文化成了一种消费时，短小简练且能在精神上给予人们帮助的散文成了宠儿，这也是散文文体本身的特点。就性灵散文而言，读者可以直接走入作者的心灵，只需体悟，不需像阅读其他文体时还需费力地思索和解码，性灵散文中所积淀的中国传统文化韵味和骨子里的闲适，使它在众多快餐式文章中保持自己独特雅致的品格。

应该说散文在文体上的“破体”也是这个时期散文壮大的重要原因之一。20 世纪 90 年代的性灵散文创作也对散文文体理论有了很多挑战，尤为突出的是模糊了小说和散文的界限。如汪曾祺他的小说可以作散文读，散文可以作小说读，《鸡鸭名家》谁说不能当做散文，《花园》、《泡茶馆》谁又能说不能作小说读？“破体”对作者而言是打破了更多束缚，带来了创作的更多自由，对读者而言就是由“陌生化”带来的新奇的感觉，“原来散文可以这样写”，散文如何不繁荣？

2. 作家群

余光中先生在《散文的知性与感性》一文中说：“在一切文体之中，散文是最亲切、最平实、最透明的言谈，不像诗可以破空而来，绝尘而去，也不像小说可以戴上人物的假面具，事件的隐身衣。散文家理当维持与读者对话的形态，所以其人品尽在文中，伪装不得。”① 的确如此，“风格即人格”这在散文中表现得尤为明显。在性灵散文的创作中，作者的主体意识显露无遗，与读者进行心与心的对话，灵魂在美文中相遇。

20 世纪 90 年代民主开放的氛围给作家的创作带来了前所未有的自由，但经济先行的社会状况使以精神慰藉为特点的文学一下子处在了一种尴尬的地位，是随市场俗化，还是坚持独立理想的精神世界，市场与读者的导向既给作家带来了新的视点和灵感，同时也给他们对文学理想的坚守带来挑战。

正如周国平在《救世和自救》中所指出的：“精神生活的普遍庸俗化是我们时代的一个明显的事实。”他主张自救的立场，“把精神上的独立之前和自我完善视为人生在世的安身立命之本”。“在寂寞

---

① 余光中. 石城之行. 呼和浩特：内蒙古人民出版社，1998.

中守护圣杯，使之不被汹涌的世俗潮流所淹没”。[①] 性灵散文作家正是以一种看似闲适悠然的独特姿态，独善其身地置身于自己的世界，通过中国传统文化自律，流诸笔端的是宁静超然，以润物细无声的方式从精神上拯救当代人的物化和浮躁。在他们的文章里，没有对物质的渲染，没有对欲念的诉求，山石花草水，酒菜茶果书，均出自内心对自然和生活的热爱，如谷林的《淡墨痕》、《一树百花果》，汪曾祺的《葡萄月令》、《无味》、《故乡的野菜》，贾平凹的《月迹》、《五味巷》、《茶事》，钟叔河的《小西门》、《吃油饼》，车前子的《腊梅与海棠》、《菖蒲花》、《好吃》，王兆胜的《老树与老屋》，谢大光的《鼎湖山听泉》、《落花枝头》，桂苓的《布衣味道》等。他们看似超然世外，却内怀悲悯大爱之心，如汪曾祺对沈从文、金岳霖和老舍的怀念；贾平凹对父亲的追忆（《祭父》），对挚友三毛的扼腕痛惜（《哭三毛》、《再哭三毛》）。20世纪90年代的性灵散文作家正是以于谈笑间冷眼看俗世的方式，以真切的生命体验，率真的性情趣味，温和的处世待物，清淡的悲悯之心，默默地将人世的纯净和美好展现出来。性灵散文作家这种精神“筋骨”使性灵散文的平淡闲适在90年代的物欲红尘中不至于流入空虚无聊的无病呻吟，不至于遁入“高贵”的“小资”情趣，便与众多流俗散文区别开来，同时也迥异于其他类型的散文。

三、20世纪90年代性灵散文的特点

众多性灵散文作家的努力，使20世纪90年代的性灵散文在日益工业化和城市化的现代中国散发出独特的古典芳华，它温和内敛、平淡拙朴、含蓄低调、超然物外，极具本色之美，笔触自由灵动，形式短小精妙，执理想主义一端。性灵散文既与20世纪30年代的性灵散文在内质上遥相呼应，又呈现出特有的新的时代的特点。就不同的作家而言，风格也是迥异的，但仍可从中找到一些共同点，对这一时期性灵散文的特点做一描述。

---

① 周国平. 冷漠的证词. 北京：社会科学文献出版社，1998：512.

（一）外表闲适清淡之风，悠然筑自足世界

这应该是性灵散文自周作人、林语堂、梁实秋、废名、梁遇春、师陀至谷林、汪曾祺、钟叔河、贾平凹、谢大光、王兆胜、止庵、桂苓等众多作家的创作中所贯穿的精髓。性灵散文作家有较深厚的中国古典文学和文化功底，他们在笔触和内容上都留存了类似晚明“三袁”的闲适、自由和对人性生命的尊重。

性灵散文的闲适首先表现在取材方面，常撷取身边小事入文，草木虫鱼，美食、茶酒、陋室，小事物中见真性情。本时期很多作家都谈到了吃，汪曾祺的《故乡的食物》，《故乡的野菜》，《鱼，我所欲也》等，于回忆中品位生活；在《吃食和文学》中，由多种口味联系到文艺工作者“口味最好杂一点”，算是对自己尊重不同文学风格的表白。钟叔河的《看成都》把吃和文化联系起来；《吃油饼》则是对旧日最简单食品的回忆和眷恋。贾平凹的《十字街菜市》写尽百姓的柴米油盐，生活的百般滋味，于世俗中见真趣。桂苓的《青青木瓜》和《拟想葡萄》中于水果中体会小女孩和少女的情怀，清香如木瓜，酸甜如葡萄，滋味特异。

在取材方面除了衣食住行的日常化，还表现在对书斋之中、方寸之间的自足和对山水人文的精微体悟。于书中寻求与自己心性的贴合点，徜徉于山水景观中上与古代文人灵魂相遇，下与时人共享闲情。汪曾祺的《读廉价书》、《胡同文化》、《滇游新记》、《皖南一到》、《泰山片石》，钟叔河的《柏林寺访书》、《沿着岷江走》、《曾国藩的家书》、《卖书人和读书人》，贾平凹的《入川小记》、《商州又录》、《好读书》等。

所不同的是，20世纪30年代性灵散文的闲适中，周作人、林语堂和梁实秋等作家是要和激进的政治和革命划开界限的，所以他们的闲适多少有些与现世抗争的姿态，特殊的环境也使他们的闲适遭到了时人和后人很长时间内的诟病，所以可谓闲适得不轻松。而90年代的闲适不再以政治和阶级为对立面，而是转向了与经济和物质的疏离，这与时代的特质是有很大关系的。90年代中国社会稳定，政局平稳，政治的开明宽松，国际声誉日渐高涨，经济快速增长，国昌民

安。性灵散文作家在正常的“气候”中，可以“躲进小楼成一统”，“退隐”只是个人之事，不再关涉民族要义，这使得他们独善其身，专心学问，安心创作，闲适中有智性，同时以自己举重若轻的方式向社会散播善的种子。日益发达的商品经济给人们的价值观带来了很大改变，从政治取向转化为经济物质利益取向，很多作家在性灵散文中显示了对这种利益取向的排斥，如汪曾祺的《故乡的野菜》、《自得其乐》、《泡茶馆》等，对平淡本真的岁月的回顾。贾平凹更是褒乡村薄城市，资讯发达的城市，飞短流长的流言使他厌恶城市的物质和虚伪，在他的散文“商州三录”（《静虚村记》、《夜籁》、《通渭人家》）中乡村尽管生活不够富裕，但乡民纯朴愚善、人情的笃厚却使贾平凹留恋不已。

20世纪90年代性灵散文作家的闲适有了更好的外部空间，在多元化中没有遭人凌厉的诟病，使作家能悠然地构筑自足世界。

（二）内蕴儒道释文化之骨，塑中国味文风

性灵散文区别于充斥报端和杂志的休闲散文，最主要在于其文化涵养和文学传承方面。性灵散文作家都有较深的古典文学和文化积累，这使得他们在写最平常琐碎事物的时候也显得有智性有见地，在写作中保持了独特的中国滋味。汪曾祺的儒道互补，在“克己”、“内省”中的“隐”，崇尚自然人性之美，有“传统士大夫”风范。贾平凹散文中显示的佛家的“悟”使他在贫困的生活中常常发现美的韵致，道家的天人合一，使他对古朴自然的乡村生活在不断回眸中眷恋。钟叔河的散文于简约平淡中充满智慧之力度，融刚劲与平和于一炉，有躲进象牙塔，沉浸于书海的闲情逸致，也有睁眼看现代化中国，冷静思察其优劣之透彻，他的散文平淡中充满思辨，不显金刚怒目和剑拔弩张，却能引人警醒，以至于被张中行称为“情热”。钟叔河是取儒道之“大”风范结合现代民主意识，修齐治平，王冰评价他的散文“最终建立了一种具有社会意识的性灵小品文”。桂苓的土豆、棉花、西瓜灯、葡萄花等意象所表现的布衣味道，日常生活经过她的血管的流淌，充满着精微的个人体悟，明显的小女子气，却又是灵性的通达，尤近道家的物我合一境界，透露出朴实、淡定、静谧的古典情趣。

中国的传统文化对20世纪30年代的性灵散文作家有着深刻的影响，成就了他们身上和文风中的名士风，如佛道文化之于周作人，道家的逍遥畅快之于林语堂，正统的儒家意识之于梁实秋。所不同的是，他们同时也受到了西方文学的影响，当时引入的英国散文（essay）对他们的性灵散文的创作都是有影响的，他们还吸收了不同的外国文学营养，如日本文学的细小琐屑之于周作人，西方表现主义之于林语堂和西方古典主义之于梁实秋，对他们的思维方式和行文风格都产生了一些影响。而90年代的性灵散文受到西方文学和文化的影响较少，这里面的原因并不只是有些研究者所指出的20世纪30年代作家的外国文学造诣较高的原因，30年代对西方的膜拜学习是作家在写作时糅合西化的语言和思想的重要原因之一。90年代中国重拾民族自信心，不再仰视西方文学和文化也是为另一重要原因，性灵散文作家更愿意以中国化的文笔和风格独异于世，中国传统文学的天人合一，厚德载物在他们身上默默地被继承。

（三）淡泊中走向世俗，平实中尽显大爱

周作人、林语堂和梁实秋所带来的性灵散文有明显的名士风，士大夫习气较为浓烈，有明显的贵族气息，品茶、读书、观画、谈烟、论酒，常常是高常人一等的闲适，其中以林语堂为甚。

性灵散文经过了时间的洗涤，在社会的发展、个人意识的更新中，逐渐卸掉了贵族味，世俗化日益增强，把20世纪30年代的“雅趣”逐渐俗化。汪曾祺尽管被称为“最后一个士大夫”，他的散文中没有“鲍鱼鱼翅”、满汉细点，却对昂嗤鱼、虎头鲨、蚬子炒韭菜和众多野菜尤为关注。他选贩夫走卒，引车卖浆之流入文，“以轻淡的文笔写平常人物”本身就有世俗的烟火味。[①] 他的贡献在于民间发现世俗的快乐，融贵族式的“阳春白雪”于民间的“下里巴人”之中，开拓了市民文化，使市民生活有了另一番“雅”的韵味。

20世纪30年代还存在明显的社会等级制度，周作人、林语堂和

① 汪曾祺全集：第4卷. 北京：北京师范大学出版社，1998：285.

梁实秋均属于较优越的上等阶层，他们的散文中对贵族式生活的眷恋，对民众的隔阂可见一斑。90年代的性灵散文作家多来自民间，如贾平凹是秦川汉地的农民出身，他于粗犷苦拙的家乡发现民间的人性美、风情美，于清苦的童年发现如诗画般的生活。汪曾祺尽管儿时生活在富足书香之家，但于家动荡飘摇时期在昆明的异地求学、不正常的政治氛围中的多年压抑，也慢慢减少了他身上的贵族气，也使他变化了观察生活的视点，走向民间。钟叔河多年的艰苦经历甚至牢狱之灾，使他多了份对民间生活的洞察，于清醒中有同情，也有对社会的理性鞭策。总之，他们进入民间的世俗化既是社会使然也是个人经历使然。

四、20世纪90年代性灵散文的不足

20世纪90年代的性灵散文在众人争相阅读的追捧中延续了传统性灵散文的内质，同时增添了一些时代和个人的特点，但是性灵散文在90年代各类散文的繁盛局面中也显出了不足之处。

其一，性灵散文作家对政治是疏离的，但这并不代表他们不关心社会，他们在散文中潜在地寄托了对理想社会的向往，是一种以人性的善和相互的尊重为基础的和谐社会。但遗憾的是，他们对这种理想社会的渴求往往是以一种回首过去生活的姿态展现，对现在生活的关注不够。有对古代或过去的民众生活的描述，但对现代社会和现代人的精神关注不够。如何古为今用，如何在作品中展现现世的时代特点，如何展现新民间的生存状态和新价值取向，或许是应该引起他们注意的问题。

其二，20世纪90年代性灵散文创作成就较高的作家大多是进入老年的作家，如钟叔河、谷林、汪曾祺等，多年的生活历练使他们对生活产生一种波澜不惊的乐观和豁达之态，感情的表达是比较节制的，一切以达观宽容化之。这种状况多少有些和解意味的“黄昏哲学”之嫌，若能拓展些积极的热情的因子，是不是可以使性灵散文有一番新面貌呢？好在20世纪70年代出生的桂苓在90年代悄悄笔耕，慢慢被大家喜欢和接受，年纪轻轻，作品中却有对传统文化认同

的古风。桂苓给性灵散文吹来的是清新风、日常风、小女子风，呈现了年轻人思绪特质。她的年轻的确为性灵散文带来了一支兴奋剂，缓解了性灵散文的"黄昏哲学"之嫌，增添了时代的新质。

五、20 世纪 90 年代性灵散文代表作家和作品

(一) 汪曾祺与其作品

汪曾祺（1920 年 3 月 5 日—1997 年 5 月 16 日），江苏高邮人，当代作家、散文家、戏剧家。早年就读于西南联大，师从沈从文。1943 年开始在昆明、上海任中学国文教员和历史博物馆职员。1950 年后在北京文联、中国民间文学研究会工作，编辑《北京文艺》和《民间文学》等刊物。1962 年调入北京京剧团（后改北京京剧院）任编剧。著有小散文集《蒲桥集》、《塔上随笔》，文学评论集《晚翠文谈》以及《汪曾祺自选集》等。被誉为"抒情的人道主义者，中国最后一个纯粹的文人，中国最后一个士大夫"。

对于性灵散文在 20 世纪 90 年代的繁盛，汪曾祺的功劳是最大的，如孙郁所对他的评价："他的杰出性在于，回复了传统的艺术品格，将非我的艺术，还原到真我的性灵世界。当代文学的这种精神上的调整，可以说是从他开始的。"他的散文的似道实儒，他对文气的推崇，他从理论到实践对中国传统散文和现代散文的沟通，都可作为他的贡献。他在第一本散文集《蒲桥集》的封面上自述："此集诸篇，记人事、写风景、谈文化、述掌故、兼及草木虫鱼、瓜果食物，皆有情致。间作小考证，亦可喜。娓娓而谈，态度亲切，不矜持作态。文求雅洁，少雕饰，如行云流水。春初新韭，秋末晚菘，滋味近似。"① 这段自评从他的散文的题材和行文特点两方面做了印象式的评价，有益于对他的散文的欣赏。他的散文大致有以下特点：

其一，融自我于其中，蕴浓厚个人情趣。就像他的老师沈从文教给他写小说要贴着人物来写一样，在讲求"真"的散文这一文体中，他更是紧贴着文中的人、物、景、事，融自我于其中。无论是记人

---

① 汪曾祺. 蒲桥集：序. 北京：作家出版社，2000.

类、游记类、随笔类，还是小品类散文，他都是通过“我”的情感浸润的，有鲜明的个人特点。他说过：“毕竟，人和自然的关系，人是主体。”① 他不会把自己淹没在景物和历史中。如凡到过泰山的文人在写泰山时无一不写它的雄伟浑厚，可汪曾祺在《泰山片石》中却写到“我是写不了泰山的，因为泰山太大。我对泰山不能认同。我对一切伟大的东西总有点格格不入”。“我更进一步安于微小，安于平常”。本来是写泰山的，却在泰山之“大”中，一下子发现了小小的“我”，于是就写出了“我”眼中的泰山——担山人、石刻、所食野菜，即使写泰山的云雾，也无一句写其壮观的，反倒只写了雾所带来的麻烦。泰山的这些小而平常之处着了汪曾祺的平淡色，还着了他的文人色，一个接一个典故，说古考据，却没让人感觉到味同嚼蜡的“掉书袋”，原因即在于这些故纸堆里的考据并非死的学问的罗列，处处以“我”的眼光和心绪量之，处处显个人情趣。所以他入笔看似平淡，平淡中蕴藏的博学的、性情的自我又使他的散文在平淡中显得不同凡响，别有一番悠长滋味。

其二，于俗世描摹中显不动声色的幽默。汪曾祺的幽默读起来平淡之极，却能让你在瞬间与作者对视，莞尔一笑。他对幽默的见解是：“人世间有许多事，想一想，觉得很有意思。有时一个人坐着，想一想，觉得很有意思，会噗噗笑出声来。把这样的事记下来或说出来，便挺幽默。”汪曾祺的幽默是善意的微笑，无关其他什么影射、批判，他在散文中常夹杂不动声色的幽默，这使得他在说古考据中不是板起面孔说教，而是慈眉善目地娓娓道来，时不时以幽默来调剂。《跑警报》中的“人生几何，恋爱三角”的失恋者，侯兄送伞“贵在永恒”的故事，众人皆逃难便有用不完的水，于是在警报中总是留守的煮食莲子者和洗头者，有趣，好玩，面对灾难不在乎，读者于笑中体会到我们民族生存的韧性。

《星斗其文，赤子其人》和《金岳霖先生》等追忆逝者的散文，汪曾祺的幽默笔触使所记人物跃然纸上，在记忆里鲜活起来。金岳霖

---

① 汪曾祺全集：5卷. 北京：北京师范大学出版社，1998：406.

聚会时捉虱子的自嘲，80 岁时坐三轮逛王府井的偶发童心……让我们于幽默中接近人物。

一双慧眼于世俗生活中发现乐趣，就是一种幽默。例如，在昆明吃汽锅鸡，说成："今天我们培养一下正气。"《昆明菜》"一边谈着克列斯丁娜·罗塞蒂的诗，布朗底的小说，一边咯吱咯吱地咬胡萝卜"（《昆明的果品》）的联大女生。

其三，文言与现代白话于一炉的独特语言。李陀在《道不自器，舆之圆方》中这样评价汪曾祺的语言："把白话'白'到了家，然后又能把充满文人雅气的文言因素融化其中，使二者在强烈的张力中达到和谐……"① 这足以概括汪曾祺的语言特色，他在语言上也显示出了俗趣和雅化结合。汪曾祺从小便接受了儒家经典的熏陶，他的祖父为他讲解《论语》，父亲请当地名流向他传授古典文学。他自己阅读甚广，中国古典文论、古代散文，尤其偏爱接近自己心性的晚明的性灵小品。深厚的古典文学功底，使他在语言方面简省、本色、平淡而又不是古得让人有隔阂之感，如素描的得其精髓，如中国画的计白当黑。对民俗的体察，对生活之平凡人平常事的关注，又使他的语言充满口语化，读来不觉俗气，反觉畅快淋漓，甚而叫绝。他在《虎头鲨、昂嗤鱼、阵螯、螺蛳、蚬子》一文中说到，苏州人喜欢塘鳢鱼，上海人也是，提及此鱼更是眉飞色舞，吊了作者半天胃口，"后来我知道：塘鳢鱼就是虎头鲨，嗐！"一个"嗐"字，读来过瘾。类似的还有《故乡的食物》写到高邮咸蛋"筷子头一扎下去，'吱'——红油就冒出来了"。"吱"字俗白，却极精准，勾人食欲。《葡萄月令》中通篇写种葡萄的过程，"一月，下大雪……二月里刮春风……三月，葡萄上架……四月，浇水……五月，浇水，喷药，打梢，掐须……六月……"名词的罗列，一目了然，事实的陈述，简单明确，仿佛过于直白口语，但看无意，然连缀成篇，却韵味十足，汉语传递的独特魅力在这里展现出来。揉文言与现代白话于一炉，汉语的表现力被展现和增强了。

---

① 祝勇．重读大师——激情的归途．北京：人民文学出版社，1999：355.

汪曾祺的散文得宋明小品遗韵，看似散淡无法的结构，驳杂的文体相混，游刃有余，显出深厚老到的文学功力。对一草一木的俗世的生表达一种超然的审美，对凡俗个体显示自己的尊重，举重若轻，暗藏对理想和谐的人世和社会的召唤。他在散文中避开宏大的事物的思考、滤掉生活经历中的丑，避重就轻，使他散文中显示的人生有一种笑而却之的退缩，也缺少了一份峥嵘血性之感，这是必须承认的局限。

（二）贾平凹与其作品

贾平凹1952年2月21日出生，陕西省商洛市丹凤县人，西北大学中文系毕业后任陕西人民出版社文艺编辑、《长安》文学月刊编辑。现为陕西省作家协会主席、西安市文联主席、《美文》杂志主编等。著有散文集《月迹》、《心迹》、《爱的踪迹》、《走山东》、《商州三录》、《说话》、《坐佛》、《做个自在人——贾平凹序跋书话集》、《贾平凹自选集》、《朋友》、《静水深流》等。

贾平凹从20世纪80年代初期开始写作发表散文，每个时期均有佳作问世，结集出版多部散文集。

贾平凹在20世纪90年代中期以前的创作展现出他的细腻、童心，作品中充盈着一种空灵静虚之美，内在的悲悯之心使他目光触及之家乡的人、物、事，多呈现出一种古朴的和谐，多描写粗犷荒芜的西北生活，浸润的却有南方的温润灵巧。从这个时期他的散文的内在气韵上体察，大致可以感受到作者的悟、苦和恋。

1. 悟

贾平凹的散文中常见“悟”，且是“顿悟”，于常物常理中见出不同，如《丑石》末尾感受到的丑石的伟大，继而“深深地感到它那种不屈于误解、寂寞的生存的伟大”①。《静虚村记》中对“静”之悟，《观沙砾记》中对小小的沙粒之悟，“世上什么都能生存，只有到了它生存的自然环境中，才见其活力，见其本色，见其生命，见其价值”。

---

① 贾平凹. 贾平凹散文选. 北京：人民文学出版社，1990：2.

贾平凹尤喜月亮，认为月亮“是佛性的圆满，是了悟的透彻”，以《月迹》为题的散文集30余篇散文，月亮成为主角。他把佛禅的理趣融化到对自然物象的觉悟之中，角度精准细微，异于常人，在顿悟中发现自然万象的禅趣，显示出特殊的格调。

2．苦

贾平凹出身“深谷野凹”中的贫寒家庭，贫穷始终伴随着他的成长，一直到他工作多年后才慢慢发生改变。贾平凹在散文中不止一次地谈到父母在抚养自己和操持家庭时所受的苦，这种苦味弥散于他的心绪中，浓得化不开，如《读书示小妹生日书》中无钱读书之苦；《喝酒》中父亲担心儿子被流言所累之苦；《祭父》和《我不是个好儿子》中细数父母亲一辈子的劳苦和人生连绵的苦难境地，让人读之动容。他的苦还来自于自己身体所患之肝病，《人病》中对那种因患病而被无辜歧视之苦和因患病不得亲近家人，自设障碍之苦写得极为细琐。

3．恋

从写对童年的回忆到写所寻访的关中乡镇，贾平凹显示出对乡村生活的眷恋。如在《秦腔》、《入川小记》和“商州三录”中显示的天人合一的和谐人间，古朴木讷的商山人甘于“洋芋糁子疙瘩火”的生活，并自诩这种生活“除了神仙就是我”，他们喝“包谷糊汤”，吃“搅团土豆”却自得其乐，优哉游哉。《通渭人家》中写连“火车都在说”——“穷，穷，穷，穷……”的甘肃通渭人家，吃水困难，无畜饮之水，不能用净水洗衣擦澡，但他们却一点不嫌弃自己的家乡，于待人接物中显示出他们“精神的高贵”，这一切使作者在离开通渭时已暗下再次来访的决心。

贾平凹所恋的是一种原初古朴的桃源式的乡村生活，他尽力追寻这种田园生活，《静虚村记》中避闹市而至“风止月暝，露珠闪闪，一片蛐蛐鸣叫”的“静虚村”，他可以“静静地坐地，静静地思想，静静地作文”。即使是写城市，也常写有保持了乡村特点的城市的小街小巷，如《五味巷》、《河南巷小识》等。

小说和散文构成了贾平凹文学创作的两翼，互为影响。1993 年发表的长篇小说《废都》也给他的个人生活和处世态度都带来了非常大的影响，这种影响开始反映在他的散文中，并使他的散文逐渐从前期散文的追求空灵虚静的审美境界，以禅宗妙悟安抚内心转向了后期的灵魂焦躁，心灵的驳杂矛盾。这时期他创作出了一些反映城市生活的散文，如《说房子》、《说女人》、《说美容》、《说打扮》、《说花钱》、《说奉承》、《说孩子》、《闲人》、《忙人》、《人病》、《名人》等。在其中他写出了城市生活的种种怪诞病态，表达了对城市的疏离甚至厌恶。这些文章有精锐的感觉，能观常人所障，言常人所蔽，在一定程度上触及国民劣根性的内容，但常顾影自怜地纠结于琐屑的事情，絮叨中显油滑，缺乏厚重感和透彻性，让人读来只感受到现代人生活和生存的逼仄和压抑。这类作品缺乏前期作品中宽容和仁厚，有时缺乏对生命的敬畏和对个体的尊重。

对于前后风格的转变，贾平凹自己做了这样的解释："生命个体在每个时间段里的体验是不一样的，如草木在四季的变化。早期的散文写得清丽，有冲动，现在我写不了了，也不再想那样写了。五十岁的人经世已多，心态要紧是从容平和，所写虽混沌，但都是自己在生活中的体验。能贯通世事的就是智慧，智慧在家常中、口语中。"①

贾平凹这一时期的佳作有《孤独地走向未来》、《藏者》、《安妥我灵魂的这本书》、《拓片闲记》等。他的序跋书话也保持了较高的艺术水准和精神格调，常在短短的行文中对作家作品作极富个性的体悟式的介绍，看似散漫地娓娓道来，却直抵作家的精髓，这类作品有《吴克敬作品集·序》、《行余集·序》、《夏坚德作品集·序》等。

20世纪90年代中后期的贾平凹在创作中显示了与城市和现代人的隔阂，城市和现代性本来可以成为他创作的一个生长点，可是他却摒弃了这个生长点，带来创作的局限与狭隘。

（三）谢大光与其作品

谢大光，1943年出生，山西省临猗县人。出版家，散文作家。

---

① 贾平凹，曾令存. 二十年来散文创作的清理——关于散文创作的对话：下. 东方文化，2003（3）.

1980 年开始发表作品，著有散文集《落花》、《流水》、《谢大光散文》、《谢大光序跋》，报告文学集《天鹅之歌》等。曾担任《散文》海外版主编、百花文艺出版社副总编辑、《小说家》主编、《中外散文选萃》主编、中国散文学会常务理事。代表作有《落花枝头》、《鼎湖山听泉》、《我自绍兴来》、《离宫月夜》、《百草园的孩子》、《走进周庄》等。

谢大光的散文数量不多，但每篇都用心经营，以至于篇篇都显得精致独到，别有韵味。他对性灵散文的继承多显示在游记散文和序跋这一类，在游记散文中以其敏锐的感觉，流畅清丽的文字，融个人对人生和生命的体悟，营造物我两忘之意境。他善于发现与常人看法不同之处，另辟蹊径赏阅所涉之景，所以给人一种似曾相识却大有新意的感觉。如《走进周庄》中，我们闯入美丽古朴的周庄，仿佛“闯进一处梦”，领略它将时光倒流定格在“长街曲巷，黛瓦粉墙”，当我们沉浸于梦一样的周庄时，却不曾想我们是闯入了（周庄）“主人的梦里”，我们也不曾想，那些被定格为风景的妇女，为了让这历史的梦凝固，“为了圆这水乡的一个梦”，付出了多少代价。“所有关于周庄的书中，都应该写写她们，写写她们的心事，写写她们的梦……”所历之景都在作者的血液中流淌，才能感受到切肤之欢欣和隐隐的忧虑。

《鼎湖山听泉》是谢大光的游记散文名作，文字在他手中幻化成颗颗美妙的音符，以笔为弦，为我们奏了一曲韵味悠长的山泉曲。作者选泉水之声为描摹的主要对象，以泉水起，刚赶到鼎湖山，泉声便“扑面而来”，引起作者“雀跃之心”，后又以枕泉而眠，夜听山泉为终，“泉水汩汩滤过心田，冲走污垢，留下深情”，于泉水的交响乐中，听到“岁月的流逝，历史的变迁，生命在诞生、成长、繁衍、死亡……”完成了生命的净化。作者切取“听泉”这一独特角度，从泉水跳跃的声音中联想到生命的韵律，听出鼎湖山的灵魂，也听出了生命的真谛，于人的心灵得到升华和净化。整篇文章角度新颖，构思精巧，文白相间的语言不觉生涩，反显典雅凝练，显示出作者深厚的古典文学功底。

（四）王兆胜与其作品

王兆胜，1963年生，山东蓬莱人。1982年至1989年就读于山东师范大学中文系，获学士和硕士学位。1996年在中国社会科学院研究生院获文学博士学位，现为《中国社会科学》杂志编审，文学编辑室主任。已出版《林语堂的文化情怀》、《闲话林语堂》等作品，编著出版了《20世纪中国文化论争》、《百年中国性灵散文》等文化和散文选本，2005年所著文论集《文学的命脉》和2006年出版的散文集《天地人心》备受瞩目。

王兆胜是国内研究林语堂的专家，也是颇有建树的散文批评家和从容写作的散文作家。他对性灵散文有自己独特的看法，曾专门撰文《论20世纪中国性灵散文》对百年中国性灵散文进行梳理，“寻找其特点，演变的规律性，并对其成就与不足进行评估”[①]。从王兆胜的散文创作和理论中，我们发现他推崇《文心雕龙》中有关“性灵”的说法：“仰观吐曜，俯察含章，高卑定位，故两仪既生矣。惟人参之，性灵所钟，是谓三才。为五行之秀，实天地之心。”[②] 他在创作中便是追寻着“天地人心”的，正如他在《我的文学观》中所说：“我认为，新的世纪我们的文学艺术不能忽略以下四个方面：第一，关心民生疾苦，理解他们的血泪与心声；第二，有强烈的人文关怀，将人类的健全作为一个重要的标尺；第三，有天地情怀，不能仅仅限于从‘人’的视域理解问题；第四，强调美的力量，因为没有文学性和艺术性的文学艺术是缺乏生命力的。”王兆胜不拘泥于俗套，从不为学理而淹没才情，他的散文研究和创作中都有真实的自己存在，珍视自己的思考价值，既有理性的思辨又有来自自我经历的感性体悟。

---

① 王兆胜．前我的文学观．文学的命脉·前言．上海：华东师范大学出版社，2005：60.

② 王兆胜．文学的命脉．上海：华东师范大学出版社，2005：1.

随遇而安

汪曾祺

我当了一回右派，真是三生有幸。要不然我这一生就更加平淡了。

我不是1957年打成右派的，是1958年“补课”补上的，因为本系统指标不够。划右派还要有“指标”，这也有点奇怪。这指标不知是一个什么人所规定的。

1957年我曾经因为一些言论而受到批判，那是作为思想问题来批判的。在小范围内开了几次会，发言都比较温和，有的甚至可以说很亲切。事后我还是照样编刊物，主持编辑部的日常工作，还随单位的领导和几个同志到河南林县调查过一次民歌。那次出差，给我买了一张软席卧铺车票，我才知道我已经享受“高干”待遇了。第一次坐软卧，心里很不安。我们在洛阳吃了黄河鲤鱼，随即到林县的红旗渠看了两三天。凿通了太行山，把漳河水引到河南来，水在山腰的石渠中活活地流着，很叫人感动。收集了不少民歌。有的民歌很有农民式的浪漫主义的想象，如想到将来渠里可以有“水猪”、“水羊”，想到将来少男少女都会长得很漂亮。上了一次中岳嵩山。这里运载石料的交通工具主要是用人力拉的排子车，特别处是在车上装了一面帆，布帆受风，拉起来轻快得多。帆本是船上用的，这里却施之陆行的板车上，给我十分新鲜的印象。我们去的时候正是桐花盛开的季节，漫山遍野摇曳着淡紫色的繁花，如同梦境。从林县出来，有一条小河。河的一面是峭壁，一面是平野，岸边密植杨柳，河水清澈，沁人心脾。我好像曾经见过这条河，以后还会看到这样的河。这次旅行很愉快，我和同志们也相处得很融洽，没有一点隔阂，一点别扭。这次批判没有使我觉得受了伤害，没有留下阴影。

1958年夏天，一天（我这人很糊涂，不记日记，许多事都记不准时间），我照常去上班，一上楼梯，过道里贴满了围攻我的大字报。要拔掉编辑部的“白旗”，措辞很激烈，已经出现“右派”字样。我顿时傻了。运动，都是这样：突然袭击。其实背后已经策划了一些日子，开了几次会，作了充分的准备，只是本人还蒙在鼓里，什么也不知道。这可以说是暗算。但愿这种暗算以后少来，这实在是很伤人的。如果当时量一量血压，一定会猛然增高。我是有实际数据的。“文化大革命”中我一天早上看到一批侮辱性的大字报，到医务所量了量血压，低压110，高压170。平常我的血压是相当平稳正常的，90/130。我觉得卫生部应该发一个文件：为了保障人民的健康，不要再搞突然袭击式的政治运动。

开了不知多少次批判会。所有的同志都发了言。不发言是不行的。我规规矩矩地听着，记录下这些发言。这些发言我已经完全都忘了，便是当时也没有记住，因为我觉得这好像不是说的我，是说的另外一个别的人，或者是一个根本不存在的、假设的、虚空的对象。有两个发言我还留下印象。我为一组义和团故事写过一篇读后感，题目是《仇恨·轻蔑·自豪》。这位同志说：“你对谁仇恨？轻蔑谁？自豪什么？”我发表过一组极短的诗，其中有一首《早春》，原文如下：

新绿是朦胧的，飘浮在树杪，完全不像是叶子……
远树绿色的呼吸。

批判的同志说：连呼吸都是绿的了，你把我们的社会主义社会污蔑到了什么程度?！听到这样的批判，我只有停笔不记，愣在那里。我想辩解两句，行么？当时我想：鲁迅曾说费厄泼赖应该缓行，现在本来应该到了可行的时候，但还是不行。中国大概永远没有费厄的时候。所谓“大辩论”，其实是“大辩认”，他辩你认。稍微辩解，便是“态度问题”。态度好，问题可以减轻；态度不好，加重。问题是问题，态度是态度，问题大小是客观存在，怎么能因为态度如何而膨大或收缩呢？许多错案都是因为本人为了态度好而屈认，而造成的。假如再有运动（阿弥陀佛，但愿真的不再有了），对实事求是、据理力争的同志应予表扬。

开了多次会，批判的同志实在没有多少可说的了。那两位批判“仇恨？轻蔑？自豪？”和“绿色的呼吸”的同志当然也知道这样的批判是不能成立的。批判“绿色的呼吸”的同志本人是诗人，他当然知道诗是不能这样引申解释的。他们也是没话找话说，不得已。我因此觉得开批判会对被批判者是过关，对批判者也是过关。他们也并不好受。因此，我当时就对他们没有怨恨，甚至还有点同情。我们以前是朋友，以后的关系也不错。我记下这两个例子，只是说明批判是一出荒诞戏剧，如莎士比亚说，所有的上场的人都只是角色。

我在一篇写右派的小说里写过："写了无数次检查，听了无数次批判……她不再觉得痛苦，只是非常的疲倦。她想：定一个什么罪名，给一个什么处分都行，只求快一点，快一点过去，不要再开会，不要再写检查。"这是我的亲身体会。其实，问题只是那一些，只要写一次检查，开一次会，甚至一次会不开，就可以定案。但是不，非得开够了"数"不可。原来运动是一种疲劳战术，非得把人搞得极度疲劳，身心交瘁，丧失一切意志，瘫软在地上不可。我写了多次检查，一次比一次更没有内容，更不深刻，但是我知道，就要收场了，因为大家都累了。

结论下来了：定为一般右派，下放农村劳动。

我当时的心情是很复杂的。我在那篇写右派的小说里写道："……她带着一种奇怪的微笑。"我那天回到家里，见到爱人说"定成右派了"，脸上就是带着这种奇怪的微笑的。我也不知道我为什么要笑。

我想起金圣叹。金圣叹在临刑前给人写信，说："杀头，至痛也，而圣叹于无意中得之，亦奇。"有人说这不可靠。金圣叹给儿子的信中说："字谕大儿知悉，花生米与豆腐干同嚼，有火腿滋味。"有人说这更不可靠。我以前也不大相信，临刑之前，怎能开这种玩笑？现在，我相信这是真实的。人到极其无可奈何的时候，往往会生出这种比悲号更为沉痛的滑稽感，鲁迅说金圣叹"化屠夫的凶残为一笑"，鲁迅没有被杀过头，也没有当过右派，他没有这种体验。

另一方面，我又是真心实意地认为我是犯了错误，是有罪的，是需要改造的。我下放劳动的地点是张家口沙岭子。离家前我爱人单位正在搞军事化，受军事训练，她不能请假回来送我。我留了一个条子："等我五年，等我改造好了回来。"就背起行李，上了火车。

右派的遭遇各不相同，有幸有不幸。我这个右派算是很幸运的，没有受多少罪，我下放的单位是一个地区性的农业科学研究所。所里有不少技师、技术员，所领导对知识分子是了解的，只是在干部和农业工人的组长一级介绍了我们的情况（和我同时下放到这里的还有另外几个人），并没有在全体职工面前宣布我们的问题。不少农业工人（也就是农民）不知道我们是来什么的，只说是毛主席叫我们下来锻炼锻炼的。因此，我们并未受到歧视。

初干农活，当然很累。像起猪圈、刨冻粪这样的重活，真够一呛。我这才知道“劳动是沉重的负担”这句话的意义。但还是咬着牙挺过来了。我当时想：只要我下一步不倒下来，死掉，我就得拼命地干。大部分的农活我都干过，力气也增长了，能够扛170斤重的一麻袋粮食稳稳地走上和地面成四十五度角那样陡的高跳。后来相对固定在果园上班。果园的活比较轻松，也比“大田”有意思。最常干的活是给果树喷波尔多液。硫酸铜加石灰，兑上适量的水，便是波尔多液，颜色浅蓝如晴空，很好看。喷波尔多液是为了防治果树病害，是常年要喷的。喷波尔多液是个细致活。不能喷得太少，太少了不起作用；不能太多，太多了果树叶子挂不住，流了。叶面、叶背都得喷到。许多工人没这个耐心，于是喷波尔多液的工作大部分落在我的头上，我成了喷波尔多液的能手。喷波尔多液次数多了，我的几件白衬衫都变成了浅蓝色。

我们和农业工人干活在一起，吃住在一起。晚上被窝挨着被窝睡在一铺大炕上。农业工人在枕头上和我说了一些心里话，没有顾忌。我这才比较切近地观察了农民，比较知道中国的农村、中国的农民是怎么一回事。这对我确立以后的生活态度和写作态度是很有好处的。

我们在下面也有文娱活动。这里兴唱山西梆子（中路梆子），工人里不少都会唱两句。我去给他们化妆。原来唱旦角的都是用粉妆——鹅蛋粉、胭脂、黑锅烟子描眉。我改成用戏剧油彩，这比粉妆要漂亮得多。我勾的脸谱比张家口专业剧团的“黑”（山西梆子谓花脸为“黑”）还要干净讲究。遇春节，沙岭子堡（镇）闹社火，几个年轻的女工要去跑旱船，我用油底浅妆把她们一个个打扮得如花似玉，轰动一堡，几个女工高兴得不得了。我们和几个职工还合演过戏，我记得演过的有小歌剧《三月三》、崔巍的独幕话剧《十六条枪》。一年除夕，在“堡”里演话剧，海报上特别标出一行字：

台上有布景

这里的老乡还没有见过个布景。这布景是我们指导着一个木工做的。演完戏，我还要赶火车回北京。我连妆都没卸干净，就上了车。

1959年底给我们几个人作鉴定，参加的有工人组长和部分干部。工人组长一致认为：老汪干活不藏奸，和群众关系好，“人性”不错，可以摘掉右派帽子。所领导考虑，才下来一年，太快了，再等一年吧。这样，我就在1960年在交了一个思想总结后，经所领导宣布：摘掉右派帽子，结束劳动。暂时无接受单位，在本所协助工作。

我的“工作”主要是画画。我参加过地区农展会的美术工作（我用多种土农药在展览牌上粘贴出一幅很大的松鹤图，色调古雅，这里的美术中专的一位教员曾特别带着学生来观摩）；我在所里布置过“超声波展览馆”（超声波怎样用图像表现？声波是看不见的，没有办法，我就画了农林牧副渔多种产品，上面一律用圆规蘸白粉画了一圈又一圈同心圆）。我的“巨著”，是画了一套《中国马铃薯图谱》。这是所里给我的任务。

这个所有一个下属单位“马铃薯研究站”，设在沽源。为什么设在沽源？沽源在坝上，是高寒地区（有一年下大雪，沽源西门外的积雪跟城墙一般高）。马铃薯本是高寒地带的作物。马铃薯在南方种几年，就会退化，需要到坝上调种。沽源是供应全国薯种的基地，研究站设在这里，理所当然。这里集中了全国各地、各个品种的马铃薯，不下百来种，我在张家口买了纸、颜色、笔，带了在沙岭子新华书店买得的《癸巳类稿》、《十驾斋养新录》和两册《容斋随笔》（沙岭子新华书店进了这几种书也很奇怪，如果不是我买，大概永远也卖不出去），就坐长途汽车，奔向沽源，其时在八月下旬。

我在马铃薯研究站画《图谱》，真是神仙过的日子。没有领导，不用开会，就我一个人，自己管自己。这时正是马铃薯开花，我每天蹚着露水，到试验田里摘几丛花，插在玻璃杯里，对着花描画。我曾经给北京的朋友写过一首长诗，叙述我的生活。全诗已忘，只记得两句：

坐对一丛花，
眸子炯如虎。

下午，画马铃薯的叶子。天渐渐凉了，马铃薯陆续成熟，就开始画薯块。画一个整薯，还要切开来画一个剖面，一块马铃薯画完了，薯块就再无用处，我于是随手埋进牛粪火里，烤烤，吃掉。我敢说，像我一样吃过那么多品种的马铃薯的，全国盖无第二人。

沽源是绝塞孤城。这本来是一个军台。清代制度，大臣犯罪，往往由帝皇批示“发往军台效力”，这处分比充军要轻一些（名曰“效力”，实际上大臣自己并不去，只是闲住在张家口，花钱雇一个人去军台充数）。我于是在《容斋随笔》的扉页上，用朱笔画了一方图章，文曰：

效力军台

白天画画，晚上就看我带去的几本书。

一九六二年初，我调回北京，在北京京剧团担任编剧，直至离休。摘掉右派分子帽子，不等于不是右派了。“文革”期间，有人来外调，我写了一个旁证材料。人事科的同志在材料上加了批注：

该人是摘帽右派。所提供情况，仅供参考。

我对“摘帽右派”很反感，对“该人”也很反感。“该人”跟“该犯”差不了多少。我不知道我们的人事干部从什么地方学来的这种带封建意味的称谓。

“文化大革命”，我是本单位第一批被揪出来的，因为有“前科”。“文革”期间给我贴的大字报，标题是：

老右派，新表演

我搞了一些时期“样板戏”，江青似乎很赏识我，于是忽然有一天宣布：“汪曾祺可以控制使用。”这主要当然是因为我曾是右派。在“控制使用”的压力下搞创作，那滋味可想而知。

一直到一九七九年给全国绝大多数右派分子平反，我才算跟右派的影子告别。我到原单位去交材料，并向经办我的专案的同志道谢："为了我的问题的平反，你们做了很多工作，麻烦你们了，谢谢！"那几位同志说："别说这些了吧！二十年了！"

有人问我："这些年你是怎么过来的？"他们大概觉得我的精神状态不错，有些奇怪，想了解我是凭仗什么力量支持过来的。我回答：

"随遇而安。"

丁玲同志曾说她从被划为右派到北大荒劳动，是"逆来顺受"。我觉得这太苦涩了，"随遇而安"，更轻松一些。"遇"，当然是不顺的境遇，"安"，也是不得已。不"安"，又怎么着呢？既已如此，何不想开些。如北京人所说："哄自己玩儿。"当然，也不完全是哄自己。生活，是很好玩的。

随遇而安不是一种好的心态，这对民族的亲和力和凝聚力是会产生消极作用的。这种心态的产生，有历史的原因（如受老庄思想的影响），本人气质的原因（我就不是具有抗争性格的人），但是更重要的是客观，是"遇"，是环境的，生活的，尤其是政治环境的原因。中国的知识分子是善良的。曾被打成右派的那一代人，除了已经死掉的，大多数都还在努力地工作。他们的工作的动力，一是要证实自己的价值。人活着，总得做一点事。二是对生我养我的故国未免有情。但是，要恢复对在上者的信任，甚至轻信，恢复年轻时的天真的热情，恐怕是很难了。他们对世事看淡了，看透了，对现实多多少少是疏离的。受过伤的心总是有璺的。人的心，是脆的。

这是没有办法的事。

为政临民者，可不慎乎。

汪曾祺散文评论节选①

汪曾祺的散文，"郁郁乎文哉"！卓然海内大家。他自谦地说：

① 季红真．论汪曾祺散文文体与文章学传统．文学评论，2007（2）．

"我写散文，是搂草打兔子，捎带脚。"好像无心插柳，紧接着的一句话却是："不过我以为写任何形式的文学，都得把散文写好。"(《〈蒲桥集〉自序》) 可见他对于散文的重视，看似轻松平易，却是苦心经营。他一生的创作，特别是早期和晚年的大量作品，体现着一些基本的美学风格，构成其文学的主要成就，也充分流露他天真潇洒的性情，尤其是散文文体自由，行云流水一样的冲淡平和，自然流畅。即使悲愤为文，也是以含蓄节制的笔法点到为止，不伤基本的文脉。比较而言，他早期的散文更个人化，而晚年的散文更注重思想，因此也更平实。他的散文内容之博雅，遍及人文地理、草木生灵、历史文化、人物掌故、民俗风土、艺术文物……处处体现着他对世界的好奇，对民族、对人类深挚的感情和对生活的热爱。体现着他独特的忧伤、内在的欢乐、谐谑与幽默。他在谈到小说创作时说："小说当然是要讲技巧，但是，修辞立其诚。"(《桥边小说三篇·后记》) 这用在他的散文创作中，也很贴切。一个性情中人，无时无刻不以真诚的态度面对读者。而所有的内容又都容纳在独特的文体形式中，看似随意的章法，却关联着深广的文化背景，溯通了中国文章学的多个传统。

……

决定他基本人格修养的儒家思想，熔铸在他文体意识的核心。至于其他的散文家则主要是形式的借鉴……理想的艺术人生与人生的艺术理想，在民族的原始思想中找到精神的依据。

从这个文化的源头出发，他理顺了中国文章学中"文气说"的一脉潜流，开辟出自己的文章之道，纵横捭阖、举重若轻，评点古今中外的文章……由气而体，他梳理出两者之间的主从关系。他说："张大千以为气韵生动第一，其次才是章法结构，是有道理的。"(《论精品意识》) 这样明确的文体意识，使他的散文创作，发乎于心，顺乎于理，潇洒成文。

他毕生创作的散文并不算多，但涉猎的文体则非常丰富。仅从书名就可以看出文体的多种差异。《晚翠文谈》、《汪曾祺小品》、《旅食集》、《榆树村杂记》、《塔上随笔》、《老学闲抄》，文论、小品、游记、笔记、读书札记，文体有中有西，已经样式很多……具体到文章的内容，则可以看到多种文体的尝试，以及相关联的文化思想。他几乎把文体上升到了人生观的高度，性情便自然流露出来。

汪曾祺在散文文体方面的建树，从理论到实践，沟通了中国文章学的渊源，也形成了中国散文的重要传统。

关于父子

贾平凹

一个儿子酷像他的父亲，旁人看起来很滑稽，做父亲的就要得意了，世上有了一个小小的自己的复制品，时时对着欣赏，如镜中的花水中的月，这无疑比仅仅是个儿子自豪得多。我们常遇到这样的事，一个朋友已经去世几十年了，忽一日早上又见着了他，忍不住就叫了他的名字，当然知道这是他的儿子，但能不由此而企羡起这一种生生不灭、永存于世的境界吗?

做父亲的都希望自己的儿子像蛇蜕皮一样的始终是自己，但儿子却相当多愿意像蝉在蜕壳似的裂变。一个朋友给我说，他的儿子小时候最高兴的是让他牵着逛大街，现在才读小学三年级，就不愿意同他一块出门了，因为嫌他胖得难看。如果父亲是一个官员或者名人，即就不是官员和名人却模样英俊，虽然不会发生像我的朋友那样的悲剧，但做儿子的绝不会爱自己的父亲，就是爱，爱里亲的成分则少，属的成分要多。

中国的传统里，有“严父慈母”之说，所以在初为人父时可以对任何事情宽容放任，对儿子却一派严厉，少言语，多板脸，动辄吼叫挥拳。我们在每个家庭都能听到对儿子以“匪”字来下评语和“小心熟了你的皮”的警告。他们常要把在外边的怄气回来发泄到儿子身上，如受了领导的压制，挨了同事的排挤，甚至丢了一串钥匙，输了一盘棋。儿子在那时没力气回打，又没多少词汇能骂，经济不独立，逃出家去更得饿死，除了承接打骂外唯独是哭，但常常还是不准哭，也就不敢再哭。偶尔对儿子亲热了，原因又多是自己有了什么喜事，要把一个喜事让儿子酝酿扩大成两个喜事。在整个的少年，儿子可以随便呼喊国家主席的小名，却不敢悄声说出父亲的大号的。我的邻居名叫“张有余”，他的儿子就从不说出“鱼”来，饭桌上的鱼就只好说吃“蛤蟆”，于是小儿骂仗，只要说出对方父亲的名字就算是恶毒的大骂了。可是每一个人的经验里，却都在记忆的深处牢记着一次父亲严打的历史，耿耿于怀，到晚年说出来仍愤愤不平。所以在乡下，甚至在目下的城市，儿子很多都不愿同父亲呆在一起，他们往往是相对无言。我们总是发现父亲对儿子的评价不准，差不多是“呆”“痴相”，以至儿子成就了事业或成了名人，他还是惊疑不信。

儿子稍稍独立，儿子与父亲的意见就不统一了，愈是与父亲相悖，儿子就越是优秀人物。许多史书上已经记载了儿子为了皇位囚禁和弑杀了父亲的事实，即是一个最贫贱的乡里穷儿子，对父亲于某种利益也“大逆不道”起来了，我曾在一个山村看见过一个儿子哭父亲丧的场面，他泪水汪洋地哭：“大（爸）呀，谁再和你娃争嘴呀？不吃饭咱们是父子，一吃饭咱们就是对头啊！”儿子这么痛苦当然也算个孝子，但他说的哪一句又不是实话呢？

可以说，儿子与父亲的矛盾是从儿子一出世就有了，他首先使父亲的妻子的爱心转移，再就是向你讨吃讨喝以至意见相悖，惹你生气，最后又亲手将父亲埋葬。有这样个笑话，说是一个老父在哄孙子吃奶时竟把媳妇的奶头示范性地吮了一口儿子大为不满，与老父论理，可见儿子是不让其父的。但老父呢，更有一腔积愤，说：“你吮了我老婆三年奶头我还没寻你事哩，我吮你老婆一口奶头你就凶了？”古语讲，男当十二替父志，儿子从十二岁起父亲就慢慢衰退了，所以做父亲的从小严打儿子，这恐怕是冥冥之中的一种人之生命本源里的嫉妒意识。若以此推想，女人的伟大就在于从中调和父与子的矛盾了。世界上如果只有大男人和小男人，其实就是凶残的野兽，上帝将女人分为老女人和小女人派下来就是要掌管这些男人的。

只有在儿子开始做了父亲，这父亲才有觉悟对自己的父亲好起来，可以与父亲在一条凳子上坐下，可以跷二郎腿，共同地吸一锅烟，共同拔下巴上的胡须。但是，做父亲的已经丧失了一个男人在家中的真正权势后，对于儿子的能促膝相谈的态度却很有几分苦楚，或许明白这如同一个得胜的将军盛情款待一个败将只能显得人家宽大为怀一样，儿子的恭敬即使出自真诚，父亲在本能的潜意识里仍觉得这是一种耻辱，于是他开始钟爱起孙子了。这种转变皆是不经意的，不会被清醒察觉的，这似乎像北方人阳气重而喜食状若阴器的麦子，南方人阴气重而喜食状若阳具的大米一样。也不妨走访一下，家有美妻艳女的人家谁个善于经营花卉盆景吗？有养猫成癖的男人哪一个又是满意着他的家妻呢？父亲钟爱起了孙子，便与孙子没有辈分，嬉闹无序，孙子可以嘲笑他的爱吃爆豆却没牙咬动的嘴，在厕所比试谁尿得远，自然是爷爷尿湿了鞋而被孙子拔一根胡子来惩罚了。他们同辈人在一块，如同婆婆们在一块数说儿媳一样数说儿子的不是，完全变成了长舌男，只有孙子来，最喜欢的也最能表现亲近的是动手去摸孙子的“小雀雀”。这似乎成了一种习惯，且不说这里边有多少人生的深沉的感慨、失望和向往，但现在一见孩子就要去摸简直是唯一的逗乐了。有时手伸了过去时才发现是女孩，手忙停住，又不能暴露尴尬窘相，手就从下而上划了一个弧，变成一种理头发的动作最后摸到了自己的后脑勺上，在这一瞬间感叹自己也老了，头发全稀落殆尽了。这样的场面，往往使做儿子的感到了悲凉，在孙子不成体统地与爷爷戏谑中就要打发自己的儿子，但父亲却在这一刻里凶如老狼，开始无以复加地骂儿子，把积聚于肚子里的所所有有的不满全要骂出来，直骂个天昏地暗。

但爷爷对孙子不论怎样地好，孙子却是不记恩的。孙子在初为人儿时实在也是贱物，他放着是爷爷的心肝不领情而偏要做父亲的扁桃体，于父亲是多余的一丸肉，又替父亲抵抗着身上的病毒。孙子没有一个永远记着他的爷爷的，由此，有人强调要生男孩能延续家脉的学说就值得可笑了。试问，谁能记得他的先人什么模样又叫什么名字呢，最了不得的是四世同堂能知道他的爷爷、老爷爷罢了，那么，既然后人连老老爷爷都不知何人，那老老爷爷的那一辈人一个有男孩传脉，一个没男孩传脉，价值不是一样的吗？话又说回来，要你传种接脉，你明白这其中的玄秘吗？这正如吃饭是繁重的活计，不但要吃，吃的要耕要种要收要磨，吃时要咬要嚼要消化要拉泄，要你完成这一系列任务，就生一个食之欲给你，生育是繁苦的劳作，要性交要怀胎要生产要养活，要你完成这一系列任务就生一个性之欲给你，原来上帝在造人时玩的是让人占小利吃大亏的伎俩！而生育比吃饭更繁重辛劳，故有了一种欲之快乐后还要再加一种不能断香火的意识，于是，人就这么傻乎乎地自鸣其乐地繁衍着。唉唉，这话让我该怎么说呀，还是只说关于父子的话吧。

我说，作为男人的一生，是儿子也是父亲。前半生儿子是父亲的影子，后半生父亲是儿子的影子。前半生儿子对父亲不满，后半生父亲对儿子不满，这如婆婆和媳妇的关系，一代一代的媳妇都在埋怨婆婆，你也是媳妇你也是婆婆你埋怨你自己。我有时想，为什么上帝不让父亲永远是父亲，儿子永远是儿子，人数永远是固定着，儿子那就甘为人儿地永远安分了呢？但上帝偏不这样，一定是认为这样一直不死的下去虽父子没了矛盾而父与父的矛盾就又太多了，所以要重换一层人，可是人换一层还是不好，又换，就反反复复换了下来。那么，换来换去还是这些人了！可不是吗，如果不停地生人死人，人死后据说灵魂又不灭，那这个世界里到处该是了幽魂，我们抬脚动手就要碰撞他们或者他们碰撞了我们。不是的，决不是这样的，一定还是那些有数的人在换着而重新排列罢了。记得有一个理论是说世上的有些东西并不存在着什么优劣，而质量的秘诀全在于秩序排列，石墨和金刚石其构成的分子相同，而排列的秩序不一，质量截然两样。聪明人和蠢笨人之所以聪明蠢笨也在于细胞排列的秩序不同。哦，不是有许多英雄和盗匪在被枪杀时大叫“二十年又是一个×××吗”？这英雄和盗匪可能是看透了人的玄机的。所以我认为一代一代的人是上帝在一次次重新排列了推到世界上来的，如果认为那怎么现在比过去人多，也一定是仅仅将原有的人分劈开来，各占性格的一个侧面一个特点罢了，那么你曾经是我的父亲，我的儿子何尝又不会是你，父亲和儿子原本是没有什么区别的。明白了这一点多好呀，现时为人父的你还能再专制现时你的儿子吗？现时为人儿的你还能再怨恨现时你的父亲吗？不，不，还是民主、和平、仁爱地活着这一世人的为好，好！

贾平凹散文评论节选[①]

贾平凹试图在自己的写作中将一些别人很难统一的悖论统一起来：他是被人公认的当代最具有传统文人意识的作家之一，可他作品内部的精神指向却不但不传统，而且还深具现代意识；他的作品都有很写实的面貌，都有很丰富的事实、经验和细节，但同时，他又没有停留在事实和经验的层面上，而是由此构筑起了一个广阔的意蕴空间，来伸张自己的写作理想。

……无论是他的小说还是散文，他应用的都是最中国化的思维和语言，探查的却是很有现代感的精神真相，他是真正写出了中国人的感觉和味道的现代作家，仅凭这一点，就不得不承认，贾平凹身上有着不同凡响的东西。

贾平凹也曾提倡“大散文”的概念，但这并非意在追求散文言说方式上的大（因为这样的大，往往导致空和虚），而是倡扬一种散文精神的大境界、大气象。贾平凹自己就是这样实践的。他的散文，说书，说话，说人，说事，说生说死，谈奉承，谈请客，谈花钱，谈房子，谈打扮，谈玩牌，都是从微小的细节入文，趣味生动，精神也自在，没有陈腐之气，整体上还给人许多开阔的想象……

因此，贾平凹散文里那种实在的、生活化的基础部分，虽是一些细节和经验，却使贾平凹的散文有了坚实的物质外壳……他是赋予了散文以丰富的血肉的，他不凌空蹈虚，而是从平常心出发，以细节和事实现出精神的底色……贾平凹的散文其实是不平常的，因为众多物质性元素（坚实的细节和经验），支撑起了他散文内部精神流动的河床和气势。

……

许多散文，要么没有“事实”和“看法”，要么“事实”和“看法”太多，总是难以达到“看法”（精神发现）和“事实”（物

---

① 谢有顺. 散文之悟——以贾平凹为例. 美文，2002（1）.

质元素）的平衡和结合。贾平凹似乎意识到了这一点，他的散文，“看法”往往与“事实”并举，而就在这个时候，散文的境界也得着本质性的提升。他甚至专门写了不少以“看法”为主体的散文，像《看人》、《闲人》、《关于女人》、《关于父子》、《说房子》、《说花钱》、《说死》等，都很精彩，原因在于，贾平凹不空洞地谈看法，他的看法总是建基于生活的细节之上，是从文字里面生长出来的。冯骥才曾说，好的散文是悟出来的。悟其实就是看法。贾平凹就是这样一个善于悟的散文家。

有小说家的实（物质性），又有思想者的悟（精神性），你就不难想象贾平凹是如何成为好的散文家的了。说到底，散文的写作并不复杂，往往在握住“事实”和“看法”，并为之找到了最精确的结合点和表达方式的时候，好散文就产生了。

鼎湖山听泉

谢大光

江轮挟着细雨，送我到肇庆。冒雨游了一遭七星岩，走得匆匆，看得蒙蒙。赶到鼎湖山时，已近黄昏。雨倒是歇住了。雾漫得更开。山只露出窄窄的一段绿脚，齐腰以上，宛如轻纱遮面，看不真切。眼不见，耳则愈灵。过了寒翠桥，还没踏上进山的石径，泠泠淙淙的泉声就扑面而来，泉声极清朗，闻声如见山泉活脱迸跳的姿影，引人顿生雀跃之心。身不由己，循声而去，不觉渐高渐幽，已入山中。

进山方知泉水非止一脉，前后左右，草丛石缝，几乎无处不涌，无处不鸣。山间林密，泉隐其中，有泉水在林木疏朗处闪过亮亮的一泓，再向前寻，已不可得。那半含半露，欲近故远的娇态，使我想起在家散步时，常常绕我膝下的爱女。每见我伸手欲揽其近前，她必远远地跑开，仰起笑脸逗我。待我佯作冷淡而不顾，她却又悄悄跑近，偎我腰间。好一个调皮的孩子！

山泉作娇儿态，泉声则是孩子如铃的笑语。受泉声的感染，鼎湖山年轻了许多，山径之幽曲，竹木之青翠，都透着一股童稚的生气，使进山之人如入清澈透明的境界，身心了无杂尘，陡觉轻快。行至半山，有一补山亭。亭已破旧，无可驻目之处，惟亭内一楹联：“到此已无尘半点，上来更有碧千寻”，深得此中精神，令人点头会意。

站在亭前望去，满眼确是一片浓碧，远远高低，树木缠藤绕，密不分株，沉甸甸的湿绿，犹如大海的波浪，一层一层，直向山顶推去，就连脚下盘旋曲折的石径，也印满苔痕，点点鲜绿，踩着潮润柔滑的石阶，小心翼翼，拾级而上。越向高处，树越密，绿意越浓，泉影越不可寻，而泉声越发悦耳。怅惘间，忽闻云中传来钟声，顿时，山鸣谷应，悠悠扬扬。安详厚重的钟声和欢快清亮的泉声，在雨后宁静的暮色中，相互应答着，像是老人扶杖立于门前，召唤着嬉戏忘返的孩子。

钟声来自半山上的庆云寺。寺院依山而造，嵌于千峰碧翠之中。由补山亭登四百余阶，即可达，庆云寺是岭南著名的佛教第十七福地，始建于明崇祯年间，已有三百多年历史，寺内现存一口“千人锅”，直径近二米，可容一千一百升，颇为引人注目。古刹当年有盛况，于此可见一斑。

晚饭后，绕寺前庭园漫步。园中繁花似锦，蜂蝶翩飞，生意盎然，与大殿上的肃穆气氛迥然相异。花丛中，两棵高大的古树，枝繁叶茂，绿荫如盖，根部护以石栏，显得与众不同。原来，这是二百多年前，引自锡兰国（今名斯里兰卡）的两棵菩提树，相传佛祖释迦牟尼得道于菩提树下，因而，佛门视菩提为圣树，自然受到特殊的礼遇。其实，菩提树本没有什么高贵之处，将其置于鼎湖山的万木丛中，恐怕没有多少人能够分辨得出。

鼎湖山的树，种类实在太多了。据说，在地球的同一纬度线上，鼎湖山是现存植物品种最多的一个点，现已辟为自然保护区，并被联合国教科文组织选作生态观测站。当地同志告诉我，鼎湖山的森林，虽经历代变迁而未遭大的破坏，还有赖于庆云寺的保护，而如今，大约是佛法失灵的缘故吧，同一个庆云寺，却由于引起来大批旅游者，反给自然保护区带来潜在的威胁。

入夜，山中万籁俱寂，借宿寺旁客房，如枕泉而眠。深夜听泉，别有一番滋味，泉声浸着月光，听来格外清晰。白日里浑然一片的泉鸣，此时却能分出许多层次：那柔曼如提琴者，是草丛中淌过来的小溪；那清脆如弹拨者，是石缝间漏出下的滴泉；那厚重如贝斯轰响者，应为万细道流汇于空谷；那雄浑如铜管齐鸣者，定是激流下陡壁，飞瀑落入深潭。至于泉水绕过树根，清流拍打着卵石，则轻重缓急，远近高低，各自发出不同的音响。这万般泉声，被一只看不见的指挥棒编织到一起，汇成一曲奇妙的交响乐。这泉水的交响之中，仿佛能够听到岁月的流逝，历史的变迁，生命在诞生、成长、繁衍、死亡，新陈代谢的声部，由弱到强，渐渐展开，升腾而成为主旋律。我俯身倾听着，分辨着，心神犹如融于水中，随泉而流，游遍鼎湖；好像泉水汩汩滤过心田，冲走污垢，留下深情，任我品味，引起我遐想。啊，我完全陶醉在泉的歌唱之中。说什么“山不在高，有仙则名”，我却道，“山不在名，有泉则灵”。孕育生机、滋润万木，泉水就是鼎湖山的灵魂。

这一夜，只觉泉鸣不绝于耳，不知是梦？是醒？

梦也罢。醒也罢。我愿清泉永在。我愿清泉常鸣。

谢大光散文评论节选①

首先作家用交响乐的方式著文，奏出一曲泉的绝响。“听”字是这篇美文题眼，在文章开头我们随作家的笔触看到的是一幅淡雅的山水画：细雨蒙蒙，薄雾漫漫，群山远去，绿树郁郁。人们的视野模糊了，景物也笼罩在烟雨中，这时听觉就更敏锐了，于是，“泠泠淙淙的泉声就扑面而来”显得分外清晰，格外悦耳，几句话就使读者在不知不觉中进入了万泉齐鸣的世界里。这里是山泉的世界，在作者的眼中，草木林石，名山古刹都失去了色彩，只有时隐时现，时断时续的时暗时明的山泉在流淌，在歌唱，作家一下子就忘记了旅途的劳累，忘记了登山的疲乏，忘我地陶醉在由山泉组成的优美纯真的境界

---

① 瞿健．妙笔奏乐，理趣并生．百度论坛，2008－10－14．

中。叮咚作响的泉声给山泉增添了无比的魅力。古人云：“山得水而活，得草木而华，得烟云而秀媚。”泉是鼎湖山的灵魂，也是作家的至爱。他把山泉比喻成常常绕于膝下的顽皮嬉戏的爱女，足见作家喜爱山泉之情。所以在文中作家生动形象地写出了泉的形态，让人领略到了泉的神韵。他抓住了鼎湖山“前后左右，草丛石缝，几乎无处不涌，无处不鸣。山间林密，泉隐其中”的特点，调动了读者的视觉、听觉和想象，描绘了山泉的各种姿色和声响，创造了一幅幅诗的画面和令人陶醉的意境，给人以美的享受。深夜寂静空灵的树林中传来是柔曼的、清脆的、厚重的、雄浑的泉声，像是一曲奇妙的交响乐：“那像小提琴一样轻柔的，是在草丛中流淌的小溪的声音；那像琵琶一样清脆的，是从石缝间跌落的涧水的声音；那像大提琴一样厚重回响的，是无数道细流汇聚于空谷的声音；那像铜管齐鸣一样雄浑磅礴的，是飞瀑急流跌入深潭的声音。还有一些泉声忽高忽低，忽急忽缓，忽清忽浊，忽扬忽抑，是泉水正在绕过树根，拍打卵石，穿越草丛，流连花间……”这一段语言考究，作家赋予了山泉强烈的旋律节奏美，音乐感很强。仔细吟哦体会，我们可以发现几乎每一个句调都有强弱、高低的差别。以“此时却能分出许多层次”为界，前部分文字，语句短，节奏急，读来轻快脆亮，如深夜听泉，叮咚作响；后部分文字，连用四个排比句式，具体描绘泉鸣“层次”，句式长，音节缓，读来盘旋悠长，如琴声在山谷间回荡。读这样的散文，无异于聆听一曲旋律美妙的音乐。

《鼎湖山听泉》是抒情散文中的佳品，它的美不仅是奏响了一曲山泉交响乐，而且是把情寓于景，在景中寓理。散文是抒情艺术，因此，散文作品不论写什么和如何写，都必须集中抒发作者的感情，抒情成了散文写作的中心。刘勰认为：“情者文之经”。“情”既然作为散文作品的“经”，它像一条主线贯穿作品的始终，把作品所写的各种内容穿结起来。“情”使散文成为完整的有机的艺术品，是作品的灵魂。作品有了灵魂，就有了生气和灵性。王夫之曾说：“烟云泉石，花鸟苔林，金铺锦帐，寓意则灵。”作家在鼎湖山众多的景致中独爱山泉，迷恋山泉，因此把山泉写进了作品中使它成为“艺术中心”。同时由于作家独爱山泉之情使他能感受到常人所不能感，他听懂了山泉的优美的乐韵，感受到山泉跳动的脉搏，山泉为他洗去一路的风尘，为他涤去了尘世的忧思与烦恼，山泉是一股涌动的生命力，他和山泉倾心交谈，就如久别重逢的好友。作者绝不仅仅是因为泉美、动听才喜欢鼎湖山的，而是因为那清泉能滋润万物、孕育出蓬勃生机和秀媚，且汩汩地流进了作者的心田。在泉的妙韵下，他发现鼎湖山“在这泉水的交响之中，仿佛能够听到岁月的流逝，历史的变迁，生命的诞生、成长、繁衍、死亡……我附身倾听着，分辨着，心神犹如融于水中，随泉而流，游遍鼎湖。又好像泉水汩汩滤过心田，冲走污垢，留下深情，任我品味，引我遐想”。泉声浸着月光，与月光交相辉映，人陶醉在泉水的吟唱里，只觉得生命之泉在涌动，完全进入了物我两忘、心物同一的境地。这泉声不仅是自然界美妙的歌声，更是一曲生命交响乐，自然的美能净化人的心灵。作家在玄思妙想的捕捉中寻求到了生活的真谛，文章在字里行间蕴含着对生命的赞颂以及催人奋进之情。

高山积雪

王兆胜

与那些直接飘落于田野、河流、池塘和村庄的雪花不同，高山积雪似乎是上苍的一些遗弃物，它远离人间，孤独寂寞地在严寒中度过一个个漫长的日月。这里虽是自己家乡，虽有母亲温柔的怀抱，虽有兄弟姐妹和朋友为伴，虽有不变的洁净容颜和心地，却没有一展才华为人类谋得福利之机会。所以，高高在上的积雪并不快乐，而是长久地苦恼着。高山似乎看透了积雪的心情，她告诉它们说：“除了那些身在高端的积雪要不断地靠修行取得正果，其余的积雪都不会永远呆在山上，它们都要到人间去完成自己的旅程，只要待到春暖花开的时节。”

在焦虑万分的等待中春天终于到了。阳光温暖明媚，地面热气升腾，靠近底部的积雪开始悄然融化。这一转变来得非常突然，在一瞬间积雪就改变了自己的模样，由一堆固体静止物一变成为生动的流水。在不知不觉间，变成流水的积雪已经走上它的旅途，它甚至还没来得及向家乡向母亲告别。此时的积雪知道，自己已被出行前激动、幸福和惜别的泪水深深地浸润和陶醉了，它甚至没能听清背后母亲那反复的叮咛与嘱托。

像刚刚离开母亲而投身于大都市的农民之子，积雪为自己身份的改变而自豪，在那纯洁清明的流动中包含了多少诗意、音乐与梦想啊！它是一路踏着歌声从大山中走来：它越过一丛丛生机勃勃的绿草，它时常听到飞鸟嘹亮的歌唱，与头顶的云霞一起行进起落。最后流入了一条峻急的河谷之中。即使这样，化身为水的积雪也并没有感到不适和不快，因为在高低不平、落差极大的峡谷中被裹挟着不停地奔跑。这对于青春昂扬、热情奔放和崇尚冒险的积雪来说并不是什么坏事，倒成为一种快乐的自我实现。尤其是从高天一样的悬崖之巅如一条游龙鱼跃而下，这对积雪是从未有过的体验与自由表达，那种痛虽有某些跌撞和粉身碎骨之虞但却痛得真实和舒服。此时此刻，积雪充分体会到流动与碎裂的愉快与魔力，也感到了自我实现的价值和意义。

渐渐投身于脱缰野马般的奔跑之中，积雪感到了大山之外紧张而残酷的竞争，那是一种万人争过龙门、抢走独桥的惨烈景象。在这种拼命的拥挤中，积雪感到有些脑晕目眩，仿佛自己已非自己了。此时，积雪想起了在高山上母亲的声音："孩子，外面的世界并不像你想象的那样精彩好玩，那是难而又难的生活状态。"更可怕的是，在前进的道路上，常有巨石挡住去路，而自己没有时间思考就会被撞成粉末。在这种如雷爆炸般的轰鸣中，积雪虽然感到一种生命的飞扬，一种凌空高蹈姿势的优美，但内心也被一种撕身裂肺的痛感所占据和震撼。化为流水的积雪渐渐明白了，原来生命的旅行是要经过无数痛苦磨砺的。

如风云流散转而复聚一样，粉身碎骨的积雪之水又汇集在一起，它在深深的旋涡里幸福而悲伤地低吟浅唱，那是在为自己以后的生命行进祈祷和壮行，因为母亲曾经告诉它：能够克服重重困难，在生命的里程中得以善终，并非易事！好在以后的路途渐渐变得开阔，行进的速度也慢了下来，积雪似乎看到了有男有女有老有少的所谓人类。在积雪的眼睛里，有的人面目慈祥，行为优雅，举止大方，尤其是那些妇女和儿童比较可爱；而另一些人尤其是些男人的目光透出攫取的贪婪之光，他们有的肩扛猎枪，两只血红的眼睛像恶狼一样到处搜寻着。最令积雪恐惧的是猎手曾毫不犹豫地将一只只洁白的天鹅、幼小的动物打死，血水竟然差点将自己染红！积雪经常看到自己身边的流水被人取用，或是浇灌庄稼、或是满足工业制造之口。每当此时，积雪心里就会升起一股莫名的激动与悲伤，在它看来那是同类的夭折与不寿，虽然死得其所！此时，积雪总是叩心自问："如果自己突然被人类取走而不能继续生命旅程，那将会怎样?"后来，积雪总是给自己一个满意的答复"从遥远的天外来到人间的阳光是无私的，而我这一颗冰心又有什么可以保留的呢?"

最令积雪感到无奈和不解的是人类对它肆无忌惮的污染，那些臭不可闻的粪便，那些令人恶心的工业用水和石油泡沫，那些有毒的气体和液体，都让积雪看到了人类的自私、无知与可怕。有时，积雪也想起自己的家乡、自己的过去，那是怎样冰清玉洁的所在！而今，它却变成了一团黑臭、肮脏和粘厚的液体，不要说鱼虾遇之即一命呜呼，就是自己对自己也越来越讨厌了。积雪是富有牺牲精神的，因为它明白从走出那个神话般的世界开始，自己已经不再属于自己了，而是踏上了一条不归之路，这就好像一个人的出生就意味着死亡是一样的。当然，积雪在旅途中也有值得回忆和留恋之处，那是它从高山出发始料不及的。如它看到高山，看到山上如羊群一样游动的云霞，那给它带来了多少美好的故乡信息与回忆。当自己绕着高山流走的时候，真仿佛回到了故乡。还有，小男孩和小女孩在河边洗澡与嬉戏。他们天真无邪的欢笑曾让积雪久久不愿离开。最令它快乐的是，有一渡口留下人类智者孔子的"逝者如斯夫，不舍昼夜"这句话，由此，积雪感到了在人类中仍不乏知音。

河道变得越来越开阔了，污浊而黏稠的积雪之水显得苍老而疲惫，它甚至能够看到不远处有辽远而苍茫的大海和那呈扇形开放的洁白的海滩。那里有着与自己故乡相似的景象，如梦如幻、神秘莫测；

那里也颇似自己母亲的怀抱向自己激情洋溢地张开。此时，积雪才真正体会到：原来冰凉就是另一种温暖，而起点也就是终点，死亡就是一种新生！于是，在那个冰封世界的想念中，积雪无比快乐而又充满渴望地向大海扑去。

最后，积雪之水被大海吞没，失去了自己的模样；而大海不满不亏，一如既往。

“不知道有没有可能，海水又被阳光蒸发而为云气，而后再变为白雪，降落于高山之巅，从而孕育一个新的梦想。”气息奄奄、魂魄如游丝般的积雪心中有这样的一个闪念。

王兆胜散文评论节选①

王兆胜是国内著名的林语堂研究专家，目前已出版了六部林语堂研究专著。他同时还是一位卓有成就的散文批评家，一位优雅从容的散文写作者。近期，他将几年间写作的散文随笔结集为《天地人心》出版。

为什么王兆胜要将他的散文命名为“天地人心”？按作者“自序”中的解释：取“天地人心”者，是爱它的大气磅礴，爱它的高度概括力，也爱它的文化境界和人生品味。在强调“天地之道”的同时，他特别着意于“人心”的培育，并认为只有将人心安放进大自然中，人的“心灯”才能够清澈明亮，才能处于悠然自得和怡然自得的大幸福之中。由此在科学主义盛行，人的欲望无限膨胀的今天，他的散文才显得可贵，才具有通达人心的力量。

比如，在一些散文中，王兆胜坚定地反对科学主义至上，认为“现代科学主义文化离自然、离赤子之心越来越远，也越来越受到异化和遮蔽。表面上看，它透视了自然的精微，也似乎控制了自然，然而这是一种类似盲人摸象的方法。比如电话、计算机表面看来是人类文化的大发展和进步，其实它下面潜存着很大的危险，即删略乃至掏

① 陈剑晖．沉静的写作与宽容的心．光明日报，2007－09－15．

空了人类的思想、心灵和精神”（《赤子之心》）。在批判科学主义对人类的思想、心灵和精神侵蚀的同时，他对自然则表现出了足够的敬畏和关爱，并认定“对天地的敬畏之心，最重要的是一种信仰，一种人生观”（《敬畏之心》）。

而在《树木的德性》中，对于那些没有离开过大地、不计生存的意义、安详而从容地生长着的树木，他心怀感动，深感聪明的人类为了一己的私利而展开生死搏杀，的确远不及树木的默默无闻却谦虚、阔大与和谐的德性。读着这样的散文，相信每一个有良知的读者都有一种清风徐来、豁然开朗、茅塞顿开的感觉。

王兆胜的散文随笔，在总体上便显现出一种“和谐澄明”的美学风致。他总是通过他的作品轻声慢语告诉我们：当今我们所处的社会，是一个追求效率的社会，是一个快的社会。在这样的社会氛围中，人的压力越来越大，越来越浮躁，越来越没有耐心。这其实是一种“现代病”。为了去除这种时代病，他极力推崇“柔韧之道”，提倡“慢”的节奏，欣赏“不知”的人生态度。在《柔韧之道》中，他认为“柔韧是天地道心，过于刚硬的东西则易损易折”。这样的话，不仅符合天地自然之道，对于那些处处争强好胜、寸土必争的现代人来说，也未尝不是一种心灵提醒。

他的散文有当今学者散文的博雅多识，却没有某些学者散文的故作高深。他一方面旁征博引，左右逢源，连类比喻，体现出其丰赡的学识与才情；另一方面又常常从一些小道理、小事情谈起，虽不起眼，却联结着天地人心，通达于全人类。应该说，一个散文家要做到这一点并非易事。首先，他需要有一种很深广的世界观、哲学观和宗教观；其次，他需要有一种操守与气度，一种自我精神的修炼与熔铸。散文作家倘若具备了这两个条件，他的作品自有一种胸襟与大境界。

【问题与思考】

1. 何谓性灵散文？20世纪30年代和90年代性灵散文的两次繁盛有哪些相似的原因？请试做分析。

2. 20世纪90年代性灵散文的“闲适”与20世纪30年代的

“闲适”有何异同?

3. 你认为港台的散文作品中能列入性灵散文的有哪些?请阐述理由。

4. 性灵散文作家眼中的世俗世界都经过了审美过滤,请分析世俗世界在20世纪90年代几位性灵散文作家中所呈现的不同审美取向。

【相关作品与文献】

1. 汪曾祺. 草木春秋. 北京:作家出版社,2005.
2. 贾平凹. 贾平凹散文精选. 西安:陕西人民出版社,1992.
3. 谢大光. 谢大光散文. 北京:华夏出版社,2001.
4. 王兆胜. 天地人心. 济南:山东文艺出版社,2006.
5. 桂苓. 好好:桂苓散文. 厦门:鹭江出版社,2010.
6. 吕林. 世纪末的精神守望. 上海:上海三联书店,2005.
7. 王兆胜. 文学的命脉. 上海:华东师范大学出版社,2009.

第五章 女性散文

【学习提示】

在20世纪90年代声势浩大的散文创作队伍中，女散文家格外引人注目。她们从20世纪80年代末开始，以集团军的态势蜂拥至散文文坛，尽情抒写内心的喜怒哀乐，大胆凸现现代女性的个体精神追求并自觉地寻求契合精神的独特的表达方式，在总体风格上既有继承又有突破。90年代的女性散文承载了丰富的文化内容，盈灌着现代意义的人文精神，以迥异于男性和传统女性的生命体验和各异奇趣的言说方式，拓宽了散文的表现领域，体现了强烈的文体创新意识；但在提升情感品味，追求情理的相融上还存在一些缺陷。

生命潮汐与言说姿态

中国当代散文在摆脱了“政治的传声筒”和“文学的轻骑兵”的传统角色束缚后，在新时期找到了适应自身发展的广阔天地和独特方式，冲破了长期的低迷，在精神上接续了五四的优良传统，并以其自身的特质，吸纳新时代的丰厚营养，文体释放出极大的潜能。最早也是最敏锐地感受到新时期思想解放带来的精神自由的，是一群年轻的女性作家。她们对生活和人生的特殊感悟和书写，是20世纪90年代散文变革潮涌的先声和征兆。她们大胆深入女性心灵的隐秘角落，从男女两性的关系场去浮现女性经验，从女性的视角关注和审视社会人生的各个方面，追寻和揭示女性的自我形象，展示女性与男性、女性与女性、女性与自我的多重复杂的关系，呈现了一个美丑并存、灵肉相济的文学世界。

一、女性散文的发展概况

20 世纪 90 年代的女性散文呈现出“如火烈烈，灿若云锦”（韩小蕙语）的发展态势，这自然不是一朝一夕轻易达到的。中国女性在现实与理想的夹缝中一步步回归“自我”，实现“自我”的艰难努力，贯穿了整个 20 世纪女性散文的发展历程。

五四时期“人的自觉”的号角唤醒了文坛的青年男女，女作家们以温婉悲怀的心灵感受五四变动的宏大气息，以美丽娟秀的文笔书写女性特有的灵敏细腻的艺术感受。冰心的《寄小读者》、《南归》，石评梅的《涛语》、《墓畔哀歌》等，大多表现的是“爱”、“梦”及由此而来的“悲”，感情率真而又缠绵，字里行间幽幽地透露着“玫瑰之乍醒，水之微笑，唬珀之露，破晓之青苍”（梅特林克语）般的韵致。这种“自我”的真诚表现和优雅哀愁的抒情品格一直延续到 20 世纪二三十年代萧红、苏雪林、张爱玲、苏青们的创作，并成为新时期女性散文丰富的源头。

但是，在其后数十年的时间里，伴随着人民当家做主而来的高涨的革命激情却将女性散文带离了艺术散文的轨道。女作家们为了适应时代对文艺的要求，艰难地改变着自己的精神历程和艺术追求。丁玲、草明、陈学昭等代表作家创作的重群体、重写实、重功利的记叙散文有着浓重的时代烙印，虽显得朴实刚健、真实坦率，却丢弃了女作家独特的审美个性而走向“雄性化”，在艺术上不可避免地陷入了某种伪饰、虚浮的模式，以致被淹没在时代的潮流中。

20 世纪 50 年代中期，我国散文界提出“复兴散文”，出现了以“寻求意境”为核心的诗化现象，以及以杨朔为代表的一大批酿造诗意的散文作家群。女作家菡子就是一个突出的例子。她的《黄山小记》和《小醉翁》代表了她“诗化”的审美追求，而《梅岭诗意》更透露出她诗人的敏感和战士的情怀。“诗化”散文虽然表现出向传统审美风范复归的努力，但仍保留着“延安散文”的美学格局，留下了不少遗憾。

20 世纪 70 年代末以后，随着思想解放运动的推进，文学全面复兴。在清算粉饰假、大、空的抒情而回归现代散文优秀抒情传统的变革中，女性散文尤为突出。冰心、杨绛、丁玲、宗璞、张洁、马瑞芳等一批中老年作家率先登台亮相，她们深具艺术个性的散文力作标志着新时期散文观念开始解放。长期徘徊不前的散文创作重新接上了五四散文的源头，焕发出新的艺术生命。杨绛的《干校六记》、《孟婆茶》，冰心的《霞》等，都是在深厚的生活与学养的功底上产生的，在浓郁的生活气息上包含了一种深刻的理性和智慧。宗璞的《哭小弟》、《废墟的召唤》，梅洁的《爱的履历》等，也都带给人清新而不平常的韵味。但是，七八十年代的女性散文更多的是对五四散文的“回归”，而这种“回归”毕竟只能是一个变革中的短暂的过渡现象，当代女性散文的真正繁荣，不仅不能沿袭20世纪五六十年代的散文模式，也不能重返20世纪二三十年代的散文格局。真正体现出女性散文自身风采的，是紧接着出现的以唐敏、叶梦、苏叶、赵玫、王英琦、斯妤、胡晓梦、黑孩、冯秋子、张立勤等为代表的新时期“女性散文”作家群。她们终于超越了五四拓荒期的艰难和沉默期的断裂，“将自我心灵的剖析同对社会历史的反思，将个人的忧患意识同对国家人民的忧患意识，将女性的传统美德、自然属性同现代意识、社会属性辩证地交织综合在一起”①，向着更成熟，更具现代精神的自由而美丽的女性天地飞升。

20世纪90年代女性散文的勃兴首先得益于创作群体的强大。这是一种集体性的活跃，是女性的生命意识和创新意识在新时代的全方位的涌动。一方面，从创作者的年龄来看，是罕见和难得的“四代同堂”——老一代的冰心、杨绛、宗璞、黄宗英等，中青年的筱敏、斯妤、苏叶、叶梦、韩小蕙、唐敏、张立勤、素素、王英琦等等，更年轻的杜丽、胡晓梦、周晓枫、冯秋子、黄爱东西、黄茵等人，她们站在各自的生命河流里书写对人生或同或异的感悟和认知。另一方面，从创作身份来看，这一群体是专业散文创作者（苏叶、王英琦、斯妤、叶梦、筱敏等）、业余客串的学者、诗人、小说家（乐黛云、

---

① 佘树森．中国现当代散文研究．北京：北京大学出版社，1993：43.

赵园、王小妮、铁凝、张抗抗、蒋子丹等）以及新闻记者、文艺编辑们（韩小蕙、黄爱东西等）的集合。年龄和身份的驳杂带来的是题材、主题、内容、趣味等方面的丰富，以及逐渐成形的个性化风格；意味着不同的散文观念、个性和审美趣味在同一个时空里自由地展现和发展，预示了建构散文审美空间的多重可能性。90年代的女性散文从对一花一草的沉吟，到对暴政和酷刑的评析，大小兼备，丰富多彩，在庄严与委婉、刚毅与柔媚、豪宕与冲淡、朴素与纤秾之间，显示出女作家的本色与才情，给予读者诸多审美的愉悦。这一时期的女性散文将目光融入历史和文化的浩瀚之中，表现了丰厚的思想、文化底蕴。从题材上看，可以分为以下三大类。

（一）文化散文：关注历史文化，表现人与自然的关系

20世纪90年代初文化散文的出现是新时期散文史上的重大突破，余秋雨等一大批男作家气势不凡的创作一度将文化散文完全囊括到男作家笔下。人们一度顽固地认为，“文化”这么沉重的话题，这么深层的文学表现，理应由男性作家，甚至必须是大手笔的男性作家来承担；而女性散文天生似乎不能大气，天生无法大气。正是在这种观念越来越不正自明的时候，马丽华（《走过西藏》）、巴荒（《阳光与荒原的诱惑》）、唐韵（《我们的蜗居和飞鸟》）、素素（《独语东北》）等女作家，用她们别具一格的创作，给了喧嚣的文坛一个响亮的回应。

马丽华洋洋洒洒52万字的《藏北游历》、《西行阿里》、《灵魂像风》三部书，使女性散文看似固定不变的短小精致、优美抒情的传统不攻自破，完全打破了旧有的规格与框架束缚，将笔触伸进一个家族、民族、国家甚至于整个人类历史和文化的广阔天地，表现出与男作家一样恢弘的艺术气魄。她的散文在对西藏神奇自然景观的描绘、对藏民风俗的细致考察和对藏民精神世界的探秘中，时时透露出对西藏高原民族不惧怕苦难的强大而旺盛的生命力、达观从容、悲天悯人的宗教情怀的关注，以及对苦难、命运，乃至死亡的执著的、超越性的理解。素素的《独语东北》则站在明确的现代立场上，以一个历史寻访者的身份，急切叩问历史之门，反诘历史意义，在岁月的密林和历史的纵深中努力张扬现代个人的思考，将东北文化的“土气”、“匪气”、“王气”、“霸气”和丰富博大、神奇壮美表现得淋漓尽致。历史、文化、民族、宗教，这些全人类的不分性别的成分，成为女作家们笔下饱蘸感情与体验的碎片，折射出作者对人类生存道德和生存哲学的思考。马丽华和素素们勇敢地冲破传统低矮逼仄的闺阁，将心灵之羽放飞在神秘西藏与雄浑东北苍凉辽阔的历史与文化中，预示了新时期女性散文可能达到的广度。

此外，自然与人的关系，也受到新时期女作家们的关注。她们自觉摆脱了凡事都从“社会”着眼，都从“人”入手的固定模式，抛弃了人是宇宙主宰和万物精华的人本主义思想，将天地自然纳入自己的视野，当作与人类息息相关的平等存在物来看待，重新赋予“物”本来的自然属性。周晓枫的《与生灵共舞》、《斑纹——印在兽皮上的地图》，楚楚的《箫》，周佩红的《关于瓷器》，均以一颗赤子之心来体悟自然的真善美，重新发现自然，重新认识人与自然的关系，唤醒人们沉睡多年的对于自然的博大、本真、纯净的最形象的理解。唐敏更是感悟到：“人可以夷平山川，制造荒凉，淘空地球，但是依然侵犯不了它（大自然）的自由！这肃然起敬、无法驾驭的自由！”（《心中的大自然》）她们用心灵而不是思想去“倾听”一种存在，充满了女作家独有的物性体悟。

（二）思想散文：关注社会人生，寻求女性群体和人类的精神出路

传统的女性散文常常因为视野的狭小，感情的琐屑而被读者冷落。20世纪90年代的女作家们在开阔视野、放宽眼界的同时，也越来越重视散文的思想深度。她们以自身体验为基础，以女性视角为出发点，由内而外，渐渐地把对人性的审查、对生命意义的发掘、对人类和生存的思考作为散文创作的核心。这种对散文思想性的自觉追求，突出体现在筱敏、张抗抗、冯秋子、蒋子丹和赵园等人的创作中。

筱敏在其编选的《人文随笔·序》中开宗明义地指出：“思想在这里有一种特定的蕴含，它是自由的，开放的，充满人类的关怀和热情的。这是一种人文思想。”“思想的自由远大于美学的意义，唯有思想自由，方可能达至大美的境界。”① 筱敏的《成年礼》便是一部思想分量颇重的作品。她跳出了一般女性作家惯于书写生活琐事和私人感受的套路，向人们展开了一个宏大的历史空间和思想空间，着力于对历史灾难和人类命运的深沉思考。其境界之开阔，思想之深刻，可与林贤治、一平、韦岸等人相媲美，提升了女性散文的文化品格和思想水平。而在冯秋子的《我跳舞，因为我悲伤》、《虚妄的写作》，张抗抗的《瞬息与永恒的舞蹈》、《艾菲尔塔沉思》、《牡丹的拒绝》，蒋子丹的《岁月之约》、《遐想死亡》，韩春旭的《新人类，与文化大师对话》，铁凝的《你在大雾里得意忘形》等文中，熟悉的社会现象和社会问题只是触媒点，引发的则是具有现代生存意识的思考。这种思考渗透在她们写作的各个角落里，并在一定程度上改变了她们的抒情方式。这些，都为女性散文注入了新鲜的血液。

另有一些思想散文则出自女学者之手。在写出严谨的学术专著之余，她们也常常用散文随笔的形式来评论文学、漫谈学术和人生。老一辈的有宗璞、杨绛，中年一代的有乐黛云、赵园、饶芃子、艾晓明等。在她们洋溢着现实关怀热情，饱蘸着历史浓墨的文字中沉淀着作家丰富的人生阅历和厚实的知识储备，渗透了学术精神，体现了长期形成的独特的风格。这些散文介于学术散文和文学散文之间，由学术之思延伸至人生之思，常常有独到的视角和精辟的见解，赋予了散文某种文化精神内涵，是新时期散文中的一个亮点。

（三）私人化散文：潜入个体，关注自我的实现与表达

新时期大部分的女性散文侧重于与公共领域相对的具有隐私性的“私人领域”，对女性自身的生理和心理进行自我发现和自我理解，包含着明显的女性心理气质和情感体验，充满了强烈的个性意识。

一方面，有一部分女作家在她们的作品中以情绪化的独语和诉说表现灵魂的挣扎与追求，始终致力于个体的精神探索，女性意识强烈。散文写作成了她们“以稿纸为纱布，以笔为刀，在书桌这张手

① 筱敏. 人文随笔. 北京：中国工人出版社，2002：2.

术台上检视自己内心的过程”①。赵玫、海男、黑孩、王小妮、马莉、陈染、林白、张立勤、周佩红……许多女作家都是如此。她们始终在边缘行走，倾听自己灵魂的声音，倾听内心的召唤，以女性的眼光观照自我，在个人近似幽闭的世界里苦苦寻觅生存的价值。这是一种背对人群背对阳光的写作，她们厌倦了喧嚣、空洞、虚假、荒诞的世界，毅然返回自己的内心深处，营造属于自己的艺术天地。她们的语言都经过精心的打磨、梳理，或洋溢着诗意的优雅，或呈现出尖锐的质地，绝少有“文以载道”式的粗糙和简陋。阅读这些独语散文，我们可以体会到一个理想主义者精神炼狱的痛苦，更直接真切地感受到作家内心深处的心灵风暴，“回归心灵”这一散文追求在这里得到了最充分的实践。

另一方面，20世纪90年代以来媒体事业的迅猛发展为散文创作开辟了一方新鲜的园地。一些更年轻的女作家，如广东的黄爱东西、黄茵、张梅、南妮，成都的洁尘，上海的潘向黎……纷纷在网络和报纸上挥洒她们的才情。这些女作家们，成长在商业文化的沃土中，才情不减、风情无限，再加上从事的又多是编辑记者、作家、编导等热门职业，这样她们不仅在经济大潮中如鱼得水，而且深得其道，创作出既满足商业化社会的“消费需求”，又不乏“文学特点”的作品，形成她们俏丽新潮、机敏灵活的文风。她们较少思考那些沉重的社会命题，也不在自己的天地里独自悲哀，她们更多地融入了这个瞬息万变的社会，充分享受一个现代女性的自由，作品往往透露出一种都市情调和白领趣味。从表面上看，这些女作家所写的东西似乎没有多大的意义，但正如王干所言：“这些传媒人边缘性的文体给四平八稳的散文界一个猝不及防的冲击。”② 她们持一种“消解”的态度，把政治和道德主义一无负担地抛在脑后，对“事”和“物”充分投入，将日常生活中那些轻松、柔软，富于人情味和个人情趣的东西活泼生动地带入文中，并津津乐道于“做一个理想主义的闲人”（张梅语），

① 苏叶．苏叶散文自选集·序．天津：百花文艺出版社，1995：2.

② 王干．话说“小女人散文”．光明日报，1997-01-07.

这就有意无意地打破了文坛多年以来的写作传统，亦在无形中成就了对于旧意识体制的解构，带有一定的反传统意味。同时，张念、子非鱼、尚爱兰等人的文章还体现了网络时代的文学精神——自由、宽容、怀疑。她们往往能以独立思想和批判个性切入当下都市生活，写俗世生活但不流于浅薄，张扬女性意识但不偏激，清醒而不褊狭，敏感而不疯狂，体现出难能可贵的理智与宽容；文字也显得幽默、机智、简洁、随意洒脱。

私人化散文是新时期女性散文中数量最多、最普遍的一类，文化散文是女作家的笔触伸展得最广的一类，而思想散文则是女作家对精神领域的挺进及其不俗的表现，代表了女性散文在精神上所达到的高度。她们或柔和纤细，或深厚蕴藉，或冷静睿智，或俏皮洒脱，互相调剂，互为补充，形成了20世纪90年代女性散文多层次的发展盛况，共同浇灌着90年代散文的百花园地。

二、女性散文的生命体验与言说方式

（一）生命体验

体验，“是主体（人）带有强烈情感色彩的、活生生的、对于生命之价值与意义的感性把握”①，是从一己最富于生命力或饱含人生况味的种种片断（情境）中导出的具有哲学思辨色彩的领悟。在西方生命哲学和体验美学的话语传统中，“体验”特指生命（存在）的体验，而生命必然是体验着的生命。

德国19世纪末20世纪初生命哲学的代表人物狄尔泰非常强调体验的个体性、亲历性和内在性，把体验看作是个人独特的、通过反复亲历才能获得的、对生命内在隐秘本质的把握，而生命正是这样一种体验的全过程。海德格尔通过“领会”、“思”、“视”、“透视”等概念来揭示体验与生命的关系。他认为，存在的展开情状就是领会，人是在领会中并通过领会把握存在的意蕴的。“在”的状况就决定于领会，离开了领会，“在”是不可思议的。马尔库塞则从存在的片面性

① 童庆炳. 现代心理美学. 北京：中国社会科学出版社，1999：52.

和生命的残缺性来吁求体验的完整性意义。在平淡、乏味、沉沦、虚假、怪诞、荒谬的“在世”活动深处，个体生命在“操心”，在“领悟”，在“决断”，在“体验”。此外，齐美尔、柏格森、斯宾格勒等人也格外重视体验。他们都不把生命看作是物质或精神、感性或理性的实体，而是看作主体对自己存在的体验和领悟，也就是心灵的内在冲动、活动过程。体验是存在和生命领悟最直接最深刻的形式，体验就是存在的展开和亮相，它不只是肉体的感官知觉，也不只是理性思维。体验是一种高度澄明的心灵境界，比经验更深刻、强烈、活跃、生动，体验“可能是瞬间产生的压倒一切的敬畏情绪，也可能是稍纵即逝的极强烈的幸福感，或甚至是欣喜若狂、如醉如痴、销魂落魄的感觉”①。

由此可见，体验是感悟性的、内省性的、整体性的，要体验，就要融入事物，倾听自然。要调动所有的心理机制，进入一种全身心的心醉神迷的状态，达到主客体的浑然同一、物我两忘的境界。这时候，一切客体都是生命化的，都充溢着生命的意蕴和情调；自己分享着对象的生命，对象也分享着自己的，外在陌生之物就变成内在亲近温暖之物，存在，也以其本来的面目向人们敞开。正是体验使艺术家生活在迥异于日常世界的另一个意义世界中，使他们发现美、体味美、创造美。20世纪90年代的女作家充分发挥了现代女性作为一个创作主体对外部世界的感知、体验能力，将自身融入对社会、历史、情感和两性关系的全方位的体验当中，向人们敞开了一个丰富、细腻、深入，集感性和理性为一体的女性生命体验的世界。

1．丰富性体验

丰富性体验指的是作家获得爱、友谊、信任、尊重和成就时的内心感受，是一种欢悦、幸福的体验，作家从中感受到生活的美好，人的心灵的美好，使他们看到了生活的另一面，懂得了生活的意义，并执著地热爱生活。

孕育——生命创造体验是新时期女性散文丰富性体验的第一种

---

① 童庆炳．现代心理美学．北京：中国社会科学出版社，1999：58.

类型。

家庭的建立、孩子的出现，使女性情感骤然回到传统角色之中，她们在此流连忘返，寻找女性人生的丰富内涵。叶梦的《产科病房四章》、珍尔的《不要拒绝做母亲》、李蔚红的《生命的响声》、池莉的《怎么爱你都不够》等，充分传达了这种丰富性体验。而海男则用她的长篇散文《女人圣经——一个女人怀孕十个月的絮语》展示了与男性身体截然不同的一个柔美微妙而又神秘莫测的世界，在同类散文中具有代表意义。她用日记体的形式将一个母亲在怀孕中每一时刻的变化和点点滴滴的感受进行了诗意的描绘。从“0 祈祷”到第 295 天“从此”，文章充满了女性即将为人母的幻觉、踌躇、等待以及其中的对话、运动、想象和爱的弥漫。文章最后写道：“宝贝，我的爱已经告一段落。然而，有一点我想告诉你，我们之间的爱并没有结束。爱是什么。爱是一种永恒的纽带……爱是另一种语言，是倾诉之外的一种不朽……爱是永远的故乡。”在这里，她们传达的不再是“论道经邦”的无我之声，而是来自内心深处的强烈感受和体验，是女性在生儿育女过程中所获得的幸福与满足，是她们在特定范围内履行女性角色所享受到的自由的乐趣。读着这些温馨、诚挚、包裹着浓厚生命体验的文字，“你会感受到上帝创造人的奇迹；你会感受到人的灵魂在穿越时空；你会感受到女人的嘴唇在诉说；你会看到她们的嘴唇上美丽的阳光”。

其次，是将女性看作与大自然一样神秘、富有灵性、令人崇拜的力量，在女性美的原始区域内联想、阐发，寻找女性生命圆满的本质，蕴含了对女性原始朴素的生命力之美的顶礼膜拜及对女性文明、女性神话的向往与追索。唐敏在《女孩子的花》中，将她对自然灵性的独特感受力与对女性的关爱之情融合在一起，借水仙的柔美姿态、清冽的香气和易受伤害的命运，隐含了对女性超绝凡俗、却又毁易存难的命运的深深怜惜。铁凝的《河之女》则借男人的眼光去打量那一河的石头，“它不似滩，不似岸，不似原，是一河的女人，千姿百态，裸着自己；有着女人的丰腴，女人的浑圆，女人的力……你的灵魂就要脱壳而出，你觉得你正萌生一种信奉感，不然你为什么会面对一河巨石肃然起敬”。这里突出的是女性原始的、朴素的生命力之美，作家以这种自然芳香的女性生命来比照肉欲横流的世俗社会中苍白匮乏的“文明中人”，传达出对女性永恒无邪的青春美的赞叹。海男则用虚拟的形式和优美的散文随笔体，为一个女人从童年到死亡，从身体到精神的成长史做传（《女人传》）。她以粉色、蓝色、紫色、黑色、白色五种颜色对女人一生作了极富隐喻的诠释，深入到女性精神、心理及肉体的隐秘角落，凸现了女人的历史形象和现实形象，表达出作家对女性的深切关怀。

新时期女性散文的丰富性体验，还体现在部分作家对母女之爱的思考上。周小娅的《岁月如圆》、蒋子丹的《岁月之约》、丹娅的《心念到永远》、尹慧的《我和母亲之间》、小宛的《月正中天》、筱敏的《血脉的回想》等篇章，都选取了一个特定的瞬间来表现祖母—母亲—孙女三代女人代际角色的转换和交接，深刻地体现了女作家对于母女两代人的“过渡”的理解。“在母女两代人的相互认同中，‘代’的交替经由女作家切实的母爱体验被暖化了，它永驻在世世代代的女人心里，实现了女人对时间的空幻感和生命的虚无感的一种抗拒和超越”①。

2. 缺失性体验

女作家唐敏曾经说过：“女子是一种极其敏锐和精巧的昆虫。她们的触觉、眼睛、柔软无骨的躯体，还有那艳丽的翅膀，仅仅是为了感受爱、接受爱而生成的。她们最早预感到灾难，又最早在灾难的打击下灭亡。”新时期女作家的丰富性体验是明显的，而她们的缺失性体验也刻骨铭心。这里面包括了母爱的缺失，两性之爱的缺失和个体生命归属的缺失。

张洁的缺失性体验是在她意识到她唯一的母亲终于离她远去，昔日如涓涓细流的母爱再也把捉不住的时候凸现出来的。《世界上最疼我的那个人去了》、《一扇关闭了的门》、《坐在石头上等姥姥的小松

---

① 刘思谦. 女人生命的刻度——90年代女性散文中的代际现象. 文艺评论，2000（2）.

鼠》、《母亲的厨房》、《这时候你才算长大》、《无字我心》等篇，全都是在“失母之痛”几乎要把她压垮的情况下写出的。特别是15万字的《世界上最疼我的那个人去了》，凝聚了作家半生对母亲无尽的爱、追忆和愧疚，而这个长篇文稿中几万字的无故丢失，更使作家不得不忍受内心巨大的悲痛和无助，再回过头去一字一句重新收拾自己破碎的心。女作家这种经由自身的不可选择无法逃避的经历而深深体验到的创伤性缺失——“子欲养而亲不在”——正像男作家史铁生的《我与地坛》一样，细腻而深刻；而女性天生的柔情万丈和对母亲固有的依恋更使她们的文字纵恣汪洋、荡气回肠，少了一份男作家的毅力和理性，多了一份长歌当哭的缠绵！“我”和母亲的关系是一种生生相依又混沌莫名的真实，是“人在其真实，在其的深层里所遭遇到的那种真实”，“它显然是被经验到的”和“始终是特殊的”。[①] 这种特殊的“真实”也是宗璞的《花朝节的纪念》、马瑞芳的《等》、叶稚珊的《慈母身上衣》等怀母散文的动人之处。

母亲是一个女性生命中第一个也是最重要的女人，而男性则是她们的另一半。男女两性相互的尊重、浪漫的爱情、和谐的婚姻是女性生命中不舍不锲的追求。这种追求本是生命的题中之意，但在20世纪90年代的一些女性散文中我们读到的却是丈夫无端的猜忌、社会舆论的挑拨，以及作家遭到伤害后感情的消耗和不被理解、不被尊重的痛楚。于是，韩小蕙得出“不喜欢作女人”的悲观结论，杜丽也愤愤地喊出了“不知谁比谁活得更长……”。唐敏的《霜降柿子红》、丹娅的《女人的星》、赵玫的《一本打开的书》……字里行间写尽了女人被弃的伤楚和无奈。蝌蚪的《家·夜·太阳》和张玲的《偶像》在这类文本中有典型的代表意义，充满了女性的哀怨和渴望，以及灵魂的痛苦挣扎。作品展示了女人对爱的痴迷癫狂是何等的惊心动魄，而这种一厢情愿的盲目的爱对女人的伤害又是何等的深！无论是出于心甘情愿的拜倒还是出于外界的压力，真正的“两性之爱”的缺失都成为90年代现代女性“沉重的翅膀”，束缚了她们在精彩的世界

① H. 奥特. 不可言说的言说. 北京：生活·读书·新知三联书店，1994：43-44.

里更激情地翱翔。

“希腊神秘哲学家早说，人生不过是家居，出门，回家。我们一切情感、理智和意志上的追求不过是灵魂的思家病，想找着一个人，一件事物，一处地位，容许我们的身心在这茫茫漠漠的世界里有个安顿归宿，仿佛病人上了床，浪荡子回到家。”① 归属的需要是人根本的需要，对于力求自由却仍在现实中内外受迫进退为难的女性而言更是如此。她们在现实社会中体验到深入骨髓又无法排遣的孤独，这种心理体验并不只是一种生存方式和生存状态，它为作家提供了自我观照的最佳环境，使她们从一己的缺失进而反思人类的普遍困境，并凭借女性的智慧和勇气探索人生之谜。百岁老人冰心在1993年的《羊城晚报》上发表了《我的家在哪里》。这位经历了一个世纪的风霜雪雨，创作出不少优美散文的老作家，在她的老年时分写下了这样耐人解读的一笔：“万万没想到我还有一个我自己不知道、牵不断、割不断的朝思暮想的‘家’。”作者梦见自己坐着黄包车，挨家挨户，穿街过巷地寻找她的“家”，唯有这个“家”，是她魂牵梦萦的地方，因为“家”里有父母姐妹，有其乐融融的一个单纯的世界，“家”是归宿，是精神家园的所在。对“家”的追寻，其实正是对人生意义和生命价值的追寻，已经深入到对生命本体层面的思考。而正如作者清醒之后奇怪纳闷的，她深深挚爱了一辈子的丈夫吴文藻，在她的夜夜梦乡中，却一次也没有出现！冰心和吴文藻的爱情尚为现代诸多的女性所羡慕，可就是这样一份真正的爱情，也解决不了冰心的问题，也给不了她想要的、苦苦追寻的精神的“家”。冰心尚且如此，那些找不到真爱，在生活中迷失了自己、找不到出路的女性在个体生命归属上的缺失更是广泛和无奈。这正是素素在《无家可归》中感叹的：“世上所有追赶缪斯的人，都在找家。然而现在乃至永远，最真的感觉仍是无家可归。”

缺失带来了痛苦，刺激了对缺失对象的渴求，成为20世纪90年代女性进行散文创作的一个很大的动机，同时也唤起了处于缺失状态

① 钱钟书. 谈中国诗·钱钟书散文. 杭州：浙江文艺出版社，1997：539.

的个体的顽强意志。所以，当我们翻阅这类女性文本时，不仅读到了人类长久以来求而不得的一种普遍的缺失和匮乏，更从中读到了女性的坚韧和顽强，体会到了她们对于女性精神家园的锲而不舍的追求。

3. 神秘性体验

人类天性中对于未知事物的强烈的好奇乃至渴望在艺术家与艺术作品中似乎表现得特别突出。伟大的艺术家常常对于彼岸、超越等具有特殊的敏感与体验。“神秘性体验”指的是创作主体超越日常经验与理性逻辑，通过神秘的直觉、感悟、启示等与“最高的存在”或“最高的美”契合为一时，主体产生的一种迷狂式的同一性体验。庄子在他的《人间世》中提出的“气”、“心”、“心斋”、“虚静”，西方神秘主义美学家普洛丁的“观照”、“灵见”，象征主义作家梅克林特的“契合”，生命哲学家伯格森的“意识绵延”等都强调了这种借助于感官却又超越感官的“顿悟”，强调了这种神秘感受力和体验。它向诗人打开的是一个深渊，一个遥远的集体的梦，是“恍兮惚兮”的“道”，这正是艺术体验中最富吸引力的。

20世纪90年代的女性散文中，开始得最早也走得最远的女性之谜及人性之谜的探索者是叶梦。从《紫色暖巢》到《创造九章》到《灵魂的劫数》，叶梦完成了对女人从生到死的生命过程的审美化追溯和勾连。她由此而“无师自通”地领略了“生命的哲学”。在这些作品中，一方面，叶梦以一个纯洁的“白衣少女”不断地对女性身份进行指认，以一种超乎感性和理性之上的神秘的心理能力体验着大自然的蛊惑、梦的似幻似真的寓示与生命的自然脉动，形象地表现了生命本能那种神秘莫测、真假难辨的隐秘经历。另一方面，则充满了“黑衣女郎”般对死亡的体验、对生死轮回的探询及潜入其中的冥想。她以冷酷的封闭以及这封闭下隐藏着的犀利洞察力达成了其对生命的静观。面对人永恒的生存悖论，叶梦悲哀地叹道：“浮沉一样的人生，你是那么长，又是那么短，你是那么丰富又那么空虚。”“怎样才能逃离五行之外，不入生死轮回之中?”（《极地飞翔》）于是，她只能紧紧把握住由生到死之间的一段过程，她把这个过程叫做棋盘上黑子与白子的对弈，叫做“极地飞行”。“除了从生到死的极地间穿过，别无选择”。

叶梦的散文成为20世纪80年代末文坛的一个“异数”，她的惊世骇俗，不仅仅在于她对女性身体经验这个禁区的挑战，还在于她以一股“肆无忌惮”的“女巫”气息出入幽冥之界，“测出如迷宫的灵魂深处的丝丝缕缕的微波”（《灵魂的劫数》）。她正是在这一点上超越了传统的女性思维，达成了对哲学意义上女性乃至人类之本体自我奥秘的体味，有着女智者难以捉摸的深不可测。她的这种神秘体验拥有极强的个性色彩，使她赫然区别于唐敏、苏叶等同时代的女作家，塑造了一个独特的“风里的女人”形象，耐人寻味。

与叶梦不同，马莉的神秘性体验体现在她对词语的直接感悟中，《窥视》、《缝隙》等作品对词语的理解、阐释、发挥和穿透，将这种深入骨髓的神秘体验表现得淋漓尽致。马莉的这种体验与联想，不能不说是“巫性”的，是神秘而又带着些许的精神病症的。她的神秘性体验让人经历了一场感官和精神的最边缘和最刺激的遨游。

神秘性体验是20世纪90年代女性散文众多体验中最富女性特色，同时也是较为深入的一种体验，显示出女性在物态和心态放松的外部环境中对自身奥秘的深层掘进，并从这一更为本己的角度切入生活、切入人生的本质追问。她们“一面体味着女性自身成长历程中的种种生命涌动，一面审视着她外部那大千世界的种种人生戏剧，形成了其女性自我的双色调”①。

4. 精神性体验

帕斯卡尔曾经说过：“人的全部尊严就在于思想。”② 思想是作家尊严的一种标志，也是文学作品深度的一种标志。筱敏说：“我反对作家不过是一种职业的说法，因为这种看似平民化的说法，回避了某种实质性的东西……作家，实际上指的是一种人的精神事实，他至少需要个体的人格尊严，独立的思想能力和感受力。”（《生存，加上一

① 李虹．女性自我的复归与生长——新时期女性散文创作的流变．文学评论，1990（6）．

② 帕斯卡尔．帕斯卡尔思想录．西安：陕西师范大学出版社，2002：167．

支笔》）她在作品中通过追忆、反思、诘难、剖析和评判，全面深入地揭示了20世纪人类遭遇的灾难特别是精神瘟疫的场景。

人类在20世纪到底遭遇了什么？筱敏的思考是从法西斯主义开始的。她从个人的生命体验出发，关注一些容易被忽略的事实，对其进行了更为深入的挖掘。在《遥想法兰西》、《救援之手》、《死刑的立论》、《乌托邦随想》等篇中，筱敏不时叩问生命的尊严、民族的尊严，革命、民主、启蒙思想家、个人权利、专制、叛乱、摧毁、自由、强权、乌托邦、死刑等词成了主题词。她对法国大革命的反思，对德国法西斯的鞭挞，对俄罗斯精神的张扬，以及对“文革”的回忆，视野开阔，侠骨柔情，字里行间充盈着对强权专制压迫的反抗和对自由民主人权的梦想，荡漾着一种人文精神，一种沉稳的理性智慧。

筱敏欣赏克尔凯郭尔关于人类的中心要点在于基数“一”的说法，并且称真正的思想者都为这个高贵的基数“一”所迷，所以才有内心里和事实上的接连不断的逃亡。脆弱是因为“一”，而坚强也是因为“一”。但这种以寡敌众的个人反抗，带来的无疑是恒常的孤独：本雅明在骚动的人群中肆意穿行，唯在单向街上（《在行与行之间游荡》）；克尔凯郭尔穿过那株千年冷杉，才找到通往生命的窄门（《致死的瘤疾》）；卡夫卡带着自己长长的影子穿过田野，而现在，田野只余一片褐色的凄凉（《一切障碍都在粉碎我》）；惠特曼被阻绝而置身于文化的圈地之外，只好孤独地出售自己，辩护自己，独对自己的伤痛而奋力突围（《草叶的背面》）；还有瓦尔登湖的梭罗，他远离文明之地而离群索居，做的也仍然是“孤身试验”（《想起瓦尔登湖》）。对于筱敏来说，她用笔所作的反抗在这个时代显得尤其突兀，而且势单力薄；她强烈的精神追求带来的是丰富的痛苦和深入骨髓的孤独：“无论在历史的深处，还是在人心的深处，最为重大的事件都是无法言说的，它们处在一个言语从未抵达过的疆域，惟赖风的呼啸，还有骨骼在风中的震栗。”（《生存，加上一支笔》）因此，当她经历一场场由内而外的灵魂风暴，力图在思索和展望中不断抵达精神的神圣境地时，她也由衷地感叹：“‘何处是我的尽头呢？’……我只

能以内心的颤动告诉你：实在没有尽头。”（《在暗夜》）

对于筱敏的警醒，林贤治说：“这里带有一种自审意识，一种深沉的痛感。”① 筱敏所有的文字，恐怕都是这种痛感的释放，它负载了一个知识分子沉重的精神探索。在这里，我们可以拾掇起一些超出年华的未曾失去的凭证——自由、尊严、理想、民主——这些在黑与白的时空中如金子般坚挺的品质。筱敏的地平线没有在岁月的挤压中重叠成生与死同一的凝重的现实——只有当下，没有过去与未来；而是如白桦树一般地向天空伸展着一种生命的提示与感悟。星光一样的心灵碎银并不是真的破碎，而是梦幻着的理想火焰在升腾中投射的闪烁的光影。筱敏在行与行之间游荡，她仰望星空，追溯过往，向往未来，理想与梦延续着她知识分子的声音。精神体验的激情诱惑着我们，就如同生命的激情诱惑着作者。

以上四种体验是20世纪90年代女性散文中最突出、最深刻的体验，它把人类对外在事物和对自身的感受推向了一个更深入的层面，挖掘出体验主体与体验对象之间的内在联系，体现出女性散文的价值和独特之处。

（二）言说方式

语言是人类对世界的一种体验。人类以语言的方式感知世界，把握世界，拥有世界。海德格尔曾诗意描述过：“语言是存在的家园。”“语言，凭借存在物的首次命名，才指明了存在物源于其存在并达到其存在。”② 也就是说，任何对于存在的认识，都是经由语言来完成的。创造性地运用语言意味着创造性地认识世界，而平庸陈腐的语言则总是和平庸陈腐的思想方式息息相关。

文学是语言的艺术，它与人类的言语活动有着不解之缘，对文学语言的追求成为千百年来文人墨客的理想。言说方式是生命体验的延伸和发展，采用何种言说方式，如何“说”，越来越被作家们所重

① 林贤治．五十年：散文的自由与观察．书屋，2000（3）．

② 海德格尔．艺术作品的本源//孙周兴．海德格尔选集，上海：上海三联书店，1996：237．

视。正是用语言，用一种独特的言说方式去征服题材，才能将自然情感转化为审美情感，实现艺术作品的价值。一个真正的艺术家，首先要区别于别人的，即在公共语言的覆盖中找到自己独特的语言表达，或者更准确地说，找到将自己的私人表达渗透于公共语言之中的独特的转换形式。只有个性化的表述，才能最终传达出创作主体的思想内涵和独特的姿态，创造出作品的韵味与风格。

具体而言，言说方式包括公共的言说方式和个人的言说方式两种。公共的言说方式主要是采用一种公众熟悉的语言，运用一种大众化的抒情方式，传达公众易于理解和接受的普遍意义。个人言说则凭借作家自己的记忆和经验写作。她们拒绝那种使人丧失自我的条理化、秩序化、概念化的"集体记忆"，偏重"个人记忆"，但个人记忆也"不是一种还原性的记忆的真实，而是一种姿势，是一种以个人记忆为材料所获得的想象力"①。她们都不约而同地从对外部世界的记录转向对自我和内心的感触抚摸。如果说公共言说对应着"公共意识"、"公共空间"、"公共话语"，"公共"以传统文化，实则是男权文化为其后盾所显示出来的强悍，自然无可匹敌；那么个人言说则对应着个人空间，个人意识，个人话语，而在很大程度上，"个人"又等同于"私人"。"私人话语"成为一种独特的性别话语，是通向诗性写作的必由之路。离开了"私人性"，就不会有真正的诗性。因为诗性归根结底源于生命的原始涌动和生命个体对事物的一种心理感知。

在诸多的文学样式中，散文这一文体不以塑造人物形象，铺叙生动情节为目的，本身对语言有很本真的要求，对表现手法也有相应的选择；散文的本义是抒情，这种"写自我"和"抒真情"的文体与女作家天生的特质相结合，使人们误以为柔弱纤细的语言和浅吟低唱的言说方式才是女性散文的纯正面貌，甚至对一些颇有气势的女性散文嗤之以鼻。这无疑是对女性散文的一种平面化认识。20 世纪 90 年

---

① 林白．记忆与个人化写作．林白文集（4）．南京：江苏文艺出版社，1997：103.

代女作家丰富的生命体验急需一种全新的也是个人的语言加以传达，作家们努力寻求契合内容的表达形式，对语言及言说过程高度重视。其抒情话语的多样化尤其值得注意。

20世纪90年代女性散文的抒情话语挣脱了传统散文“事（人）一情一理”的呆板的艺术模式，不再是喊口号式的宣泄，而成为一种真正的抒情的艺术。大部分女作家，经过十余年的创作磨砺，基本上形成了一种自由自在，自然从容，同时又极大地融合了现代表现技巧的抒情话语，并且越来越显出自己成熟的风格。

女性丰富复杂的感情在很多情况下当然需要借助真挚热烈的句子加以传达，但浓墨重彩的感情抒发易给人虚张声势之感。随着思考的深入，体验的细腻，20世纪90年代的女性散文出现了一些寓浓于淡的“冷抒情”，内里浓烈而外表清淡。作者往往让感情像地火一样在地下慢慢运行，并不长篇累牍地表现情感，而是让感觉通过所铺叙的事物、场景显露出来，让真情在一种感觉化了的叙述文字中引而不发。张立勤的《车站在远方》抒发作者面对习以为常的“火车”感悟到的死亡的气息，语言淡定冷静，有一种“不显山不露水”的节制。其文字是浸透着苍凉感觉的，但是文字并不聒噪地喧嚣什么感情。事实上，真正的感情不一定非得电闪雷鸣，相反，经过了风风雨雨，千山万水过滤的情感，那种由沉着宁静托举的感情，往往拥有更为震撼的美学力量。

曾经以十八个“能不能”的设问表达了强烈的散文革新意向，并坦言“散文之于我，是有着灵魂在其间挣扎的一种文体”① 的女作家赵玫，在散文集《一本打开的书》中，以一种如泣如诉、如怨如慕的优美抒情的笔调，缠绵悱恻地娓娓道出她对爱的渴望、对孤独的即珍爱又恐惧的矛盾、失败而永不后悔却终究迷惘的往事、有情人难成眷属的创痛和女子天生的多疑自尊、伤感忧郁……赵玫的散文几乎是诗意的表达，是一曲曲古典优雅的灵魂独语。一切都是朦朦胧胧的，烟笼寒水月笼沙，只可意会不可言传。而恰恰是这种蜻蜓点水般

① 赵玫. 以爱心，以沉静. 合肥：安徽文艺出版社，1991：8.

的朦胧和虚无缥缈使作者和读者在若即若离中保持一种适当的审美距离，这个诗意葱茏的艺术世界在充分传达作者敏感而独特的内心体验的同时，也以一种非常感性的形式直接诉诸并感染读者的心灵。赵玫的缠绵和忧伤，总是在让人品味人间真情不可得的无奈时，不忘回过头去，看看这一份情感的历程，看看这一个女人在情感中的收获与曲折。她灵魂的挣扎，决不是没有遮拦的直白的坦率，不是大大咧咧酣畅淋漓的宣泄，而始终保持着一种女性矜持的姿态，和含蓄蕴藉的取向，这自然得益于语言的锤炼。当我们细细品味，我们会发现，赵玫喜欢用漂亮的短句，生冷的词汇，句号的终结创造出诗的句式、诗的转折、空白和韵律，造成“简洁而完整”的艺术效果。她常将一两个短句独立成段，分割心理的连续，过度，停顿，跳跃，给读者广阔的想象余地；而陌生化的语言更能使读者在不连续的句与句，段与段之间反复地回味。总的来说，她的语言典雅、流利、色调鲜明，有密度、有力度、有节奏、有生命，这使她的散文能在许许多多女作家纷繁各异的文本中轻易地被挑选出来。

在传统的抒情叙事散文中，思维空间往往以单向直线层层推进，常囿于“借景抒情”或“托物言志”的模式，结构上讲究“起承转合”、“首尾照应”的匠心经营。20 世纪 90 年代的女性散文致力于内宇宙的挖掘，常常依女作家心灵的感受和情绪的流动，进行结构形态的自由创造，形成了一种独特的意识流的抒情方式，显得随意、开放，表现出极大的散漫性、非逻辑性和非完整性。这些被称之为“新生代散文”、“新艺术散文”或“新潮散文”的，最初是起源于曹明华的“手记体”散文创作，而后在斯好的“荒诞系列”和胡晓梦的《这种感觉你不会懂》、《惘然四顾》中得到了充分的体现。作家将离奇的梦境和幻觉杂糅进作品中，以一种零落破碎的即兴式的表达方式，捕捉着现代都市生活中困扰而焦虑的神经。对她们而言，外部世界往往只是因为触发了情绪才有其存在的意义，唯有作为散文主体的“我”的情绪的波动起伏和流向才是作品的进展状态和结构本身，才是作者想要表达的重点。在这里，内省式的、意识流化了的生活情境，多元繁复、新颖现代的思想，不断对话驳诘的独白语言效果，不断回旋往复的丰富情绪，紧张窒息的节奏，形成了文章的独特魅力和动人的阅读效果。文中大量带有反讽意味的情绪并没有被饰以华美的辞藻，有时甚至配以有一搭没一搭的随意叙述；作者一任情绪意识的放纵流动和联袂奔涌，以其快节奏的独白性倾诉和多向度的情绪流辐射实现了对传统散文套路的颠覆。

此外，越来越多的女性散文自觉地向诗性言说靠拢，体现出对散文语言的深度追求。

在筱敏的散文中我们读到了一种激情式的紧张的抒情效果。作家一方面将主观感情通过与之相呼应的“客观对应物”加以象征、暗示和烘托，在客观对应物中注入浓烈炽热的感情，一方面又极力摆脱散文表达的松散与沉闷，努力地对语言进行提炼和过滤，呈现一种内在的诗性，从而构筑了一个侧重抒情，节奏快慢有致，语言克制而富于弹性的散文世界。筱敏的散文创作对读者的冲击，远远不止是它指称的或隐含的意义，即那些称之为思想的东西，而是在明确的意义以外蔓延的同样可以感受得到的动机、记忆和向往，是文字本身梦幻般燃烧的激情与想象。沉甸甸的思想依托着激情和想象这对美丽的翅膀飞扬起来，成为充满诗性的文字，成为筱敏散文的真正魅力。筱敏的文字，不是那种玩弄文字游戏的精雕细刻，但其每一个字词，每一段字句，都凝聚着她对语言的追求，都包含着她对言说的自由与限度、个性与深度的精细的理解和把握。在筱敏看来，散文不是“一切无法规类的芜杂琐碎的无聊的一次性的餐巾纸式的文字”，散文是在“执拗地陈述一种精神的存在，一种心灵的现实”，因此，“诗是一个进入内心的事实”。筱敏其实是在用散文的形式表达她作为诗人的思考与探索。诗的品格作为一种精神流淌在筱敏的散文中，保证了作家对语言毫不松懈的追求，使文字融合了感性和知性，焕发出经久的魅力。

马莉的《关于一只鸟儿的纪念碑》也是诗性言说的代表作。这篇散文从本质上来说，是一个寓言，是建立在真实基础上的假定性的艺术世界。它诉诸感观以具体的意象，却不做明确的投射和清楚的呈现，提供了阐释的多种可能性，通过暗示、象征激起读者的联想，提供一种全新的感受。它凭借了散文语言的流畅和格式的自由获得了一种外表舒缓、从容而内在饱满、热烈的抒情效果。作家借助小说的技巧在文本的表层构置了一个夹杂着相当容量个人经验的半真半假的童年经历，在文本中间又大胆地用诗歌的形式写了一段文字并将它显眼地放置出来，而这一些，都融入散文的本体叙述中，非但没有引起文体的混乱，反而使这篇文章显示出了它的价值和意义——对理想蓄满感情的无悔追求是该文章作为“散文”“质”的所在，小说和诗歌手法的运用是写作的策略选择，而语言的松弛有度和精心把握又保证了全文的艺术水准。情感体验和言说方式遥相呼应，犹如盐之于水，浑然一体。作家对散文文体创新的自觉实践和对语言的本色处理将读者引至一个不温不火、回味无穷的阅读境界。

综观20世纪90年代的女性散文，作家们“努力将哲学的思辨、生活的状态和文学以及人类的思考化为感知中的散文语言，并让语言在流浪中寻求美好和真实的对话……达到了词与物的融合，思想与表达的一致，人本与文本的统一，内容与形式的合一”①。当我们在斯好构筑的融幻境、梦觉、潜意识于一体的凹凸世界中曲中见曲的时候，当我们嗅着马莉文中散发的青苹果气息、感受丝绸般缓缓滑落的声响时，当我们一面听着王英琦放言无忌的大白话，一面深味韩小惠的柔肠缠绵的窃窃私语时，当我们深深地震惊并折服于筱敏敏锐的感觉，诗性的语言和直达本质的深刻时，我们应当看到，女性散文发出的多种语言的声响，她们形成的各有特色的语言风格，把女性散文的生命体验提升到一个新的层次，也使“文学的诗意”那激发人想象的意义重新获得确立。

三、女性散文的突破与缺失

女性散文发展到20世纪90年代，老、中、青三代作家的齐齐亮相，各展风采，文化散文、思想散文、私人化散文三大类型的同声喧嚣，争芳夺艳，促成了新时期（特别是90年代）女性散文的繁荣格

---

① 陈剑晖. 散文文体论. 北京：中国文联出版社，2002：73.

局。这个时期的女性散文继承了传统女性散文对心灵的剖析，对社会历史的反思以及女性特有的细腻纯真的体验和表达，并在此基础上实现了三大突破：

（一）思维方式和写作立场的转变带来的感觉的开放和趣味的多样化

从20世纪80年代中后期开始，文学大环境中风起云涌的文化、哲学思潮更迭频繁，对女性的知识结构、审美意识和思维方式产生了重大的影响，表现在创作中，是男女思维的天然差别被强调了，90年代女性与传统女性的差别也得到了不同程度的体现。

1. 女性思维与男性思维的天然差别：巫性思维

众所周知，男女两性在生理、心理、气质乃至行为方式上的差异是明显的。“男性更倾向于对外部世界的感觉，而女性更倾向于对内心世界的感觉。男性更擅长于粗线条的整体感觉，而女性的拿手好戏是对某一局部和细节的细致入微的感觉。男性深沉，女性柔和，男性洒脱，女性缠绵；男性好慷慨悲歌，女性好儿女情长；男性豪放，如鼓点，如长风出谷，如马蹄雷动；女性婉约，如微风，如轻云，如诉如泣。”① 从天性来看，女性比男性更敏感，更细腻，更富于想象力，更善于留意凡人琐事和细枝末节；她们是“感觉天堂里的自由天使”，更能“攫住现实，而且比男人更接近人生”（林语堂语）。楼肇明先生曾将女性思维称为“巫性思维”，指出：“她们（女作家）富于女性想象力和巫性思维，有强大的直觉感悟能力，对生命的奥秘、自然的奥秘有浓烈的探究兴趣且其直觉对社会人生心理有一种不经逻辑推理，不经前因后果分析，就直达事物本质的洞察力、穿透力和预见性，她们对世界事物的把握是从整体出发的，往往把不相干、没有逻辑因果关系的事物拉在一起进行省察。”② 而所有这些一旦转化为艺术创造，便显示出女作家的优势，显示出女性艺术的独特魅力，使她们在创作中自觉地从独特的女性视角出发，从对生命的敏锐感悟和

---

① 曹文轩．思维论．上海：上海文艺出版社，1991：64，77．

② 楼肇明．女性社会角色、女性想象力、“巫性”思维．散文选刊，1990（1）．

多重的情感体验开始，由内到外，推己及人，常常能够发现男作家发现不了的生活的细节，呈现生命更为本真的面目，而女性艺术也正是在这种与男性艺术的趋异中实现了对自我价值的确认。

2. 20 世纪 90 年代女性思维与传统女性思维的差异：现代思维（异向性思维）

传统的思维方式总是以先在性的理念为价值的标尺与核心，其思维过程就是追逐理念、解析理念、消除异项、归于同一的过程。这种思维重在发展共性，在共性中求得共识，以达于统一，它是我们民族思维方式的重要特征之一，历来被视为正统。而 20 世纪 90 年代女性的突破与挑战正是以不惜被视为“异类”为代价的。她们以开放的心态对社会、历史、情感和两性关系做了全方位的体验，思维方式由“理性先入”转向感性体验，注重感觉的开放，是一种异向性思维。

不言而喻，“异向”是对“同向”的质疑，是对既定的、固有的、不变的现实秩序的悖逆、否定与批判。故此，异向性思维在本质上是一种怀疑与批判性的思维，它跳跃性大，体现在作品中便是叙述灵动，语言张弛有度，体式多样，而且侧重开掘出多义性的主题，流露出与五四的典雅、内敛、封闭完全不同的现代气息。显而易见，新时期的女性是作为“个体的”、“现代的”女人独立思考的，她们不仅在女性的生理、心理方面表现出自觉的认同意识，而且在社会生活的各个方面都有强烈的自我认同，这直接导致了她们在写作立场上发生了变化，更关注周遭一切所引起的自身情感的波动，更张扬个体的精神高度，实践一种“个人化写作”。同时，正是因为艺术思维方式的变异，作家主体才得以与审美对象形成新的“对象化”方式，在主客体之间建立起新的有机的联系。

思维方式和写作立场的转变带来了感觉的开放。与以往的女性相比，20 世纪 90 年代的女作家更注重开放感觉，使语言文字内在感觉化。感觉是人的一种重要的情感状态，是艺术思维的起点和基础，甚至被西方感觉学大师马赫誉为“第一性的存在”。感觉和情绪更紧密地关联着存在，更具体、更深刻、更内在地呈现着存在的状态。而逻辑理性常常因为它的抽象性、普遍性反而远离了存在。文学是感觉的艺术，对感觉的要求相当苛刻。艺术感觉的敏锐独特是优秀作家的才能禀赋区别于一般作家的重要标准。曹文轩在《思维论》中指出："艺术应当意识到人类感觉的无限性，一方面，它要敏捷地意识到社会的发展，文化进步而造成的人类新感觉，让它在艺术中反映出来；另一方面，它要十分自觉地去创造新的意象，以触发出人的新感觉——可供人类精神享受，具有审美价值的感觉。"90年代的散文变革潮流向感觉开放，首开先河的是苏叶、唐敏等人，此后的女作家群则串起了一条开放的感觉之河，拓开了一个奇妙的充溢女性感觉的艺术天地。女作家在复杂细腻的情感波折中，靠着天生独特的感觉细胞，深深地体会周遭的一切，感悟生命的潮起潮落。黑孩的《醉寨》通过视觉听觉触觉的通感共振，呈现主体的情绪变化，将抽象的心理状态转化为具体可感的形象呈现于读者面前，引起文坛的关注；此外，胡晓梦怪诞、夸张、变形，因而也更具现代意识的感觉——"我越来越觉得我生活在一个非人的世界"；张立勤对飘忽跳跃和闪烁不定的情绪的拼贴——"拼贴出一种虚晃晃的意蕴"；筱敏由平常而骤然放大，给人奇异奔腾之感的节奏等，都体现了90年代女性不平凡的感觉能力。在她们的作品中，具体实在的生活和纯客观的静态叙述逐渐退居幕后，动态化的感觉则在文章中扮演着重要的角色。尽管有些作品传达的意绪过于玄奥晦涩，但女性散文这种向着感觉开放，向着人的心理意识掘进的努力，鲜明地表征了散文向内转的总体取向，引发了散文文体众多因素乃至全方位的变革。

（二）在思想层面上重塑现代女性的人格与精神

"女人是什么?"这个古老的话题被迷惘而执著的女性寻觅演绎了整整一个世纪，"女性的自我"在历史的洪流中载沉载浮，艰难生长。如果说以往的女性散文多是在恪守女性应有风范的基础上，倾吐女性的哀思，呼唤女性意识的觉醒，那么，20世纪90年代的女性散文，则呈现了另一种创作态势：女性敢于表现内心生活的"绝对真实"，敢于向女性本体"自我"的深层掘进，在反思自身命运的过程中立意表现出作为男性对立面的另一种声音，另一种色彩，另一种个性。她们的目光掠过现实生活的急剧的变化，留下了一连串"为什么"。这些大胆的问号孕育了她们的创作激情，成为贯穿她们作品当中的思想红线，一种强烈的怀疑精神和省思品格，托举出一派繁复壮观的创作景象。早期如唐敏的《女孩子的花》和丹娅的《女人的星》，表现了对女性精神处境和历史命运的深入探究；新近如冯秋子的《我跳舞，因为我悲伤》和张念的《只有女人懂得女人》则表露了更为年轻的一代，对女性独立和自由的追求与新的见解。所有这些，都饱含着一种鲜明的现代女性意识，彰显了现代女性的独立人格和精神。此外，女性在流光溢彩的现代都市中，在越来越浓重的商业气息的挟裹里，也一再地体会到人与人的隔阂与冷漠，体会到“精神被放逐”的时代苦闷和文化失落的深刻苍白，对爱的深情歌颂和对美的一味追求不再主宰女性散文的天空，继之而来的是一些具有现代意义的命题——孤独、漂泊和死亡，这些沉重却是现代人难以逃避的生存困境在新时期女作家的文本中屡屡出现，沾染了女性们微微颤抖的灵魂，也闪现了她们敏锐而执著的探求。斯妤的《我因为什么而孤独》、韩小惠的《有话对你说》、鹿子的《生命的漂泊》、张立勤的《追不上生命》、黑孩的《故事的背后》、筱敏的《无家的归宿》……新时期的女性散文正是在思想的裂变中走向现代，走向成熟。

（三）在形式的层面上寻求新颖的艺术趣味和技巧，丰富了散文的言说方式，体现了强烈的文体创新意识

长期以来，说明性叙述语言（即追求说明、叙述的清晰准确，句子结构的完整、规范）被视为当代散文的“正体”。这种几十年一贯的过于呆板的语体风格在散文变革潮涌中面临崩溃。“向内转”带来的语言表达的内心化、感觉化、情绪化，使散文的语言和结构方式灵动活跃起来。同样的题材，同样的生活经历，精心锤炼语言的女作家往往能使作品的内容焕发出新的光彩，给人耳目一新的阅读感受。她们倾听内心的召唤，自觉寻求一种契合精神的独特的表达方式，使具有现代意识的内容和带有明显个人特征的语言相得益彰，避免了人云亦云，千人一面。她们以个人化的语言风格，丰富了当代散文的言说方式，使散文成为一种“自由的言说”。在一个话语多元的时代，作家个人的独特性开始显现。她们在事物的命名、句式的运用、体裁的创新上始终保持一种先锋的实验姿态，在遵守散文文体基本规范的基础上，尝试“跨文体写作”，建立多种文本参照，以具体的文本实践把散文的发展引向一个多元化的、兼容并蓄的开放的空间，使散文不再只是“文类之母”而具备了成为一种独立文学样式的生命力，巩固了散文在新时期的地位。

可见，20世纪90年代的女性散文在新时代来临之际首开创新和变革之风，在长达十几年的创作中始终保持旺盛的创作势头，在当代散文格局中有其不可替代的地位和独特之处。女性散文所取得的思想艺术成就及其引人注目的个性显现是值得称道的，但同样不可否认的是相当一部分作品仍是平庸之作：沉溺于日常的生活琐事；或简单回忆陈年旧事、亡故友人；或机械地记录游山玩水的历程和感兴；或流水账似的写出自己的读书心得。在女性散文众声喧嚣、各放异彩的繁荣背后，的确存在着某些“苍白”和“虚浮”的现象。

其一，中青年女作家在儿女情、家务事的题材领域，对婚姻、家庭、情爱等人类永恒的主题进行探究，她们书写平凡、普通的人性，让女性散文获得了相当广阔的空间，同时契合了女性的生活方式、情感取向和心理特点。这里的关键，是如何将琐碎平庸剔除在外，注意从众多的生活细节中遴选题材，沉淀感情，升发旨趣，达到形而下和形而上的结合。如果立意于轻松闲适，轻描淡写一些稍纵即逝、未经过滤的情绪微澜，其价值也就如同五光十色的肥皂泡一般很难拥有长久的生命力。前面提到的“小女人散文”大多是应景之作，作者对生活的感受往往停留于一种新奇和刺激，或是耽于对西方文化的一种想象性消费，收获的只是表面的五光十色。加上这些女作家们大多是报刊的专栏作家，日日更新的出版需要使得她们没有足够的时间来沉淀自己的感受，深化自己的体验，没有澄明的心境来玄想人生的奥妙，更没有对文字细细打磨的那一番工夫。这一部分女作家感受能力的低下和体验的仓促，致使这类散文个性消弭，精神退化，泛化为“共我”：心灵园地的自由抒情变为温情派送；深度指向的生命体验简化为表面化的经验感受。这种表面的“随意自由”实际上掩盖的正是作家主体创作个性的缺失和自由高贵的思想的滑坡。

其二，张扬自我，表现个性是贯穿于新时期女性散文的一根主线，尤其是那些发掘女性生命意识和本体意识，书写女性经验的作品，其“自我”更加突出。但若打着自我表现的旗号，故意追求新、奇、怪的自我，或过分强调女性经验的私人化，则会将“自我”这一有着丰富内涵的概念缩小到狭隘的境地中，甚至于使自我封闭。对创作主体而言，“从外在世界退回内心，面临着自我重复，创造性干涸和感觉迟钝以至于退化的危险”①。这些女作家对个体生命困境的体悟固然达到了一定的深刻程度，但这种女性主体的极端情绪化，女性体验的绝对化，却忽略了女性经验的社会文化价值，忽视了由女性个体、身边局部向广阔人生、大千世界的延展和辐射。苏珊朗格认为：“艺术是人类情感的符号形式的创造。”② 也即是说，艺术虽然是基于个体情感的自我表现，但是它的表现应该是艺术家认识到的人类普遍的感情，否则这种表现就只能停留在信号行为的水准上。散文家不能一味沉溺在个人表现的狭小天地中，应该从个人出发又超越个人，把个人情感提升为具有普遍意义的更高的人类的情感，惟其如此，散文才能实现根本的提升，才能成为一种自由的审美创造活动。而女作家的心灵也必须不断与外在世界进行沟通和交流才能更加深邃和富有生命活力。

其三，对于知识和思想的过分迷信，也使部分女性散文陷入文化价值的迷失。王英琦就是一个突出的例子。她的很多思想都是一种比较空泛的口号式的宣言，并不是建立在深刻的自身体验基础上的，这就造成了她的散文外表强大，实则空洞的毛病。而且她片面追求文本的思想力度，将思想当成万能的膏药，动辄必言思想。这样，本来最高贵的东西就有可能被当作最普遍的物品被不断地炒作，随意地塞进文本，或被高高地悬起以标示文本的高度。个体的“精神独创性”也无从谈起。在罗列的一大堆史实、传记、古人今人的观点背后，显而

① 王兆胜．超越与局限——论 80 年代以来中国女性散文．文学评论，2002（6）．

② 苏珊朗格．情感与形式．北京：中国社会科学出版社，1986：51．

易见的是对前人思想史的生吞活剥，机械拼凑。在《上帝不掷骰子》中，作家以石破天惊的胆量和气魄，通俗易懂的大白话，把“牛顿力学”、“因果律”、“相对论”、“量子论”、“第一推动力”、“宇宙”、“银河”等雄性十足的科学术语统摄到她的笔下，大胆涉足了以往女性作家甚至是当代男作家都没有企及的科学领域。这种大胆质疑、大声疾呼的勇气和豪情，丰富的信息量和知识含量确实给人强大的震撼，但在缺乏真诚、深入体验的基础上仓促而生硬地将一大堆自然科学的术语摆放进文本，又造成了文章拥挤不堪，成为知识的简陋陈列。在《背负自己的十字架》中，王英琦力图表明自己的超脱与不俗，想证明上帝公平原则的普遍有效性，但文中频频出现的自相矛盾的表述、耿耿于怀的话语，却暴露了她过分强烈的自豪感、自信心，心态的浮躁不安和文化底蕴的相对粗疏、浅薄。文化素养的限制致使一部分女作家的文化思考不仅没有进入深刻的理性层面，反而堕入了另一种庸俗，显得有点装腔作势、卖弄沧桑。这对于那些思想上和艺术上力求上进的女作家而言，无疑是一个很大的阻碍，也是一种莫大的遗憾。

显然，20世纪90年代女性散文暴露出来的这些问题是不容忽视的，在不少方面都面临着新的提升和突破。如何尽力发挥自己的性别特色和优势，在各种复杂的文化选择中选准位置和立足点，让心灵强大起来，以女性的智慧照亮世界和人生，是值得女作家们深入思考的。只要作家能更深入地发掘内心的体验，用理性的光芒洞穿、提升它们，以饱蘸个人情调、富于个人特色的文字和言说方式传达情感的波动和精神的追求，实现“真情、洞见和美言”的有机结合，21世纪的女性散文就完全有可能与世界优秀散文对话，并产生新的大家和可传世之作。

俄罗斯诗篇（节选）

筱 敏

在暗夜

19世纪的天空渐渐遥远，那曾被人类精神充盈得何等饱满的天空！在生命的钟停摆了的时候，时间依然流逝，你渐飘渐远，竟不能等我，妃格念尔！

如你爬上囚室的铁桌，张望那株接骨木一样，我是隔着住宅的铁网，张望断垣之上生长的“我的树”的。一百年过去，它依然活着，它依然柔弱，在夜风之中沙沙颤动，在春天的早晨，以全部生的欲望去感受被高墙阻隔的阳光，默默地给自己换上嫩绿的叶子。依旧的残垣断壁，依旧的阴暗和潮湿，空气里散发着一种铁的腥味。张望它的时候，你和我都总在想，那颗随风飘来的种子是怎样被命运抛掷，怎样附着废墟，怎样在腐恶和畏葸的荒芜之上，萌发它脆弱的胚芽，而后伸展它自由的枝子。为柔弱而感动的心灵或许是一种传承，历一百年而未被绞杀殆尽的柔弱，当足以证明刚强的吧？妃格念尔。生在一个阴暗潮湿的时代并非不幸，当你回首往事，你曾反复问自己，生命是否还有别一种可能，而你每一次的答案都是：不可能。的确，自由的原野上有一望无际的带露的碧绿。而你是只能依据你内里的坚忍和执著的，当时代需要英雄和理想的时候——妃格念尔！

星空何为？星空是因仰望她的眼睛而存在的，是因嵌缀她的灵魂而存在的。时间只在地面上堆叠，生和死，冬和春，荒草和牛群，梅雨和炊烟，间或有一些祭祀的牺牲和败亡的旗帜。多少了无痕迹的生存和了无痕迹的消逝。或许正是庸常的、令人窒息的日子堆叠，令土层丰厚，令心灵苦痛。理想和崇高总是从腐质的土壤中长出来。假如没有刺，就以袒露回护自己，坚忍地开出花来。那圣洁如马蹄莲或野百合一样的花，对疼痛的感觉如此锐敏，以至于整个世界的痛苦都由她独自承受着。在某夜，恰好有一滴星光落入她的花瓣，她就撕裂了自己。一半循着那滴星光划出的道路上升，成为人类精神的又一颗星辰；而另一半留在地面，忍受蝼蚁的噬咬，以及蛇行于地面的萎靡而且腥咸的风。“何处是我的尽头呢？”你说。当这内心的询问穿过一百年的暗夜抵达我的时候，我就在暗夜中擦燃一枝火柴，然而火光瞬间就熄灭了，灼伤的唯有自己的手。我只能以内心的颤动告诉你：实在我们没有尽头。妃格念尔！

沙皇是杀不死你的。手铐，这奴隶的记号，最终也不能把你变成奴隶。当与生俱来的博爱，那种与星空同样恢宏的博爱，突然摔碎在地，发出令人心悸的闷响，现实生活的龌龊一点一点地围剿你的真诚。你一步一步后退（历史的旁观者却在日历中写你一步一步前进），终于没有退路的时候，你发现自己已经站在铁与血之中了。为了做一个人，只为了做一个有人的尊严的人，你成了英雄。在不承认人的存在的时代，你拒绝做奴隶，于是你只能选择英雄。理想和星空一样遥远，也如星空一样高洁，生活已为一个终极的理想所圣化。就算是在流沙之上建造一座太阳城，其精神的力量却是何等地伟岸，何等地令人崇敬，妃格念尔！何况你是整个儿投入对专制统治的反抗的，整个儿只为反抗，包括你的生，你的死，希望之中的受难，绝望之中的独力支撑。

自从权杖和锁链被发明了出来，自从美丽的珍珠贝被串成一种交易的凭证，自从一双闪烁的眼睛不敢直视另一双明净的眼睛，灵魂的霉变就已经开始了。人——竟然是人，率先学会了下跪，学会了出卖，学会了无耻和苟且偷生。你是不该吃惊的啊，我们不是早就读到过的么？在《圣经》里，在人类有文字以来的灵魂档案里。我能说什么呢？你还是被击倒了。那一击是猝然而至的。在你专注地倾听人间的苦难，举头仰望展示着人类的崇高的星空，并伸出柔弱的手臂承接星光的时候，你被出卖了。你体内那声怦然的断裂，骤然使一百年的时空簌簌发抖，我们同时从理想主义的高处被扔进龌龊的泥沼……那是没顶之灾啊，妃格念尔！我真的渴望就此结束，结束一切。究竟是什么，把你从死的欲望中拦截出来，残忍地逼迫你在泥沼里挣扎，只为把共同的厄运承受到底呢？

风暴熄灭了，生命的钟停了，铁与血的伤口合拢，于是你像一块失散了的弹片，被闭锁在暗夜的伤口里面了。历史是从不感伤的，他漠漠然走远了。世上究竟还有什么更令人悲痛？当你被绑缚在废墟之上，日日被饿鹰啄食五脏，却眼看着历史从废墟上踏过，毫不动情地越走越远。还有什么比这更令人绝望的呢？妃格念尔！

死一般的静寂。

一片树影，纠缠不清，模糊虚幻，一种喑哑的恐怖，渐渐围拢，钻进你身体的每一个毛孔，钻进你的理性，钻进你的灵魂。一切都令人感觉着人生的最后一个所在——坟。

就在这一个夜晚，时钟开始倒退着行走，没有萤火，而铜锈如青苔一样茸密，门洞中的窥探如一种夜间觅食的昆虫卑琐的呻吟。就是这一个无月的夜晚，有一滴星光忽然落在我的颊上，沁凉如水。当我用双手接住她的时候，一簇火苗就无端燃烧，并迅速植入体内。此时仰望星空，我认出了你的方位。即使在燃烧的时刻，我们也并不拒绝流泪的，是么？妃格念尔！

夜间的涅瓦河水总是低声吼叫，总是翻沸不宁。一只白色的小火轮，向着未知的远方急急驶去。你告诉我，你突然间听见了船轮击水的声音。在夜的深处，竟然有船轮击水的声音！是的，是的，我们从不认为自己坚强如钢，从不。

满天星光之夜，蓦然降雨是何等的美丽——妃格念尔啊！

筱敏散文评论节选①

筱敏是一个耽于精神性的写作者，尽管她的名气比不上王小波，但在思与诗的结合这一层面上，她的写作却超越了王小波。她原是一个写抒情诗的诗人，后来改写散文。她早期的散文作品，较多关注女性的命运，对女性的生存困境有着细腻的描写和深切的关怀，其美学风格呈现出宁静、朴素、纯粹的特征。20 世纪 90 年代之后，她的写作风格开始发生了变化。她发表了一系列以知识分子为题材的散文，向读者展示了一个宏阔的精神空间和历史空间。那里有关于法国大革命的遥想，有对俄罗斯精神的礼赞，也有对德国法西斯暗影的省察，此外还有对知识分子的批判，对“红卫兵”运动的反思，以及对于“家”和“路”的追问，等等。筱敏坚守人文主义者的立场，思考自由、平等、信仰、公民的权利、人的尊严的内涵，向往想象中极美丽纯净的“乌托邦”，同时又感叹现代社会中无处不在的“理想的荒

---

① 陈剑晖. 诗性散文. 广州：广东教育出版社，2009.

原”，而对于斯大林式的极权专制主义，她则表现出压抑不住的痛切之恨。毫无疑问，筱敏散文所涉及的命题以及她所思考的深度，都给她的散文带来了精神性的特征。不过就筱敏的创作来说，更吸引读者的是那些精致、饱满和结实的诗性表达。在《书的灰烬》中，她用诗歌的笔调这样描述那些历史上的思想者。

脆弱与反抗，是筱敏反复吟唱的一个人道主义主题。反抗是宿命的，也是孤独无助的。筱敏笔下的女性反抗者一般都处于弱势的地位，然而她们偏偏要对抗现存的秩序，对抗专制与奴役。这样，当她们不得不承担起苦难与责任，不得不轰轰烈烈地去赴死时，她们的美才显得特别冷峻残酷，也特别绚丽夺目。显然，筱敏在这里所表达的诗性，既有着古典的庄严与崇高，又有着现代的苦难意识和悲剧感。当然，这种为了人的尊严，为了理想和信念而选择了苦难，选择了反抗的英雄主义行为，在系列散文“俄罗斯诗篇”中有着更为集中和完美的诗性表达。“俄罗斯诗篇”的首篇《在暗夜》是写给孤身反抗沙皇而被囚禁的妃格念尔的。作者以心交心，以自身的经历和体验去感受她心目中的英雄。尽管她身处“暗夜”，仍然在仰望星空，在思考“那颗随风飘来的种子是怎样被命运抛掷，怎样附着废墟，怎样在腐恶和畏葸的荒原之上，萌发它脆弱的胚芽，而后伸展它自由的枝子”。于是，作者感叹：“星空何为？星空是因仰望她的眼睛而存在的，是因嵌缀她的灵魂而存在的”。而在《火焰与碎银》这篇讲述苏联女诗人玛丽娜·茨维塔耶娃的散文中，筱敏一开篇就将我们带进诗的氛围之中。

最后的颜色

赵 玫

有人说，当太阳落山之时，凡·高在追寻最后一抹黄色。凡·高的故事不是别的，而是一个生命的故事。

当太阳落山之时，有一天，我读到了一本画册。那画册很厚重，封面是一个陷在蓝天和黄色土墙里的裸体女人，溶进去。而那女人紧闭双眼，任周身的肌肤如土墙般斑驳。英文的标题 *Blue sky and wall*

告诉我们，她就是蓝天，她就是土墙，她就是自然。当一切生命有一天如蓝天与墙般真正回归了自然，那么眼前的这本画册又该鸣响着怎样的悼歌呢？

我把那本很厚重的画册架在腿上。我几乎在惊悸中读到了两个生命的诚实。我看到了一个男人和一个女人。我看到了在所有的女人英勇的形象中，是怎样传达了那个看不见的男人。我并且知道了还有个最后的归宿。就算是艺术，就算是理想吧，尽管在男人女人的生命的创造中满含忧郁。

后来知道，那女人的名字叫薇拉·伦道尔夫。她曾是她那个国度中红极一时的电影明星、女模特儿。而有一天，她突然消失在荒野中。都市的人们失去了她。薇拉是那么美丽。

那男人的名字叫霍格尔·特鲁兹，他本是一个画家，但已经不能满足于在画布上创造。他试图把绘画和照片艺术融为一体，大概就为了这个最后的追寻，他从此隐秘在一片遥远的瓦砾中。

如果男人是个狂热的殉道者，那么他就需要个女人做祭品；如果女人是聪明的，她就总有办法舍弃掉一切，而不被淹没在芸芸众生中。生命必须放射着光彩，哪怕这光彩是残酷而充满灼人的血光。今天薇拉和霍格尔的故事之于我们似乎已不再陌生，就像那追逐最后一抹黄色的凡·高。我们熟悉他们的艺术，熟悉他们的作品，但我们就真的懂了他们的生命吗？他们何以要用美丽的生命做艺术的最后的赌注？他们何以要疯狂迅跑着脱离人生的常轨，而宁愿割断向日葵的头颅，宁愿让自身溶化进所有非人的环境中？

一切的财富珍宝荣华富贵，一切的上流社会和灯红酒绿，曾被烦扰的薇拉说，因为她有一天遇到了霍格尔，她才知道她那颗躁动不安的茫然的心，究竟该交往何处。她于是一头钻进了远方那座荒凉的木屋，甘心过隐秘的生活，甘心用美丽的肌肤，做她自身以外的那个世界的残酷的模仿。或者是因为爱，或者是因为别的什么，但自此以后，另一个生命的流程开始了。因为生命的本身充满启示，便使他们共同创造的艺术也充满了启示，他们或者相信，如果想创造艺术，就必须首先创造生命本身。

据说薇拉和霍格尔远离人世的隐居生活，是那么充满了无限的忧郁和绝望。你看薇拉隐身在粗糙斑驳而又满是伤痕的黑门中，她那双幽暗的蓝眼睛，是怎样凄凉而茫然地凝视着前方。前方是他们鄙视的人类生存，前方即或充满诱惑，他们也宁可退下来，退到大自然中，哪怕是成为怪石、岩浆，成为废墟、枯树、铁门和木窗。

当太阳落山之时，凡·高在追寻着最后的一抹黄色。凡·高英勇地买了把手枪，把他自己杀死在麦田里。得去追寻。即或是丢失三十七岁的生命。追寻的欲望的荒唐报答是，他那幅举世杰作幽蓝的《蝴蝶花》竟然以5 396万美元名列当今世界绘画市场上拍卖价格之首。这或许也多少证明了：凡·高不单单是创造了艺术的形式，而是在以绘画创造着生命的形式。

这一对男人和女人的艺术是这样完成的。女人献出她美丽的身体，让她平滑的肌肤成为画布，然后在共同的构思下，任男人在她的身上涂抹油彩。她于是在这涂抹中成了蓝天，成了青草，成了浓郁的苔藓，成了通向花园的黑门，或者家中的绿窗。然后她溶入那真实的物体中，直到她同自然再没有一丝的距离，男人便把这拍摄下来。

于是这画册就打开在我的腿上。于是我就看到了薇拉和那个隐身的霍格尔是怎样地在震撼着人心。何以如此美丽的薇拉，会如此令人触目惊心地留在那一幅幅永远的画面上。薇拉或者蜷缩着她修长而美丽的身体，或者坚忍地紧闭双眼，或者把她的蓝眼睛睁向天空，或者低垂下她漂亮的头颅，或者把她的双手伸向无涯的终极。薇拉不再美丽，一个女人不再美丽。薇拉宁可用美丽换取瓦砾、乱石、生锈的铁钉、朽烂的木窗和被溶化镶嵌的真实启示。一个女人如此英勇牺牲了她的美丽，生命便开始了它真正的意味。

或者，艺术真是生命本身的艺术的再造。当凡·高追寻着那抹黄色，当薇拉同霍格尔一道，把自己涂抹成非我的形象，当他们把生命的眼睛真诚地凝视着前方，人们会怎么想？

首先在于生命的创造，我不知该如何讲解和阐释我腿上的这本动人的画册。夜深人静的时候，那画册成为一幅幅令人惊恐的真实的空间。既然是我已经那么熟悉了薇拉那双幽暗而善良的蓝眼睛，既然是我好像伸手便可以触到照片上薇拉那斑驳的肌肤。

连斑驳的肌肤也陷在斑驳的绝望中，这时候，风起了，落叶翻卷着晚秋的浪。我听到那木质的黑门正发出吱嘎吱嘎的响声，工厂的生锈的管道正奔走着无声的气流，铁钉在撞击，而薇拉和我们凝结了。

任何生命的旅程都该是艰辛的，既然是为了创造。薇拉同霍格尔自1970年相遇，应当说这个创造但却艰辛的生命之旅就开始了。他们经历了前后五个过程，最初是以裸体描绘生活中的他人；然后是表述自然界中的他物；接下来，她变成了青草，变成了泥上，变成了山石；再以后，薇拉使自己熔入标志着冷漠的铁门、黑门、绿茵和土墙中；而到了1978年前后，薇拉和霍格尔则英勇走进了那布满大机器的空旷的厂房，把他们的影像汇进去，薇拉的肌肤上从此布满生锈的铁条和铁钉，薇拉甚至容许那使人窒息的管道紧堵在她深怀绝望的嘴唇上，她不知在以怎样的压抑和冷酷，完成着1978年的第五次冲锋。

奇异的画册打开着，提示着生命。如果说薇拉和霍格尔最初只是为了逃避城市，把生命融入蓝天、森林和绿草，或者是出于一种忧郁而伤感的绿色动机的话，那么后期在薇拉美丽的裸体上涂满可怕的铁灯、生锈的管道、坚硬的门闩和铁链，那就实在是因了绝望和压抑而痛苦地伤残着自身了。融入自然，其实不过是为了逃避；而融入工业与机械则是一种积极而惨痛的介入。这需要何等的勇气！这需要薇拉何等地扭曲着女人美丽的裸体，又需要霍格尔何等地摧残着女人裸体的美丽，而他们，就是这样为人类提示着生命。装扮起身体，暗示人类怎样想汇入真正的自然；粗糙起肌肤，来证明人类已怎样被物的世界所异化；斑驳起生命，则深刻了大机器对人类生存的压迫，如此，薇拉和霍格尔行进着他们生命中的艰难旅程。他们冲击着常人生存的既定模式，便首先使他们的生命闪出了光彩。尽管，他们已闻名世界，他们的画册已经在读者的腿上被翻开，但是，他们创造的艺术品已不再重要，画册已不再重要。重要的是，他们创造了生命本身。

凡·高至死在追寻着那一抹黄色。他为此而被关进疯人院。他英勇断掉了向日葵的头颅；他自己把耳朵切下，寄赠他钟情的妓女；他再用手枪对准自己的生命。都是为了一抹黄色。而凡·高的生命，却是不能与任何钱币等价的。太阳落山之时，凡·高的确疯了。

如果说，凡·高真正彻底的生命本身的艺术完成，是由于凡·高神经质的冲动、非理性的发疯所导致的话，那么薇拉与霍格尔，就是在理性的支配下，英勇做出的现代人超越尘世的选择了。男人和女人，隐遁到世人不到的角落。男人和女人，在创造生命本身同时创造艺术。男人和女人，如何向人类和尘世望过来，破坏掉世俗的完美，将人体与艺术奉献于真正的自身的深刻中。如果有一天，我们也能如薇拉和霍格尔般，无情地审视着我们自己和世界。

有一天在一个午夜我惊惧地读着这样的一本画册。

一个午夜的启示开始变得明亮，有幽暗的蓝眼睛在无声的旅程中飘荡。

如此的冲刺和拼搏是为了抵达那个最终的尽头。颜色开始变得斑驳。最后的颜色。该如何在最后的颜色中，使生命变得辉煌?

有人说，当太阳落山之时，凡·高在追寻最后一抹黄色。

赵玫散文评论节选①

如此丰富而有诗意的内心世界，又不能作直白的表述，该如何承载这样一颗诗意而善感的心？于是，那些蕴涵着作者情绪的缤纷的意象就成了赵玫传达情绪、营造氛围的载体。在文学作品中，意象是营造作品氛围传达作者情绪的重要因素。它是对于现实中事物及景象的描写，但又跟现实中的实在事物不一样，它不是实在的摹写，而是包含了作者情绪、被作者情感化了的意中之象。意象对于情感的表达、对于作品氛围的营造，无论在中国的古典诗歌中还是在20世纪西方现代派作品中，其作用已是不言而喻。诚如艾青在《诗论》中所说："意象是具体化了的感觉。"而流动于赵玫的散文中的就处处是这样一些体现着作者感觉的意中之象。就像她给女儿钢琴上摆放的那只烛

① 胡艺姗. 诗意的情绪化的独语和诉说——关于赵玫的散文. 南方文坛，2000（2）.

光一样的灯，“朦胧着消失现实。创造一个氛围”。在她的作品中，诸如黄昏、雾霭、小雨、雪的夜晚、凄寂的晚秋、落叶、湖水、池畔、海岸线，以及“漫—坡—的—绿—草”这样一些体现着作者情绪和感觉的意象比比皆是。所涉及的人物如杜拉斯、伍尔夫、凡·高、列侬、卡蓬特、罔林信康以及黄色的向日葵、《如歌的行板》，甚至“阳光般地流响”的钢琴、幽怨地诉说着的低沉而绵长的大提琴、形状很美声音也很美并且呜咽着悲伤的长笛、“摇摆着，诉说着。一种真正的放浪和伴随着无比深邃的柔情”的萨克斯管，都成了她传达情绪、营造氛围的意象。而其作品诗意的氛围正是通过这些意象的组合、衔接而显示出来。

这里，不能不提到她的散文里那些无所不在的具有欧化情调的意象。甚至赵玫自己也提到这一点：“有朋友把信写过来，他说在你的小说中经常出现的意象是不是太欧化了。比如教堂、湖、还有钟声、还有墓地……”

赵玫曾经在散文里多次写到她何以如此倾心于这些湖、教堂以及钟声，这是因为她童年所置身的环境，她从小生于斯长于斯的那座城市。那些充满欧洲文化气息的租界区的街道、法国公墓、湖水，以及石凳、白椅、松柏、蓝色的小花……这一切，在她童年的记忆里留下了深深的印记。“它的纯粹的形式风格甚至影响了我的整个人生观……那是我亲眼见过又曾亲临其境的一片精神的故园”。如此幽深的情绪，如此长久地浸染其间，甚至日复一日年复一年地迷恋于此，这些景象就成了她作品中随处可见的意象。

这样的一些带有欧化情调的意象，给赵玫的散文营造出了有着浪漫的异国情调和宗教色彩的境界，一种诗意的伤感与怀旧的氛围。这样的氛围是很容易感动人的。这就使得读者无论在怎样的景况和心境中，一颗心都会在读到赵玫散文的那一刻变得细腻、善感而美好。而打动读者心灵的正是她作品中那一系列诗意的意象以及在这背后的诗意的情绪。

为你祝福

韩小蕙

题记：

——世间有无真美？

人曰：去问神。

——世间有无永恒？

神示：去看人。

一

初次见你的时候印象不深。那时你大约三十出头，怎样的发型已没印象，何种装扮也记不清。在那十来人的小型会议上，你没什么太突出的举动，比如喝豪酒，抽猛烟，或者喳喳啦啦地赶话头，就像有些强干的女编辑一样。所以我只记住了你美丽的名字，其他，就像三月的江南烟雨，渐迷蒙渐飘逸渐空灵了。

可是今天这第二次见到你，我是大过惊异地愣住了——

你改变得太大了！腰身变苗条了，柔软得像风摆的柳枝；肤色变白皙了，令我想起“肤如凝脂”的古句；脸色变红润了，真正的面若桃花；眼睛变清亮了，宛若深山里的洌泉；眉毛变婀娜了，像两条柔情的芦苇；红唇变温润了，“梨花一枝春带雨”；就连头发也变成一长匹黑亮的软缎，“哗”的一下，自豪地铺散开你的明媚……你浑身上下，流动着一种几乎能看得见的动人的神采，这使你就像从祥云里升起的莲花仙女，变得鲜艳绝伦，美丽无比。一定有什么故事发生了，不然那只有天国才有的气息，怎会莅临这森森大地？

世事真是很奇怪的：大多数人，随着时光的流逝，都必然地走向青春徒唤，容颜老去。可也有人，比如你，反而会乘着岁月的驿车，驶向成熟的美丽。终于，有人为我解开了这个谜底：是爱情使然——噢，是心中熊熊燃烧的爱情之火，使你变得如此超凡。唉，女人啊，你是为爱情而生的！

二

只有爱情之火的烧炼，能够涅槃女人，使她成为一只神奇的火凤凰。

先前的你，真的很平凡，十来个人当中都显不出你，更何况这万千佳丽、美女如云的世界？因此在你执守的新闻行业，在你的单位里，你只是一个默默无闻的普通编辑，没有人对你期望什么。

可是他们错了！那只不过是表面的风声雨色。一俟你寻找到了他，一俟他用倾心的爱点燃了你心中的火种，一俟你熊熊地燃烧起来，看吧：一只通体灼亮的火凤凰，在湛蓝广袤的夜幕之中，冲天而舞，清歌婉呖，真真美煞了寰宇，使天地人心都变了一番风景！

啊，爱情可以装扮女人，也可以装点世界！

你的选择绝对是第一流的。你的A君虽不是高大英俊的高仓健，但他是中国第一流的人才，堪称男人里的人杰。他论才气就像开闸之水，论学识犹如深山富矿，论智慧在男人堆里也被服膺，论魅力更可叫淑女倾倒，何况他已著作等身，名传中外，在你和别人眼里，他都是绵绵青草里的一棵大树。这样的男人本不多，在我们身边，尤其难觅。而命运独独对你无比仁慈，把幸福的花环戴上你的额头。这个别人只能远远仰视的男人，却爱你如醉恋你如痴。听说，他像捧着一颗珍珠一样地捧着你，不仅用双手，而且用火热的心。

女人还求什么呢？于是你跪下来，呜咽着感谢命运之神：发誓一辈子两辈子三辈子地报答他。其实，谁是神呢，在你的心庙里，神不就是你的A君！

在爱情的深海里，女人绝对比男人沉沦一千倍。真正的“滴水之恩，涌泉相报”；真正的“才下眉头，又上心头”；真正的“金风玉露一相逢，便胜却人间无数”。他的随随便便的一个眼神，够你品咂一个星期；他的随意的一句话，够你忙活一年；他的说说而已的一个愿望，你能为之跑遍半个城市；他的一声寻常的叹息，会像巫山一样重重地压上你的心头，使你心疼得夜不能寐。唉，有一天你手指上扎得红斑点点，那仅仅是为了他随便问了一句你的女红。还有一阵子你忘我地学弹琴，也是因为他要你为他弹一曲。最最重的奉献，是你毅然褪下了才女的桂冠，放慢了如日中天的奔跑，而把自己的青春、精力、才华、奋斗，全都献给了他——只要为了成就他，你舍得割弃自己的事业，心甘情愿默默地埋没自己……女人呀，男人用情感爱你，你回报他的，却是热血和生命，是你生存的全部快乐、全部价值、全部意义……

我也是女人，我真的十分十分地理解你。女人本就是为爱情而生的，能够得到这倾心的爱恋，已是一生最高的福祉。回首凝眸，天下正有多少哭泣的女人，只为是寻觅不到呀！

所以，你是一个幸福的女人。

至少，你体味到了什么是幸福。

这幸福，使天下所有的女人，都获益匪浅。

三

更何况这份幸福并不失衡，你的A君也爱你。

不是君子好逑的爱；不是沉鱼落雁的爱；不是鬓云香腮的爱；不是怜香惜玉的爱；也不是三从四德的爱；更不是功名富贵的爱；酒色才气的爱；福禄寿喜的爱；传宗接代的爱。

他珍惜的是你能够听懂他的话。

噫！世上人间，谁不会说话？谁又听不懂人说话？雄辩如苏格拉底，巧舌如张仪、苏秦，精辟如孔、孟、老、庄。可是又有几人能听懂我们，能与我们对上话，能使我们想对他说？

不错，男人都是要建功立业的，可是离不开爱情的润泽。再刚勇、再雄霸、再事业的男人，也离不开女人的柔情，那才是生命的根。何况，他也是历经了大漠孤烟一般的坎坷，弄得心痕累累，苍苍莽莽，已近乎绝望。因此，当他在无望的沙海之中突然看到了希望的绿洲，他的胸膛里面，是奏起了怎样庄严的鸣响啊！你也成为他的神。他把他全部的忧郁、孤独、感伤、惧怕、委屈，毫无遮掩地向你敞开。也把他憧憬、热望、夙愿、追求、梦想，点点滴滴化进你的血液里……

所以，他不知道怎样捧着你才更好——轻一些，重一些？松一些，紧一些？虚一些，实一些？梦一些，醒一些？

你也不知道怎样爱他才更深——是给他眼睛？给他双手？给他青春？给他热血？还是给他精神？给他灵魂？给他心？

你们是真正的阳电和阴电。一个霹雳，爆出一道亮彻天下的闪电！

他把一个心酸的故事，一遍又一遍讲给你听：好友B君，才高人好，却时乖命蹇，累遭毒蛇缠绕抽刀断水，内心里苦不堪言，又失却红粉知己揾英雄泪，终至一病不起，撒手人寰……每次说到这伤心处，他都语不成声，痉挛地抱紧你，想把你揉进他的身体里，灵魂里！

他不绝声地叫着你的名字，无论在醒时，在梦时，在虚幻时。即使就在你的身旁，他的眼睛也时不时地找寻你，就像找寻他的自我。他把自己的生命密码，一把锁进了你的生命链里，然后就心安理得地对司命神说："我已把生命交给了这个女人。"没有了你，你不知道他还怎样活，他也不知道。

四

然而幸福之门，并没有对你们訇然大开！

爱情是稀世珍宝，不是我们人类能够尽享的。上帝造人不是为了使之享乐，而是为了把这个世界打造好。每个人都必须负载着他的责任，终其一生地探索和劳作。因此千千万万的人，世世代代的人，有多少痴男怨女，寻寻觅觅一辈子，走到天国的门槛下了，却只能遥望着爱情的迷人光彩，力竭而死。

对于爱情的苦行僧来说，降生在这世上的任务，就是为这宗教献身，像西西佛一样，日复一日地向山上推动那无望的巨石。

爱情有多少磨难，你们面前便有多少磨难。

你痛恨他是名人，背后永远追逐着好事的眼睛，挑剔的舌头，男人的闲言碎语，女人的飞短流长。你还痛恨他是成功的男人，不愿招来使他沉溺的鲜花、掌声、美酒，大众面前的曝光，无聊闲人的包围，轻佻女人的追逐诱惑。你尤其痛恨他的男性虚荣心，痛恨他不是温莎公爵，看重他的功名追求甚于你的情感……

他呢，也疼恨你是个出众的女人，你的工作必须与其他男性交往，也不可避免地受到其他男性的爱慕。他还痛恨你对他的爱太深沉太浓稠太专一太宗教太过于自我牺牲。你的爱火把他熔铸得太神圣、太纯洁、太累。他尤其痛恨你的爱已把他惯成一个不可忤逆的暴君，你怎么都是柔柔的水，使他离也离不开你……

可是所有这些，比起横亘在你们之间的那条不可逾越的万丈深渊，简直连纤尘也算不上了。

人类就是有大悲哀——他的生命之中，早就有了一个女人！

他少年离家，在外漂泊了二十来年，是这个比他大三岁、抱金砖的女人，替他赡养老人，哺育幼子，荷锄稼穑，和睦邻里……她本来就不是天仙，岁月的风尘又格外地不留情，早已把她凋敝成一束晚秋的瘦菊，女人的风韵和心气都已离她而去，她活着，只是听凭惯性。她是为他走到今天的，所以，他永不能当陈世美。

情天爱海也是一种宿缘。面对威严的生命法庭，我们只有两种选择：或顺从，或反抗。顺从其生，然而苦海行舟，生命不能畅其流；反抗即死，然而天公地道，可以享受瞬间辉煌。是求其瞬间，还是求其长久，神到底网开了一面，让每个灵魂尽求其寻。

你的不幸也就在这里，他把生死的选择交给了你：何去何从，全凭你！

五

你的第一个选择，当然是远走高飞。

像倔强的简·爱一样，你犹如一支离弦的箭，头也不回地逃离罗契斯特，孤苦伶丁地跋涉在无望的荒野上。一场天火正在熊熊燃烧，红色的火云逐渐式微，黑得发狂的乌云乘机大举进逼，勾画成一幅惊心动魄的《天柱欲折图》。俯首下望，干涸的大地裂开一道道黑深的伤口，绿树、红花、飞禽、走兽，象征生命的存在遍寻无着，只有枯黄的芦苇在狂风的撕扯中呼号。然而，你已全然失去了感觉，你的心在淌血，身后留下大朵大朵的血花。此时此刻，你终于得到了一场痛哭。你呼唤苍天，哀求诸神："谁来救救我?!"

没有谁来救你。

谁也救不了你。

你隐忍着，边走边跑，绝望地呼喊着A君的名字。最致命的，就是你此生此世，已不能剜去心中的这朵红玫瑰，它已镌刻在你的生命基因之中，如同普罗米修斯的心脏，即啄即生，永啄永生。除非死，你不能放弃这份爱。至此你终于明白了，只有你自己才能救自己。

于是，你顽强地站定了。头颅高高扬起，双手伸向东天，像一尊想要拥抱太阳的神像。你不再顾及天庭的规矩，也不在乎人间的限制，只把你的本心呐喊出来：

“我……不……服！”

“我……不……认……命！”

石破天惊……

豪雨如注……

这是上天在羞辱你，还是在歌吟你？你不在乎，因为你没有做坏事，你的爱是世界上最纯真无瑕的真爱——你寻求的只是献身，而不是得到，更不是占有。名分于你，与金钱、功名一样毫无意义。你要给现代女性提供一个全新的参照系：什么是真正的男人和真正的女人之间的爱，是高贵的男人和高贵的女人之间的爱，是好男人和好女人之间的爱。

起风了。风起于清萍之末。“吹皱一池春水”。“卷我屋上三重茅”。萧萧风声里，送来一株古柏的叹息：

“当年，就连罗丹大师也铸下了大错。姑娘，你不怕晚境悲惨吗？”

你捧起一大把无名的野花。它们的花瓣很小，形状圆而普通，颜色也不浓烈，只是淡淡的素白。和这个鎏金溢银的世界相比，它们是显得太朴素了。然而从它们小小的身体里，释放出浓烈的香气，看得出来它们是用尽了全部的力量。你把它们的浓香撒向大地……

六

我想为你歌一曲：“风萧萧兮易水寒……”

和你相比，我却是太羞愧了。我恨自己是个懦夫，不敢像你一样，高举起从头越的大纛，勇往直前地穿越五千年的风烟。

但我愿为你做喀戎。喀戎是希腊神岛上的森林精灵，他崇敬普罗米修斯的英雄举动，甘心情愿用自己的身躯，替换下被缚在高加索山上的普罗米修斯，替他忍受着恶鹰的啄食，也不在乎被遗忘的孤寂，直到天荒地老，直到永恒……

并且，我还比喀戎多了女人的激情，女人的祈盼，女人的力量，女人的呼喊——这呼喊，已积蓄了漫漫濡濡一百万年，此时此刻，涨起了庄严的轰响：

“为——你——祝——福！”

“为——你——呀——祝——福！”

韩小蕙散文评论节选①

读韩小蕙的散文，会有一种境界崇高宏阔的感觉。在当今所谓的“小女人写作”渐趋泛滥的文坛，是什么原因造就了韩小蕙的散文登临崇高宏阔的艺术境界呢？韩小蕙以其一系列的创作实践给我们透露了明晰的信息。那就是：生命写作与创造精神。

写作对一个作家意味着什么？这个产生创作内驱力的带有根本方向性的问题不仅决定了其作品思想境界的高下，同时也影响着其作品的内容取向。韩小蕙在关于20世纪90年代散文写作的一份问卷调查中明确地回答道：“我用自己的全部真情、全部生活信念和热情，以及我对世界的全部认识写散文，因而，散文写作对我来说是生命写作。”在这种高尚、纯洁的“生命写作”的驱动下，韩小蕙的散文创作获得了她所期待趋达的精神高度：力求以一己的倾吐表现出人类共同的情感与思考。首先，作为一个女性作者，韩小蕙自然对女性自身命运的反思有着更为敏锐的关注。但韩小蕙并不满足于喋喋不休地倾诉女性在生活底层的哀愁苦乐，而是坚决突破个性情感和一己天地的狭小范围，把笔触伸向社会人生的多彩画面。比如在《无家可归》、《有家难回》这种一望可知是抒写关于个人生活题材的作品中，韩小蕙并不沉溺于一味记叙自己生活中暂时的困境，而是以身为业务骨干却饱受居无定所之折磨的事实，抨击当时社会存在的分房的不正之风。以新居环境的严重污染状况，呼吁人们增强环保意识，珍惜地球

① 曾焕鹏. 生命写作与创造精神. 当代文坛，2001（4）.

家园。韩小蕙在散文创作中擅长以一个知识女性的眼光去打量周遭的世界，去探究关于女性意识的底奥。在《个人女性观》一文中，韩小蕙坦言了自我关于女性人生观与女性文学观的鲜明态度："女性文学应该承担起女性解放的历史责任。女作家们尤其应该把'实现男女平等'写在自己作品的扉页上，并且日乎三省吾身。""'小女人散文'只是用文学笔法写就的生活应用文，没有进入文学创作领域。真正的女性文学应该深刻得多，广阔得多，从形而下切入至形而上的精神层面升华，并反映出时代和社会本质意义上的全体女性的心声。"韩小蕙以创作真正的女性文学为艺术追求的最高目标，以反映时代和社会本质意义上的全体女性的心声为己任。这种明确的创作指导思想，使韩小蕙创作出一批女性意识十分强烈的作品：《女人，最重要的……》告诫女同胞们，一个自己活得愉快也使别人赏心悦目的女性，最重要的，应该是"不/断/修/炼/自/己/为/人/向/善/的/人/生/高/境/界/"。《女人不会哭》认为，"真诚加上自尊，这是最为美丽动人的女性"。这些作品探究的都是关于为人处世态度与品质修养等女性意识的底奥。韩小蕙也把探究的触须伸向爱情婚姻，异性情谊等世人最为敏感的领域。《欢喜佛境界》与《为你祝福》可以视作韩小蕙关于爱情婚姻观的两篇宣言式的作品。《欢喜佛境界》记述在承德、西藏等地参观欢喜佛时内心所受的震撼与产生的遐思，真挚地祈祷世间真心相恋的男女都能因获得与享受真正的爱情而抵达"大美、绝美、纯美、最美"的"欢喜"境界。《为你祝福》讲述一个世界上最纯真无瑕的爱情故事，激情澎湃地祝福"真正的男人和真正的女人之间的爱"，应该是一种"寻求的只是献身，而不是得到，更不是占有"的真爱。《悠悠心会》一文记载的虽是与彦弟通信五年却从未谋面的一段心路历程，实则是写给普天之下所有纯洁高尚、重义忘利的朋友们的一封公开信。作者开诚布公地表明："被挚友心心念念地记挂着，思念着，这是怎样的一种人生幸福啊！"因而，在文中韩小蕙真诚地祈盼朋友之间，甚至异性朋友之间，能常常把崇高的情绪传达给对方，于不经意间互相激励，使双方都变得更趋高尚和美好。毫无疑义，这是一种交友的理想境界，尽管这种真诚情谊的获得殊为艰难，但它毕竟是对世俗偏见的一种勇敢挑战，是心地纯洁的女性对诚挚的异性情谊的一种真情呼唤，也是“时代和社会本质意义上的全体女性的心声”。

【问题与思考】

1. 20世纪90年代的女性散文在表现领域和艺术手法上有哪些突破?

2. 20世纪90年代女性散文的生命体验有何独特之处?

3. 女性散文为什么会在20世纪初和20世纪末形成两次创作高峰？试比较其异同。

4. 高度的心灵化、情绪化及对女性深层心理的迷恋给女性散文创作带来了哪些影响?

5. 女作家王安忆曾说：“文学的初衷其实就是情感的流露，于是女人与文学在初衷是天然一致的。”你同意这种说法吗？请谈谈你的理解。

【相关作品与文献】

1. 筱敏. 捕蝶者. 广州：花城出版社，2007.

2. 斯妤. 斯妤散文. 北京：中国青年出版社，2004.

3. 赵玫. 一本打开的书. 沈阳：春风文艺出版社，1994.

4. 韩小蕙. 韩小蕙散文. 北京：华夏出版社，1999.

5. 刘思谦，等. 女性生命潮汐——20世纪90年代女性散文研究. 郑州：河南大学出版社，2005.

6. 李虹. 女性自我的复归与生长——新时期女性散文创作的流变. 文学评论，1990（6）.

7. 王兆胜. 超越与局限——论80年代以来中国女性散文. 文学评论，2003（2）.

8. 李林荣. 从“女性”到“新生代”——散文话语在社会转型时期的主题变奏. 文艺评论，2001（5）.

9. 吕若涵. 九十年代女性散文综述. 福建师范大学学报，1999（1）.

第六章　新乡土散文

【学习提示】

中国是传统的农业大国，农耕文化影响下的中国人安土重迁，对乡村有着一份割舍不下的情感，即便背井离乡千万里，也每思叶落归根。随着现代城市的兴起，更多的作家从乡村走向城市，空间距离的扩大却常使他们的内心越发亲近乡村、吟咏乡村，形成了乡土散文创作潮流。

苦难中的乡村牧歌与乡村哲学

乡土散文，一般指以乡村为抒情对象，抒写对乡土风物、人情世故的赞美、依恋或思考的散文作品。它在20世纪中国文学史上有比较突出的影响，涌现了不少名人名作，如鲁迅的《阿长与〈山海经〉》、《社戏》，周作人的《故乡的野菜》、《乌篷船》，等等。沈从文（《从文自传》、《湘西散记》、《湘西》）、李广田（《银狐集》、《画廊集》）、芦焚（《黄花苔》、《江湖集》）等文本也比较集中地反映了乡村生活，是颇有代表意义的乡土散文作品。新中国成立以后，汪曾祺、贾平凹、韩少功、张炜等的乡土散文引人注目，但将当代乡土散文推向新的创作巅峰的是90年代涌现的以刘亮程等人为代表的新乡土散文作家，他们的创作无论是内涵、题材、角度或表现方式等方面都有一定突破，取得比较突出的成就。

一、苦难中的乡村牧歌与乡村哲学

作为传统的农业社会，对乡村的眷顾是传统文人的常见题材。最早的诗歌总集《诗经》有不少关于乡村生活的描写，陶渊明山水田园诗更是将乡村构筑成与官场对立的纯净、质朴的理想处所，留下众多描写乡村的诗句，其中有“采菊东篱下，悠然见南山”的闲适，有“晨兴理荒秽，带月荷锄归”的怡然，有“暧暧远人村，依依墟里烟”的恬静。后人更有“绿树村边合，青山郭外斜”，“斜阳照墟落，穷巷牛羊归”……在众多关于乡村的抒写中不难看出，在传统文人心中，乡村是对抗污浊仕途的最后阵地，是世间的净土。

现代散文中关于乡村的再现则呈现出更加丰富、冷峻的内涵。20世纪上半叶，以鲁迅为代表的乡土文学赋予散文理性的思考，通过揭示农村的闭塞、落后、愚昧及由此产生的种种苦难展示了作者的悲悯情怀及启蒙教化意识，在启蒙与救亡的主题下记录了半封建半殖民地中国乡村所特有的风情与悲欢。

新中国成立以后，客观地说，数十年的社会进程中农村发展是比较滞后的。但在20世纪80年代以前，作家一般都有意无意地回避乡村的苦难，导致不少农村题材散文作品的真实性颇有可疑。乡土散文取得独立的文学地位是在20世纪80年代以后，新时期多元化社会背景下，乡村步伐的沉重与田园生活的甘苦重回作家的视阈，作家笔下的乡村想象丰富多样起来，作家的立场与视角日趋多元：有饱含深情赞美，有冷峻的反思，还有乡村哲学的提炼与升华。这样，在90年代厚重的文化散文领一时风骚、时尚“小女人散文”为代表的城市散文走俏数载之后，新乡土散文悄然崛起。

20世纪90年代新乡土散文的异军突起有其特定的社会背景。经过了浪漫且虚假的新中国成立后十七年的歌功颂德和“文化大革命”的文艺政治化，20世纪80年代的文学自觉和激情到1989年后逐渐进入沉静期，尤其是社会转型所带来的商品经济勃兴、城市化进程加速、人文精神消退使20世纪的最后一个十年中国文坛群雄并起、乱花迷眼。另外，随着城市的膨胀，一批批人离开了祖辈耕耘的乡土来到陌生的城市，在城市与乡村的辗转中寻找生存据点，不管最终成功挤进主流社会或者在城市边缘徘徊，许多人都始终没能找到城市的认同感，他们频频回首走过的乡间小路，试图在乡村中找到心灵的净土。于是，讴歌纯真、质朴的乡村生活，从乡村寻找诗意与人生哲理，通过对乡村岁月的追慕反思现实的新乡土散文便应运而生了。

1999 年，《天涯》杂志推出“刘亮程散文专辑”，并邀请知名作家如李锐、李陀、方方、南帆、蒋子丹等进行评论，此后刘亮程的乡土散文迅速走红，受到读者和评论界的一致好评。2001 年，《天涯》杂志又推出了“谢宗玉散文专辑”，同样附上了知名作家史铁生、张炜、迟子建、蒋子丹的评论，谢宗玉也由此引起广泛瞩目，成为新乡土散文的主要干将，文坛将他与刘亮程并称为“北刘南谢”。此外，任林举、刘鸿伏、王朝阳等都纷纷涉足乡土题材并崭露头角。

新乡土散文的主要特征有以下方面：

其一，苦难岁月的乡村牧歌。

在现代性进程中的中国大地上，乡村往往被贴上“落后”、“愚昧”之类的负面标签。新乡土散文并没有粉饰太平，乡村的苦难在这些作品中俯拾皆是。在谢宗玉的《雨夜孤灯》里，人们为了生计铤而走险上山“偷竹”并常常为此付出惊心动魄的代价：“他们必须在伸手不见五指的夜里出发，蹲在阴冷潮湿的岩下熬到半夜，等护林队的人都睡熟了，才敢下刀。雨声哗哗，刀声笃笃，他们惊恐的心一直攥在自己手里提着。空脆的刀声实在响得吓人，护林人随时都会朝着声音包抄过来，突然现身，乱棍将人往死里打。那些年村里好些人的父亲就是为这事死的。有抓起来打死的，有逃跑时慌不择路坠崖死的，有摸黑归来时不慎滚落山沟死的，也有被猛兽长蛇咬死的。”父亲们上山偷竹提心吊胆，家人在家里担惊受怕，因为一旦发生意外一个农家就散了。任林举的《玉米大地》中的十二舅辛苦一生却一贫如洗，贫病交加孤苦伶仃的他只能寄居在远房侄子家，为不给别人增添麻烦毅然绝食而死；《土盐》里的年事已高的爷爷为了节省一角四分钱一斤的海盐加入打盐队，累得昏倒在工地；《大地的表情》在天灾面前父亲放下做人的尊严四处借粮……对于乡村的苦难，刘亮程的《寒风吹彻》有着形象而准确的概括：“落在一个人一生中的雪，我们不能全部看见。每个人都在自己的生命中，孤独地过冬。我们帮不了谁。我的一小炉火，对这个贫寒一生的人来说，显然杯水车薪。他的寒冷太巨大。一个人老的时候，是那么渴望春天来临。尽管春天来了，她没有一片要抽芽的叶子，没有半瓣要开放的花朵。春天只是来到大地上，来到别人的生命中。但她还是渴望春天，她害怕寒冷。我围抱着火炉，烤热漫长一生的一个时刻。我知道，这一时刻之外，我其余的岁月，我的亲人们的岁月，远在屋外的大雪中，被寒风吹彻。”比苦难更使人忧伤的是它的凝滞性，苦难的乡村仿佛与外界的现代化进程无关，它缓缓地行进在自己的轨迹中：“在黄沙梁，过了三十岁你就可以闭着眼睛活了。如果你不放心，过上七八年睁眼看一眼。不会有让你新奇的事情。树多少年前就停止生长了，土地中越来越少的水和养分使它们每年只能勉强地保住命。”（刘亮程《闭着眼睛走路》）

然而那些逃离了乡村的农家后代，最终却表达对农村的认同。鲁迅曾为蒙昧乡亲“哀其不幸，怒其不争”，但是乡村的流风遗韵却时时萦绕身边：“我有一时，曾经屡次忆起儿时在故乡所吃的蔬果：菱角、罗汉豆、茭白、香瓜。凡这些，都是极其鲜美可口的；都曾是使我思乡的蛊惑。后来，我在久别之后尝到了，也不过如此；唯独在记忆上，还有旧来的意味存留。他们也许要哄骗我一生，使我时时反顾。”贾平凹形象地指出：“做起了城里人，我才发现，我的本性依旧是农民，如乌鸡一样，那是乌在了骨头上的。”（《秦腔后记》）刘亮程则用充满感性的语言表达故乡黄沙梁无可代替的深情：“我的故乡母亲啊，当我在生命的远方消失，我没有别的去处，只有回到你这里——黄沙梁啊。”

应该说，向往乡土眷恋故里是乡土文学作家的共同特点。在他们看来，乡村除了苦难，更有令人向往的纯净、自由、质朴的生活状态。韩少功说过：“融入山水的生活，经常流汗劳动的生活，难道不是一种最自由和最清洁的生活？接近土地和五谷的生活，难道不是一种最可靠和最本真的生活？”（《山南水北》）作家们常常将城市与乡村进行对比，以城市的污浊反衬乡村的纯净，视乡村为自己的精神家园，“这么些年来，我一直居住城里，怀念乡村的散文却越写越多，连我自己也搞不清这是怎么了？现在我终于明白了，污浊的城市把我搞得五劳七伤，而乡村却有医治我的气候、气息和气场，神秘的身体受上帝的指引，让潜意识一遍又一遍去怀念乡村”（谢宗玉《草管人命》)。“这个城市正一天天长高，但我感到它是脆弱的、苍白的，我会在适当的时候给城市上点牛粪，我是个农民，只能用农民的方式做我能做到的，尽管无济于事”(刘亮程《城市牛哞》)。

一直以“乡下人”自居的沈从文以世外桃源般的湘西想象营造纯净、质朴、自然的乡村世界以对抗着城市的污浊、虚荣、虚伪。新乡土散文无疑也承续了这一思路。他们在自然的生活状态中再现生活的本真，通过对乡村的全面体认表达浓郁的乡村情怀，尽情地歌颂乡村世界里极不起眼的一草一木，歌颂勤劳质朴的父老乡亲，歌颂乡间没有心机的简单生活。他们没有居高临下的优越感，也似乎无意启蒙或者说教，而是在对乡村生活的认同中敏感地捕捉其特有的打动人心的人事风情，表达对乡村生活所代表的没有被所谓现代文明所污浊、所矫饰和扭曲的自然人性的由衷歌颂。在乡间的再现中，新乡土作家超越了现实、物质层面的乡村而进入了精神层面，从而使乡土呈现出乌托邦式的图景，成为乡村游子长久的精神慰藉。

其二，乡村哲学的体悟。

新乡土散文的另一个重要特征是具有一定的哲学层面的思考。从乡村的角度看世界和人生，在充满泥土气息乡野风物中感悟生活哲理，使这类散文呈现出一定的思想深度，甚至具有形而上的高度。这在刘亮程等人的散文中表现得尤为突出。

在新乡土散文作家的笔下，生命的价值被重新认识。每一个生命得到尊重，在人与物的交流中，人不是唯我独尊的万物之灵，而是和鸡、狗、虫子、树木一样的生命个体，即便是玉米这一普通的农作物也有属于它们自己的神秘世界，“玉米是一个有着自己语言的部落。每一个宁静的夜晚，当它们不需要向人类传达自己信息时，便会进入到仅属于同类之间的秘语，那是另一种频道、另一种波段，一种拒绝器官，而只有用细胞才能倾听的波长。玉米们就这样静谧地交谈，神秘的心语如天上的星象一样难以破解”（任林举《玉米大地》）。在新乡土散文家看来，万物与我为一，人与周围的一切生命的命运休戚相关，“任何一株草的死亡都是人的死亡。任何一棵树的夭折，都是人的夭折。任何一粒虫鸣叫也是人的鸣叫”（刘亮程《 剩下的事情》）。

这里似乎可以看出作者对“天人合一”、“民胞物与”传统思想的继承，也可以找到后现代主义尤其是海德格尔“天地人神四方游戏”思想的形象诠释，以乡村世界人与万物的和谐图景演绎了海德格尔“人，诗意地栖居”的理想，体现出主体间性的哲学取向。任林举乡村哲学的表达则更为直接，在他看来，人和植物并无二致。“我们是同一种事物的不同形式，我们是大地之子，是她的一种表达的言辞或一句倾诉的话语”（《玉米大地》）。人与大地可以沟通，在对大地表情的破译中，领悟大地的神秘昭示，“大地会每时每刻地变幻着自己的表情，用以表达着自己意愿和心思。大地的表情，对我们来说，是一种沟通，是一种交流，是一种暗示，是一种指引”。大地是母亲，大地的命运与人类的命运紧紧相连，“其实，大地只是人类心灵的一个巨大的映象。大地不显现自己的表情，大地的表情就是我们人类的表情。大地不显现自己的情感，大地的情感如风如水，无形，她只是缘爱生爱，缘恨起恨，缘福赐福，缘祸降祸”（《大地的表情》）。后现代哲人意识到，在片面追求现代化，人的主体性过度膨胀的今天，人类与自然冲突日益尖锐，以对自然的贪婪掠夺换取社会发展的行为必然遭到自然的报复。任林举在对大地母亲的想象中发出了人与大地、自然平等对话与倾听他者声音的呼吁，以文学的形式回应了哲人的思考，有积极的现实意义。此外，对于生存、死亡、时间等这些永恒的话题，新乡土散文也拿出了自己的理解，其中不乏这类感悟：“村庄就是一艘漂浮在时光中的大船”（刘亮程《比早晨更早的一个时辰》），“其实人的一生也像一株庄稼 ，熟透了也就死了。一代又一代人的一生熟透在时间里，浩浩荡荡，无边无际，谁是最后的收获者呢”（刘亮程《人畜共居的村庄》）。

其三，回归审美的语言世界。

文学的审美性是不可或缺的，没有审美就不会有文学。散文亦然。谢有顺说过：“好的散文，往往能使我们感受到，作家的眼睛是睁着的，鼻子是灵敏的，耳朵是竖起来的，舌头也是生动的，所以，我们能在他们的作品，看到花的开放，田野的颜色，听到鸟的鸣叫，人心的呢喃，甚至能够闻到气息，尝到味道。”（《散文是在人间的写作》）但是综观中国现代散文，并不是所有作者都能意识到这一特点。例如，在余秋雨的文化散文风靡一时的时期，许多追随者紧锁眉头发沉痛之言往往耽于议论而使散文成为干巴巴的说理文字。新乡土散文所以具有感染力，以其情真，更因其充盈生命质感的感性力量。

如刘亮程散文的著名片段：

我一回头，身后的草全开花了。一大片。好像谁说了一个笑话，把一滩草弄笑了。一个人脑中的奇怪想法让草觉得好笑，在微风中笑得前仰后合。有的哈哈大笑，有的半掩芳唇，忍俊不禁。靠近我身边的两朵，一朵面朝我，张开薄薄的粉红花瓣，似有吟吟笑声入耳，另一朵则扭头掩面，仍不能遮住笑颜。我禁不住也笑了起来，先是微笑，继而哈哈大笑。

——《对一朵花微笑》

作者以贴切生动的修辞描绘了童话般的乡村一角。凡人眼中无言的野花，因作者内心的诗意而纵情欢笑，笑得热烈奔放，笑得无拘无束，不仅"我"，连读者也难免深受感染而莞尔。谢宗玉这样评价刘亮程："写诗的刘亮程已把文字练就得像在清澈的河水里淘洗过一样，他的文字常常让你读得心尖尖像被针尖尖在挑，甚至他还能利用文字的魔力，使他一些平庸的篇章披上浮华的外衣，让人们去叫好，而其实真正打动人的东西还是他对生命和万物的独特体验。"（《解读刘亮程》）

谢宗玉自己的散文有不少堪称美文的典范，对于客观事物的描摹十分生动传神，展示了一幅幅鲜活的乡村图景：

天晴的时候，隔着叶叶花花，还能看见撒满点滴碎光的流水走过；若是阴雨天气，下面就氤氤氲氲，一副深不可测的模样。

——《村庄生灵·青蛙》

风轻轻重重、东一丛、西一丛走过无垠的绿野，像是一张张虚网在掠捞禾尖上的碎光，但碎光如灵巧的鱼儿，风来即隐，只剩下一片水域般的虚影。风在田野上网来网去，特别快，但光亮更快，总在风来之前的一刹那，隐成灰影。而风刚去，又立刻跳上叶尖，自由自在地闪。风什么也捞不到，却把平时安安静静的原野弄得波逐浪涌的样子，好看得不得了，让幻想看海的孩子，梦中不再是一片空虚。

——《风来银光动》

任林举的《玉米大地》中有不少精美的片断，无论是寥寥的白描：“一条长长的灰白色的土路，在草甸、田地和盐碱地间蜿蜒伸展。两道深深的车辙，如两条植物的藤蔓，从岁月的深处生出根来，一直爬向无尽的远方。许许多多的村庄、许许多多的房屋如这藤蔓上结出的果实，在大地上零星散落，并一脉相承。”还是对客观事物的细腻表现，都体现出来别样的情致。他这样写玉米拔节：“那声音，是断断续续，疏密相间的。稀疏时，如临近年关小孩子在街上边走边放鞭炮，东一声西一声，庄严中夹杂着寂寞；浓密时，此起彼伏不绝于耳，好一片骨骼蹿动的声响，让人听了感觉自己的骨头都在疼痛。”在充盈的听觉世界里记录下为大多数读者所忽略的生活细节，完美地融合了客观观察与主观感受，再现了一个生机勃勃的玉米世界。

这样形象、精致的感性言语在新乡土散文比比皆是。通过开放五官传神再现日常事物，通过整体把握与细节展现的完美结合，新乡土散文给20世纪90年代强调宏大与深刻却难免枯燥乏味的文坛放飞出一个又一个鲜活的乡村精灵，带给读者崭新的审美感受。

二、主要作家作品

（一）刘亮程和他的散文

刘亮程，1962年出生于新疆古尔班通古特沙漠边缘的小村庄，是最早引起文坛关注的新乡土散文家。1998年，刘亮程出版散文集《一个人的村庄》，1999年经《天涯》杂志推荐引起广泛关注，好评如潮。其后出版散文集《风中的院门》、《正午田野》和《库车行》等，2006年推出首部长篇小说《虚土》。这个从农家走出的文坛明星，被称为“20世纪最后一个散文家”，获得了“乡村哲学家”的美誉。

刘亮程在贫瘠、落后的乡村长大成人，乡村生活给他留下了难以磨灭的印象。在刘亮程的散文中，“黄沙梁”这个被反复提到的地名是他魂牵梦绕的故乡，更是他精神的栖居地。刘亮程仿佛他散文中的那个扛着铁锹的农民，用笔墨踏遍黄沙梁的山山水水，记录下这片土地上每一个生灵划过的印痕，镌刻下作者诗意的感悟。而他这种对乡土不离不弃的吟咏，一以贯之的诗意与哲理完美结合的抒写，使其成为当之无愧的新乡土散文领军人物。

刘亮程乡土散文的主要特点有以下方面：

1. 乡村哲学的执著思考

刘亮程散文中最被人称道的是其浓重的哲学色彩。刘亮程的“乡村哲学家”头衔是为读者广泛认可的，蒋子丹这样评价刘亮程的散文：“身边小事皆可入文，村中动静皆可成诗，散文中透出的那种从容优雅的自信，是多少现代人已经久违了、陌生了、熬长了黑夜搔短了白头也找不回的才华。这当然是一种哲学，是发现的哲学，是悲怀和乐世的哲学，是生命体大彻大悟顶天立地的哲学。”谢宗玉也指出，刘亮程“从纯粹的生命体验而感悟出人生的大智慧”（谢宗玉《解读刘亮程》）。刘亮程总能从身边的一草一木、鸡狗虫牛中发掘其蕴涵的哲理，显示了他独特的视角与深刻的人生思考。

刘亮程善于表达其独特的生命感悟。例如，《逃跑的马》中写道：“许多年之后你再看，骑快马飞奔的人和坐在牛背上慢悠悠赶路的人，一样老态龙钟回到村庄里，他们的衰老速度是一样的。时间才不管谁跑得多快多慢呢。”“那些年轻的活蹦乱跳的儿马，从来不懂得恭恭敬敬向一匹老马请教。它们有的是精力和时间去走错路，老马不也是这样走到老的吗？”长篇散文《一个人的村庄》通过独特的想象浓缩了一个个普通生命的人生过程，在冷静得近乎冷漠的笔调中传达出深刻的存在之思。在作者的眼中，一个个生命的离去是悄无声息的，如同村民出门劳作一般熟视无睹。生命只是一瞬间的过程，在时间的长河中生命是那么短暂，那么卑微，一个生命的出现或消失仿佛微不足道。极目四望，在无尽荒凉的人生中，孤独和忧郁如影相随。《一个人的村庄》是一个充满隐喻的世界，作者在荒诞、变形中写出了白驹过隙般人生的无奈与孤独：人们出去割草浇地，却“一天到晚也不见回来，一两年过去了还没有消息。许多人就是这样被留在了远处”。他们“面对着这样那样的一两件小事，不知不觉地过去了一辈子”。在这些人中，有父亲、母亲、兄弟们，也包括“我”的妻子，连看家狗也老死了。于是感叹“家是很容易丢掉的，一人走，家便成了一幢空房子。锁住的仅仅是一房子空气……”在庸庸碌碌的平常人生中，人们走完自己的生命历程，永不回头。于是，“我的四周寂静下来，远远近近，没有人说话的声音，也听不到走路声。我在一个人的村庄进进出出，没有谁为我敲响收工的晚钟，告诉我：天黑了，你该歇息了。没有谁通知我：那些地再也不用种了，播种和收获都已结束。那个院子再也不用去扫了，尘土不会再飘起，树叶不会再落下”。刘亮程在寓言式的表达中形象诠释人生的孤独与忧郁。在一个人的村庄里，读者和“我”一起感受着世事沧桑与历经繁华后的孤独，体悟在对“这样那样的一两件小事”的追逐中浑然不觉地耗尽年华与情感后的苍白与遗憾，在彻骨的孤独中给人深深的感触。

刘亮程的散文还流露出某些后现代哲学的意味。尽管刘亮程的目光始终坚守他那贫穷落后的故乡“黄沙梁”，但是他的赞美并没有停留在传统士大夫们所吟咏的田园山水。古代哲人“天人合一”古典主体间性思想对中国社会产生了深远影响。但现代化进程背景下产生的新乡土散文所流露的对乡村田园的眷恋并不是简单地重复着古人天人合一、民胞物与的古典主体间性思想，而是具有更为深刻的生态美学意义。刘亮程对这个人畜共居的大地充满感激，对身边的一切生命充满敬意，从不以传统的万物之灵的高度去鄙夷那些低等的生灵：他为一只甲虫的死而叹息，为一群被押到城里待宰的牛而感叹，为那只被卖掉仍找回家来的黑羊而感动，甚至为不懂蚂蚁、蜣螂之类小虫的心思而懊恼……刘亮程细腻而敏感的内心世界所充盈的感动时时打动读者，这样的感动建立在作者对于世界万物的认同上，建立在充分理解和尊重身边经过的每一个生命的基础上。他关怀每一个卑微的生命，关心寄居身上的虫子，“我在草中睡着，我的身体成了众多小虫子的温暖穴巢”（《与虫共眠》）。关心乡间的老鼠，宣称“我们喜庆的日子，如果一只老鼠在哭泣，一只小鸟在伤心流泪，我们的欢乐将是多么的孤独和尴尬”（《老鼠应该有一个好收成》）。他不认为人与其他生灵有高低贵贱之别，生命拥有同等的权利与尊严，万物与人类共同享有阳光雨露的恩惠和大地的慷慨馈赠，“丰收和喜悦不仅仅是人的。也是万物的”，“老鼠应该有这样的好收成。这也是老鼠的土地”（《老鼠应该有一个好收成》）。在强调对话的后现代哲学思潮中，作者尽量避免了独白式的唯我独尊，而是在人与虫、禽、兽、草木们的平等交往中展示一种崭新的人与万物的交流对话，体现出鲜明的生命意识和对自然的敬畏，从而呈现出了一种主体间性哲学的特征，这不能不说是对传统山水田园文学的重要突破。

2. 诗意化的乡村想象

在刘亮程的散文世界中，他反复吟咏的就是一个叫黄沙梁的乡村，作者化身为那个扛着铁锹终日徜徉于其间的农民，不厌其烦地带领读者走遍黄沙梁的村庄和田野，仿佛一个收藏家津津乐道地介绍他珍藏多年的宝物，诸如一阵风、一棵老树、一堵土墙、一群蚂蚁，或是一片洼地。作者总能从这片贫穷荒凉的土地上发掘出打动人心的内涵，赋予其美的特质，表达出作者对这片土地至深至真的眷恋。刘亮程散文流露的故乡之爱是个性化的，带有浓重的主观色彩，无论欢笑的野花（《对一朵花微笑》）或者急切诉说的灰鸟（《孤独的声音》）都无一不是作者的心灵之镜，折射出作者思索后的莞尔或是灵魂深处不可抚平的孤独，刘亮程由此集合起黄沙梁这个乡村世界里的一切事物营造出他人难以复制的散文世界，构建出属于他个人的精神家园。

3. 理性与诗性结合的语言世界

探究生活的哲理是刘亮程散文的一大特征，但这样的特征又是通过感性世界流露出来的。这使他的散文呈现出一种理性与诗性相结合的特点。

刘亮程散文有一种平静得近乎冷漠的叙事风格，一些篇章的叙事断续跳跃甚至扭曲变形营造出陌生化的阅读效果，如《一个人的村庄》通篇就是隐喻，所产生的梦幻般阅读效果迥异于传统的中国叙事，颇有几分先锋的意味。简洁而略带忧郁的文字留下大量空白让读者自己去回味，如《孤独的声音》，在听过一只孤独的鸟儿的诉说后，作者在文章结尾写道：“听过它孤独鸟语的一个人，却从此默默无声。多少年后，这种孤独的声音出现在他的声音里。”鸟的孤独与人的孤独何等相似！这何尝不是现代人处境的真实写照？

刘亮程的语言干净、质朴、简练，富有跳跃性，往往三言两语就能勾勒出事物的神韵。同样写风或与风有关的事物，他总能表达得传神、到位，“风把人刮歪，又把歪长的树刮直。风从不同方向来，人和草木，往哪边斜不由自主。能做到的只是在每一场风后，把自己扶直”（《风把人刮歪》）。“树是一场朝天刮的风”（《树会记住许多事》）。刘亮程散文的语言又是形象、感性的。无论轻描淡写式的概括还是特写式的强调，他总能抓住事物最突出的特征，《寒风吹彻》写村庄之冷：“一野的寒风吹着我一个人，好像寒冷把其他一切都收拾掉了，现在全部地对付我。”《风把人刮歪》写凄厉的风声：“风在草棚和麦垛上发出恐怖的怪叫，像女人不舒畅的哭喊。这些突兀地出现在荒野中的草棚麦垛，绊住了风的腿，扯住了风的衣裳，缠住了风的头发，让它追不上前面的风。她撕扯，哭喊，喊得满天地都是风声。”曾经写诗的刘亮程将诗人对语言的特殊感觉灌注进散文创作中，在理性与感性的糅合中实现了哲理与诗意的完美结合，形成了自己独特的语言风格。

刘亮程的乡土散文无疑是20世纪90年代中国文坛的一道独特景观，但它并不是完美无缺的，有论者指出其对落后乡村只有赞美没有反思，有人批评其某些篇章的矫情，有人指责其反教育、反知识等等。我们认为以上批评也有可商榷之处，但最突出的问题是刘氏散文的题材、视野有一定的局限性，文本风格的单一化等。

（二）任林举和他的《玉米大地》

任林举，1962年出生，吉林人，毕业于东北师范大学，著有散文集《轻云起处》、《说服命运》、《玉米大地》等。

任林举早期的作品比较朴素，善于从平凡人生中寻找情感的契合点。真正使其在文坛异军突起的是近期的长篇散文《玉米大地》，这一作品以其大气与深刻将任林举推进新乡土散文代表的行列。此后，《大地的表情》、《土盐》等充满乡土气息的作品也受到了人们的关注。在这些散发着原野芬芳的文本中，作者讲述了一个个有关大地和人的故事。

任林举的散文中有大量关于大地的篇章。在这些篇目里，作者对于大地表现出一往情深的理解与讴歌。《玉米大地》是任林举到目前为止最有分量的散文作品，在这首为大地和玉米谱写的长长赞歌里，作者寄托了对于大地、玉米、草民的饱满深情。任林举所讴歌的这片土地位于北中国大地松嫩平原，它慷慨地赐给人们高氟症，却吝啬得仅仅准许玉米等少数农作物在其怀抱中生长。但就是这样的大地，作者仍充满感激地感叹道："悲悯的大地，宽容着一切生命、一切行为，从来不刻意地教训和惩罚生长其上的生灵。"在作者心中，大地仿佛一个无言的慈母，即使是人类这些孩子们多么放纵、忤逆，她"却依然坚忍，依然沉默，依然无言地承受着一切的伤害与病痛，依然宽容着人类的漠视与摧残"（《大地的表情》）。人类在大地上辛勤耕耘，大地慷慨地回报于一个个丰收的年成。在作者看来，大地母亲养活了人类和所有生长在这片土地上的生命，因此，无论庄稼或是人类，"我们是同一种事物的不同形式，我们是大地之子，是她的一种表达的言辞或一句倾诉的话语"（《玉米大地》）。

将大地和人类联系在一起的最直接的事物是玉米。玉米这一大地精灵，质朴、粗糙，终日以玉米为粮食的乡间生活清苦、乏味，但是玉米是作者故乡人活命的基础。大地无言，玉米代替大地岁岁枯荣，生长时如同大地的风笛，收获后融入人畜的血脉滋养大地的子民。在任林举的散文世界里，玉米的生命鲜活而动人：

在那些风平浪静的日子里，玉米们显得很安静，像那些做完祷告围在餐桌进食的人们，小声地交流着自己的境遇和感受，关于阳光，关于土地，关于走过玉米的人们、小鸟与兽类。玉米的叶片很舒展地摊开，朝向天空或身边的同伴，像远古部落中的人们相遇时那样坦诚地张开臂膀和手掌，以示友好，以示接纳或信任。

在一些风雨交加的夜晚，人们纷纷躲在自己的蜗居里，守住自己的安宁进入深深的睡眠。而此时的玉米却要在自己的世界里进入狂欢。风不停地吹，玉米的叶片在尽情地挥舞，整个玉米的植株在激情与喜悦中不停地战栗。雨水流过玉米雄健的花茎，流过它微吐璎珞的美丽雌蕊，顺着叶根一直流到深入大地的根系。在大地与天空、大地与植物、植物与植物的狂欢里，玉米们尽情地体味着生命的真意。一梦醒来，如泪的露珠挂在玉米的叶片之上，仍让人们分辨不出发生过的一切到底包含了多少激情、多少悲欢，到底有多少难忘的体验与记忆珍存在玉米的生命里。

当每一个穗子被揪下时，玉米的身体都要剧烈地颤抖一次，这最后的战栗、最后的疼痛、最后的呻吟、最后的诉说，有如灵魂出壳前的触目惊心。

——《玉米大地》

黑土上耕耘的人类如同玉米一样都是大地之子，他们的质朴、坚韧与“很有骨性”的玉米具有灵魂上的相通，“在土地的眼里，身材高大的父亲可能就是一棵会走路的玉米，他和他的玉米站在一起，有一种不分彼此的和谐”。这种玉米与人类的融合不仅限于终身躬耕的父辈，它也流进了“我”的血液中，“我看到了我的皮肤一点点长成了玉米的颜色，我听到了自己的骨节如玉米一样在夜深人静的时候格格作响，我闻到了玉米的气息正从自己的肌体、血液中一点点散发出来……”

由大地而玉米，进而到耕种玉米的父亲这些农民，作者灌注了太多的感情，大地、玉米、农民和作者的内心彼此交融，建构出一个和谐完整的乡村世界，一个作者赋予无限深情的精神家园，谱写出一首首动人的大地之歌。

在表现手法上，《玉米大地》更注重形式对内容的诠释意义。符号学美学家洛特曼在《艺术文本的结构》中指出：“一部作品是无法分成内容和形式两个部分的，作品中的任何因素都负载着信息（内容），作品中的任何信息都出自信息载体。”在《玉米大地》中，作者没有一鼓作气地赞美玉米，无论玉米或是大地都不能由始至终地成为每一个章节的当然主角，作者不时插入关于人物的叙事，如父亲、母亲、老师、孟二奶奶、十二舅等等，使作品容纳了更多的人生悲欢。然而在叙述人物故事的同时，玉米的身影始终若隐若现，最终人如玉米，玉米如人，物我合一。在貌似松散的结构和断断续续的节奏中，人的命运与玉米交织直至最终合二为一，使文本实现形式与内容、外在形式与内在思想的完美融合，作品的信息量由此达到最高值，传达出丰沛的情感与深邃的思想，表现出充分的艺术感染力。

（三）谢宗玉的散文创作

谢宗玉，1972 年出生，湖南安仁人，湘潭大学中文系毕业。著有长篇小说《天地贼心》，散文集《田垅上的婴儿》、《村庄在南方之南》等。

谢宗玉以小说闯进文坛，但真正使他广为人知的是散文。《麦田中央的坟》是他散文创作的转折点，此后，谢宗玉发表了一系列关于农村的散文作品，锋芒直逼较早前成名的刘亮程，二人并称“北刘南谢”。

谢宗玉散文常常是在平淡的叙事中寻找日常生活的诗意。法国哲学家列斐伏尔指出：“日常生活与一切活动关系密切，它涵盖了有差异和冲突的一切活动；它是这些活动汇聚的场所，是其关联和共同基础。这时日常生活才存在着塑造人类——亦即人的整个关系——它是一个使其构型的整体。也正是在日常生活中，那些影响现实总体性的关系才得以表现和得以实现，尽管总是以部分的和不完全的方式。”从《麦田中央的坟》、《该论谁离去了》到《遍地药香》等，从乡间的生死大事到闲花野草，作者的目光始终没有离开乡村世界，以其一系列的作品试图在质朴的叙说中触及高缈的形上之思，在散淡的抒写中流露出绵绵的诗意。

在散文的选材方面与刘亮程相似的是，刘亮程散文世界里有其徜徉不已的黄沙梁，谢宗玉则有其百说不厌的窑村。窑村走过的岁月是谢宗玉终身的财富，成为作者真情流露与诗意萌发的不绝源泉。谢宗玉写亲情，《雨中村庄》用了不少篇幅写父母，在南方湿漉漉的山村背景下，记下了属于他自己的对于父母的记忆，在真切、自然的表述中写出了对深沉父爱的感悟（《男孩，别哭》），展示对苦难生活中父辈的艰难与挣扎（《夜雨孤灯》），再现苦涩少年时代的母子深情（《雨中，两个依稀的背影》）。这些记录亲情的篇什，在平淡中勾勒出乡村的艰辛与情义，给人留下深刻印象。谢宗玉喜欢写身边不起眼的事物，诸如蜜蜂、狐狸、黄牛、叫天子，又如桃树、荷花、柳枝、蒲公英，他还娓娓讲述四时农事。窑村里的这些细细碎碎的记忆是真情与诗意的交融，构建出属于谢宗玉的独特的文学世界。史铁生说得好："谢宗玉的散文好在是把一条朴素的路铺向自己情感的历史和心灵的眺望。"张炜则指出："他的感想与记录是独一份的，别人无法重复。"这些评价都是恰如其分的。

谢宗玉乡土散文的另一个特点是常常使用童年视角。印象深刻的童年生活常常出现在谢宗玉散文中。"童年是清苦的，但记忆中的童年总充满着种种无法抹掉的快乐，让我回忆起来常这般没完没了"(《风来银光动》)。通过童年视角追忆童年岁月显得十分自然、真切，既活灵活现又有亲和力：

在瓢一样的雨中，道道水流从山上下来，父亲全把它们往山塘里赶。山塘像个气球，一下子就给吹胀了。

——《来雨时走出家门》

后来爬山虎长大了，细细腻腻地爬了一墙，西墙就长满了无数的耳朵。

——《西墙》

不过雨水也并不总显示它的霸道，很多时候，它与风、人、牲畜、小虫和平共处，无聊时就搞点恶作剧。譬如它把风掩藏在山坳的一些叶子趁夜挪了一个位置，早晨风寻不着那些叶子，就沿着树蔸乱转圈儿。一只小虫沿着树干好不容易爬到树顶，一颗雨突然从叶尖一跳，抱住它，把它从树顶扯落下来。

村人让雨水在一丘田里好好呆着，它们却把田埂边的一个虫洞噬得很大，一夜逃光了。牲畜以为雨水一定还在屋后那个洼里呆着，跑过去想润润喉嗓，谁知它们早跑到天上变作云，望着地下牲畜笨笨的样子发笑。

——《雨中的变迁》

这些描述形象、生动又充满童趣，带有童话的色彩。但谢宗玉并没有满足于这样童话式的童心回放，他总能从童年的记忆中抽身出来以成年人的眼光审视走过的岁月，形成一种多视角的叙述效果，有效地拓展了叙述的时间和空间，赋予其更加宽广而深刻的内涵。

不过，由于谢宗玉的一些散文过于关注所谓的主题深化而插入了意义升华式的议论，突兀之中使作品意蕴直白、单一化，反倒有损于其文本的韵味。

寒风吹彻

刘亮程

雪落在那些年雪落过的地方，我已经不注意它们了。比落雪更重要的事情开始降临到生活中。三十岁的我，似乎对这个冬天的来临漠不关心，却又好像一直在倾听落雪的声音，期待着又一场雪悄无声息地覆盖村庄和田野。

我静坐在屋子里，火炉上烤着几片馍馍，一小碟咸菜放在炉旁的木凳上，屋里光线暗淡。许久以后我还记起我在这样的一个雪天，围抱火炉，吃咸菜啃馍馍想着一些人和事情，想得深远而入神。柴禾在炉中啪啪地燃烧着，炉火通红，我的手和脸都烤得发烫了，脊背却依旧凉飕飕的。寒风正从我看不见的一道门缝吹进来。冬天又一次来到村里，来到我的家。我把怕冻的东西一一搬进屋子，糊好窗户，挂上去年冬天的棉门帘，寒风还是进来了。它比我更熟悉墙上的每一道细微裂缝。

就在前一天，我似乎已经预感到大雪来临。我劈好足够烧半个月的柴禾，整齐地码在窗台下；把院子扫得干干净净，无意中像在迎接一位久违的贵宾——把生活中的一些事情扫到一边，腾出干净的一片地方来让雪落下。下午我还走出村子，到田野里转了一圈。我没顾上割回来的一地葵花杆，将在大雪中站一个冬天。每年下雪之前，都会发现有一两件顾不上干完的事而被搁一个冬天。冬天，有多少人放下一年的事情，像我一样用自己那只冰手，从头到尾地抚摩自己的一生。

屋子里更暗了，我看不见雪。但我知道雪在落，漫天地落。落在房顶和柴垛上，落在扫干净的院子里，落在远远近近的路上。我要等雪落定了再出去。我再不像以往，每逢第一场雪，都会怀着莫名的兴奋，站在屋檐下观看好一阵，或光着头钻进大雪中，好像有意要让雪知道世上有我这样一个人，却不知道寒冷早已盯住了自己活蹦乱跳的年轻生命。

经过许多个冬天之后，我才渐渐明白自己再躲不过雪，无论我蜷缩在屋子里，还是远在冬天的另一个地方，纷纷扬扬的雪，都会落在我正经历的一段岁月里。当一个人的岁月像荒野一样敞开时，他便再无法照管好自己。

就像现在，我紧围着火炉，努力想烤热自己。我的一根骨头，却露在屋外的寒风中，隐隐作疼。那是我多年前冻坏的一根骨头，我再不能像捡一根牛骨头一样，把它捡回到火炉旁烤热。它永远地冻坏在那段天亮前的雪路上了。

那个冬天我十四岁，赶着牛车去沙漠里拉柴禾。那时一村人都是靠长在沙漠里的一种叫梭梭的灌木取暖过冬。因为不断砍挖，有柴禾的地方越来越远。往往要用一天半夜时间才能拉回一车柴禾。每次拉柴禾，都是母亲半夜起来做好饭，装好水和馍馍，然后叫醒我。有时父亲也会起来帮我套好车。我对寒冷的认识是从那些夜晚开始的。

牛车一走出村子，寒冷便从四面八方拥围而来，把你从家里带出的那点温暖搜刮得一干二净，让你浑身上下只剩下寒冷。

那个夜晚并不比其他夜晚更冷。

只是这次，是我一个人赶着牛车进沙漠。以往牛车一出村，就会听到远远近近的雪路上其他牛车的走动声，赶车人隐约的吆喝声。只要紧赶一阵路，便会追上一辆或好几辆去拉柴的牛车，一长串，缓行在铅灰色的冬夜里。那种夜晚天再冷也不觉得。因为寒风在吹好几个人，同村的、邻村的、认识和不认识的好几架牛车在这条夜路上抵挡着寒冷。

而这次，一野的寒风吹着我一个人。似乎寒冷把其他一切都收拾掉了。现在全部地对付我。

我掖着羊皮大衣，一动不动趴在牛车里，不敢大声吆喝牛，免得让更多的寒冷发现我。从那个夜晚我懂得了隐藏温暖——在凛冽的寒风中，身体中那点温暖正一步步退守到一个隐秘的连我自己都难以找到的深远处——我把这点隐深的温暖节俭地用于此后多年的爱情和生活。我的亲人们说我是个很冷的人，不是的，我把仅有的温暖全给了你们。

许多年后有一股寒风，从我自以为火热温暖的从未被寒冷浸入的内心深处阵阵袭来时，我才发现穿再厚的棉衣也没用了。生命本身有一个冬天，它已经来临。

天亮时，牛车终于到达有柴禾的地方。我的一条腿却被冻僵了，失去了感觉。我试探着用另一条腿跳下车，拄着一根柴禾棒活动了一阵，又点了一堆火烤了一会儿，勉强可以行走了。腿上的一块骨头却生疼起来，是我从未体验过的一种疼，像一根根针刺在骨头上又狠命往骨髓里钻——这种疼感一直延续到以后所有的冬天以及夏季里阴冷的日子。

太阳落地时，我装着半车柴禾回到家里，父亲一见就问我：怎么拉了这点柴，不够两天烧的。我没吭声。也没向家里说腿冻坏的事。

我想很快会暖和过来。

那个冬天要是稍短些，家里的火炉要是稍旺些，我要是稍把这条腿当回事些，或许我能暖和过来。可是现在不行了。隔着多少个季节，今夜的我，围抱火炉，再也暖不热那个遥远冬天的我；那个在上学路上不慎掉进冰窟窿，浑身是冰往回跑的我；那个踩着冻僵的双脚，捂着耳朵在一扇门外焦急等待的我……我再不能把他们唤回到这个温暖的火炉旁。我准备了许多柴禾，是准备给这个冬天的。我才三十岁，肯定能走过冬天。

但在我周围，肯定有个别人不能像我一样度过冬天。他们被留住了。冬天总是一年一年地弄冷一个人，先是一条腿、一块骨头、一副表情、一种心情……尔后整个人生。

我曾在一个寒冷的早晨，把一个浑身结满冰霜的路人让进屋子，给他倒了一杯热茶。那是个上了年纪的人，身上带着许多个冬天的寒冷，当他坐在我的火炉旁时，炉火须臾间变得苍白。我没有问他的名字，在火炉的另一边，我感到迎面逼来的一个老人的透骨寒气。

他一句话不说。我想他的话肯定全冻硬了，得过一阵才能化开。

大约坐了半个时辰，他站起来，朝我点了一下头，开门走了。我以为他暖和过来了。

第二天下午，听人说村西边冻死了一个人。我跑过去，看见这个上了年纪的人躺在路边，半边脸埋在雪中。

我第一次看到一个人被冻死。

我不敢相信他已经死了。他的生命中肯定还深藏着一点温暖，只是我们看不见。一个人最后的微弱挣扎我们看不见。呼唤和呻吟我们听不见。

我们认为他死了。彻底地冻僵了。

他的身上怎么能留住一点点温暖呢？靠什么去留住。他的烂了几个洞、棉花露在外面的旧棉衣？底磨得快通、一边帮已经脱落的那双鞋？还有他的比多少个冬天加起来还要寒冷的心境……

落在一个人一生中的雪，我们不能全部看见。每个人都在自己的生命中，孤独地过冬。我们帮不了谁。我的一小炉火，对这个贫寒一生的人来说，显然微不足道。他的寒冷太巨大。

我有一个姑妈，住在河那边的村庄里，许多年前的那些个冬天，我们兄弟几个常手牵手走过封冻的玛河去看望她。每次临别前，姑妈总要说一句：天热了让你妈过来喧喧。

姑妈年老多病，她总担心自己过不了冬天。天一冷她便足不出户，偎在一间矮土屋里，抱着火炉，等待春天来临。

一个人老的时候，是那么渴望春天来临。尽管春天来了她没有一片要抽芽的叶子，没有半瓣要开放的花朵。春天只是来到大地上，来到别人的生命中。但她还是渴望春天，她害怕寒冷。

我一直没有忘记姑妈的这句话，也不只一次地把它转告给母亲。母亲只是望望我，又忙着做她的活。母亲不是一个人在过冬，她有五六个没长大的孩子，她要拉扯着他们度过冬天，不让一个孩子受冷。她和姑妈一样期盼着春天。

……天热了，母亲会带着我们，趟过河，到对岸的村子里看望姑妈。姑妈也会走出蜗居一冬的土屋，在院子里晒着暖暖的太阳和我们说说笑笑……多少年过去了，我们一直没有等到这个春天。好像姑妈那句话中的“天”一直没有热。

姑妈死在几年后的一个冬天。我回家过年，记得是大年初四，我陪着母亲沿一条即将解冻的马路往回走。母亲在那段路上告诉我姑妈去世的事。她说：“你姑妈死掉了。”

母亲说得那么平淡，像在说一件跟死亡无关的事情。

“怎么死的？”我似乎问得更平淡。

母亲没有直接回答我。她只是说：“你大哥和你弟弟过去帮助料理了后事。”

此后的好一阵，我们再没说这事，只顾静静地走路。快到家门口时，母亲说了句：天热了。

我抬头看了看母亲，她的身上正冒着热气，或许是走路的缘故，不过天气真的转热了。对母亲来说，这个冬天已经过去了。

“天热了过来喧喧。”我又想起姑妈的这句话。这个春天再不属于姑妈了。她熬过了许多个冬天还是被这个冬天留住了。我想起爷爷奶奶也是分别死在几年前的冬天。母亲还活着。我们在世上的亲人会越来越少。我告诉自己，不管天冷天热，我们都常过来和母亲坐坐。

母亲拉扯大她的七个儿女。她老了。我们长高长大的七个儿女，或许能为母亲挡住一丝的寒冷。每当儿女们回到家里，母亲都会特别高兴，家里也顿时平添热闹的气氛。

但母亲斑白的双鬓分明让我感到她一个人的冬天已经来临，那些雪开始不退、冰霜开始不融化——无论春天来了，还是儿女们的孝心和温暖备至。

随着三十年这样的人生距离，我感觉着母亲独自在冬天的透心寒冷。我无能为力。

雪越下越大。天彻底黑透了。

我围抱着火炉，烤热漫长一生的一个时刻。我知道这一时刻之外，我其余的岁月，我的亲人们的岁月，远在屋外的大雪中，被寒风吹彻。

刘亮程散文评论节选[①]

如果说“随遇而安”是一种豁达开明的人生态度，那么“随心而安”则是一种更加超迈爽朗的人生境界。“随遇而安”毕竟还粘连于个人具体的人生境遇，“随心而安”则完全取决于心灵世界的完满自足。一个人如果修炼到了“随心而安”的境界，那么对他来说，“故乡”与“他乡”、失败与成功、顺境与逆境、冷与暖、甜与苦，都将没有本质的区别。他会像蒲公英一样，落到哪里就在哪里安居乐业。大诗人苏东坡说：“此心安处是吾乡。”彰显的大概也是同样的意思：重要的不是身体在哪里，而是心灵在哪里。

这也正是刘亮程所追求、所向往、所表现的生命境界。有人说刘亮程是“乡村哲学家”，也有人认为进入城市的刘亮程将面临失去创作素材和创造力的危险。更有人把刘亮程的散文作为一曲对抗工业文明的“田园牧歌”来看待，将他的文字与“天人合一”等传统的儒家观念勾连起来。这些评论完全背离了刘亮程作品的精神实质——与其说刘亮程在写一个封闭的村庄，倒不如说他在凸显一颗无忧无虑的心灵。他不是乡村的附庸或者歌颂者，他也不是城市的敌人或者批判者。假如刘亮程是一个在城市里长大的孩子，他也会写出一本名叫《一个人的城市》的书来。他既然会对着田地里的一朵花微笑，也会对着城市里的一盏路灯微笑。他既然会怜悯村庄里赶马车出远门的车夫，也会关切城市里早出晚归的出租车司机。刘亮程并没有心胸狭窄地在乡村与城市之间划出一道不可逾越的鸿沟，他全部的文字想说的，其实是一种当代人所匮乏的生活方式和生活态度。显然，地域仅仅是一个活动的背景——一个使用不义之财在乡村里盖起别墅，并且长期在乡村里生活的罪人，跟一个怀着青春和理想在高楼与车辆中奔波的赤子相比，究竟谁更接近单纯、自然与真实呢？生活在乡村，并不一定意味着高贵；同样，生活在城市，也不一定意味着庸俗。

---

① 余杰．刘亮程：乡村里丰盛的平安．解放日报，2001－07－16.

雨中村庄（节选）

谢宗玉

西墙

砌新屋的时候，只记得高兴，没想到日后会有那么猛的雨。墙是土墙，又支棱得特别高，住进后的第一场雨就把一家人吓坏了，来雨时阵风强烈，风夹着雨像个披头散发的泼妇，一头一头往东墙上撞，只一会，墙上就有大片大片暗红的稠液顺着墙面流下来，别以为是雨撞破了头，雨才伤不着呢，受伤的是土墙。雨像受了谁的唆使，说土墙的土站得太高太显，就联合风想把墙上的土重新带回地面。可墙上的土才不在乎站高站低呢。真正受损的是我们，一场雨就把墙弄成这样，往后的日子可怎么办？正在我们担心东墙的时候，西墙被另一场雨同样撕得遍体鳞伤。好在人字形的屋顶把南墙北墙压得很低，伸出头的屋檐把它们给护住了。

紧邻东墙的还有一块空地，是二狗家的屋基。为了给东墙找个庇护，父亲就跑去找二狗，要他早点把屋砌起。二狗又不是傻子，当然知道父亲的心思，就老拖着说自家的劳力还没长齐，没有砌屋的实力。父亲一咬牙，就说，只要他尽早砌屋，我们全家都去帮衬。二狗要的就是这话。我们全家在二狗的屋场里整整做了半个月工，二狗的新屋就砌起了。我家东墙的问题总算解决。可二狗家的东墙又有新问题了。二狗被几场雨淋虚了胆，忙在村里寻找新的合作伙伴。

我家砌屋时村里已有二十年没砌屋了，我家砌好屋后，东边就一幢傍着一幢，砌了八九幢。村里没有别的更大的便宜可沾，村人就想沾这么点便宜。母亲比父亲的胸怀可能要窄些，为这事，母亲几次私下里埋怨父亲心太急。又说地基也没选好。

是的，地基真的没选好。西边是一丘稻田，就算父亲有心帮工，也没有人家来傍着砌屋，西墙的问题就这么一直悬着。风雨一场一场地刮，西墙的泥一层一层剥下，眼看西墙很快就不能承负屋梁的重量了。某个早晨起来，屋盖下一家人竟有好几个夜里做梦，梦见屋子倒下来把一家人压在下面。父亲就再也坐不住了，他赶到山那边买回一车石灰，把土墙粉刷了一番。以为这样就成了。可几场雨过后，石灰就一块一块大面积逃离，没过完那个冬天，墙上就只剩最后几块贴心的石灰了。父亲不得不另想办法，一家人就选了几个放晴的日子，织了很多草帘张挂起来，把西墙遮住。西墙突然像一个披着蓑衣的老农的背影，一下子老了许多。但这样也不管用，风太霸蛮了，还没来得及等到一场雨，风就先个儿把稻草一绺一绺扯下来往空中撒得纷纷扬扬，剩下的就是一些光杆帘篙了。

春天来到南方，整个村子都回潮返湿，什么东西都在发芽，连空气都带着芽绿色，湿润的西墙上居然也生了几根小草。那天早晨小妹把这个发现告诉父亲，父亲忙兴冲冲地跑进屋，告诉正在做饭的母亲，母亲看都没看他一眼，就说，大惊小怪的，你以为你还小哎？父亲说，我找到西墙不受雨劈的办法了。

等一场斜雨过后，父亲在黏糊糊的西墙上大把大把撒上草籽。没几日，草籽发芽了，西墙顿时粉彻玉琢，焕然一新。过完春天，西墙就出落得像个美少女了，绿意盎然的草叶斜挂西墙，微风过处，就舞出许多美的极致。更重要的是骤然而来的夏雨再也伤害不了西墙，无数草叶就像无数只伸出的手，雨滴打过来就被弹射出去，而草根则牢牢地抱紧土墙，再不让泥土流失。父亲的这个发明激发了母亲的创造力，那年夏天，她在墙根种下一排爬山虎。她想一劳永逸。

秋天气候干燥，一墙草叶转黄，西墙金碧辉煌，让小妹有了许多逃避贫穷的童话般幻想。草死了。草根却牢牢地抓住墙壁，风再也扯不动它。一墙衰草就这样为西墙挡了几年风雨。后来爬山虎长大了，细细腻腻地爬了一墙，西墙就长满了无数的耳朵。我说出这个比喻时，我和小妹越看越觉得形象，就在墙根下笑得像两只滚瓜。有一墙的耳朵守着我们睡觉，从此梦也香多了。有这样的父母真是福气，我心底的诗心应该是在那时就种上了。

覆盖着爬山虎的西墙同大地一齐荣枯，也就同大地一样永恒。春芽夏绿秋黄冬枯了很多年，仍然春芽夏绿秋黄冬枯。西墙像一年换一次血液，永远也不会老去。

村庄里的时间就这么在西墙边凝固了，日子太浓太稠，压得人有点喘不过气来，我和小妹选择了逃离。我们各自隐居城中，日子飙风而过，生命也掂不出个轻重。

若干年后，我们回到村庄，村庄已变得非常陌生，除了西墙依旧，还举着一壁耳朵。

谢宗玉散文评论节选①

谢宗玉的散文，对于困守在城市里的人是一个善意的提醒。他的文字，质朴，自然，有着庄稼和石头的品质，不嚣张，不孤冷，精神的质地，清澈中透着感伤。他并不渲染对城市的敌意，而是耐心地告诉人们，除了我们脚下的水泥地之外，还有一个地方，那里的风是清新的，草木可以肆意生长，人活得恬淡，空气里不时飘着药香……这是哪里？乡村，但又不仅是乡村——或者可以把它定义为是有乡村背景的心灵故乡。

读谢宗玉的文字，会让人深深地觉得，这是一个有根的作家，他的经验、感受、欢乐、悲伤，都是有来源的、根据地的，或者说，这是一个有故乡的人。

我们很容易把“故乡”这个说法，对等于谢宗玉笔下的那个瑶村，一个地理学意义上的老家。如果是这样，谢宗玉的散文并无新意，因为把故乡当作缅怀对象的作家，太多了。谢宗玉不是简单的故乡记述者和追思者，他的写作，其实是在建构一个新的故乡。他的散文，在物质外壳上看，用的多是实在的来自故乡记忆中的元素，但这些物质元素，通过作者的想象，唤起的往往是心灵中那些隐秘的体验：一声叹息，或者一种感念。

……

这恐怕是谢宗玉这一系列散文最为核心的价值所在：他没有把自

---

① 谢有顺. 散文写作要有精神根据地——从谢宗玉的散文谈起. 理论与创作，2008（5）.

己笔下的草木世界盲目升华，而是通过这个草木世界的建立，回到自己实在的身体，回到一个实在的记忆世界；它不是虚写草木，而是通过文字把草木落实，把自己的心安放于此，使之安静下来。因此他说："回乡村居住不但是心灵的需要，也是身体的需要。身体不是个没有知觉的傻瓜，它知道什么地方适合自己生长，只可惜它受意志控制，做了无奈的囚徒。如今我已是疾病缠身，神经时不时要受疾病的折磨，这时写这本书，那份酸苦和悲凉自是无法言说。"意识到关怀草木也是"身体的需要"，这就为谢宗玉的写作找到了落实的根据，它不是纯粹务虚的，而是有了一个坚实的基础，那就是这些草木和一个人的人生、一个村庄的命运血肉相连的记忆。这个连接点非常重要，它是作家与世界相连的通孔，也是二者之间精神交流的依据。为此，谢宗玉在写《遍地药香》一书时的兴奋，以及感伤，因为他是在借这本书、这些草木，重建自我与世界之间的关系。

……只有当谢宗玉寄心于乡土和草木时，他的面目才显得异常清晰。何以如此？就在于这么一个不断朝向故乡，不断扎根于出生地的作家，他经验的烙印、感受的方式、精神的底色，都强烈地被他的成长环境所塑造。因此，在谢宗玉的散文中，语言和出生地之间的伦理关系，被张扬得特别显著。

很多的作家，只是把自己的出生地、成长地，看作是纯粹地理学意义上的一个地方，事实上，出生地、成长地和个体人生之间的关系，绝对是一种伦理关系、道德关系——出生地和成长地的一事一物，都可以作为个体人生的见证人，记录和刻写下他曾经的悲伤与快乐。没有一个作家可以摆脱对事物的记忆，因此，那些和自己的成长经验相关的事物，就自然成了个人精神自传的重要材料。

……

谢宗玉在写作上的返乡，为他的经验、感受和精神的展开，找到了宽阔的资源。故乡的植物，故乡的人，和在城市里生活的"我"，形成了一种新型的对话关系，这种关系的重建，敞开的是一个新的世界——在这个世界里，"植物们的爱恋都是精神的"鹧鸪的声音，有时清婉，有时凄怆，而人呢，离开的时候就像大树"落下一片叶子”……可以说，所有的事物背后，都隐藏着生命的故事，就像他笔下写到的死亡，也是灵魂的私语……故乡和故乡的植物、动物与人，在谢宗玉笔下是伦理的，也是审美的。从物质经验的描写到精神经验的呈现，从伦理到审美，谢宗玉把他的瑶村变成了一个想象力的传奇。

地理学意义上的小村庄，在谢宗玉的写作中，成了一个辽阔的精神疆域，其秘密就在于谢宗玉有志于写出一个地方的灵魂。而这个地方的灵魂，不仅存在于这个地方的人身上，还存在于这个地方的动物、植物身上。谢宗玉的所有散文都在描述一个人类与动植物和谐相处的世界，他害怕这个世界被现代生活强行割裂，害怕自己漂浮在都市的上空而失去对自然世界的感受力，害怕自己熟悉的事物一夜之间变得陌生。因为有害怕，他的写作也就一直存着敬畏，存着他对生命世界的忠诚守护。他是一个有根的作家，而在这个根系的末梢，活跃的是他对故土深切的爱——正是这种最基本的情感，滋润和养育着他这种温暖而坚韧的写作。

大地的表情

任林举

从老家列宙西行，五十公里处，有一神秘土林，俗称狼牙坝。科学上，将其命名为黄土喀斯特地貌，并对其成因给予了诸多详细的解释，但翻遍了所有的资料，我却从来没有查阅到我要查阅的内容，没有人能够告诉我它存在的意义。

多年来，我不断地亲临现场，对着它千变万化、纵横交错的沟壑进行着没有结果的沉思，每一次，差不多都是无功而返，但我却一直坚信，它的存在一定另有深意，一定存在着某种神秘的兆示。

当犹疑的时光延宕至2007年的秋天，我再一次与几个搞摄影的朋友来到狼牙坝。整整一个下午，我消失于大地的褶皱之间的土林深处，沿着雨水的行走路径，捕捉着土林中每一个生动的细节，用一张张电子图片记录下我的发现和感触。

在那些雨水曾经大规模流过但现在却消失得无影无踪的沟壑之中，我感受到了汹涌的时光，正从背后澎湃而至，猛力地把我推向前方。我的行走，便如眩晕的泅渡，顺应着某种情绪的节奏，起落行止，抑扬顿挫。如梦如幻的一个下午，我仿佛历经了千山万水，也仿佛走遍了天上人间。那么多的世相百态、那么多的天街人市、那么多的江山如画、那么多的楼宇亭阁、那么多的犬吠马嘶、那么多的嬉笑悲愁……绞作一股啸响的幻象的洪流，吞没了我，并同时被我的目光一一吞没。

直到现在，我也说不清那两百多张照片的拍摄过程，每一次快门的揿动是一种叩问，还是一种回答，但是我还是隐约地感觉到，我已经抓到了一点什么。

夜阑人静，万籁俱寂，当我在电脑前一遍遍翻动那两百多张图片时，一切声音尽皆喑哑，我终于在静穆中有所感悟：呈现在我眼前的一张张关于大地的影像，不正是一副副大地的面容，一帧帧她的形态各异的表情吗？

是的，那正是大地的表情。

土林，原来是一把钥匙，是一扇门或一面镜子，凭借它，我们可以破解关于大地的某一个秘密的某一部分，但我们永远也不可能了解大地的全部秘密，因为我们单薄的心智永远无法触及大地的深厚。现在，我只是窥视到了大地暗藏在某处的一个隐秘的表情。

于是，当我把目光从图片上移开时，我看到了更加广阔的大地，看到了大地的千万种面容和千万种表情。我看到了山岭平川、江河湖海，我看到了花草树木以及生息于大地上的一切生灵，我看到了黑夜与白昼，我看到了变换的四季，我也看到了风霜雨雪……我终于懂得，因为大地的广大无边，我们便无法看到大地的表情，但大地并不是没有表情，大地的表情无时不在，无处不在。大地以神明的姿态运用着自己的表情，大地以一切生命的表情为自己的表情。

土林的启迪，如暗夜里明镜一晃，一点微弱的光明瞬间照亮了我混浊的记忆和沉睡的灵感。

我突然想起多年以前那个雨后的下午。

在这里，我不想详细地描述那如洗的蓝天和如絮的白云，也不想描述挂在天空里尚未完全闭合成环的两段彩虹以及彩虹下燕子及鸥鸟们的愉快飞翔。我知道，那一切的发生，都只是一种现象发生后所派生出来的部分细节，是一种可有可无的渲染。

单只是那些长久干旱后回黄转绿的树木以及庄稼的叶子，就让人有不胜的欣喜，那些晶莹、清澈的雨滴还挂在油亮的叶面之上，让人联想起少女或新妇腮边喜极而泣的泪水。而树丛下的杂草、野花们却尽兴地表现着不羁的野性，争也芬芳，斗也妖娆，仅凭那些直指天空的嫩绿矛锋，便能猜测出下面拥挤着怎样一群激越而狂放的青春。无际的原野安详宁和，干净得如图画一样没有声音，牛羊在其上悠然而缓慢地移动。原本惨白的碱土上，如今积满了无波无浪的浅水，绵延相连，如一面面明亮的镜子，而镜中却是白云与绿草的倒影。最荒凉的北方原野，竟然在一夜之间幻化成江南水乡，别说是那些看惯了盐碱地、沙尘暴的苦命乡亲，就是天上的太阳，也仿佛看走了神儿而忘记了移动……

那天，我一个人站在学校的土墙上，极目远眺，久久无法收回自己的目光。我被一种慈爱的情绪久久地感染、深深地陶醉。很显然，那天我幸运地看到了大地的笑容。

我不知道我的记忆，从一九六九年的冬天一直延伸到今天，还可不可靠；但那个冬天却让我牢记并深刻地领会到了所谓“表情”到底是怎样一种牵魂动魄的事物。

事情的起因，缘于夏天的那一场特大雹灾。关于那场冰雹，至今还能从史料里找到记载，其覆盖面积之广，竟达到一点六万亩土地。我想，列宙一带的土地应该是受灾相当严重的，有很大一部分农田基本上颗粒无收，虽然我家在以往的任何一个年份里从来没有断过口粮，但那一年却在冬天到来之后就不得不找米下锅了。

对于父亲来说，虽然荒年难度，但总不比向人伸手的日子更加难过。眼看着年关一点点近了，最后一点粮食也所剩无几，父亲只好尝试他一生中最弱的项目：借粮。凭父亲的性格，一个从来不肯服输，不向别人低头的人，现在回过头来向别人借粮，不啻出卖自己的尊严或者说讨别人家的板子打自己的脸。在决定去做这件事之后，父亲久久地坐在炕沿上抽烟，一言不发，脸色阴沉难看。不知道他在利用时间酝酿情绪，为自己鼓劲，还是在琢磨应该去向谁借。总之，接下来的是犹豫，衬托出父亲冒险赴死般的不甘和艰难。

事情是在傍晚时分变得更加糟糕的。当父亲拎着空口袋回来时，天空中已经卷起了暴风雪。那天的风是打着旋儿刮，从房北刮到房西，最后又从房西刮到窗前。于是窗下、门前成了积雪最厚的地方。当父亲沉重的脚步落在雪上时，我甚至听到了雪在父亲的脚下发出令人心颤的呻吟，但行至门前时，父亲的脚步却突然停下来，很久，也没有进门。

在那段徘徊的时间里，父亲到底想了些什么呢？他的脚步、他的心思、他的情感在进行着怎样的挣扎？

最后，当父亲开门进屋的时候，我看到了一个世界上最悲哀的表情。雪水从他的头发上一直流下来，流过眼睛，流过面颊，流过颤抖的嘴唇……

我知道，那表情是父亲的表情，也是大地的表情，那泪水，是父亲的泪水，也是大地的泪水，因为泪水从父亲的眼中夺眶而出的时候，我听到大地的悲鸣，从父亲的身后，从风雪交加的门外猛烈地传来。

悲悯的大地，宽容着一切生命、一切行为，从来不刻意地教训和惩罚生长其上的生灵。但大地会每时每刻地变幻着自己的表情，用以表达着自己意愿和心思。大地的表情，对我们来说，是一种沟通，是一种交流，是一种暗示，是一种指引。

我们生活在大地的表情当中，却看不到大地的表情，我们的生存轨迹随着大地的表情而波动起伏，但我们却没有觉悟，不知道应该怎样面对大地，没有感恩，没有敬畏，没有顺应。我们在大地上横征暴敛，贪得无厌，狂妄自大，无视大地的存在、表情和心意，但当我们凡俗而迟钝的眼中一旦映现出大地的表情时，一切都已经不可悔改，这时我们却又无端地抱怨大地的严厉与苛责。

每一次的洪水泛滥，每一次的山体滑坡，每一次的江河改道、湖泊干涸，每一次的海啸与沙尘暴……人们都毫无例外地把责任推给自然或推给大地，名之“自然灾害”，并在心里暗暗地生出悲苦与怨尤。其实，一切的所谓灾害，不过是大地无法忍受自身的伤痛和负荷，而下意识地做出的一个痛苦的表情：一皱眉、一咧嘴或打一个喷嚏……

任林举散文评论节选①

任林举的散文以深邃的大地意识、浓烈的抒情意蕴、饱满的底层情怀为特征，他扎根在中国北方的乡间，为大地谱写深情的赞歌。

他的作品和文化散文不同，他不炫耀智性和知识，而是虔诚地追索着记忆中的故乡，他行走在精神归乡的路上，依靠质朴的情感、依靠强烈的直觉写作。他的作品和市面上流行的都市散文不同，他的笔下没有对商品的赞慕，没有对都市新变的猎奇，有的是乡间的点点滴滴，那些平凡的植物、动物和人们，在他的记忆中闪闪发光，折射出乡土中国特有的光芒。任林举对于玉米、玉米地以及东北乡村的书写具有大地哲学的高度。

我们都说中国是乡土国家，中国思想、中国文化的根在乡间，这是真的吗？我们有多少学者、作家真正地把握了乡土中国的脉搏？找到了乡土中国的意象？听到了乡土间传来的真理之音？事实是老子、庄子、屈原开创的中国散文——那种紧紧地贴近自然之物的——传统，并没有得到继承和发扬，我们对大地、大地上的植物、动物等始原性意象的感悟力不是变高了而是变低了。

我们看到了作者对于大地的亲情。“风吹过无边无际的玉米地，带着久违了的气息和熟悉的温馨，流过村庄，流过人群，流过我迷茫的心头”。广袤的玉米，它们在大地上耀眼地、疯狂地、沉静地、低调地、欢乐地、悲痛地、喧嚣地生长着，“像一种问候，来自时间的深处，悠远、厚重，但并没有一丝一毫的苍老”。玉米地的尽头，是村庄，是“父亲扛着锄走在田间小路上”，是“母亲安静地坐在父亲的身旁”，“她年轻的脸上洋溢着美丽而神圣的光芒”……这是一种

---

① 葛红兵．乡土诗意书写传统的恢复及其他．文艺争鸣，2006（1）．

哲学，“人与村庄、村庄与土地、土地与庄稼、现实与记忆……所有的界限全部消失。有一种神秘的血液，在所有的事物间传递、流淌，村庄已经不再是村庄，庄稼已不再是庄稼，人民也不再是人民。在大地与天空之间，我们不过是一种存在方式。我们是同一种事务的不同形式，我们是大地之子，是她的一种表达的言词或者一句倾诉的话语”。玉米、早觞的父亲、年轻而散发着光芒的母亲、高大的杨树、毛驴……风平浪静的日子里玉米们温馨的午睡，风雨交加的夜晚玉米叶片尽情地狂舞，它们都是北中国大地生灵高蹈的存在仪式。

任林举的作品渗透着哲学灵魂：玉米、土地、人民、村庄等等，它们没有人和物的区分，植物和动物的区分，生命和非生命的区分，它们是平等的，都是中国大地的精魂，是北中国的哲学形式，他也参透了北中国的生存秘密：主客不分，人和自然浑然整一的淳朴而又深沉的生存秘密。

和梭罗的《瓦尔登湖》不同，任林举的言辞是中国式的，梭罗只是关注那些非人的自然之物，那些没有被人的生命气息沾染的事务，梭罗，他是离群索居的，他一个人来到没有人烟的地方，他躲避人群，和单纯的自然在一起。

但是，他关注的是玉米，这种饱含着人类气息的植物，它不仅仅是普通的植物，它更是人类的粮食，它是一种庄稼，它和人的勤劳、智慧、渴望、热爱紧紧相连，它和人类的欢乐、幸福、痛苦和灾难紧紧相连。它是“骨性的植物”，“面对这种坚硬的粮食，经常会怀疑，如果人不吃玉米会不会直立行走，如果牲畜们不吃玉米会不会有那么大的力气”。任林举尊重玉米，他了解玉米生长的秘密，探询玉米的风骨和气韵，任林举笔下的玉米是拟人的，拥有人类的情感和命运，拥有人类的秘密和神情。

而所有的言辞，都饱含着深沉的底层情怀，他是在写玉米，但是，也是在写北中国的大地以及大地上像玉米一样的人们，生活在底层，和大地贴得最近的人们，无论是生活状态还是精神状态都是如此——他们和玉米一样，是北中国大地上的生命形式，通过玉米，任林举找到了北中国底层的生命形象、生活哲学，通过玉米，概括了北中国人民的生存经验，玉米，不仅仅是北中国的植物意象，还是北中国底层人民的精神意象，它是北中国存在哲学的象征。玉米——在任林举的笔下成了北中国神秘的象征。

《玉米大地》复活了中国散文中大地书写及诗意抒情的传统，而且，做了重要创新和发展。

中国有着悠久的农业文明传统，农耕文化一直是中国文化的显性文化、主导文化，它浸润着中国文化的方方面面。但是，20 世纪中国文学现代化以来，中国文学书写中，乡土却被概念化了，要么是对农业文明的感伤乡愁、乡土的自我美化占了上风，乡土被描述成充盈、慷慨、生机、梦想、拯救之地；要么是对乡土的反对式书写，悲伤的离乡人在欺蒙主义思想的左右下，把乡村他者化了，常常，它被建构和表述为匮乏、糜烂、退化、失禁的汇集地。

前者比较典型的代表是沈从文，从湘西世界逃离出来进入都市的沈从文，没有多久就在北京大学对他的拒绝中，感受到了在都市中自我失落的身份危机，他自然而然而且是极其迅速地完成了身体离乡而精神返乡的过程，湘西边族乡土世界的强力、野蛮成了他歌咏的主题，都市生活在这种“强力”和“野蛮”的观照下，变得萎靡、堕落，变得需要湘西世界拯救。显然沈从文把乡土浪漫化了。后者的代表则是鲁迅，他对乡土一直保持着警惕、批判和俯视，鲁迅笔下的乡土盛产阿 Q、祥林嫂、孔乙己等颓败的人物，鲁迅笔下的乡土和大地本身就是颓败的象征，在其作品《故乡》中鲁迅这样写道：“我冒了严寒，回到相隔二千余里，别了二十余年的故乡去。时候既然是深冬；渐近故乡时，天气又阴晦了，冷风吹进船舱中，呜呜的响，从缝隙向外一望，苍黄的天底下，远近横着几个萧索的荒村，没有一些活气。我的心禁不住悲凉起来了。”鲁迅对乡土中国的审视是冷峻的，但是，这种冷峻中同时也蕴涵着对大地的低估，对中国国民性的盲视：他看不到可能正是中国乡土那种闰土式的、阿 Q 式的勤苦忍受、自我诊疗、苦中作乐等大地哲学让我们这个民族在多次异族统治中存活了下来，让我们的文化在数千年历史中没有断绝，相反同化了外来者而流传下来。

综观20世纪以来中国文学的乡土书写，我们很少有看到对乡土持肯定态度的正面描述者留下成功范例，反面的倒是不少。在鲁迅等启蒙思想者的笔下，大地和乡土成了保守、落后的代名词，乡土寄托着他们美丽的乡愁，他们却用来诅咒乡土，把乡土看成是中国社会现代化的阻力，大地在启蒙书写中被看成是腐蚀性、黏滞性的，它是革命精神的对立物，这里充斥着使革命者堕落、落伍、退化的种种危险。细细地品味沈从文对中国乡土的美化，我们会发现，此乡土非彼乡土，沈从文所看重的是那个边地蛮族的野蛮和强力，而不是那个汉文化的乡土、那个农耕的大地、那个有数千年积淀的中华民族的底层。

真正的中国乡土和大地，在中国文学的现代性书写中一直是缺席的。我们的现代性乡土书写之所以不成功，根底在我们没有真正地潜藏到乡土的深层，我们没有完成精神上的归乡，我们在现代化过程中遗失了乡土生活的丰富性指认，而将大地单向度化了：一是愚昧化。乡土成了愚昧的代名词，大地上除了蒙昧什么也没有，它死气沉沉，没有生机和活力，没有自我革新和拯救的可能。二是苦难化。大地是苦难的，它是苦难的来源和承载者，它是人类幸福生活的反对形式，这里根本没有福祇可言。三是罪恶化。这里是权力的角斗场、情欲的角力所，不仅如此，它还在通过农民工向都市输出罪恶。四是伪浪漫化。乡土和大地成了一些人寄托出世情怀的幻想之地，他们笔下的乡土是只有情感世界而没有社会生活的。当然，这种情况在当下有所改变，随着一批新生代作家开始正面描述乡土，刘亮程、韩东、毕飞宇、红柯、李洱、魏微等向乡村叙事转型，在乡村叙事上获得了较大进展，韩东的《扎根》、毕飞宇的《玉米》、魏微的《一个人的微湖闸》、李洱的《石榴树上结樱桃》等乡村作品都堪称出色，而任林举在这个队伍中发出了独特的声音，这是难能的突破。他突破了20世纪以来中国启蒙文学对乡土和大地的以“蒙昧”为关键词的指认，恢复了乡土世界的生命性、细节性、生动性，他接续了庄子、陶渊明式的对大地的解读方式，让大地上的植物、动物重新获得了正面的文学表述——它们的生机、活力在文学中复活了；同时，任林举又不是一个浪漫主义者，他对乡土的指认是诗意的，但是，更是现实主义的，他找到了他独特的抒情语调：任林举的抒写方式可以概括为“现实主义诗性书写”，大地在任林举的笔下是充满动力的、活泼的、激情的，同时又是实在的、沉静的，任林举没有沉迷于乡土世界的社会性，而是沉潜于乡土世界具有原始意义的自然脉动，通过对植物、动物和人的意象式把握，把大地的承载性、哺育性、生命性绽放出来，从中清理出北中国大地的真理性意蕴。

【问题与思考】

1. 怎样理解新乡土散文之“新”？
2. 结合作品谈谈新乡土散文的主要特点。
3. 比较“北刘南谢”的乡土散文创作。
4. 说说你对《一个人的村庄》的理解。

【相关作品与文献】

1. 刘亮程. 一个人的村庄. 新疆：新疆人民出版社，1998.
2. 刘亮程. 风中的院门. 济南：山东文艺出版社，2002.
3. 刘亮程. 驴车上的龟兹. 沈阳：春风文艺出版社，2007.
4. 任林举. 玉米大地. 长春：时代文艺出版社，2005.
5. 谢宗玉. 遍地药香. 长沙：湖南文艺出版社，2006.
6. 陈剑晖. 论当代散文思潮的发展演变. 广东社会科学，2005（5）.
7. 李晓虹. 20世纪乡土散文的嬗变. 广播电视大学学报（哲学社会科学版），2005（3）.
8. 林贤治. 五十年：散文与自由的一种观察. 书屋，2000（3）.
9. 摩罗. 生命意识的焦虑——评刘亮程《一个人的村庄》. 社会科学论坛，2003（1）.
10. 赛妮亚. 乡村哲学的神话——“刘亮程现象”的反响与争鸣. 新疆：新疆人民出版社，2002.
11. 蒋子丹. 刘亮程的哲学. 天涯，1999（5）.

第七章 新 散 文

【学习提示】

新散文是崛起于20世纪末的散文创作现象，它注重散文文体的自觉探索，强调跨越文类界限的破体写作，不少作者将小说、戏剧、诗歌的书写手法融为一体成为文体杂糅的无边界书写。新散文注重个体审美经验的发现，强调个人经验的挖掘与独特的审美世界的建构；新散文还追求散文语言的革新，主张重新恢复词语的活力，打造充满个性的词语组合方式。新散文作为一种散文现象，给散文创作带来了活力，开拓了书写空间，同时也存在文体涣散、语言晦涩、过于精英化等缺陷。

破体与创新

自五四新文化运动以来，散文史的衍变通常以散文新观点的提出、文本的批量实践、体制的自我更新而展开，从白话文的倡导、"絮语散文"、小品文的风行到20世纪80年代"美文"的提出以及20世纪末新散文创作的风起云涌，散文话语一直处于一个不断自我更新的动态发展之中。作为散文话语衍变链条上的重要一环，新散文的理论旗帜以及创作手法在散文史上留下了重要印记。

一、新散文的兴起

"新散文"的概念由《大家》杂志首倡。在1998年第1期上创办的"新散文"栏目，推出了张锐锋、周晓枫、庞培、钟鸣、马莉等一批新兴的散文作家，旨在"倡导注重散文文体的自觉探索，注重审美经验的独到的发现的写作”[①]。并在同期发表相关的理论文章，倡导散文的“无边界写作”，率先开展有关新散文的集体讨论。随之，陈慧在第2期上发表了《新散文：写作中的散文》，解释新散文命名是“对在散文写作实践中一种新的集体性的词语倾向不自觉的出现这一事实进行关注”，这一系列动作可谓新散文最早登台亮相的标志性事件。

2002年，祝勇的长篇论文《散文：无法回避的革命》[②] 成为新散文理论自觉的宣言，他大声呼吁“散文急切地需要一场革命……而这种革命，首先应从拒绝样本、恢复文体的活力开始”，随之祝勇并分别从长度、虚构、审美、语感、立场等层面，以与“体制散文”对比的激进方式，为“新散文”正名，强调新散文写作的私人性、合理的想象与虚构。祝勇不乏极端、偏执的理论宣言引起了不少争论，散文评论家陈剑晖为此专门作了《新散文往哪里革命》一文，从文体定位、批评者的责任伦理等方面对之进行了有力反击，引起了广泛的反响。新散文的理论之争，不仅是一个文学现象，并由此上升为与学理有关的文学事件。

新散文的理论言说始终伴随着创作实践的积极展开。自云南《大家》设置了“新散文”栏目，推出了张锐锋、庞培、周晓枫、钟鸣等新锐作者之后，新散文的写作渐成趋势，并成为文坛一脉愈发引人注目的创作流。随之，《人民文学》、《十月》等大型文学期刊相继开辟新散文的创作栏目，为新散文创作推波助澜，中国文联出版社出版了以祝勇、周晓枫、张锐锋、宁肯等为代表的“深呼吸散文丛书”；祝勇主编的“布老虎散文”系列丛书也不断推出散文新人，南帆、周晓枫主编的《7个人的背叛》、《九千只火鸟》以及《蔚蓝色天空的黄金》等散文文集也逐一面世，上述一浪接一浪的出版行为均昭告新散文创作在文坛上已成气候。与此同时，得到了文学界与出版传媒界的认同与推动的新散文在学界也受到了广泛认可，《新时期

① 《大家》编辑部．新散文稿约．大家，1998（1）．

② 祝勇．一个人的排行榜·序．沈阳：春风文艺出版社，2003．

文学》、《中国当代文学50年》等高校教材对新散文都作了独立的章节讨论，其中包含了学界对新散文的价值判断与文本研究。

从概念的界定、争论到创作的繁荣、学界的认同，种种现象均表示新散文已经成为中国散文史上一个重要事件，成为文学批评史上一个值得研究的文学潮流。

二、新散文的破体与创新

“新散文”的理论核心强调的是对传统散文的文体反叛。其实，提倡散文的文体创新并非一件新鲜事，曾经在20世纪60年代主张“剪掉散文的辫子”的台湾散文家余光中便曾提到过散文的文体变革，他说：“我觉得，今日的散文家大致上各有所长，或偏于感性，或偏于知性，或经营淡味，或铺张浓情，除三两例外，却少见众体兼擅的全才。有些名家守住五四时期的格局，还在斤斤计较所谓散文的纯粹性，恐怕是不知开拓与变通吧？创作之道，我向往于兼容并包的弹性，认为非如此不足以超越僵化与窄化。”① 时隔几十年，祝勇在其檄文《散文：无法回避的革命》中，以更为激烈的姿态批判了“体制散文”的庸俗与陈腔滥调，对传统散文理论所倡导的散文必须短小精悍、一事一议、咏物抒情、以小见大、形散神不散等规范进行了淋漓尽致的揶揄，并由此提倡泯灭了文体界限的“综合写作”。“在今天，要想较为恰当地展示我们的生活以及我们的世界，综合写作似乎就是不可避免的。在我写作这本书时，文本界限并不存在，我想的是怎样有利于主题的表达。反过来说，我认为单一的文体模式在运用上十分单调和单薄，与历史的复杂性不可同日而语。”② 显然，“综合写作”指的是跨越文本界限的越界性书写，强调打破常规的创作勇气。张锐锋则坦诚新散文写作是他的一种自觉的书写，“我所能找到的一个重要的理由是，散文从本质上可以跨越种种类型的界限，

① 余光中．左手的掌纹．南京：江苏文艺出版社，2003：291.

② 祝勇，敬文东．历史·暴力·文本——关于《旧宫殿》的对话．北京：中国旅游出版社，2004：199.

它不具有诗、小说或者戏剧的特定要求，它既可以汪洋恣肆地从它们之中汲取某些成分，又可以是它们种种要素的创造性综合”①。新散文的重量级写手钟鸣也如此说明自己的文体实验：“我像着了魔似的在思考和写作《旁观者》。可以说，它什么都是，小说、评论、杂记、散文、诗歌、寓言、传记式批评、诗学……或许什么都不是。我公开表明自己的立场：标新立异。”② 如果说，传统散文书写是一种约定俗成的常规动作，那么，新散文则是作者打破常规、寻求文体释放的自由体操。

不仅在理论倡扬上如此，散文作家也从写作实践中努力体现这种典型的“破体”式写作，在散文文体中普遍渗入小说、诗歌、报告等各类因素，抹去文类的疆域，使之成为文体杂糅、偏离传统散文审美期待的文本创作。祝勇的《旧宫殿》结合了小说、历史研究、散文等多种文体，在诸类文体的交叉中以求达到意想不到的效果，而他的《一个军阀的早年爱情》俨然一篇叙事小说；钟鸣在1998年推出长达150万字的三卷本散文集《旁观者》，作者融小说、诗歌、文论、传记、注释、翻译、文献、新闻、图片、手稿等诸类艺术形态为一体，极富实验精神和先锋意识；同样，格致的《转身》将小说、戏剧手法大胆融入文本书写，在亦真亦幻中讲述相关的人事与心理嬗变。另外，周晓枫的《我的身体是个仙境》，庞培的《乡村肖像》，宁肯的《天湖》、《藏歌》等散文篇章，均跨越了小说、诗歌与散文之间的人为壁垒，融入了各类艺术手法，成为富于革新意义的散文样式。

（一）篇幅的扩张

古人写文章，终究讲究短小精悍、结构精巧，先秦的诸子散文也大多言简意赅，到了明清风靡一时的小品文，更是尚精致玲珑。虽然，苏轼曾自诩他的文章是“吾文如万斛泉源，不择地皆可出。在平地，滔滔汩汩，虽一日千里无难。及其与山石曲折，随物赋形，而

---

① 张锐锋. 让隐匿的事物发亮. 大家，1998（1）.

② 钟鸣. 徒步者随录. 上海：东方出版中心，1997：95.

不可知也”。当落到实处，他的散文书写多惜墨如金，很难看到滔滔不绝的长篇大论，这一古风到了现代散文创作也一脉相承，周作人的散文、林语堂的小品文都以简洁、小巧见长。文尚简似乎成为散文书写的潜在约定。

新散文创作最为表层的变化便是不再言简，而是如长江大河般，文脉绵延，首先从字数的突破方面带来了篇幅的膨胀，“所谓新散文和旧散文，长度是一个比较明显的区别，长散文是新散文的一个比较常见的现象”（周晓枫语）。诸多新散文突破了传统散文短小、精致的审美趣味，成为堪与中、长篇小说长度媲美的大创作。由此，上万、几十万甚至上百万字数的长篇新散文屡见不鲜，庞培的《五种回忆》有好几万字，张锐锋的《皱纹》有20万余字，钟鸣的《旁观者》甚至有100多万字，它们的存在对散文尚短小的书写惯性提出了质疑，集体推出了不同于传统散文篇章的长篇散文形式。

对于阅读者而言，这些巨幅的长篇散文的出现首先从视觉上呈现了与传统散文迥然不同的形态规制。长篇散文的出现，让阅读者的心态在触目文本的同时，发生微妙的变化，即眼前的散文不再是传统意义上用以消遣、娱乐抑或追求妙想、顿悟的短章，它与小说类似的篇幅在提醒阅读者，这是不同以往的散文书写，这是难以用惯有的阅读模式去把握的文本。传统所崇尚的那种言短意深、精致小巧的苏州园林式的散文理论，在这些庞然大物的新散文面前将失去把握的能力，面对滔滔不绝的长篇大章，新散文的阅读者必然重新调整对散文的阅读期待与阅读方式，以一种新的方式进入文本。

就散文文本而言，散文篇幅的膨胀，势必使得文本蕴含的信息量更为丰富、情感表现更为复杂、意象更为纷繁，如庞培的《五种回忆》如一部合奏曲，出现了医院、码头、小巷各类纷纭的意象，交融着作者对于故乡的种种复杂回味，这一系列随着长度的增加而必然出现的散文形态，在某种程度上会拓宽散文的意义维度，使之成为多义的、复杂的审美体。

（二）打破中心主题的多义性书写

传统散文理论在讲述散文书写时多强调“形散而神不散”，指认一篇散文有一个核心主题，散文书写如何散漫无衍，意义指向最终归结于作者所设定的先在意义，如杨朔的《荔枝蜜》、余秋雨的《道士塔》乃至王小波的《一只特立独行的猪》等名篇莫不如此。而阅读者也形成了从一篇散文中去寻觅中心意图的惯性。相对于传统散文紧紧围绕一个中心来书写的模式，新散文的创作则有意打破这一先入为主的刻板规定，追求歧义性书写，力求在章节的每一部分都呈现出自身的意义，在阅读者面前呈现眼花缭乱的意义闪烁。

打破中心主题，意味着在整体文本中，不再是某个特定的主题一统天下，而是用生活或者历史的本身逻辑去建构作品，文本的每一个章节乃至每一个段落都有意义自足性，都闪烁着独特的光芒，比如周晓枫的《圣诞节的零点》，几乎每一个段落都在对现世与人类精神提出不同层面的思考，它们相互连接成篇，却又在意义上孑然独立，它们有自身的价值，但又如闪耀的粒粒珍珠被巧妙地连成整体。有学者因此将哈佛大学物理学教授霍尔顿在其名著《科学的想象》所创造的概念“主题氛围”引入，指出新散文的创作主题不再是中心明确的单一主题，而是一种有意味的、无处不在的氛围。于坚的“人间系列”、庞培的乡村书写、马叙的散文等，无不以一种散漫的笔调、纷乱的思绪来表达他们对于这个世界的看法，读者宛如进入一个又一个思考的迷宫，进入一个又一个不同色调的世界，作者在其中肆意表达着他的观点与感受，用层层叠加的方式表白这个本来丰富而不定的世界。的确如此，谁能肯定如此纷繁的事物只能用一种中心意义来囊括？谁能肯定书写只能是明确而单一的？新散文作者的这种主题氛围式书写，让惯常的、一元结构的意义世界不可避免地崩坍，在一片没有垄断主题的多义性书写中袒露出这个世界丰富的底色。

（三）强调真诚原则下的虚构叙事

虚构，向来被视为小说的专利，甚至，虚构得好不好，被视为一名小说作家是否具备足够想象力的标识。面对小说娓娓道来的故事，阅读者大多可以抱一种姑且听之的态度，放任作者的幻想甚至胡诌，较之可以上天入地、幻象丛生的小说，散文似乎是在地上的，承担着对现世生活的真实勾勒与负责任的引导，散文书写，在不少人手里由此成为生活絮语或者言之凿凿的回忆录。面对这一人为的文体分野，以散文革命为己任的新散文作者醒目地打出了“虚构”的大旗，对此，新散文的领军人物祝勇在《散文：无法回避的革命》中特列“虚构”一节，为散文的虚构正名，他首先反驳传统散文所谓的真实性，指出“他们所强调的真实性，首先是不存在的，其次也是无法验证的，时间每分每秒都在改变着现实局面，对于流逝的事物，我们如何来证明它们的本来形态”。祝勇的上述反驳将真实能否把握这一问题上升到具有哲学意味的层面，并由此宣布“真实”是不存在的，正是在此基础上，祝勇提倡基于心灵与情感层面的“真诚原则”，而在真诚原则下，事情、细节乃至人物的虚构是被允许的。

显然，在祝勇的理论意识下，所谓“真实”的散文史不存在，因此“虚构”的存在是合理的，而出于心灵与情感层面的虚构与真诚是不相悖的，反而，在某种程度上，虚构的叙事更能体现作者的真诚原则，能够更好地凸显作者的内心世界。这类对散文应该“虚构”的宣扬，固然有失偏颇，但对打破散文僵化的书写模式不无裨益，祝勇本人在《一个军阀的早年爱情》中便大胆引入了虚构等想象性的小说元素，其中穿插着第三人称的客观描述与第一人称的主观叙事，讲述了湘西王陈渠珍与西藏女子之间的生死情爱，其中“我”（陈渠珍）的心理波动、情感变化在第一人称的描述中可谓细致入微，而这一切感性的细节无疑从作者的想象性虚构中敷衍而来。《甲午风云》也是如此，祝勇笔下的李鸿章、邓世昌等人都被他的生花妙笔重新激活，诸人的表情、语言乃至心灵的颤动都巨细无遗地被呈现出来，已经百年的古人在作者笔下重新复活，这都与善于虚构叙事的小说书写相去不远。

必须承认，虚构等小说元素的引入，让新散文变得层次更为丰富、叙述更加灵性，不少作者甚至通过梦幻、想象、小说式样的虚构叙述，达到了传统散文所未能达到的思想深度，拓展了传统纪实散文所无法表述的灵魂疆域。

（四）对语言创新的追求

第三代诗人在反叛朦胧诗时有“诗到语言为止”的说法，同样，先锋小说作者也提出过“写什么并不重要，重要的是怎么写”的策略，语言的革新往往成为文学变革者首先瞩目的对象。作为散文的自觉革命者，对体制散文的词语专制、语言僵化进行反抗也是新散文作者展开散文革命的重要指向，祝勇指责体制散文“不仅词的语义（甚至引申意义）的固定……而且彼此的搭配关系也早已固定，祖国一词一出现，它就会本能地去找伟大，而母亲一词，也只认识慈祥而视其他词汇为陌路”，祝勇的批判并非无病呻吟，耳熟能详的词语组合与惯性化书写曾经让传统散文显得千人一面、老气横秋，语言成为作者思想与情感的控制者，而失去了语言的灵性与背后的个体特质。为此，祝勇倡导新散文的语言“偏重于对词语活力的恢复，恢复词语的活力，就是恢复散文的活力……因而，散文语感的提升方法绝不在于生僻词语的运用，关键在于词义的开发和对组合方式的寻找，使语言走到‘公共词汇的人迹罕至之处’”(《散文：无法回避的革命》)。

正是有着这么一种自觉的语言创新追求，新散文作者在文本创作中，更加迷恋词语的多重可能性，着意打造充满个性与独特组合方式的词语运用，来达到对事物的本质呈现。如张锐锋在《群山》中曾以词语的有效组合来凸显木船作坊所浮现的意义：

> 木船就是这样以双手拼合起来，人的激情与大自然的激情被一些钉子衔接在一起，人的命运与一片树叶之形连接在一起，整个幽暗的木船作坊就这样成为天人合一的古老思想的摇篮。

上述节选的文字并没有什么华丽的辞藻抑或生僻的词语，但是在作者的充满个性与倾注了思考的词语组合中，木船作坊成为“人的激情与大自然的激情”的连接，成为天人合一的思想摇篮，逐渐凸显出它惯常形象背后的深刻意味与多重意蕴。正是这一系列的语言开发行动，让新散文作者找到了表达世界的别种途径，有效摆脱了惯性语言的控制，达到了祝勇所说的“重新恢复词语的活力”。有时，新散文作者甚至通过语言的刻意求新、词语的扭曲变形，来寻求表达的极致。庞培曾自言他在语言创新上的刻意追求“新颖。当时的状态是如果可能，不光每一篇乃至每一段文字都要求是前人所未竟的，从没有人这样写过的”（《关于新散文的回答》）。新的词语组合方式的呈现、新的表述形态的发生，不仅造成了一种阅读的陌生效果，让读者获取新的审美快感，而且带来了对表象世界的另类思考。正是基于理论与创作实践的双重努力，新散文的语言打乱了传统散文的话语秩序，着力从创新的角度来重新确定语言的个性姿态。

（五）独具个性的审美世界的构筑

新散文作家不仅努力从惯常的话语机制的遮蔽下挣脱出来，创造一种变动的、新颖的个性语言，而且强调从个体的经验与思考出发去构筑一个个性化的、独特的审美世界。与刻意突破语言的陈陈相因类似，新散文的审美世界的建立也着力避免传统散文事先预定好的审美模式，更强调从个体心灵的角度出发来观照这个世界。于是，我们看到刘春在《简史》中的乡村描写远离了田园风光的预设情境，将笔触伸向乡村的厕所等传统散文摒弃在外的事物，构筑了独属于刘春的沉重而充满痛楚的乡村世界。新散文作家坚持从个人生存体验出发来感受世界，描摹那些常人看来缺乏诗意的琐碎生活甚至卑微事物，尤其强调以个人深入的方式来自由表达经验之上的精神空间。在个体经验光线的照耀下，新散文所建立的审美世界无不流淌着感性的温度、带有独特的个性标记。如庞培在《五种回忆》中缅怀故乡的爆米花，其描述的每一个细节、每一个句子都充满了独到的感性光芒：

热滚滚的炒米——刚爆好时还是柔软的米粒——白花花一片从炉膛里倒出来，倒进居民们张开的布袋子。布袋子像个幸福而满足的人，立即倦慵地瘫软下来，你这时用手去摸摸布袋外面：又热、又潮，像被泪水弄得浑身湿热的情人！

庞培描述的不过是故乡小城最为庸常的事件，然而在他经过情感过滤的笔下，最普通的日常事件却产生了让人难以忽略的奇异效果，布袋子在作者回忆之手的抚摸下变得“幸福而满足”，成为作者笔下一个“浑身湿热的情人”。正是庞培这种对日常事物放大了个体感官的细微感受，才使得读者在日常生活的描述中触摸到其内在的独特的生命力。

可以说，每个新散文作者都在刻意经营独属于自己的审美世界，让每一个意象的撷取、每一件事情的叙述都濡染上无所不在的个性光芒。

值得注意的是，无论是新散文的理论倡扬还是创作实践，都建立在对传统散文特别是“体制散文”的批判之上，他们的文体革新与语言实验，在给散文带来多维的层面、提供不同方向的同时，也因其对传统散文的批判否定之过于激烈，而带来相应的不足与局限：其一，在于过于强调散文的文体革新，当不少长篇大论的新散文融入小说、戏剧、诗歌等其他文类的元素着意革新的同时，也带来了文体的困惑，当读者面对一篇充斥着虚构的小说情节，抑或充斥着戏剧性的人物对话的散文时，是否有必要仍将它作为散文来进行阅读？虽然新散文旨在“破体”写作，但并不代表“破”而无“体”，在对前人散文进行突破的同时，如何让新散文并不迷失在“无体”的散漫文字中，更值得新散文作者的思考。其二，新散文书写强调个体的经验书写，反对“文以载道”这一负载太多的书写传统，这种对于审美感性与个体经验的过分追逐，不可避免疏离这个时代与社会，与普遍的民众生活相去甚远，如《天涯》杂志主编李少君所说：“我觉得‘新散文’有很多问题……在大转型时期，这种散文的出现可能是一种逃离或者逃避，是一些散文家不愿意面对这么复杂的社会……因而向内回转的产物。”① 这种疏远大众、转向个人内心的书写方式势必成为新散文作家不可承受之“轻”。其中一些过分重视生活“本质”呈现的作品，因缺乏精神的提升，而显得冗长拖沓。其三，新散文作者孜孜于语言的创新、审美世界的个性化构筑，在为散文书写注入活力的同时，也难免走上雕琢文字、刻意求新、求怪、求奇的路子，不少长篇散文语言累赘、晦涩，意象怪诞则成为作者的文字试验场，这种过于专业化、过于先锋性的书写很可能在自娱自乐的同时，流失了大部分阅读者的兴趣，从而重蹈20世纪80年代“先锋小说”黯淡收场的覆辙。

---

① 李少君. 新散文是标新立异还是文体革命. 南方都市报，2004-03-30.

三、主要作家作品

新散文作者的创作无不极富个性，他们往往风格迥异，表现手法、审美世界各有不同，然而在一片特立独行中，他们仍有着潜在的一致性，即始终以一种开放的实验姿态来进行创造性的文本经营，自觉摒弃传统散文载道、言志的工具模式，试图打造个性化的、具有开放性的审美世界。在他们的群体努力下，新散文正崛起为散文地图上的一片连亘的山峰，而祝勇、张锐锋、周晓枫、格致等作者的新散文创作则是这一片山峰中重要的地标。

（一）祝勇的《一个军阀的早年爱情》

在新散文写作中，作为理论倡导者的祝勇的散文探索无疑是最自觉的。在形式上，祝勇的《一个军阀的早年爱情》改变了传统散文小品短小的形式，使之成为堪与中篇散文长度媲美的繁复文本，这一长度的改变也随之改变了传统散文的书写模式，散文小品题旨明确、借景抒情的审美体系不再适用，祝勇在其中既讲述了湘西王陈渠珍痛彻心扉的爱情故事，又穿插讲述了沈从文的一段早年经历，在不同的文段中闪烁着不同的意义。与此同时，祝勇还大胆启用小说中的虚构手法，不断地变换着叙述的视角，客观的第三人称叙述与虚拟的主观的第一人称叙述相交织，第三人称叙述带来的历史的风尘感，具有一种反思与超越的意味，他在全文末段以一种充满穿透力的笔触如此触摸那段尘封的史实：

1936年，失去实权的陈渠珍寓居长沙，怀想大半生际遇，遂用浅近文言，写了一本小书，名叫《艽野尘梦》，其中讲述了他早年与西原的爱情经历。

……

1936年，沈从文早已在北京家中的枣树下，完成了他的主要创作，像《边城》、《八骏图》等。他娶了一个美貌的闺秀，名叫张兆和。

这一年，西原已在雁塔寺沉睡了二十四个年头。

祝勇所作的相同时段内的人物际遇的对比，在呈现客观现实的同时给人以不胜欷歔的命运感。而这也是作者从理性的审视层面来再现史实。

相对于第三人称叙述的历史感与理性主义，祝勇在虚拟陈渠珍的第一人称叙事时，则充分释放了自己的想象力与情绪流，以小说的虚构笔调来调度“我”的内心世界，比如，他在写陈渠珍跟西原在西藏逃亡过程中的所思所想时，几乎是作者个人的情感揣度：

从那时起，我的生命就像从山顶崩塌的雪阵一般，朝着一个万劫不复的终点，急速冲下，巨大的惯性使我失去了顾盼和思量的机会，想改变轨迹，就更不可能。爱上西原并与之同行，我不知是神灵对我的眷顾还是对我的惩罚。

在这里，陈渠珍变成一个类似小说人物的情感倾诉者，西藏逃亡的一切因为经历过“我”的情感过滤与回忆的打磨而显得更加凄切动人，营造了一个充满了个人呓语与飘忽思绪的心灵世界，在虚构笔触间跳跃，使得整个文本成为虚实相间的变化的符号集。显然，祝勇的这种不断变化人称的叙述与虚构的心灵世界，打破了传统散文的书写桎梏，有意在散文与小说之间寻找一条突破的通道。

（二）周晓枫的《你的身体是个仙境》

作为一名女性作家，周晓枫的散文书写没有顾影自怜、柔弱细腻的女性标签，她虽然一样关注女性的命运与身体，但是，关注的同时，周晓枫始终保持一种冷静的观照态度，对女性以及作为女性的自我进行反思与质疑。《你的身体是个仙境》始终以“身体”作为诉说的对象，“身体”是一个很容易让人堕入迷途的词，会让人想起一系列暧昧的事物甚至曾经流行的“身体写作”，但周晓枫对少女初潮的描述、对身体情欲的书写甚至对类似同性恋行为的展示，却只给人一种干净的呈现，其被笼罩在作者理性思考的光芒下，成为女性成长经验的提炼。如她在描述女性月经所带的痛楚与不适时，并没有沉溺入对女性伤痛的煽情性书写，而是持一种超越经验之上的理性对之进行重新审视：

月经就是在我体内发生的月蚀。我的性别决定我将终生遇到来自肉体的麻烦。

周晓枫文中的女性身体往往与疼痛、鲜血、向往乃至伤害有关，这些在作者沉静而睿智的叙述下，跨越了不少女性作者所热衷的女性私密展览，而成为记录女性心灵成长的有效载体。正如作者自己说的，“作为一名女性写作者，我希望自己能够写出女性真实的成长、疲倦、爱和疼痛”。

作为一名新散文的自觉践行者，周晓枫展示了让人眼花缭乱的文体跳跃与多义的文本书写。《你的身体是一个仙境》中以跳跃的章法讲述了不同的有关身体的故事，其中有被月经所折磨的少年好友、有偷情的少女、有同性恋玩伴、有被割去子宫的中年女子，她们的故事相互穿插，匍匐在“我”散乱的个人经验下，并被连缀成一篇无主题的变奏曲，从不同层面展示了女性的不同面容。这些书写打破了统一的中心主题，在缺乏统一思想的片段书写下，每一个身体故事都呈现了自足的意义，指向女性的某种生存境遇，表达了作者对于女性命运的不同向度的思考。

同样充满创新与个性的还有周晓枫的语言，她丰盈的词语储藏与别出心裁的词语组合能力总让人惊叹，比如，《你的身体是个仙境》曾如此向爱人描述自己的肉体：“我爱的，这即将为你享用的乐园，我已用数十年的苦难建设。它是我点滴储存的赃款，是否，它开始偿还……给我非法的利息和欢愉。”其中“赃款”、“非法的利息”等独具意味的用语，脱离了传统散文有关爱人肉体的甜腻套路，以幽默别致的语言呈现作者对身体的另类思考。

（三）张锐锋的《群山》

张锐锋往往使他笔下的散文变成一种连绵不绝的书写，它们一般字数庞大，有的几万字，甚至几十万字，从最为表象的体制上，张锐锋刻意扩张了散文的文本空间，也随之扩张了散文的心灵维度，他的散文往往给人一种蔓延无边的感觉，他笔下没有单一的主题思想，没有简洁的逻辑文理，充满灵性、饱含思想汁液的文字随着他的思绪流动与个人经验而源源不绝，共同营造了一个充满哲理思辨、浑然一体的审美世界。

张锐锋的《群山》与回忆有关，共分九节，结构宏大，内容繁复，其中有对黄河两岸山丘的沉思、有对远古陵墓的反思，有对朋友死亡的追忆，不仅展示历史的昨日生活，也展示当代不为人所关注的生存形态，这些描述零散而交织着作者不同的生命经验，保留着不同的存在形态，同时，在主体想象与思辨的光芒下，又被张锐锋完整地融为一体。对于他而言："生活中的任何片段都不是零星的，不是真正的片段。或者说，我们的任何一次观察都是有效的，其视界里出现的不是孤单的一个事实，它是全部事实的总和。"可以说这也是张锐锋的书写魅力所在，任何微小、平常的事物在张锐锋的描述下，都成为有意味的片段，它们漂浮在现实与想象、过去与未来、此岸与彼岸、追问与反思的多重思辨中，化为闪烁着诗性与智性的意义符号，并由此对整个人类生活获取了一种普适的超越事实形态的深刻理解。比如，他曾如此讲述他眼里的牧羊人：

羊群卧在山坡上反刍，而牧羊人从瓦罐里取出一块烤饼，他的鞭子丢在一旁。人的幸福竟是生存本身。这是一幅接近静止的画面，但即使最微小的动作都能证明自然造化的精微和周密，几乎看不出任何漏洞。上万年前或更为古远的时间里，人不是也在这儿生活吗？在我眼前显示的不就是昨天吗？今天或许从来就不存在，因为今天是昨天的重影。

在张锐锋眼里，普通的牧羊行为不仅仅是一个田园风光似的事件，它更与历史、与时光、与人类生活延续的秘密有关，今人的活动由此被铭刻上了历史的印记，具有形而上的哲学意味。诸如此类从普通事物身上展开想象翅膀、发现思想秘密的书写在《群山》中屡见不鲜。

张锐锋的散文不仅有着丰盛的想象力与超拔的思辨力，而且呈现了他精确细腻的艺术感受，如他以这样诗意的笔调来描述城市边缘的墓地：

我发现，墓地里的柏树比任何地方都要旺盛，这种不易成长的树有一种对死亡格外敏感的特性。它的栽种被用来指向人们的特殊寓意，死亡是常青的。只有唯一的解释，那就是，柏树是死亡的紧邻，它极易在坟墓上呈现生机。它只是以一种物质的幻象来指出，死亡对万物的滋养具有绝对的价值。树林里传来了一条狗的叫声，一群羔羊散漫地分布在墓地的树林里，那里有着由死神带来的阴凉之感，又有与之对应的向上生长的青草。羊群啃吃着它们所喜欢的，发出了宏大的与世界相对称的声息——有如死者对生者的慰藉，它拥有音乐里所能展现的复杂旋律之美。

张锐锋以哲人般的澄澈的目光与灵敏的艺术触觉抚摸着墓地的柏树、青草、游荡的羔羊，对死亡与生命做了诗性的深度阐释，生与死从来不是对立的，或者说生不过是死亡滋养的一部分。

《群山》在追忆中展开作者的精神建构，通过哲性之光的照耀，它摧毁了日常的生活经验，打破了固有的思维模式，并在对历史片段加以重新打磨中，完成了对日常生活的超越，构筑了一个洋溢着哲思与诗意的审美世界。

（四）格致的《转身》

格致的《转身》可谓新散文突破文体疆域的典型之作。张守仁曾如此评价："格致的出现无疑是散文界的一个事件，我等待了十年，终于等来了打通文体界限的佳作。"①《转身》用波澜动荡的笔调讲述了一个女子在楼梯转角处突遭歹徒劫持的故事，的确，它很容易被人误认为一部短篇悬疑小说，而且在文中开头，作者也昭告这篇文章是由一部少时的小说改编而来，但是，在极富戏剧化情节的书写中，格致主要展现的不是故事的情节脉络而是一次充满回忆与想象的精神历险。其中既有充满个体细节的现实叙事又交替了"我"的乡村教师生涯、母亲的虎口脱险等过去的回忆，于是，随着叙述主体的视角变迁与思绪所及，现实境遇、往昔岁月、诗意的想象在被劫持的半小时内不断切换，勾勒了"我"纷纭复杂的精神线条，细腻呈现

① 格致. 从容起舞：封底. 长春：时代文艺出版社，2007.

了“我”从无助、惊惧到镇定从容的心理过程，其中蔓延的想象与反思更将这一事件提升到了精神层面，成为“我”与劫持者的双重救赎。

一般而言，叙述手法对于小说的意义更为重要，20 世纪以来的小说叙事者便从人称、视角、时间等各个层面对固有的叙事体系发起挑战，相对于小说对叙述的刻意追求，散文的叙述一直被忽略。格致的《转身》之所以引起相当的关注，很大一部分跟她所创造的散文的叙述方式有关，她在整个文本中既融入了小说的惊险的叙事手法，又充分发挥了散文轻盈灵动的叙述节奏，在现实、回忆、想象的交错中展开了一个艰难而漫长的转身过程。“我”从背面被劫持到最终成功转身面对歹徒相互和解，这一“转身”历程虽然只有短短三十分钟，但是在作者蔓延的思绪与无尽的想象中，它超越了时空的界限，变得无限的长，因此，与其说这是一个惊心动魄的故事，不如说这是一次跨越时空界限的丰富的心路历程的展示。

格致的散文书写与其他新散文作者不同，她并不刻意求新，文字也不花哨华美，但传神而震撼，仿佛是从内心深处源源不断流淌出来的，但清晰朴实的句子里包含着她对人生的重要领悟，如她在写到我们熟悉的事物“楼梯”时，简单的笔墨却饱含哲理：

显而易见，楼梯的出现，给我带来了激情和希望，它几乎是以一个天使的完美形象出现在我二十年前的生活里。乡下的生活，我的双脚可以向前走，向后走，还可以向左走向右走。而城市的生活，也就是有了楼梯的生活，使我能够向上走，竟然还能向下走。这种走路方位的改变和拓展，无疑会震荡我的思维，并在某一时刻使之突然发生转向。

楼梯，不仅仅是建筑的一部分，在作者眼里，它更是象征着与乡村生活迥然有别的生活方式，是割裂作者生活状态并赋予其新的激情与想象的事物。从对楼梯的阐释中，我们感到格致的语言饱满而坚实，在普通的讲述中予人一种沉甸甸的质感，从而形成了她具有精神穿透力的文本。

算术题（节选）

张锐锋

序曲一

粗糙的木柱，支承着倾斜的、四边形单面泥皮屋顶，简单的、细碎的木格状窗户上，糊着厚厚的粗麻纸……一棵高大的老榆树上，悬挂着一口铸铁的、呈喇叭口形向下敞开、带有波浪花边的大钟，在上课和下课时都要敲响。每当到那一时刻，一个满头白发的老头就会神秘地等待在树下，腰里别着一个双铃马蹄表。他低下头，不安地低头看着表盘上的指针，然后以缓慢的动作解下绕在树上的用来敲钟的绳子……这一切，仿佛是一个放大了的、出自西洋的能工巧匠之手的报时装置，它是趣味和精确性的完美结合。

我很难忘掉我们的乡村学校，它那里的无数日子，已经凝结为一个铁块，压在了其他日子的上面，短小而沉重。我时时能够感到它的存在，感到它的力量。我记得那里的许多细节，包括学校的正方形大院里两个角上栽着的枣树，石头井口旁边倾斜地放着的敞口水缸，以及井口上立着的辘轳和它的被磨细了的摇柄……我的心脏跳动的声音里已经含有它们的声音，我的呼吸里也有着它们的呼吸。到了夏天的时候，许多毛毛虫从榆树上顺着一根透明的细丝线悬吊在空中纳凉，又使它们被微风吹得晃晃悠悠，就像坐在秋千上一样。

它们干扰了我们的视线、经常挡住我们进出教室的路径。它们的充满诗意的生活和我们的苦恼形成对比，在教室里，我们可能正在为一道算术题发愁。设立未知数 x，建立方程式，运用各种公式……一个抽象的世界将我们牢牢地控制了。为了得到一个正确的方程、一个合乎题意的解，孩子们趴在有着几道裂缝的木桌上皱起眉头、苦苦思索。老师一直在教室里走动，他的冷漠的表情不断转向另一个方向，就像作业本上的算术题一样变化莫测。纸和笔之间摩擦的沙沙声……好像发生在另一个时空里。

实际上，算术使我们获得快乐，那种经历种种艰难之后突然的灵光闪现，那种从复杂的迷宫里挣脱的快意，获得那惟一的解之后升腾起来的幸福，数字和方程式曾经填充了童年时代的时光，使我们的作业本上的空格里有了实在的内容。它让我们不断地发现了能够解答的事物，正是那些算术题里秘密设置的障碍，让我们感到了智力的力量。一个个未知数里，都有自己的影子，我们殚思竭虑地捕捉的不过是一个已经存在的自己。

有一次，我在一只过去的箱子里找到了一本书。这一木箱的表面已经蒙上了尘土，铁锁已经生锈。里面究竟有我的什么？我开始对过去的事物发生好奇。时间流逝得好快啊，好像一切已经被洗涤干净了。

我小心翼翼地找到锁钥，插到锁孔里，轻轻地旋转，那沉闷的“彭”的一声，就像从远处、很远的远处传来的。这一声，带着时间的余震，我感到自己被摇撼、被一种外在的强力推了一下。木箱笨重的盖子打开了，里面的一切让人失望，箱子里根本没有一点金灿灿的东西，没有阿里巴巴的珠宝，也没有电影里经常出现的、被人争夺的寻宝图，只有一些过时的书籍，一些破破烂烂的儿时的作业本。这是一个秋天。突然从西方沿着城市高大的楼顶刮来的风，将窗外的两棵树上的许多叶子吹到半空。黄色的、脆质的叶片像羽毛一样撒开，一直飞到我的回忆里——漫长的回忆、浩渺的回忆，它们一页又一页地翻开。

一本书。一本算术课本，一本卷了角的作业本，我轻轻地翻开。

序曲二

很像是博尔赫斯的沙之书，它们拥有无限数的页码，我看不完它们。我看到了从前，我的确在从前生活过，我做过作业，我还算过那么多的算术题。那时，我究竟计算了些什么？我又算出了什么？现在看来，我曾经算过的，并非我真正要计算的，我所得出的结果，也并非是真正的结果。比如说我按照老师的讲解把不合题意的解舍去，这就是一种幼稚的错误。我得出了两种答案，又为什么必须舍去其中的一个？

而且，事情不可能计算出来，可以计算的东西太少了。我还记得我们做算术题的时候，总是托着腮想啊想，对那些深埋在文字背后的意义进行猜测，以找到一种求解的途径。途径肯定不是一条，就像歧路亡羊的寓言那样，我们消失在一条又一条岔路上。

一个农人在春天撒了多少种子，在秋天又掉在地里多少？一个牧羊人一天走了多少路，一条河里有多少个波浪？我们只能用自己的眼睛去看，却不可能运用方程式。世界从来强调的是误差而不是精确的结果，这就是算术背离生活的原因，也是我们迷恋算术的原因——有时我们希望走到生活之外、走得越远越好。

往事不曾消逝，它一直在喧哗。像窗外的落叶那样喧哗，像这个城市的道路、广场上的嘈杂，秋风一直在吹着，它把过去残留的热气全都吹到冬天的冰雪里，吹到时间以远。石板上曾经写满了密密麻麻的公式、数字，它证明我们作业本上的公式和得数不是一次找到，然而为了写下另一些内容，我们必须将它一次又一次擦掉。最后，过程被丢掉了，留下了以整齐的铅笔字填充的作业本。

在我的旁边就是一面窗子，它的木格已经发黑。不知什么时候，窗纸破了，正好露出一个小小的洞，它给了我向外窥视的诱惑。我经常能够从这里伸出视线，捕捉到面积不大的事物。一次，一只红嘴鸦落在了老榆树上，它沙哑地叫了几声就沉默了，两个树杈上的树叶正好遮住了它的眼睛。我只是看到从树叶中伸出一个红色的尖尖的嘴巴，猜测着它的忧伤。还有一次，一只蜻蜓轻盈地飞到了被那个窗洞扩大了的视野里，我看到了它绝美的飞翔姿态，一个又一个突然改变飞行方向画出的折线，它的灵巧和速度，它的嗤——嗤——嗤——的击翅声，它的透明的四个薄翼振动着，似乎都显示了算术一样的精确性，可我仍然难以判断它究竟是以什么方法飞行的。多少年之后，我看到了法国作家列那尔的《自然记事》，他这样描绘：从小河这边飞到那边，它总要在清水里浸一浸它那红肿的眼睛。它轻轻发出一点爆裂声，仿佛带电飞行。

实际上，我曾经看到过这样的情景——在小河边，也在野地里的水洼上面。可是，我透过窗洞的观察却不是那样，只有它的飞行姿态让人神往。一会儿，那一破窗洞里出现了一只眼睛，四周布满皱纹——算术老师从外面向教室里窥视，他经常这样偷偷地监视着我们的一举一动。那只眼睛把我吓坏了，它果断、有力地切断了我的视线，一只飘动的蜻蜓被一只可怕的眼睛替代了。我的算术作业本上只有一个算式，我还没有算出得数。当时的慌乱可想而知，只有胡乱地在作业本上写上自己也不知从哪里获得的数字，我知道这是错误的，正确的答案不在这里。

现在，我可以从飞翔的蜻蜓那里得出结论：我们所演算的一切，上帝已经演算过了，我们的存在仅仅是为了无数次的验证。

算术题

我们想一想自己曾经学过的东西吧。我打开自己曾经使用过的作业本和算术课本。时光的力量已经渗透在纸页中，它们已经失去了纯白的质地和光泽。我知道，时间总是有用意的，它施加力量必有所图，它究竟要告诉我们什么？一位哲学家说，短秤隐约地暗示出绝对之物。我想，我曾一次次算过的得数里必定含有关于世界的寓言，它们一直在时光里窥视着我们，就像那个破窗洞里突然出现的眼睛一样。

张锐锋散文评论节选①

张锐锋散文中的感觉之所以可贵，还因为这种感觉是与形象相对应的，在张锐锋的作品中，感觉的新奇和生动，是与那种在强大的驾驭力/控制力之下排闼而来接踵而至的丰富的画面和意象互为表里的。张锐锋的散文，始终是把形象、画面和意象作为自己的描述对象的，全是可感可察的，如同蜿蜒多姿的江河，推涌着一个接一个的图景扑面而来，两岸风光看不尽，轻舟已过万重山。他写光亮（《月亮》），写声音（《和弦》），通过凝视“马车的影子”，回望童年、故乡、劳动、成长（《马车的影子》），通过直面“尘土”，沉思着生命与死亡、善良与邪恶、强者与弱者、报应与公正，通过瞩望群山，歌咏平凡而无尽的劳动，通过旷野上的古战场的遗迹，探讨人与历史的关

---

①　张志忠．感觉——童年——过程：张锐锋散文漫评．当代作家评论，1998（5）．

系；即使是那些因为过于熟悉，使得人们已经不愿意再接触其故事层面，而往往是直奔其主题的古代寓言，张锐锋选择的也是具有视觉形象的那些部分，并且能通过他那新颖别致的叙述，实现一种陌生化的效果，还原其生动有趣的情节和人物，恢复形象自身的吸引力。

……张锐锋的散文，可以被称作是感觉的改写。实现这种改写，并非是一件轻而易举的事情……张锐锋采取了非常聪明的角度，从童年记忆开始寻找，从生命的源头发掘属于自己的感觉和体悟……因此，张锐锋所写的文字，对于我们来说，是对于生活的一次重新体验，是祛除了蔽障以后的一次感觉还原。

……

其实，对于众多的作家，对于我们正在谈的张锐锋，童年记忆，都是一种叙事策略，童年与成年，往事与当下的一次沟通，一次融合。张锐锋无意于遮遮掩掩，他不曾信誓旦旦地宣布自己所说的一切全是真的，相反地，在表白童年时他的所有作品中都会涉及隐秘，童年是文学中最重要的原型的同时，坦率地声称："我笔下的童年并非真正的那童年。这既不可能，也无必要。我们有时相信自己的记忆甚于相信那真正发生的。因为世界太巨大了、太复杂了，我们的记忆和像是唯一能与其匹敌的力量，否则我们会垮掉。""我所描绘的，决不是那一个（童年），是我们此时此刻的这一个。那一个真正的童年业已消失，在时光的秘密里，它是不可追的，但它仍属于我们。因而我们必须将这一悖论纳入我们的文学，否则，我们创作什么或要寻找什么都是不可思议的。"（《我为什么写童年》）

在张锐锋的散文中，反复出现这样一个意象：一个孩子，隔着玻璃窗，在窥望窗外的世界，看月亮，看树，看下雪。很自然地，这唤起了我们自己童年时曾经有过的同样的温馨的回忆；孩子因为弱小，因为缺少投入外部世界的能力，就只能处于房屋的保护之下。但是，他又总想打破房屋的束缚，总想了解屋外的种种生活现象和自然现象，于是乎，只能是爬在窗户上，透过那透明却又无法穿越的屏障去观望自己感到陌生感到新鲜感到不可思议的景象。那些吸引我们的景象，一个个又是多么迷人，以至于让我们在窗玻璃上挤扁了鼻子，贴紧了嘴唇，无意之中，把我们的吻印在上面。在张锐锋的笔下，这种经典性的场景，通过玻璃窗向外面张望的孩子，还具有更深一层的含义。它意味着，在许多年以后，已经成年的“我”，蓦然回首，回望自己的童年和少年时代，他同样是一个隔着玻璃窗的窥望者，同样会感到一种无法言说的神秘和新奇，感到生命的奥妙。往事在回忆与想象的交融中历历在目，但是，玻璃窗外面，却是永远无法再度涉足的时间之河流。“有谁知道，自己在多少年后的一个时间片断，会突然凝视童年时代的那幅图画？会突然扭回头来瞧一眼？那时，你就会发现，你是一个局外人，你所看到的是一个与自己无关的事实。童年时代，人只想到自身的成长，怎么可能想到自己的成长原本是为了变为一个陌生的现时的监视者？一个人所做的一件事，不过是为了今后的自己从一百个方向重现。”这未免会让人感到失落和惆怅。不过，能从一百个方向窥望自己的童年，像魔方一样变幻无穷，不也是充满了审美情趣的快事？张锐锋就得意洋洋地在摆弄着他的童年魔方呢。

……

张锐锋所写的童年，是今天回首往事时情致化了的童年，他所解读的寓言和诗歌，则本身就是一种精神的产品，再加上他在叙述时采取的时入时出在进行情景描述和往事回忆时，他是全身心地投入其中，是感情饱满的，他在叙述完一段故事以后，所进行的评述，又是冷静客观的，是入乎其内而出乎其外的，他决不仅仅满足于描绘出一个个鲜活的情境，构造出一个个乱真的幻影，而是时时打破这幻象，解构这图景，质疑其命意，诘问其真谛。他不停地发问，不停地追索，在对于人生之谜的猜想中，也对记忆的可信性、理解的确切性以及文字的仿真性模拟性都画上了深刻的问号。在张锐锋的文章中，“悖论”一词使用的频率很高，他思考的方式，也可以说，是带有很浓的悖论思维的特征的。他在叙述着什么的时候，又在怀疑着什么，他在相信着什么的时候，又在质询着什么，把他的游移不定、进退两难的心态，袒露给读者，把读者也置于同样尴尬的境地。

……执著地在形象的层面上进行思考，使张锐锋无法像地质钻探那样深入思想的深邃悠远之处，他毕竟不是以哲学探索为己任的；怀疑和悖论，则使他无法在作品中得出什么确切不移的结论，从始至终难以接近通常意义上的“真理”；他的文学意义，他的思想价值，在于他的散文中表现出来的过程性的意味。

……读张锐锋的散文，很难从中找到什么总结全篇的话语，很难从中得出什么确凿无疑的结论，很难发现张锐锋撰写该文的最终目的。他的许多论断，也会让人感到有些模棱两可、似是而非。其实，他自己也是无意于向人们宣讲什么绝对真理的。只要读他的文字真读进去了，领略到他那描绘形象和议论风生的姿态，在他所设计的智慧加情感的艺术迷宫里浏览了一遍，那就足够了。今天的文学作品，有的让人在情感上感到震惊；有的让人觉得长了新的见识，接受了新的观点；有的呢，却是从根本上改变人们审视事物、把握世界的角度和方式，更新理解生活的感觉，至于具体的判断和结论，则留给读者去思考。

黑童话（节选）

周晓枫

火柴天堂

暖和一下手指头吧，在墙上一划，“哧”的一声……随着一次次燃起的光亮，她看见温暖的炉火、香喷喷的烤鹅、壮丽辉煌的圣诞树，还有奶奶，她在世间已彻底失去的亲人。

区别在于，火苗里的食物只用于安慰眼睛而不是肠胃，想要品尝，必须坐在天上的餐桌旁，就像跟从死神上路，才能被赐予出口以外的恒久宁静。是否所有的美味都是更高统治者垂钓在唇边的诱饵，咬一口，我们就得跟他走？也许，那只背上已插好刀叉的烤鹅不能被食用是符合天堂原则的，因为天堂的原则是赞颂而不是敌对，是仁爱而不是杀戮，怎能想象会用火和刀刃来对待一只纯洁无辜的鹅呢？它应该被天使像孩子一样抱在怀里。所以，只能想象一只鹅被消灭在胃里，绝不能真实地消灭它，我们占有它又不侵害它，闻它的肉香又不溅上它喉管中的血，快感围绕着它的身体却不触及……这意味着美味被拆成“美”和“味”的两个分离的部分，食物的欣赏价值吞掉了实用价值，或者说它的欣赏价值是实用的，而实用价值仅只停留在欣赏。如果天使喜欢，如果天使需要，他们只能动用眼神，废除掉牙和手的功用。

正因为如此，我怀疑神之间的和平不是缘于爱，而是缘于冷淡，既然他们之间，他们和所属物之间，摒弃了血肉联系。也正因为如此，他们没有矛盾，没有困惑和失误，他们更尊重一种冰冷得特别安全的人际关系和解决途径。我向往神的生活，因为我不想通过缓慢遗忘的方式来对抗疼痛，不想通过磨蚀自己的方式来减轻欲望。我向往随时再生的肉体和情感，我向往冷血，像一个神或者一条蛇那样。

也许，神比我们想象的还要光辉。他们那么平易近人，为了和那些丑陋的人间孩子看起来相似，他们努力增添一点点私欲，比如，他们使自己需要衣袍和食物。做神仙和亡者最大实惠在于，他们都不再劳动。神有咒语。什么是咒语？就是不必体力劳役就创造。这种创造接近魔术师的障眼法和物体搬移，因为神不劳动，获得便只有依靠剥削人间一途——连死人都抄袭了一点本领，白白享用祭品。对人类来说，神是一个食利阶层。这是回报率最高的投资，神的本金只有一个词：信仰。正因为神是最大的暴力阶层，所以人间又增加了许多模仿者。

卖火柴的丹麦小姑娘，她的脸上流着全世界穷孩子的泪水。但她见识过真正的天堂。神迹总是偏爱穷人的脸、冻僵的赤脚、马厩、寒苦之夜和临终祈祷。我猜测天堂的建筑材料，不会是液体、固体和气体这些常规之物，或许正是这样的神秘物质——集中火焰的形态和水的清凉？所以浴火凤凰才能不焦不死，它潜入天堂，偷了神的岁数。大神可以用省俭的材料，创建复杂的工程，比如，沙漠迷宫，火柴天堂。更可证明天堂性质的，是火炉、烤鹅、圣诞树和奶奶，都可以轻松装进一朵那么那么小的火苗里。尤其是那棵圣诞树，绿色枝子上燃烧着成百上千的蜡烛，燃烧着成百上千的火苗……而这成百上千的火苗，又全都燃烧在小女孩的一朵火苗里——我有点糊涂了，一个数字竟然大于全部数字的集合？

想想中世纪欧洲著名的神学攻关课题：一根针上能够站立多少个

天使。现实情境中，能站在那么细小的地方，只能是尘埃、细菌和病毒。针尖上的天使，让我们注意到天堂的事物与它的容器、与它的承载物之间，具有一种失调的不可思议的比例关系。

我们习惯于设想上帝的伟大。他有数倍于人的体积、力量，他有无穷疆域，奔涌大地的江河不过神殿滚落的水滴。我后来怀疑到，上帝的伟大恰恰在于回避了笨重的表达方式。他需要的是轻，渺小，这样他的管理才能无孔不入。比如，他的庙宇建造于云朵之上，奇迹不在于上帝能在指尖上托起群山，而在于，指尖上托着群山的上帝竟然可以站在一片最薄的云上。他不仅使自己、同时使山峦脱去体重。他赋予万物身体，同时又侵占万物的意志，如果愿意，这个伟大的天地写作者可以使一切都变成轻得无法称量的词，包括他自己——“上帝”这个词，万能，无限，惟独没有一个可以描绘的肉体重量。他的天使孩子之所以会飞，在于他们什么也不携带。神的秘诀不仅在于加法，更重要的是减法。是的，减去体重，减去与肉体相关的欲望的重量，减去睡眠、爱情和劳动……

我还可寻找一些佐证。基督教的神三位一体，即圣父、圣子和圣灵。圣父耶和华差派爱子耶稣来世，基督以人的身份道成肉身，因为有了肉身，他便不再是万能的，开始面对疼痛和挫折。月亮比地球离天堂的距离近，人们在上面轻轻一跳就可以弹起很高，他们部分地克服了肉体的重量；同理，推测在更遥远的看不清轮廓的天堂，天使全部地克服了体重。穷人之所以进入天堂的机会较多，可能因为他们形销骨立、体重较轻的缘故。圣徒的整个人间生活都相当于在天堂门外排队，他们面容酷似，全长着驴子那样食草动物的狭长的脸。今天盛行世界的减肥运动，除了审美追求，或许也潜在某种道德修炼，某种对来世的准备……

说到今天，多数人认定它越来越远离更适宜存活于农业时代的童话，远离那些关乎月光和翅膀的原始诗意。在我看来，科学和后现代，甚至成为对童话情节的佐证和推进，虽然带有一种颠覆色彩和金属气味。卡尔维诺曾指出：“第二次工业革命的形象与第一次工业革命的形象不一样，不是轧钢机或铸件这类沉重的东西，而是以电子脉冲形式在电路上流动的信息单位。铁制的机器将会永远存在，但它们必须服从那些没有重量的信息单位。”他在歌颂“轻”的穿透力量，歌颂它神一般的领袖地位。童话中说世间有一种蜘蛛丝编成的织物可以穿过针孔，我们没见过，但我们见过一种更有效率、保存期限更长、体积更小、容量更大的奇妙之物：电子芯片。未来芯片可以记录一个国家的全部历史、人口、资源、政体、民族、宗教、法律、经济、文化、交通及其最精微的细节——针尖上，何止千百个天使起舞？

除夕之夜，我打开喜欢的电子游戏，那里面有朋友、敌人，有街道、迷宫，有鲜花、子弹，我可以成为公主或者冷面杀手……一个轻薄的软件，可以装进这么多。我和卖火柴的她一样，孤独中，幸福地看到火柴天堂里的微笑。谁管那里是不是看得到，进不去。

周晓枫散文评论节选①

从整体看来，周晓枫的散文超越了我们以往普遍的关于散文的阅读经验，以至于所谓研究散文的人士，很难用现成的散文批评话语，按部就班地对其作指指点点。或者说，面对这样的散文我们简直就是失语。但这对习惯于模式的散文存在，倒是一种令人欣喜的改写。散文是什么？我们有时形成了若干“共识”，但更多的时候只是莫衷一是。然而，散文本来就应该是莫衷一是，无须定义的，也是无法定义的。所谓的定义只被风干在教科书中，或被悬挂在文学词典的词条里，与散文本身没有关联。散文应该呈现作为主体的个体生命的真实面孔，各具姿势，气韵生动。散文有着生命的经络，它是一种关于生命的有意味的呼吸，以说话的方式表达对生命体之间或基于生命本我的种种观察、感悟、念想、思考等。所谓说话，可以是激扬文字式的公共讲演，或是自言自语的私语，也有与人喝茶聊天一样的任性闲话等等。要之，散文是具有生命体征的、含蕴或洋溢着生命个性的活着

---

① 丁晓原. 周晓枫：穿行于感觉与冥想的曲径. 文艺争鸣，2008（4）.

的文字。读散文的周晓枫，其实感知的正是作为“这一个”独特生命的周晓枫，一个在散文模式中长大但又自立于模式之外的散文家。

我们曾说过，20世纪90年代以来的时段，仿佛是一个散文的时代。散文的确也是众声喧哗，景象有些琳琅满目，但繁荣终究笼罩着虚拟的浮华。散文之流试图变更航道，可结果无法整体地跃出既定的河床。此间声势浩大的文化大散文的路数，便是一个典型样本。文化大散文以对一个散文模式化时代的终结而生成其文学史意义，但此后它以自身的被模式化而走向了式微。文化大散文的没落，表征了“纸上”的文学的某种宿命。作为一个鲜活的生命主体，周晓枫对散文的模式化一开始就保持着警惕，她仿佛是作为站在散文常态之外的一个“非常者”而存在的，叛逆成为她的一种责任和使命。由“背叛”而生独特，是周晓枫最为基本的散文理念，并且在她这里凝结成一种执著的力量……周晓枫的散文向读者展开了丰富的身体感觉中的世界。这种感觉来自于个人的体验、记忆，是开放身体感官所获得的关于自我、类群以及其他生命景象的观察、感受和想象的心灵烙印。

利刃的语言

格　致

夏天，整个城市如一片叶子，被烤焦了，发了黄打了卷。只有街边一堆硕大的西瓜，如一滴滴还没有蒸发的水珠，闪着凉爽的绿色的光芒。

我在一堆有着碧绿花纹的西瓜旁停下了脚步。我只喜欢这种西瓜，它是圆的，且有青蛙脊背上的花纹。这和我童年图画书上的西瓜是一样的。而其他的西瓜，颜色像冬瓜，形态像枕头。

卖瓜人是个中年男子，黑且瘦，眼睛很大。他将手掌伸平，在他臂长所及的范围内的每一个瓜上拍，最后选中了一个较大的抱了过来。他头也不抬地说叫不叫？（叫：切开一块以验优劣）我说叫，不好不要。于是他三刀就在西瓜的肚子上划出了一个三角形，并像拔暖瓶盖一样将那块瓜拔了出来。我伸过头去看那个三角形的井，里边真如井一般汪了一片水渍，瓜肉发了炎的伤口般红肿不堪。这是熟过的瓜，或在搬运过程中受了外力的撞击，虽然外皮完好，但里边已如发生了地震，全乱了套。我拒绝买这只瓜。直到此时，我还没特别的感觉，一件再平常再细小不过的事，它还没有什么意义，拒绝这只瓜的理由又是那样充分。

卖瓜人一手托着瓜，一手握着西瓜刀，不好，哪不好？并且直视我。我不明白他的自信从哪里来？快要烂了的西瓜能使他的目光笔直地射向我而没有一丝游移吗？一定另有原因，它的笔直的目光后一定有一个坚硬的支撑。我的目光在他的身上寻找，于是我的目光与那把西瓜刀相遇。残留的西瓜的汁液，正从刀尖一滴一滴缓慢地滴到地上。它们是淡红色的，跟人体的血液极其相似。刀是月牙形的，刃口比刀背长出约一倍，在强光下反射出刺目的光。它距我只有二十厘米，只要二分之一秒，刀就能将这段距离变成零甚至负数。握刀的手是黑色的，上边的血管如老树的裸根盘错着。他的手臂像是刀黑色而有力的柄。刀和他的手是一体。他是一个身上能长出刀的人。刀从他手臂的顶端长出来，并且在他的血液的浇灌下越发的锋利。

我害怕了，怕这把从他的手臂的顶端长出的刀是个任性的家伙。他的大脑指挥不了刀，反而被刀所控制。刀是嗜血的，它永远乐于在柔软的不堪一击的肉体上证明自己是一把锋利的刀。刀面对石头的时候是会低头并且绕行的。但我不是石头，恰好是一堆柔软的肉。刀已看见了我，并且露出了笑容，正在一毫米一毫米地向我移动。它可能是厌烦了那堆西瓜，厌烦了西瓜发出的嘎嘎嘎嘎清脆的哭叫声。它想换一个略有些弹性的东西。西瓜的血毕竟没有腥味，而且是令它讨厌的甜味。刀是不甘堕落的，切割西瓜实在是无奈之举，一旦有机会，它是不会放弃任何一个同真正的血液亲和的机会的。

我看见那个卖瓜人阴沉的脸，他没有买卖人那种可以随时运用的笑脸。是刀使他可以不笑，刀给了他勇气和理由。我不能同他争执。我在那把月牙刀闪闪的白光下接过了西瓜。我付钱给他时说：我买了，不是怕你，是怕那刀。一般人听了都会笑的，但他没有，他像阴天一样，就是那种没有雨的阴天，但晴起来也没有希望。

刀是有语言的，以前我不知道。但自从我的邻居二萍在一把切菜刀下变成一堆肉泥之后，我开始能听见刀说的话。它说它喜欢一切柔软的东西，比如青菜，比如绢布，比如女人。它说它不大喜欢石头、金属、男人等等一切不容易切割的东西。它们不但难于切割也不容易下咽并且味道也不好。

我怕刀，听懂了刀的劝告。并且弄明白了刀是个什么东西。我买两样物品——肉和西瓜——不敢同卖货的人争执。这两种买卖是有刀参与的，或者说是刀的买卖。我不敢同刀理论什么，刀说的就是真理。

我在刀的逼视下接过了坏的西瓜，接过了切割得明鲜肥肉多而瘦肉少的肉。我没有办法，我不是刀的对手。在刀的面前，我仅仅是一茎青草。刀是我的敌人。我在一把刀的面前什么真理也不能坚持。刀把公道切得一面太大，一面太小，但小的那一面放上一把刀，就平衡了。

格致散文评论节选[①]

格致在自己独特的散文构造中展示着自己内在的生命，她散文的独特生命在于奇特，而奇特在于一种思想或文字的交替，也就是说，她散文的浪漫在于她心灵的机智，她散文内容的融会在于她散文形式的组合与分离；她的散文在迷茫中有秩序，在矛盾中有优美；她的散文将自己选择的内容重新组合、规定、安排，使之达到一种别样的状态，从而给了我们一种震荡，一种新的穿越散文美的途径，并由此在散文体式上获得了一种崭新的风格和意义。

……

格致的散文创作追求形象创造、内在结构、语言艺术诸多方面的精美整合，并努力寻找和创造属于自己的独特方式，形成了自己富有个性特色的笔调。而正是这点使格致的散文在创作技艺和审美思维上

---

① 王冰．背过身去的新视角——格致的启示．文学界，2008（8）．

成为散文自由与独立的标志。因此当一个散文家自觉地从艺术形式的深层结构，对自然和生命的高度进行诗意的遐想与理性的思辨时，那么其散文就会实现由方法向体式的转换。

格致在散文的形体创新方面的努力是有目共睹的。在其创作中，她所建构的一切，包括形式方面，应该有一种真正属于她自己的深层动力结构。她的散文创作讲求感性、想象和理性在美中的和谐统一。她侧重于文学的形式的创新，侧重形式和内容方面的交错。而文学形式作为作家审美意识风格化的结果，它以语言和章法为构造的手段，表现作家的体验、情感、意绪、意识等内在的意蕴。因为形式是对终极情感的提升，伴随着的是对最伟大力量的体验，它最终指向的是独立的意义。格致的散文简单、素净，蕴涵却非常丰富，超出了传统散文意境的界限，达到了与读者的契合，而且格致能够把意识心态中难以化解的东西以各种形态加以展现和整合，自主地完成文体和形式的超越。从格致的散文中，我们能较清楚地看到，格致似乎对形式之美怀有某种特殊的迷恋，她以自己独特的审美视角来追求散文形式的更新，从而使自己的散文，成为主体与客体、感情与理性高度融合的审美世界。

……

因此，我们可以得出这样的结论，格致散文中形式的概念已经具有新的意义，它不再只是一具框架，而是一个有机的、具体的、独立的、自身包含着某种内容的整体。据说欧洲有一种幻觉艺术，它具有一种改塑作用，格致的散文实践同样有自己新的散文空间，她将散文的图案拼花一样地装潢起来，虽然它仍然具有模糊性和变异性，但是作为散文的驭手，格致无疑是优秀的。

【问题与思考】

1. 新散文比较传统散文“新”在何处？
2. 你觉得散文书写应该采用虚构的手法吗？
3. 新散文作者非常强调写作的个性，对此，你是怎么看的？
4. 你觉得“新散文”写作中融入了诗歌、小说、戏剧的创作手法会丧失散文的文体特征吗？为什么？

【相关作品与文献】

1．祝勇．新散文九人集．北京：中国广播电视出版社，2003.

2．周晓枫．七个人的背叛．北京：人民文学出版社，2004.

3．祝勇．旧宫殿．北京：中国文联出版社，2009.

4．张锐锋．祖先的深度．天津：百花文艺出版社，2001.

5．周晓枫．周晓枫散文选集．天津：百花文艺出版社，2011.

6．格致．从容起舞．长春：时代文艺出版社，2007.

7．陈剑晖．新散文往哪里革命．文艺争鸣，2006（5）.

8．刘畅，吴金淼．新散文的“新”与命名的尴尬．南方文坛，2008（3）.

第八章　在场主义散文

【学习提示】

了解“在场主义”理论诞生的背景和主要理论建构，即“三破”、“两立”、“一确认”；重点掌握周闻道和周伦佑提出的散文的“遮蔽性”、“在场性”、“散文性”、“精神性”、“思想性”、“当下性”、“发现性”、“介入性”、“本真”等；了解“在场主义”主要作家周闻道、张生全、傅菲、沈荣均、杨永康、第广龙等作品的内容与特点，掌握其理论与创作之间的关系，以及对当下散文理论和创作的意义、价值。

在场与原生态

在场主义是汉语写作中第一个自觉的散文流派，创立于 2008 年 3 月 8 日，其标志为以散文家周闻道、文艺理论家周伦佑等 18 位作家、文艺理论家签名的《散文：在场主义宣言》的发表。

在场主义散文流派的诞生，有其历史的必然，可以说是自 20 世纪初新文化运动以来，白话散文在经历了近一个世纪的探索、沉寂、嬗变的结果。特别是进入 20 世纪 90 年代以来，散文界热闹纷呈。先是贾平凹针对“国内散文界的浮靡甜腻之风”而提出“大散文”口号，要求散文的题材、内容要“大”，体现时代精神，审美风格上追求“大意境”、“大气象”，题材要开拓路子，要“泛”。正如贾平凹所说的：“散文是大而化之的，散文是大可随便的，散文就是一切的文章。”[①] 再到文化散文的争论和以祝勇等为代表的新散文的崛起。

① 贾平凹. 美文发刊词. 美文，1992 年创刊号.

新散文以否定性和革命性的面目出现，反思和批判近五十年的散文，将其归类为“体制散文”，提出新散文的理论诉求，即回归个性，回归散文的审美特质，推倒规范，建立新的、具有活力的创作样式。然后是在场主义的横空出世。在场主义代表人物周闻道、周伦佑认为，先秦散文、大散文、新散文均是对散文性的遮蔽，其所谓的散文理论，“大多只是只言片语，或一句口号，或一点零星的写作感想，有的甚至是和散文创作及散文的本质特征毫不相干，更遑论含有本体论、方法论及其话语表述系统的理论建构了”①。由于散文的定义混乱，散文所指宽泛无序，散文理论根本缺失，其命名也出现“焦虑”和“混乱”；模仿国外加“新”字的新散文命名，与其美学主张的接近、集聚与呈现无关，缺乏学理支持。在场主义者认为在场主义才是让散文回到散文的唯一途径。

在场主义散文是当代一个以眉山籍作家为主的散文自觉群体的创作，以领军人物周闻道为首发起，由周伦佑建构散文理论，目前作者队伍数以百计。四川眉山，具有丰厚深邃的文化底蕴和源远流长的散文传统。晋代散文家李密、唐宋散文八大家三苏（苏洵、苏轼、苏辙）的故乡，史学家王称、李涛，国画大师石鲁等都是眉山人，中国现当代文化名人“凤凰涅槃”郭沫若也生于此地。眉山当代散文创作也势头强劲，有数以百计的散文大军，其领军人物周闻道等人的散文创作，在全国已有一定的影响，并且这批作家有着自觉写作和群体意识。眉山散文作家群体，是在对新散文的参与、反思、批判中觉醒的。早在2003年，眉山散文作家以散文沙龙的形式，在“天涯社区·散文天下”、“新散文网”等网络平台开展创作、研究和文艺争鸣，受到广泛关注。2004年4月，由《四川文学》、《当代文坛》、眉山市散文沙龙，联合举办了“远景之春·走进散文故乡”大型散文研讨会。这是眉山散文作家群体的第一次集体公开亮相，国内媒体因此提出了“眉山散文”的概念。2005年11月，由《十月》、《美

① 周伦佑．散文观念：推倒或重建//周闻道．从天空打开缺口——在场主义散文·开端卷．广州：花城出版社，2008：233－234．

文》、《当代文坛》、《散文海外版》、天涯社区、眉山市散文沙龙等联合在眉山举办的“中国新散文批判”笔会，以对传统散文的怀疑与批判姿态出现，被视为眉山作家群体自觉散文意识的觉醒。笔会围绕如何克服当代散文尤其是新散文存在的诸种弊端，进行了广泛深入的探讨和争鸣，为眉山散文形成文学流派打下了基础。

在经过了长期的创作、思考、碰撞、积淀后，2008 年 3 月 8 日，眉山散文作家周闻道，诗人、文艺理论家周伦佑等，在全球最大的华语网站天涯社区——散文天下，发表了题为《散文：在场主义宣言》，宣告“中国当代第一个自觉的散文写作流派”——在场主义（或在场散文）正式创立。这一宣言以气吞山河之势宣称：“命名即是创世，说出就是照亮。”我们深知，在场主义的出场是意义重大的。在场主义的强光要照亮的不仅是我们自己，它更大的辐射光波将彻底扫除覆盖在中国散文上空的重重阴霾：

——蒙骗了几亿中国人近百年的“先秦散文”伪概念，将在在场主义的光照下不击自溃，烟消云散；

——统治中国散文界近百年的“广义散文”谬说，将在在场主义的锋芒下土崩瓦解，寿终正寝；

——最后，“散文性”的揭示和最终确认，散文精神的深度论证，以及一个包括本体论、方法论和自成一体的话语表述系统的散文本体理论的建立，将彻底改变散文无边际、无标准、无本质特性确认的混乱状态——中国散文几千年来身份不清，来历不明的暧昧状况将因我们而得到澄清。

我们还散文以自由，散文因我们而正名。通过我们，中国白话散文将第一次真正站立起来，成为与诗歌、小说、戏剧平行的，平等的，文脉系谱清楚的，本质特性鲜明的写作文体。

我们坚信思想的力量可以改变历史。中国散文的天空，将因在场主义的出场而尘埃落地，明镜高悬。我们谨以赤子之心昭示天下，历史必将记住这一天：2008 年 3 月 8 日。中国散文历史的新纪元——将从在场主义——开始。

《散文：在场主义宣言》以散文性为身份识别标准，旗帜鲜明地主张，在场主义散文应“去除重负在散文身上的重重遮蔽”；以“在场性”的在场作为流派的哲学本体论建构；以散文性的在场作为流派的散文本体论建构；以“介入——然后在场”作为流派的写作方法论建构，并确认“在场”就是去蔽、敞亮、本真；在场主义散文就是无遮蔽的、敞亮的、本真的散文。周伦佑发表在《红岩》2008年第3期《散文观念：推倒或重建》详细论述了中国散文的现状，进一步建构了在场主义的散文理论。文章指出，中国散文所面临的重要问题，首先是至今无法建立起自己的文统。究其原因，“是因为出身不明，源头混乱，再加之‘广义散文’的无序扩版”。其次是“散文理论的缺失以及批评的失范。由此造成的认知混乱，影响了散文的身份确认和学科水平的提升”。最后是散文“命名的焦虑”导致的命名混乱。周伦佑在推翻“先秦散文”和“广义散文”的基础上，提出“散文性”的文体特征：非主题性（非立意）——随意；非完整性（片断经验）——散漫；非结构性（非构思）——发散；非体制性——自由表达。对于散文文体意识，周伦佑认为要进行散文“审美现代性”转型，提倡对后现代散文的借鉴，实现当代散文的文体变构。

针对在场主义理论，华南师范大学教授陈剑晖发表了《巴比伦塔与散文的推倒重建——驳周伦佑的〈散文观念：推倒或重建〉》（《文艺争鸣》2009年第6期）。陈剑晖认为，周伦佑的《散文观念：推倒或重建》是一篇“宣言大于内容，哲学遮蔽了文学，游戏多于论证，作秀压倒了学术，表面看起来引经据典、深奥华丽，实则是虚幻缥缈、似是而非，观点了无新意的文章”，在场主义者的“立足点并不是为了提振推动当代散文，而是为了在散文界搞一场地震。他们的论证看起来很‘学术’，却没有学术的真诚和学理性；他们野心勃勃地想‘推倒’后‘重建’，但事实上他们没有推倒要推倒的，也没有建立所要建立的”。文中指出，首先在研究方法上，在场主义犯了“以今律古”的错误：“他预先有一个‘自己的’散文观念，有一把后现代主义的散文尺子，而后再用这把尺子去丈量先秦散文。”而对于在场主义的具体理论主张“散文性”和“散文精神的自由向度”，陈剑晖认为，“散文性”四性其实早有不少当代散文研究者都论述过，根本不是其独创，而且没有任何论证和论据，其学术价值、论证的深度和理论体系建构无从谈起，“散文精神的自由向度”也同样了无新意。而对散文创作手法上，陈剑晖认为周伦佑提出的中国散文应借鉴“后现代散文”的表现手法，不仅远离了散文的本体，而且有可能损害了散文本体的纯洁性、优雅性和古典性。

随后，周伦佑在《文艺争鸣》2010 年 4 月号发表题为《在混乱中重建散文价值尺度——回答陈剑晖对〈散文观念：推倒或重建〉的批评》的反批评文论，从“‘以今律古’与‘先秦散文’”、“‘广义散文’是我人为设立的靶子吗？散文尺度：‘诗性’，还是‘散文性’”正面回答了陈剑晖的批评。

关于“以今律古”。周伦佑认为，“先秦散文”概念本身就是一个“以今律古”的产物。先秦时期并无“散文”这个概念，被指为先秦散文的《周易》、《尚书》、《春秋》、《左传》、《论语》、《道德经》、《孟子》这些古代典籍的作者，也没有说过他们写的是先秦散文。两汉以后，至于中、晚唐，骈俪文称为“今文”、“时文”，非骈体的两汉、先秦文称为古文，也还没有先秦散文之说。既然秦以前并没有“散文”这个概念，那时的著述者也没有说过他们写的是先秦散文，那么，是谁认定《周易》、《尚书》、《春秋》、《左传》、《论语》、《道德经》、《庄子》等这些古代人文著述是先秦散文的呢？当然不是古人，而是今人——是近代以来一些受新学影响的学者（包括梁启超、郁达夫等）。他们仅仅根据西方文学中押韵/不押韵这么一个二分法的“广义散文”标准，就将中国古代这些以散体文写成的哲学、卜筮学、历史著述等判定为散文——先秦散文。这就是典型的“以今律古”！

关于“散文性”理论。周伦佑认为散文的本质特性是“散文性”，而不是陈剑晖所标举的“诗性”。陈剑晖用诗学理论中的“诗性”概念来为散文立标准，并希望以此来定义散文，引导散文，是开错了药方，走错了方向，其结果只会戕害散文，把散文变成现代诗的附庸文体。每一种文体都是以区别于其他文体的本质特性来确认自己的，比如诗歌的“诗性”，小说的“小说性”，戏剧的“戏剧性”——那么散文应该是什么呢？当然是“散文性”！可以说，“散文性”的提出对于当代散文理论建设是有革命性意义的。[①]

2008年6月3日，《文艺报》以两个整版介绍了在场主义散文理论及其代表作品。在此后一年的时间里，《美文》、《青年文学》、《红岩》、《羊城晚报》、《文学报》等多家主流纸媒纷纷开辟专栏，或发表文章，推介在场主义散文理论和作家作品。中国青年出版社推出在场主义散文第一本探索性实验文本《镜像的妖娆——2007天涯散文》，花城出版社计划从2008年起，每年公开出版一部在场主义散文流派文集，连续三年共出五部，系统推出在场主义散文流派。在《镜像的妖娆——2007天涯散文》，《从天空打开缺口——在场主义散文·开端卷》、《从灵魂的方向看——在场主义散文2008年选》的序言中，周闻道进一步探讨了散文的“在场，思想，诗意，发现”，及“内外珠联，根性真实，介入当下，表现本真”等艺术特征问题。第三册《九十九极——在场主义散文2009年选》已出版发行。百花文艺出版社在2009年推出了六名在场主义代表作家的丛书，包括周闻道的《七城书》、第广龙的《摇晃》、傅菲的《生活简史》、黄海的《黄石手稿》、沈荣均的《斑色如陶》、张生全的《变形词》等。在“总序”中，周闻道为首的在场主义同仁们，又提出了在场精神的基本特征，即“精神性、介入性、当下性、发现性、自由性”。加上数万字的答读者问和专题对话，以及百人上百万字的作品呼应，至此，在场主义散文以散文性和在场精神为核心的流派建设，已基本完成自己的宏大工程，确立了自己独特的身份和地位；2010年5月启动的在场主义散文奖，则为在场主义散文理论和创作建设提供了强大的后续动力。

“在场主义”的产生和发展引起了学术界的关注和争议，各地举

---

① 周伦佑. 在混乱中重建散文价值尺度——回答陈剑晖对《散文观念：推倒或重建》的批评. 文艺争鸣，2010（4）.

行了一系列的在场主义研讨会。2008 年 3 月，由长庆油田文联承办在西安召开的在场主义散文座谈会；2008 年 10 月，由《羊城晚报》文艺部、广东现代作家研究会、华南师范大学文学院联合举办的“在场主义”研讨会；2008 年 10 月，由四川大学、四川师范大学联合举办的“在场主义”研讨会；另外北京师范大学、延安大学、广西师范大学等高校也自发组织学术争鸣，进行了在场主义散文研讨会；2009 年第 2 期的《中国散文评论》以近 10 万字的专号，集中推出了由 20 多位学者、硕博研究生等的在场主义争鸣；2009 年 5 月 21 日，《文艺报》又在第三版“理论争鸣”专栏，以《在场主义引发散文理论争鸣》为题，再次以整版篇幅，站在整个散文流变史的角度观照散文和在场主义，较全面系统地介绍了在场主义散文诞生一年多来的社会影响和主要观点交锋；2009 年 11 月，中国散文学会“现代散文发展趋向与在场主义”学术研讨会在眉山市举行，来自全国各地有关高校和新闻文艺单位的学者、评论家、散文作家 80 余人齐聚一堂，共同探讨在场主义散文和中国现代散文发展方向。2009 年以来，《文学报》、《华商报》等知名媒体，更以连续的大版面，跟随在场主义散文的行踪。

综观在场主义从自我命名、理论建构到散文创作，各种批评声音此起彼伏，对其合理性和价值性讨论不绝。事实上，无论是“躁动”和“喧哗”①，抑或“地震”②，在场主义散文已经成了中国 90 年代以来一个不可忽视的散文流派，其意义也在创作和讨论中凸显，这是无可否认的事实。

一、“散文性”：散文的身份确认标准

在场主义首先从散文性入手，对传统散文观念进行了廓清。他们

① 袁少冲．当躁动与喧哗已成过往——谈谈在场主义散文及论争．红岩，2009（2）．

② 陈剑晖．巴比伦塔与散文的推倒重建——驳周伦佑的《散文观念：推倒或重建》．文艺争鸣，2009（6）．

认为，散文性即是散文区别于其他文体的根本属性，具有散文身份确认的意义。对于散文性的内涵，在场主义没有给出明确答案，但他们却从文体特征上，提出了“四个非”的观点。

其一，非主题性。作为最个人化的一种书写方式，散文是作者真性情、真文字的自然流露。一篇散文随意写来，往往不是刻意和深思熟虑的，也不需要预先设立什么确定的主题或中心意义。一篇散文的价值就在这篇散文本身。不同的读者，从同一篇散文中读出不同的意味，那是阅读经验使然，而不是这篇散文表现了什么单一的、确定的主题。这种非主题所呈现的散文写作的随意性特征，是散文区别于小说、戏剧、诗歌的第一种文体标志。

其二，非完整性。与诗歌、小说、戏剧不同，散文表达的经验往往是非完整的，一般呈现片断和散漫的特点。这种非完整性，首先表现为对宏大叙事和元叙事的拒绝，对全景式和全知全能描写的摒弃。一篇散文，要求作者个人经验的在场，但不要求有完整的故事和情节，也不需要有一个整体性的思想框架。这种非完整性所呈现的片断经验和散漫性特征，是散文区别于小说、戏剧、诗歌的第二种文体标志。

其三，非结构性。文学作品的结构分内结构与外结构。外结构是显性的，呈形式化的特点；内结构是隐性的，作观念性埋伏，具有“二元对立”的特点。在所有文学门类中，只有散文是个例外。散文书写的随意性和散漫性，拒绝了构思对散文写作的介入，非完整性的片断经验表达，以及写作过程中的或然性（不确定性），拒绝任何确定的形式和固化的结构强加。每一篇散文都是一个偶然，每一次写作都是一次未知的历险。这种非结构性所呈现的发散性特征，是散文区别于小说、戏剧、诗歌的第三种文体标志。

其四，非体制性。如果说，所有严肃的文学写作都具有非体制的倾向，那么，散文的“非体制”则是最彻底的。从散文的流变史来考察，初唐时期，由散句、散行构成全篇的散体文，是作为当时的体制文体骈俪文的对立面而出现的；到了明代，散文又是作为当时的体制文体八股文的对立面而划分阵线的。散文表达的随意性、个人性，不仅自觉地具备了非道统、非理法的思想特质，而且在与各个时期体制文体的反复较量中，逐渐获得了自己丰沛自足的文体价值，成为一种卓然独立的体制外文体。这种“非体制性”体现的自由表达意向，是散文区别于小说、戏剧、诗歌的第四种文体标志。

“散文性”的四大文体特征所体现的“随意”、“片断经验、散漫”、“发散”和“自由表达”，向我们昭示了散文的精神指向——自由。这也是人类一切精神创造的终极意向。

二、在场精神：在场写作的个性追求

在场主义在提出散文性这个散文区别于其间文体的根本特征的同时，还从在场的本质入手，从存在意义的显现出发，鲜明提出了在场精神的五个向度。

其一，精神性。在场主义认为，精神是散文的骨架，是散文的内核。在场写作反对两种倾向：一是以标榜日常写作而津津乐道于琐碎的“个人经验”、“个人趣味”；二是企图追求所谓“宏大叙事”，而图解某种政治需求。在场写作的精神性，是对苦难生活的观照，对生存意义的追问，对真实人性的剥露，对生命终极价值的关怀，对人类“终极家园”的精神诉求，对生存与存在根本问题的哲学思考。

其二，当下性。在场主义关注的，是今天发生的亟待解决的问题，而不是过去尘埃落定的虚影；关注的是身边最感疼痛的问题，而不是流行的、华丽的、自己并不熟悉的那些元素；关注的是我们的、人类的、地球的问题，而不是悬空的、高蹈的、虚饰的闲谈；是躬身触摸当下生命的生长状态，而不是着眼于挖掘古墓，在枯尸口里拔出金牙。在场主义要求散文写作者要沉潜下来，不为商业时代及娱乐时代的夸饰和虚靡所动摇；要安静下来，保持内心的淡定和澄澈；要迎击上去，有斗志和韧劲；要坚守下来，有持续的动力，独立意志和判断。

其三，介入性。在场主义认为，在场散文写作的唯一路径是“介入”，是“去蔽”、“揭示”和“展现”。介入就是承受，就是担当，就是关怀。它强调的是作家的使命和责任，反对把散文写成风花雪月的补白，权力意志的注解，歌功颂德的谄笑，痈疮疥癣的痒挠。它强调的是散文的身份和地位，反对把散文边缘化，让散文成为“诗余”、“小说余”、“杂文”、“玩字”；提倡散文要锋利，要有硬度，要扎入最深处的痛，要体贴底层，揭示真相，承担苦难。

其四，发现性。在场主义认为，真正意义上的创作，都是一次发现，是对现有的否定和对新极限的挑战，具有初始性、唯一性和价值性的特点，是精神性的生命源，也是当下性和介入性的意义所在。有没有发现，是散文及散文作家高下的分野。发现是一种态度，是散文写作的起点，过程以及最终归属；发现是一种方法，用发现的眼光观照事物，用发现的刻刀解剖事物，用发现的心灵体察事物，才能传达出事物不为我们所熟悉的那一部分隐秘；发现是一种结果，是对遮蔽世界的唤醒和照亮。

其五，自由性。自由是人性的最高尺度，也是写作的最高尺度。作为一种自由言说的文体，自由性对散文而言，具有身份特征的深层意义。在场主义认为，写作的自由，是在对写作策略全面洞悉基础上的无策略，是遵守写作基本规则基础上的大自由，是对写作无限可能性孜孜不倦的追求中的澄澈和顿悟，是对散文边界的突破和维护。解构是自由的，构建也是自由的。自由的结果，是表现本真，直抵事物的核心。

三、介入性：生命本体与当代意识

在场主义认为，“在场”主张“介入”，介入是“在场”的唯一路径，主张作家去除遮蔽的介入自身和当下现实，“介入的主体是个人与民族、与人类命运相关这样一种大语境下的作家介入，介入的客体则是作家本人置身的当下现实，以及作家个人的生存处境”，“一个严肃的作家，总是在对个人生存处境的真实揭示中，揭示出一个民族甚至整个人类的生存处境的”，“在场写作的去蔽、敞亮、本真，就是一个发现的过程，包括对自然、社会、人生、灵魂，对生命本质的独特的发现”。在场主义对介入的理解其实包含两个方面：一是发扬主体精神，关注生命本体；二是切入当下现实，承担当代意识。这便是在场主义提出的“焦虑”、“关注”、“思考”、“承担”。

散文作为一种独立的文体，是在中国现代性语境中生成并逐渐确立的。五四时期“个人”的发现和“个性”的弘扬，是现代散文艺术追求的核心。但是新中国成立之后至20世纪80年代中期以前，由于政治意识的强化，与现代散文相比，“小我”淡化隐没，作家主体性不断弱化，个人的声音逐渐汇融到集体的洪流中，消失于集体的共同表达中，在崇尚优美典雅和表达灵性的观念主导下，杨朔式的“抒情散文”流行一时，结果也因模式化、雷同化、扁平化而走向死胡同。20世纪80年代中后期到90年代以来，国家体制的改革，市场经济的冲击，现代科技的突飞猛进，新思潮的频繁更替，加上散文创作本身的门槛低，带来了散文创作和阅读高峰期。学者王岳川认为90年代是散文世界的年代，但是我们也不容忽视大量的思想平庸、艺术粗劣的所谓散文随笔充塞于“公众空间”，这种文化垃圾严重损害了散文的声誉。在这种情况下，“在场主义”所倡导的“介入”理论，强调作家以宏阔的开放精神站在时代思想的制高点，作家的生命本体和当代意识融为一体，建构散文的理论体系，有相当的学术意义和价值。

陈剑晖在《诗性散文》中从散文的生命本体性出发，认为中国现当代散文创作的生命形态有三个方面：一是敬畏与呵护生命，这是生命本体的基础和最初的感觉；二是孤独生命的痛苦盘旋，这是一个真正的散文作家需要对创作主体自身生命存在形态的感知；三是荒凉生命的触及。而在场主义散文对人类个体生存处境的介入，切入生命的本质，彰显了散文的生命诗性，使作家完成精神与写作立场的转变。周闻道的散文《寻夫的人》、《背妻的人》、《乞讨的人》、《行礼的人》、《护子的人》深深触及汶川大地震的苦难与生命意识。《背妻的人》中一个在废墟里幸存的丈夫，为了“努力给妻子最后的尊严”，从容地背上死去的妻子，踏上天堂之路。《护子的人》中死去的母亲“让跪着的双膝，弯曲的身子，与撑地的双手连接，构成一弯拱桥，一个生命的穹宇”，正是这个“生命的穹宇”死死守护着幼小的小孩，直到“走向化石之旅”，一切只是为了“亲爱的宝贝，如果你能活着，一定要记住我爱你”，一个鲜活悲壮的生命坚持和流逝来呵护和挽留另一个生命的延续，生命与生命的碰撞是荒凉的，却又是如此的震撼人心。傅菲的《南方的忧郁》以孤独者的呓语，回忆人生的各种际遇，那些与诗歌为伴、执著与内心探询的日子，那些在深夜独坐，用纸上的奔驰铸成绝境而又成就唯一归宿的岁月，那些沉寂或逝去的隐痛而荒凉生命，“拜访山冈，就是对内心的一次探询。生与死，显得多么虚妄。我经常坐在一块倒塌的墓碑上写诗。我所写的，早已被墓碑上的人所经历，一一洞穿。混沌，无望，踌躇，孑然，一如山冈，被风雨遮掩，被辽阔的大地省略”。作者在孤独生命的痛苦盘旋中，醒悟了“烛光照耀与灰烬隐埋，同样幸福”。米奇诺娃的《思乡鸟》以“思乡鸟”象征着600年前大迁徙的山西百万农民，到近些年不断爆发的矿难以及死于矿难中的挖煤人，“生不能归来，死后却常回家看看”。600年前是迫于朝廷的压力人们被迫背井离乡，而600年后那些挖煤人是迫于生活的压力将自己的生命交给了黑煤窑的老板，不一样的时代，却是同样的宿命。现实的压制摧毁着一个个鲜活的生命，焚身为飞来飞去的哀鸣声，这不正是荒凉生命的嘶叫吗？“那么多不认不识的人在自己的抱怨中陆续奔赴黄泉，这罪孽也太大，推是推不掉的，多少双眼睛看着呢”，作者对自我主体的感知升华到对生存状态的感知，强烈的生命意识喷薄而出。

在场主义认为散文应该切入当下，而当下的混沌性常常迷惑艺术，“后农业文明与前工业时代的差异，新旧体制的交替和碰撞，财富和权利的再分配失衡，所有这些因素的重组，必然产生边缘钝化和‘场’断裂，让我们有意或无意地缺席”。如何把当下与“艺术提纯”有机地结合，以反映当代意识便成了“在场主义”面临的重要问题。“新的变化超越了我们‘现代性’经验视界。写作的良知，敦促我们需随时保持对‘物质欲’和‘幸福感’的警惕，以及对未来命运的忧虑。对正在发生的一切，散文要做的事情，就是对这些零散化图景，在精神层面予以描画和投影。在场主义关注的，是今天发生的亟待解决的问题，而不是过去尘埃落定的问题；关注的是身边最感疼痛的问题，而不是流行的、华丽的、自己并不熟悉的那些元素；关注的是我们的，人类的，地球的问题，而不是悬空的，高蹈的，虚饰的问题；是躬身触摸生命的生长状态，而不是挖掘古墓，在枯尸口里拔出金牙。散文的当下性要求我们要沉潜下来，保持叙述的定力决不动摇；要安静下来，有独立判断；迎击上去，有斗志和韧劲；坚守下来，有独立的品格和良知”。

在场主义散文对当下的切入，归纳起来有两种视角：一是人与村庄的书写；二是“人与城市”关系的探讨和挖掘。对于“人与村庄”的书写，沈荣均、杨永康、李云、江少宾、傅菲等都建构了各自独立的村庄意象，作者往往以温情的回忆构建已逝村庄的印象，把“村庄”看作生命中血肉相连的一部分，是对以往生活的沉淀和对消逝生命的感悟。沈荣均的《〈七月〉蜀南》以身体介入故土，描写了十二个月里乡村生活的活色生香，热气腾腾，带有大地般的气息。杨永康以童年的视角来构建乡村，“空旷的春天，空旷的故乡。一个上午未必能碰到一个影子。有时候会碰到一只惊慌的兔子，一晃就不见了，一转眼就消失了。稍稍定定神，就会看见遍地的青草，满目的青草，童年的青草”（《露在外面，许多年》）。身体里的弹弓，流泪的玉米，纯真而富有人情味，又有着怪诞美学的特质。这里的乡村有伤痕却又是温熟的，对每一个人都是敞开的，无论是身体还是精神。在场主义散文笔下乡村和城市并不是对立的，是各自延伸，互为对照。中国从乡土到城市化的进程，其间历史的沉浮，人性的颠簸，文化的整合，个人命运与城市发展的根深纠错，大众文化与精英文化的盘点锯伸，心灵空间与物质欲望的错位张展，展现了当代的审美意识。

对“人与城市”关系的探讨，周闻道的《七城书》，作者以“乡村”之子的身份走向城市，经过了“迷城”、“空城”、“蛊城”、“玻璃城”、“危城”、“欲城”、“皇城”七个各有特色的城市，欲望、秩序、权力、蛊迷、虚无等各种城市病逐渐覆盖和撕裂人性。周闻道穿越了现代生活的表面，对现代人的存在进行反省，洞悟到在困顿的现实中，“时刻警惕着，不要让自己像广场中央那尊镂空的雕像一样，变成一个空心人”，让自我的光芒尽可能地在晦暗的城市扩散。张利文的《似是而非的下午》写平凡人在城市生活的琐碎感觉，等待路灯的紧张和焦灼，地下通道吉他和歌声的遥远感，对妻子的暴躁，书店里善解人意的女人，妻子和骑自行车人的争吵等，虽然也有对《闲情偶拾》的期待，但更多是“公挂医院收费凭单”的现实与虚无，一切是如此的焦灼和无奈。而杨永康的《多么好的一个下午》也是写城市生活，却写出了城市一种生机的张力。散漫的男孩，清新的乡下空气与蔬菜，窄小的巷子与窄小的市民，包括卖蒸馍的乡下大嫂，贵妇、孕妇、医生、护士、花园、脏兮兮的民工与干净净的街道，市民社会的下午，仿佛只是打了一个小小的喷嚏，在平静、和谐、安详中包容着文明与蒙昧的交织、美丽与丑陋的混杂，协调而又明显的不对称，是滚烫生活的本色。这些描写更贴近我们的生活，还生活彻底的真，符合当代人的审美特点。

毛姆曾经从惠特曼的诗里得到过一份启悟：诗不一定要从月光、废墟以及患相思病的少女的悲吟才能找得到。诗一样存在于街头巷尾、火车站、汽车上，也存在于工匠劳动、农妇们单调无趣的工作里，存在于工作以及休闲的任何时刻。一言蔽之，整个生活，以及所有的生活方式都可以找到诗。毛姆所理解的诗意，“即超越了气质和精神品格，它是对生命根底的追问，是对生存意义的找寻，说到底，是一种燃烧式的歌唱”①。诗意无时无在，无所不在，关键是作者内心的不虚伪的人文关怀，散文也是一样。一直以来，文学总在其独立价值和社会功能双重效果之间徘徊。在场主义散文以清晰的文体意识界明了其独立文学样式的艺术价值，并通过介入意识，从生命本体论和当代意识的意义上对散文诗性的追求和维护，坚持内心真实与对外在世界真实感知的统一，葆有悲悯心与道德底线等。从这个角度来说，在场主义散文有利于规范散文的纯文学性，从长远来看是有利于散文的繁荣的，它也作为作家可以为之奋斗的一种散文追求，具有一定的积极意义。

---

① 胡颖峰．傅菲散文的生命意识．创作评谭，2007（11）．

四、本真：面向事物本身写作

在场主义主张，“在场”就是直接呈现在面前的事物，就是“面向事物本身”；就是经验的直接性、无遮蔽性和敞开性。“在场”就是去蔽，就是敞亮，就是本真；在场主义散文就是无遮蔽的散文，就是敞亮的散文，就是本真的散文。周闻道在《在汉语回归中追求世界的本真表达》中指出，散文写作中的遮蔽，主要有三个向度：写作的主体、客体和语言。汉语回归所指向的，就是语言去蔽，追求世界的本真表达。散文的创作应该去除一切谎言，去除一切可能对作家的创作心理产生影响的因素，去除一切对生活“真实”、“真相”的遮蔽。要实现“在场”，首先，要对语言进行“去蔽”，实现语言之本真性，或回归汉语本我表达的极致之美。其次，要对散文本体“去蔽”，通过“散文性”来实现散文精神之本真——自由。换句话说，所谓本真，即是去除遮蔽于散文之上的各种“暴力”生态，积极容身当下的生存和自我的生活，用本真的语言尽可能地贴近生活现实和精神状态的本来面目，还原散文自身的自由生长的生态系统。只有在争取自由的状态下，散文才显示其本来的意义和应有的魅力。在场主义写作体现在其创作之本真、语言之本真、精神之本真。

其一，创作之本真。从创作主体来看，在场主义创作群体最初是依靠网络“天涯社区”中的“散文天下”栏目以文结友的。这里的版主就是眉山周闻道等人。目前，这个社区栏目总帖数已经达到百万以上。其实网络写作就具有本真的意义。网络写手们最初都是以“三无”，即无姓名、无身份、无年龄的匿名姿态进行创作的。这本身就注定了一种“真实”性，无须顾虑社会根深蒂固的人与事，无须考虑接受者的审美情趣和阅读利害，无关名誉与物质，一切都为主体的率性而行，有感而发，即创作者主体用最“无我”的手段进行最“真我”的表达。

其二，语言之本真。即通过本真之语言以达到世界之本真。周闻道认为：“当语言进入本真领域，回归于元度，便实现了语言对存在的敞亮呈现。此时，世界的敞亮之美，真实之美，丰富之美，都通过语言，在我们的面前显现出来。它的言说总是具有生命意义的生成，而不是对既有意义的简单复制，并由此这构成了语言显现世界的纯真之域。”中国汉语是世界上仅存的以象形、形声和表意为特点的文字，具有雅、智的特征。李白的诗句“清水出芙蓉，天然去雕饰”就是对语言本真特性的追求。周闻道的《七城书》便抛弃了“隐蔽的写作手法，隐晦的语言表述，隐约的主体意蕴”①，借助一座虚幻之城，以精神的多维性，尖锐地介入当下现实，直接展现“城”对当代人的多义性。诚如海德格尔所言：“在纯粹闲谈中，在口号和习语滥用中，我们已失去与事物的本真联系。”张生全的《大词时代》回顾了我们熟视无睹的大词的流变史，从个人到社会到当下，钩沉现实，揭到大词所蕴含的政治、人性、娱乐的“暴力”生态，提倡词语的解放与独立。傅菲的散文适度地删除语言的诗意而保留生活的诗意，从日常生活衣食住行的一个个具体物象中去理解生活和生命，通过原色的语言，注重文字的质感，干净、洗练，不动声色地表达着一种强大、锋利、沧桑的时代责任感，把对生活的表达是落实在生命体验的真诚表达上，并由此真正达到了感情和心灵的本真。例如，米，“它一粒一粒地繁衍，一季一季地生长，一餐一餐地喂养。是米书写了人，是米还原了历史”。“谁掌控了米，谁就掌控了命脉。米等同于话语权。米就是生命中最高的帝王。我们血管里流淌的是什么？说是血液，倒不如说是米浆。或者说，血液就是米浆”（《米语》）。又如，时间，“时间是液体，分布在我们的毛细血管里，它每天排泄出我们无法察觉的腐蚀液，侵袭我们。毋庸置疑，我们都是时间的标本。能够衰老的人是有福的”。杨永康的散文简短而丰富，平实而激荡，语言温柔而明亮，其代表作《多么好的一个下午》中写道：“多么好的一个下午，纯净细碎的阳光洒满了我居住的整个巷子。”“一只愤怒的拳头一瞬间能原谅另一只同样愤怒的拳头，为什么一个微不足道的伤疤原谅另一个同样微不足道的伤疤，要用一生的时间？”“有一点是肯定的，有一个花朵般的孩子将寻在这个下午诞生，这个

① 徐江．在场主义散文现象论．求索，2009（7）．

下午会因花朵般的孩子变得完美，完美得让人不忍心回过头去，像那个贵妇人一样打一个小小的喷嚏。”诗意的情怀中含着一种自由精神语言的性灵。风吹阑叶的文字带有女性特质的清冽质地、天然纹理，在时尚的生活中追求朴素、简单的诗意。

其三，精神之本真。在场主义认为结构、语言和叙述方式等，都只是精神存在的外壳，其精神性主要以作家个人的立场，关注共同的命运为存在方式，是对生存意义的追问，对真实人性的剥露，对生命终极价值的关怀，对人类终极家园的精神诉求，对生存与存在根本问题的哲学思考，是作家个人生命的阅读史。这就是在场主义所追求精神之本真，是去除杂念与功利之后心灵得到的敞亮和纯净，在恬静自然的语言中放松的触碰性灵的开阔、真诚与明亮。用本真的语言揭示出人类个体生存的处境，这是一种对人类命运终极关怀的大爱之心和悲悯情怀，是散文家的历史责任感与使命感的表现。在知识分子正高视阔步地走向市场，而不是走向内心的时代中，在纷乱迷离的喧嚣与浮躁的语境中，在场主义直指心灵，逼真现实，还原常识，重建文学之本真观的原生态精神尤其令人期待。

五、现代性：在场散文审美特征

在场主义是在中国传统散文精神和西方后现代主义的理论基础上建立起来的。在理论上，在场主义散文的“散文性”主张非主体性、非完整性、非结构性、非体制性，体现出随意、片断经验、散漫、发散和自由表达，具有后现代主义的美学特征。后现代主义以消解认识的明晰性、意义的清晰性、价值本体的终极性、真理的永恒性，确立反本体论、反本质主义、反基础主义，消解中心和本源，颠覆形而上学的二元对立论，对统一性、确定性加以思想解构，以突出差异性和不确定性，拒绝崇高和启蒙，颠覆“元话语”和“元叙事”。在场主义散文以“散文性”消解深度、消解整体、消解二元对立、消解中心，以介入和本真来表达生活的“真”和“美”，在叙事策略上体现了后现代散文的审美特征，用片断之叙写、玄思之存在、拼接之技巧来表现中国知识分子独特的“温情主义”和“感伤主义”。

其一，片断化。在场主义散文消解情节的完整性，强调个人主义的体验，采取第一人视角，总是有角度地、部分地、有限地呈现世界，体现一种破碎的片断化的叙事，没有前因后果，没有衔接转折，没有追问，只有呈现。江少宾的《时间段落》没有时间的顺序，没有完整性、结构性，只是随意表达生活的片段和体会，写出原生态的生活。唐朝晖的《女一号：与迎春花》类似电影“蒙太奇”技巧，场景和片段如镜头般呈现，富有现实感和画面感，充满着片断的激情。

其二，玄思化。在后现代主义的场景中，玄思是一种存在。区别于后现代主义的“迷宫的玄思”，在场主义散文的玄思是在温暖的日常生活情景活化出来的，体现了作者在生活中追求本真精神和本真生命的探索。周闻道的散文《思宾诺莎：漂泊，或在理性中享受宁静》、《中间地域，或暧昧的迷惑》等充满着玄思化，是源于心灵、针对心灵的思考，是关于自我的理论的思考。通过借助与西哲的对话来发现哲理、提炼哲理、创造哲理，从而思考人的存在。例如，“我们发现，我们的身体，不是本能或非理性的代名词；不是纯粹的自然物，不是与石头、树木、房屋，或路灯一样，纯粹的自然物；也不是精神的，不是灵魂，不是意识，不是思想。身体是世界的主体，与世界的暧昧发生关系。我们的身体，在我们具有自觉意识之前，就在这个世界存在，并与世界对话，给世界以意义；如不是人给世界以意义，世界将是无意义的”（《中间地带，或暧昧的迷惑》）。杨永康的玄思散文体现在形而下的斑驳现实中追求形而上的灵性空间，是对生命存在的拷问。例如，“我一直在想击倒特丽萨的到底是那只巨大的蝴蝶还是箱子，抑或是托马斯与萨宾娜的袜子，如果两者都不是，那么唯一的罪魁祸首就是那位工程师了。他不但使特丽萨的灵魂背叛了特丽萨的身体，而且使特丽萨想到了死”（《生命中的细节与秘密》）。

其三，拼接化。拼接是后现代作家常用的方法，指将各种典故、引文、参考、外来表达法等混合使用，将不同作家作品中的词语、句子、段落掺杂在一起。美国后现代主义小说家巴塞尔姆说，拼接的要点在于不相似的事物被粘在一起，在最佳状态下，创造出一个现实。

在场主义散文创作借助后现代主义的拼接手法，将生活中毫不相干的事件联系在一起，是作者经过巧妙构思的有机整体。这些散文彻底颠覆了我们的阅读习惯和审美习惯，让我们于细微、琐碎、错落与片段中得到审美的享受。从《七城书》到《时间段落》每一篇散文都将拼接手法运用得淋漓尽致，各种人、事、物与语言掺杂共生，充满张力。例如，杨永康的散文从中国乡村蓦然挪到俄罗斯庄园，从没法再小的镇子突然挤到巴黎街头，从清秀的二丫猛然想到浓艳的莎乐美，总体跳跃性很大，文章的细节与场面如先锋电影的怪异手法般做着一种离奇的衔接给读者一种陌生化的阅读体验。

在场主义主要作家和作品：周闻道的《七城书》，沈荣均的《七月:蜀南》，傅菲的《南方的忧郁》，张生全的《睡梦简史》，第广龙的《空中河流》，杨永康的《多么好的一个下午》、《走着走着花就开了》，江少宾的《时间段落》，米奇诺娃的《思想鸟》，张利文的《似是而非的下午》，唐朝晖的《绣》，李云的《那些轻触的伤痛》等。

虽然在场主义散文其理论和创作中闪耀着思想的光芒，让我们看到散文发展的可能性和希望。但在场主义也具有明显的缺陷。首先从理论上来看，陈剑晖认为，“在场主义”犯了“以古律今”的错误，“错选了批评的靶子”和“开错了治病的药方”，“理论无法支持实践”。在创作方法上，“清醒与迷茫的互掺和不断转化”，“主观是清醒的哦，对客观确实迷茫的；对技巧是清醒的，对技巧指向的精神境界是迷茫的”，后现代主义技巧的运用，意象的丧失，大量重复叙事，不可避免在某些地方带来文气的阻遏，感觉上还是有不伦不类之嫌。文本内容过于浅层化，有些作品“太琐碎，太啰嗦，一地鸡毛，家长里短”，尽管在那里有强烈的道德感和内省意识，有深刻的悲悯感和忧患意识，但是更多充斥的是对普适价值的认同、敬畏和追求，沉湎于深远的终极关怀，没有拒绝与愤怒的声音，缺乏理性的深度，缺乏的是批判与愤怒的现实关怀。这样，真诚的努力便时时沾有伪饰、妥协的痕迹，语言表达欠缺足够的清澈与透辟，心灵并没有得到真正的激荡、纯净和纯粹起来，“在场”变成了缺席，因而，其散文也就缺乏震撼力与清晰感。①

总之，在场主义无论是作为一个散文流派还是一种散文理想，其散文所探索的理论建构和文本创作，对当前散文研究是具有一定的意义和价值的，呼喊的勇气和激情固然可嘉，但是文本所建构的世界才是硬道理。在场主义是否能在中国散文的天空真正地“打出缺口”，“历史会给出公正的回答”②，我们期待着。

玻 璃 城

周闻道

我就像另一个星球的放逐者，突然闯入一个陌生的世界。我搞不清楚，究竟我是这个世界的另类，还是这个世界是我的异数？总之，我明显地感到与周围的一切格格不入。此前熟悉的世界突然消失了，眼前的一切都显得怪诞而陌生。首先使我迷惑的是一些人，都戴着奇特的阔边眼镜，不约而同地向我投来诡谲的眼神。他们中有人或在挤眉弄眼，或在对着我窃笑，当发现我注意他们时，又都很快转过脸去，装作若无其事的样子。两个长得很美的年轻女子从我身边擦肩而过，我转身回望她们背影的一瞥，恰好与她们回眸的目光对接，那温柔中透着寒意的眼波，有一种深刻的穿透力。当我凝神定睛，想要进一步看清她们魔鬼般的身段和容颜时，两个女子却消失于一片迷离中，不给我留下任何一点遐想的机会。

这到底是怎么了？难道是自己有什么失当之处，比如穿错了衣服？或者穿反了裤子？或者脸上带着一个鲜艳的唇印？要不，就是屁股上别着一面日本旗在街上招摇过市（这是我们小时候常玩的恶作剧）？当想到这些，我不得不警觉起来。可是，当我在认真地上下打量自己时，却发现那些以怪异的表情注意我的人，也在诧异地打量自己，他们的慌乱甚至更胜于我。显然，大家都意识到了自己此刻境况的不妙，却又找不到原因。每个人都陷入了从未有过的尴尬处境中。

①② 陈剑晖．巴比伦塔与散文的推倒重建——驳周伦佑的《散文观念：推倒或重建》．文艺争鸣，2009（6）．

我想调整一下视角，从自己置身的所在之处，观察一下周围的环境，以便有个参照物，好确定自己所在的位置。在一切没有被证明之前，所谓“周围的环境”，其实是很空旷的，在我目力所及的范围之内，没有发现一幢高高耸立的楼房或建筑，也没有发现一处广场或一座城市雕塑。周围环境的构成非常简单，除了一排排的梧桐（它们光秃秃的，掉落的叶子早已被西风吹走），汽车，路灯和行人，都被一只无形的手，分割成一块一块的条形状，这很容易令人想起月光下的草原，和草原上的蒙古包。但是，这“草原”与古罗马的旷野不同，它没有古罗马时代的那种旷古的强悍、蛮荒和血腥，没有燃烧的罂粟花和青铜盾牌撞击的兵戈马蹄；也不像牧人耶利放牧的坡地，这里没有羊群，没有两个音阶的笛音，没有乡愁。有的只是找不到原因的尴尬和怪异。

发现这里是一座城，是在阳光出来的那一瞬间。不知是中午还是午后，困顿了半天的阴霾，倏忽间已然散去，我感到一种强烈的光，如一支支带着芒刺的银箭，从四面突袭而来，直射得我头晕目眩，什么也看不见。过了很久，我的双眼才慢慢适应了眼前的强光，再次睁开眼睛时，才发现这是一座城，一座玻璃城。刚才的刺眼，来自这一幢幢楼房的屋顶和墙面。在太阳还没有出来时，这个城市和那些楼房，还只是一些混沌而纯然的乳白色透明体，被同质的雾霭包裹着。而此刻我的眼睛和脸庞，还有我那几乎丧失了知觉的身体，突然被玻璃的反光洞穿，熊熊燃烧的已不只是太阳，而是整个世界。不仅如此，连我随后准备进入的故事，也在太阳的强光和玻璃反光的相互作用下，慢慢坍塌、溶解，使我看不清来处，也找不着方向。而就在这时，雾霭消散的缺口中，一种嘈杂的声响，透过空白的狭缝，把我从光明的溺爱中拯救了出来。

前面不远处，被格式化的空间里，我看到一个小岛——不，是一个工地，以有形的姿势活动着。这里弧光闪闪，车水马龙，吊车张开长长的臂，在一堆混凝土堆砌物的上面来回摆动着。我走过去才看清楚，这里原来是一幢楼房，刚完成框架结构，正在装修外墙立面。那楼房的造型十分奇特，既不是方状，也非菱形，而如金鸡独立，飞檐倒挂。我心里不由生出一些纳闷，这样的建筑风格标榜的是什么，难道这就是所谓后现代主义的建筑时尚？一位工程师模样的人，戴着红色安全帽，摊开图纸，在楼顶上指挥着建筑工人，一副阔边的有色眼镜，遮掩了他的大半个脸，如果仅仅看他面部剩余的部分，那曲线连接成的图案，很像毒药瓶子上贴的警示标志。在好奇心的指引下，我走了过去，想向他请教一些事。不知是因为口齿不清，还是我的到来和疑问，本身就是一个问题，从那有色眼镜和警示图案的背后，射出一种深度的疑惑。仿佛是不同语境下的两种言语与精神，在进行跨时空的交流，我紧张而重叠的提问，工程师夹杂着手语的答非所问的解释，就像是在进行一场星际对话，他越说，我越感到迷惑，他越说，他的被安全帽分割了的面容，就越显得模糊和含混。我甚至怀疑我与他此刻是否真实存在？就这样不知折腾了多久，对方似乎才在恍然间明白了什么，一个歉然的点头，然后取下自己佩戴的那副阔边眼镜，递给我，示意我戴上。现在，我也终于能听清楚他的谈话了。工程师告诉我，这种眼镜不是随便能戴的，在这个城市，这是一种特权和尊贵身份的象征。别看它的外表与其他的眼镜没有什么区别，它的制作工艺和光谱结构却是和一般的眼镜大不相同。这种眼镜，不是一般的百姓能够奢望得到的，就是这个城市的管理当局，那些在百姓面前威风八面的人，也是按照官职的不同等级，佩戴不同级别的眼镜。最高等级的，称为红镜，只有这个城市的最高当局，才有资格佩戴。工程师说，他们虽然设计和修建了这座城，但就连最低级别的眼镜，也没有资格佩戴。现在戴上它，纯粹是因为施工的需要，而由官方临时特批配给的。

我似乎明白了什么，又似乎什么都没有明白。只是带着更深的迷惑，从工程师手中接过眼镜，仔细打量起来。乍一看，这眼镜与其他眼镜并无多大区别，但仔细观察，却发现，除了阔边之外，从表面看，它至少有两点显著的不同：一是它的镜面，不是平的或凸的，而是凹陷的；二是它的色彩变幻莫测。不要小看了这两个特点，这可是专门为这座城市的特殊需要制作的，所以，这眼镜又叫未来镜。据工程师讲，要想在这个城市里正常生活，没有这种特制的眼镜，一切都会陷入错乱、混沌和迷惘，往往会碰得头破血流。

我并没有拥有这样的未来镜，却不小心闯了进来。我感到了一种莫名的恐惧。工程师见我的神情，便进一步向我解释说，当然不能本末倒置，要理解这种眼镜，首先得从这座城和建造这城市的玻璃说起。原来，这玻璃并非我们常见的装饰材料，而是一种魔幻玻璃。它不是石英砂、纯碱、长石及石灰石在高温下化学反应的产物，不是庸常的硅酸盐或钠钙产品，它是由多项未来超级材料合制而成的。虽然，它的名称仍是玻璃，它的表面仍像普通玻璃一样的光滑，平展，透明，在本质上却与普通玻璃完全不一样了。如果比之于哲学上的否定之否定，它已不再是那种螺旋式的上升，而是从量到质的突变。在同样的闪闪发光中，闪耀的却已是体现最新科技成果的智谋材料、强性模量、记忆合金、富勒球、巴基球和超导材料的光芒。科学家们发现，普通的硅酸盐，在超高温下，按一定比例，掺入这些添加剂，精心调配，然后再骤然淬火，便会出现一种奇迹（关键的添加剂和配方，掌握在CC博士手里，他是这个城市的总工程师）。当急速淬火的玻璃一下定型，浮出水面，把在场的所有人都惊呆了：实验室里的一切，顿然变得通体透明，包括这里的房间、仪器、溶液，还有人，都仿佛置身于一架神奇的X光机前，人的肉体，心脏的搏击，血液的流转，肠胃的蠕动，甚至一股喑哑的恶气，在肠道里涌来涌去，都以清晰的影像呈现在大家面前。更可怕的是，连人的思想活动、灵魂的形状、每日的争斗算计、记忆中的一切，甚至最隐秘的动机，都宛若光碟中存储的影像，可以任意点播，让人一览无余。

恰逢这个城市的最高领导也在场，他是作完党性教育报告之后，专程来这里视察的。这位最高领导，平日在电视里布道般口若悬河，一直被视为这个城市的精神坐标。他要知道，他专门安排的这项工程，何时可以完成。那时，这个城市的一切，就可玩弄于他的股掌之间了。陪同前来的警察局长，正想着今晚与情妇的幽会该选择在哪家酒店？几位工程师则在盘算，这个工程按期完成后，自己能否进入工程院成为院士？最高领导看出了各人的心思了。要是在平时，他定会兴师问罪的，可是，今天他太高兴了，他的宏伟蓝图即将实现。虽然面露愠色，他还是以表扬为主，对工程进度给予了肯定；并对工程提出了新的要求。于是，按最高领导的要求，对这项试验成果进行了改进。改进的核心，是实行分级解密制，全城的居民，按照不同的社会身份级别，配备不同的未来镜，以获得不同程度的探视与透明权。

话题还是又回到那神秘的未来镜。先说那个凹陷的镜面，一个小小的凹字，却暗藏无限玄机。正常人的平面镜片，是在视线的焦距空间，铺展出两道平行的直线。在这种平行的眼光下，世界的一切物象，都是平行的、原本而真实的，没有任何变形与扭曲。而近视者的镜片，则是利用一种变形的凸透，把变形的视线焦距推远，并在推远中，校正被扭曲了的近视。这种凹面镜的功能，却与此相反。凹面把正常人的视线焦距拉近，影像在这种拉近中缩小。因此，戴着这种眼镜，世界的一切物象，都是被缩小的。视觉惯性的作用，就会让佩戴者感觉到，自己在被同比例放大，从而找到一种征服世界的威严与自信。工程师还向我讲了牛与狗的故事。他说，牛的眼睛是凸透的，而狗则刚好相反。因此，在牛的眼里，外部的影像被放大，感到自己渺小，便只好夹着尾巴躬耕田亩；反之，在狗的眼里，外部的影像都很小，所以狗便张狂，见什么都咬，这便是狗性的由来。工程师说，这未来镜，就是为适应玻璃城管理的需要，根据牛与狗的仿生学原理研制的。

当然，更神秘的还是它的色彩。对自己的创新成果，工程师显得很得意。从他的介绍中我得知，这未来镜不是无色透明的，而是有色的。而且，那色彩也不是固定不变，有一种智能调控，会随着气候、节令、角度，甚至佩戴者情绪的变化而变化。一般人只知道它有色，却弄不清楚它到底是什么颜色。更重要的是，在这种凹镜与色彩的结合下，这个城市的一切神奇，都会被分层次解密。这原理很有点像立体电影，当你用正常的眼睛观看，一切影像都是迷乱的，弄得你头昏脑涨，身心受损；而一旦戴上那个特制的眼镜，银幕上的一切便还原为正常的图像。当然，透明的程度，要看你获得多少探视与透明权。只要你的权力没有到达较高级别，就只能是被窥视的多，可探视的少。权利与义务永远是不对等的。

我终于明白了我刚进入这个城市时，遭遇到的那些怪异的眼神。哦，对了，在此之前，我都去过哪些地方？做了些什么？想了些什么？在进入这里时，我又在想着什么？我急速调动起思维的神经，沿着刚才的思路，搜索与回望。对了，先是与几个朋友相约，去参观未来城。我们在寻找这座城时找得很辛苦，有人埋怨，有人中途退出，有人想当领队。在一个清风雅月的夜晚，我们喝了不少酒，投宿于一家豪华酒店，到九楼一个叫黑牡丹的娱乐城唱了一会儿歌，又喝了不少酒。陪唱歌的小姐高挑、性感、清纯。歌声如潺潺溪流，从灵魂淌过。一曲《我看见了你，你看不见我》，挑人心魄无数。我相信，那时，酒兴之下的想入非非，绝非只有我。哦，对了，刚进入这座玻璃城时，我不是又想起昨夜的浪漫之旅吗？还有那唱歌的女郎和我醉意中的想入非非……

我感到一种莫名的难堪与害羞。为了验证自己的猜测，我赶紧戴上那副眼镜。刚才的回望，这个城市的神奇与未来镜的解密，镜像的妖娆，一切都得到了证实。我又抬起头，把目光移向眼前。此时，这城市的一切模糊和混沌，顿然变得清晰了，这令我想起一个高度近视的人，突然戴上了近视眼镜。眼前，一幢幢楼房，都被特制的玻璃包裹着，错落有致，层次分明。那一幢幢正在装饰外墙立面的楼房，在镜像下完整显影，原来都是金字塔形的。此刻，太阳喜气洋洋，把一层橘黄的灿烂洒向城市，然后又立即从玻璃屋面跳起。于是，屋面便有耀眼的银光飞溅。眼光再看远一点，整个城市的建筑，或高或矮，或方或圆，一色的金字塔式造型，越往下越大，越往上越小，直至收缩成一根根细长的银针，对着天空的肚皮，不停地扎。其实，大家都清楚，那银针并没有针灸的功能，不过是一种装腔作势。因此，我相信，那样的尖利与细小，并非为人的居住而设计的，更非承担着什么崇高使命，而是为了满足神的需要。那么，即便是上帝，在那样高而尖的居所栖息，会感到舒适吗？

在我的视野里出现了许多人，不对，就是刚才我见过的那些人，他们曾以怪异的眼光看过我。而此刻，他们却以一种完全透明的状态

(包括肉体和灵魂)，在我的视镜之下呈现，从里到外都被我看透，想回避都不可能了。就说眼前的工程师吧，刚才在翻阅图纸的时候，他还在想着自己在英伦读书的女儿，可是，就在他递给我眼镜的一刹那，他的思维却突然转了向，从这种转变的影像中，我发现了一种刻意的逃避。我心里想，此刻，在我探视这个城市时，也许，自己也正在这同一时间被别人窥视着，不是卞之琳在桥上看风景，而是动物园里的黑猩猩在彼此观看……

我心里明白，不止是这些人，也不只是我。在这座城里，每一个人（包括一切物象)，都被预先置于一个透明的容器中，既身不由己地透视别人，也毫无保留地被别人透视。“如果你自己的窗户是玻璃做的，就千万别向邻居丢石头。”我突然想到富兰克林的内心宝鉴，它不只是属于穷理查的。

周闻道散文评论节选①

周闻道的《七城书》是2008年中国散文创作的一个收获，也是在场主义散文流派的标志性作品之一。这组作品在“散文写作的‘在场’”，“散文主题的不确定”，以及“散文纯粹性的追求”等多方面，为我们提供了一些有益的启示。

在进入《七城书》之前，首先想到了卡夫卡和他的《城堡》。“城堡”是西方文学传统中的一个重要原型，也是西方现代文学中的一个主要的隐喻。但是，直到卡夫卡出现，才使“城堡”成为一个家喻户晓的意象。卡夫卡笔下的土地测量员K要去的那座城堡，永远和K保持着某种距离，只让K远远地仰望它，而不让K走近它，更不要说让K进入它的内部构成了。而城堡却可以从远处、从高处瞪视着那些想走近它的人，窥探着他们的动机和想法。城堡始终拒绝任何亲近它的企图，方法之一是不断地从城堡中派出一些官员（如K遭遇到的从城

① 周伦佑. 散文“在场”的文本踪迹//从灵魂的方向看. 广州：花城出版社，2009：194－198.

堡派出的官员克拉姆)，用各种软的、硬的方法阻挠人们靠近城堡和进入城堡；方法之二是始终与想走近它的人拉开距离，当亲近者快靠近城堡时，城堡便自动退得远远的，依然矗立在高处、远处，把与世人的距离留足，留够，以保持它对这个世界的威慑力和控制力。这便是城堡的哲学——或者换成当下的流行语叫“城堡文化”。正是人与城堡之间的这种距离或张力，成为“城堡”这一精神原型永恒的魅力之所在。人们想进入城堡，城堡却自有一套办法一次次使人们靠近它的企图遭受挫折，城堡的秘密由此得以保全，它控制和主宰这个世界的力量也因此继续保持不变。只要人们永远走不进城堡，城堡便永远保持着对人的威慑力和支配力。这便是卡夫卡的伟大之处：他从不告诉我们城堡内部的任何一点情况，甚至连城堡的外形也是模糊的，他只告诉了我们土地测量员K的遭遇，但我们全都看到了那座压抑我们精神的城堡；K的遭遇就是我们每一个人的遭遇，也是整个人类的遭遇。在K测量了他与那座城堡的距离之后，我们这些被唤醒的后知后觉者能够做些什么呢？是继续怀着敬畏之心，满足于远远地仰望那座高踞于我们生活之上的神秘建筑物，还是以“我不下地狱谁下地狱”的勇气，大胆地走近它，靠近它，伸手推开那道厚重的金属之门，跨进去——看看城堡里面到底是一种什么样的景观？

进入城堡就是从日常生活突围，从谎言的遮蔽中看到生活的本相。《七城书》正体现了作者走进城堡的这种决然的勇气。

从表面上看，《七城书》写的是七个城，实际上是写的一座城堡的七种形象，或城堡内部的七种景观。更难能可贵的是，作者带我们进入的不是与我们无关痛痒的奥匈帝国时期残留的中世纪城堡，而是与我们息息相关的构成我们生存现状的当下的中国城堡。这七座中国城中隐藏着一些什么秘密呢？我们只需要看一眼七座城堡的名称：迷城、空城、蛊城、玻璃城、危城、欲城、皇城，就可以从中接收到某些信息了。

我们还是选择从《迷城》进入这座中国城堡吧。

作者告诉我们，他是从乡村来到这座城市的，希望能在这里实现他的人生理想，“舍弃旁物，只留意于街道的宽敞，走着，看着，街道的宽度，在不断地强迫我意识到自己的渺小。我突然对宽产生了一种敏感，一种明显的由‘宽’造成的压抑感”，如作者所说，这是一种“存在中不能承受之宽”，这种由宽造成的压抑，是无形的，看不见，摸不着，却大山般向作者紧逼过来：“我害怕越往前走，街道越宽，我会迷失在它无限度的宽敞中，整座城市的钢筋、水泥、废气、污水和它的亿万吨垃圾，会像大山一样压迫我，厚厚地覆盖在我身上，把我归家的乡野小路，把我心中的青山绿水掩埋在它那冷漠的繁华之下，使我再也走不出这道巨石之门。”这种由“不断扩展的宽”所造成的压抑和迷失，在对城市经验的描写中，是崭新的；其体验和书写，无疑具备现代性的特质。不仅如此，作者还想带我们进入这座迷城的城中之城——政府大楼，因为那里才是这座城堡最隐秘的中枢与核心：“政府大楼耸立在街道的尽头。就像一条奔涌的大江，突然被一个闸门截流。高高在上的楼房，坐北朝南，俯视着这座城市的每一条街道，每一座建筑，每一个行人。”活跃在这座城市中的人，走近又走远，到来又离去，以一只蜗行的甲壳虫姿态而存在着，每个人都只能以对方的存在而聊以自慰。被某种幻象驱使着，经过一段漫长而艰难的跋涉，在一条被风景挤压的街道尽头，作者带我们来到了政府大楼前，“仰首敬望。浮云退避到了穹宇的深处，飞鸟不知去向，天空的深蓝仿佛是凝滞的。政府大楼棱角分明，深灰色的玻璃幕墙，泛着黯然而诡秘的光，令人捉摸不透”。虽然由于城堡的本性，最终拒绝作者带我们进入它的城中之城，但我们已从它紧闭的大门的缝隙中，窥见了城堡内部的混乱与惶恐；并且从它地址的不断变动，感觉到了这座城中之城的某种不稳定感。

在与城堡的对质中，我们于城堡的七种形象之外，还可以把《七城书》解读成我们生存状态的七个侧面，或中国当下现实的七种病理性症候。

这种深度介入的写作，即真正在场的写作。只有通过去蔽，从谎言和各种意识形态话语的遮蔽中揭示出存在的真实与真相，精神主体的在场——才可能从写作理念转换成文本现实。在这里，有必要对“在场”的精神性以及“在场”与“介入”之间的关系略作阐释。

“作为显现的存在或存在意义的显现”，“在场”包含三个维度：“当下性”、“介入性”和“精神性”。那种把“在场”等同于“即时性”、“现场感”或“现场速写”的理解是完全错误的，缺乏精神性的“当下”或“现场”不是在场，而是真正的缺席！因为任何“在场”都必须是精神的在场，缺少了精神性就是缺少了在场的主体。这样，散文的在场写作便对作品的精神性提出了明确的要求。它要求写作者不仅要关注“经验的直接性、及物性和无遮蔽性”，还要求散文作家确立起自觉的介入意识。介入就是去除遮蔽。正如《散文：在场主义宣言》中所说的：“介入——然后在场。只有通过作家主体的介入，价值才会排列，意义才会彰显。同时，介入也会使散文作家树立起这样的价值感：散文写作不是与社会、与公众无关的自娱自乐，不是与人类整体命运无关的无病呻吟；而是可以通过‘去蔽’，通过在与黑暗的主动接触和冲突中无遮蔽的本真言说，揭示出‘真实、’‘真相’和‘真理’，进而影响世界，改变世界的有意义的精神劳作。”有论者认为，在场主义建构的是一种后现代主义散文观。这一看法有一定道理，但不是很全面。在场主义不是用“现代主义”、“后现代主义”这样的概念能够完全概括、说明的。在场主义主张借鉴后现代主义的某些文体资源，但在一些根本的方面对后现代主义又有坚决的批判。如德里达和后现代主义否定“在场”，否定事物可以独立于语言、符号而直接呈现出来，认为作家只能通过文本、表征或其他中介来遭遇词语的指涉物，强调“文本之外无世界”，以对事物的表征分析来取代本质的洞见。然而，德里达和后现代主义的“文本”观是片面的。任何语言、符号都不能离开经验世界——甚至超验世界而存在。语言、符号在复制经验世界的同时造成了对原初经验的遮蔽，同时也向新的经验之物——甚至超验之思敞开了大门。世界上并没有德里达所认为的那种纯文本的符号形式，任何文本都负载着意义和价值，“价值性”和“意义性”是一切文本得以存在和流传的根据。并且，文本所负载的意义和价值，从其根本上审视，都与终极存在有着某种关联——任何严肃的写作都在自觉或不自觉中指向终极存在；我们在散文写作中对散文纯粹性的寻求，便是向终极价值的趋近。在场的精神性要求和向终极价值的趋近，必然导向某种深度，这与后现代主义的“消解深度”是完全不同的。

多么好的一个下午

杨永康

多么好的一个下午，纯净细碎的阳光洒满了我居住的整个巷子。多么不同寻常啊，我边走边想。

一个男孩正低着头踢两颗同样光滑的石子。先把其中的一颗踢到前边，接着又把另一颗踢到前边。阳光同时照亮了两颗石子的前面与后面，还有男孩红扑扑的脸。要是在往常我会认为这是一个多么坏的习惯，可这个下午我不假思索地原谅了他。这个巷子有许多这样的孩子，他们大多来自乡下，自然也带来了许多乡下的习惯。这让我想到一条长长的脐带，你永远无法将其割断。就如同你永远无法把这座城市与一座同样大小的村庄一下子分个明白一样。

当然并非所有来自乡下的东西都那么令人不快，比如说一拖拉机来自乡下的蔬菜。穿过一条又一条巷子，然后在我居住的巷子停了下来，补充了城里的水，然后冒了一会儿黑烟与白烟，又穿过另一条巷子，直到卖完一车洒满阳光沾满泥土的蔬菜，重新回到空气清新的乡下。要是在往常，住在这个巷子的一个贵妇人，肯定会对着正在一点点散去的黑烟与白烟夸张的连打两个或三个喷嚏。可今天那位贵妇人只是象征性地对着自己的手帕打了一个。我想一定是洒满阳光的手帕还有那些干净的蔬菜一瞬间改变了她。

临街卖馒头的乡下大嫂已早早地站在了门外，文眉的手段已与城里人没有什么两样，只是总没有城里大嫂那样熟谙风情。已接近下班时分，人流正一点点密集，乡下大嫂开始紧张地忙活。好像总忘不了一个人，一个她疑心总偷偷摸摸想占她便宜的人。她一直想问问那个人，为什么总想占她的便宜？可她一直张不开口。自己到底有什么便宜好占的呢？她一直为此烦恼。后来她找到了答案，乡下的馒头没有城里的馒头白。这样她的馒头便越来越像城里馒头了。我买过她的馒头，一点也不比真正的乡下馒头好吃。我一直纳闷，明明是乡下大嫂吗，她的馒头怎么没有一点乡下的味道。城里的乡下与乡下的乡下何以有这么大的不同？

不远处就是这个巷子的菜市了。只有两三个菜摊，摊主是几个脏兮兮的农民兄弟。我最厌恶其中的一个，永远脏兮兮的。好像乡下人与城里人的脏全混合在他身上了。而真正的乡下的脏像今天下午的阳光一样，那么纯朴，永远散发着泥土的香。好在他这会儿有点倦了，正靠墙打盹。打盹多好，在纯净细碎的阳光里打盹多好，永远打盹多好。我一瞬间便改变了对他的看法。一个脏兮兮的人在细碎的阳光下打盹是多么的迷人。可惜一会儿他便被一种声音吵醒。他先揉了一会眼睛，然后直起了身子，并伸了一下懒腰，然后就向路口围了过去。有两个人正在路口吵架，为一件很小的事情。一个脖子上的青筋先暴了起来，另一个也不甘示弱地暴了起来。接下来就是拳脚相向了，所有人都这样期待。可其中的一个在举起拳头的一瞬间突然原谅了另一个。还有什么比两只紧握的拳头更愤怒的，可一只拳头一瞬间便原谅了另一只同样愤怒的拳头。

许多人表示失望，也有人受到了感染。一个是巷子里开澡堂的女人，一个是她有一辆跑车的老公。他们为彼此的伤疤已吵了许多年，每一次都那么回肠荡气。听说他们的脾气原来并没有这么坏的，有一天其中的一个发现了另一个记忆中的一个伤疤与秘密，另一个发誓要找出对方同样的伤疤与秘密。两人的伤疤自然越来越多，脾气自然越来越坏。一只愤怒的拳头一瞬间能原谅另一只同样愤怒的拳头，为什么一个微不足道的伤疤原谅另一个同样微不足道的伤疤，要用一生的时间？

同样重要的是忽略。我的意思是说，如果世界上真有什么伤疤，不能让我们原谅不能让我们释然，为什么不轻易地将它忽略？忽略多好！巷子里有一家医院，一个花园，一个医生，一个护士。我每天从它的门前经过，可我常常将它忽略。有许多东西被我这样忽略了。直到有一天一抬头猛然发现自己已走到了它的门前。不过今天下午它无法被我忽略了，我看到一个孕妇被她年轻的丈夫小心翼翼地搀扶着，在花园里一点点挪着步子，一副将要临盆的样子。我想无论我将那家医院忽略了多久，有一点是肯定的，有一个花朵般的孩子将在这个下午诞生，这个下午会因这个花朵般的孩子变得完美，完美得让人不忍心回过头去，像那个贵妇人一样打一个小小的喷嚏。

杨永康作品评论节选[①]

中国西部的散文家，大都有令人不太满意的诗人品质的偏执情怀，他们从诗学立场走出，只关心少数人的生存状态，喜欢用诗人的视角解构现实人事。这种专场式的写作态度，而非原初的让人敬慕的书写状态。周涛、刘亮程、叶舟、梅卓、林染、刘亚丽、冉冉等西部诗人的散文作品，其实是诗歌与散文相互嵌套，既单纯又复杂地彼此缠绕，互为参照探索，然后加工主题构成。不妨称他们为“诗人散文家”。周涛的局限性在于，口号和标语式的空洞抒情，用激扬文字把故乡作为表达场地，充满商场大道。刘亮程的散文思想冷峻，视角独特而收放自如。他的散文跟他早年的诗一样，诗化的农民语言，奇特的荒诞美学，想乘飞机的蚂蚁，是他思维诡谲的张力，他可以将发情的驴指归幽深，字里行间充满中国农民阶层的嬉笑怒骂，欲望与喜乐，读起来令人惊诧。朱鸿、石舒清、狄马等散文家，则注重知识性、阐释性和叙述性，他们对写作的虔诚与执著，同样付出了畸恋式的代价。这些西部散文家的存在，一直被权威人士关注着，而他们故意把自己的基本特征，包裹得很不舒服，因为许多东西正在大街上败坏。王族、杨献平、杨永康等散文家的探索，似乎以新的艺术形式与功能，拨动着读者的心弦，他们的表达被重视之时如同他们起始时一样，有着令人值得关注的各种审美意义。

对许多作家而言，作品的持久性要比独特性更为重要。读杨永康的散文，你会惊奇地发现，人总是处于无法克制的冲动、欲望、欺骗、烦恼、困惑、寂寞、孤独、恐惧、压力、痛苦和绝望的处境，他

---

① 傅查新昌. 出发的激情——与杨永康散文集《再往前走》有关的思考. 新学术，2008（5）.

的散文集《再往前走》，对这种处境有着独具特色的观察。可以说，在杨永康的文学追求中，自认为集中的、瞬间即逝的价值，命里注定要被永久性所超越，这种持久性乃是文学艺术的一大标准，从中产生出秘密感来。对他的新散文的探索，评论家同样持有异议，因为他无拘无束，探索着散文写作的实验，凭借语言想象力，他说，“世界的形态就是一个典型的散文形态”，其实是想在话语系统中施展魅力，刺破钢铁般的独尊话语。遗憾的是，这只是在语汇层面上的《宣言书》，挑战、反讽、戏拟、篡改、剪贴、援引、联想，以及幽默谐趣，中外文学典故等在他的散文里比比皆是，构成一个有玩味的话语系统，有着却应享受的文化底蕴。他探索的散文句子，看似陈腐的警句，却像流水不腐，轻盈的情感碎片，打碎了传统文化的护壳，对流交叉的阅读经验，丰富的文化印记，构成了多义性和深刻性。他有时恶毒，有时温顺，甚至他的大脑里塞满了肿瘤的汉字，但出乎意料地散发出了鲜花的芬芳。对这样的散文作品，也许不能用传统的审美方式解读，因为他对人性的解构、反叛和破坏，不仅仅是作为孤立的，极端冒险的方式出现，他的写作态度，骄傲地支撑着他的情怀，这与他追求的精神超越有关，因此他的书写与言说，努力把思索投入到自己的精神圈和生存环境背景之中。不过，他试图表达的复杂思维，使人不可能仅运用严格的审美判断就可以了事。杨永康在阅读、剪贴、嵌套和戏仿中，同时也在探索一种理解的方式，人心一会儿黑暗，一会儿明亮，一会儿四处游荡。他同周涛和刘亮程相反，他的精神超越，是完全不同的，这一点看得出来，他是一头正在啜饮的牛，有效地向周涛们发出威胁，以此表征“旧散文”患了真正高级的癌症，并在“新散文”探索中创造出新奇，从新奇中产生美学的各种意义，他想要在各个方面都是新手，还认为散文意味着整个世界。

杨永康的一些散文总是触及着简约时代的生存状态。但是《再往前走》这部散文集，可能受到一种欲望的推动，仿佛文学是获得猎物的魔力，不管杨永康偏执也好，轻率也好，总是离不开急于确立自己的文化身份。其实，这地方不灵光，所以只有寥寥可数的人在探索“新散文”，没有人关注精神牧师的存在，杨永康在这里被圈起来，并且表达方式也弄得很俭省，总是谈不透自己的精神探索，拙劣的文化围栏竖在他眼前，就像一具具文学前辈的白尸骨，甚至很难超越他们的物理空间、情感空间和思想空间。杨永康曾在这种文化体制范围内接受过理想主义培训。高尔基的《海燕》，鲁迅的《阿Q正传》，零零星星的旗帜，稀稀拉拉的口号，没有哪件事不像梦一样荒诞，毁掉了杨永康应得的奖杯。这些岁月没有精华，只有香车美女的生活，不健康的现实人事，才能射出利益的火花。在这样令人断气的文化背景中，对于杨永康，文学是个难以辨认的迷宫，他试图从迷宫里赚取生活。是什么力量驱使他探索“新散文”，还折磨普通读者？让读者欣赏他的心灵独旅，或是思想的风景明信片，成为创作业绩？

一旦与思想发生接触，文学就丧失游戏功能。杨永康的这本书，在其“散文卷”中，按照新计划行事，娱情成了文学的元素，如《露在外面，许多年》，《找不见的人》，《满世界找你》等篇章，没有屈服于前辈们政治游戏的传统生存伎俩，他寻找“新散文”的突破口很艰难，这得需要更深刻地研读与阐释。某某那个蠹民，负重的新农村，流泪的玉米，在杨永康的审视之下，显得充满人情味，充满荒诞美学的特质。他冷静而决断，不与他人经验结盟，以绝对个人化的价值立场，探索人性的诸多因素。在中国，谈起人性就头疼，权力机构不铲除垃圾，而是广泛利用垃圾。杨永康笔下的乡村有同情心，比城市有人情味，而且向每个文明人开放。他的乡村什么也不抛弃，这乡村对任何人都是健康的。面对世道的复杂，人情的炎凉，官员的腐败，世人的堕落，杨永康渴望以文学的方式，坚守最后的道德底线，向着健康的迷宫，引导物质时代的人们“再往前走”，尽管他说的前面只是一个审美符号，不是文化断头台，但他仍然具备了撕破媚俗的人性标签的勇气，他得益于网络系统，他的文字也在网络系统受益。牛奶还能温暖地流淌，即使臭不可闻的大粪，在这里也用于植物的培育，这跟权力中心的训导无关，是与具体的生命有关。在这里，杨永康的一切能量都涌进了迷宫，绕过大脑深处的那段弯路，这个普普通通的散文家，已经开始在夏天里滑雪，易于辨认的、色彩斑斓的文化密码，充斥在这本许多人把握不住的书里，这是为上帝的酬谢：

忘记背后的，努力前面的。

拾　语　者

张生全

拾语者本来是酷爱说话的。那时候，他经常找人聊天，通宵达旦。有时候还争论，面红耳赤，每一个标点符号都是原则问题，捍卫原则问题不惜拼命。找不到聊天对象的时候，他就一个人对着田野和远山声嘶力竭呼喊、歌唱。有人骂他疯子，他却嘻嘻笑，他知道那些人并不真骂，其实还羡慕他纵情。或者一整天一整天坐在案前，把要说的话变成字，劈头盖脸码纸上，往四面八方抛洒。他期望这些纸能像小船一样，把他的金言珠语运到一只合适的耳朵。但显然事与愿违，轻薄简陋的纸一到空中，就被狂烈的风撕得粉碎，吹得无影无踪。零落成泥，碾作尘。不过他都不在乎，“重要的是过程而不是结果”，“永远在路上”，“说出便是照亮”——这些话成为支撑他自始至终兴致勃勃的强大信条。

忽然间，他就不说话了。他不喜欢别人说的那些话，他觉得他们的话就像一桌少盐没醋的饭菜，他很奇怪那些人为什么对嚼过一遍又一遍的、干瘪的毫无营养的、混沌不堪的腐败的、白水一样寡淡无味的食物还那么有兴趣？他也不想和人说话。在他的预想中，他发出的任何一种声音都应该像雷一样震天动地。但是没有，哑炮陷入淤泥，四野一派沉寂，没有认同，也没有反对。他最受不了的是他的朋友，他们在听他说话的时候会面带微笑，表情专注，鸡啄米似的点头，嘴里不间断地哦哦应着。但是，那抑制不住的哈欠却在他们的微笑下面拼命往上涌窜。这时候，他就会立即住口，紧闭双唇绝不再吱一声。不过，没人发现他这个生硬的动作，他们接住他话语的管道，一路狂奔下去。尽管他们什么也没接住，他想表达的意思往空旷的地方白白流失了。

他不再参加各种圈子聚会，拒绝别人喝茶、喝酒、郊游之类的邀请。他知道所谓聚会，其实又是把那些陈谷烂米摆一桌让大家再嚼一次。他也不再对远山吼叫，他聚不上力，提不起兴，有时候甚至有些不好意思，像小时候一样，怕被别人嘲笑。他也不再坐在案前码字，他的腰因为长久伏案受到很大伤害，他觉得他的腰比那些字更重要。偶尔，他会对着镜子里的自己，自言自语说话，说着说着就起了伤感。他很讨厌这种伤感，像一个怨妇。是谁辜负了他，那个狠心肠的人在哪里呢？有一次，他把家里的镜子击得粉碎，从此再也不说话了。

渐渐地，他被所有的人遗忘了。他变得形容枯槁，行动迟钝。他的嘴因为长年紧闭，嘴唇松弛，舌头僵硬，五官像凝固了一样。当他不得不发个什么音的时候，我们感觉他的脸像掀动磨盘石块一样艰难。他的肌肉提起来，眼睛往里凹，鼻子皱起朝中间挤进去，嘴唇慢慢掀开，两片唇肉一点一点离开。然后我们闻到了一股奇怪的味道，像是发霉蛀虫的线装书里散出的那种味道。他费尽力气张开嘴，发出的却只是“唔”、“啊”之类声音，好似被榨干水分的牛肉干。

关于拾语者的事情，似乎到这里就结束了。其实正好相反，是从这里才开始的。我们看到拾语者外表的枯槁其实是假象，他的内心正掀刮着狂野的风暴。常常是两股风暴纠结着，搏击着，一忽儿左边的把右边的压下去，一忽儿右边的又把左边的顶上来。一忽儿所有的风暴死扛在一起，偶尔一颗水珠滴下来，发出巨大的可怕的声响。如果我们能进入他的内心，我们会发现风暴正一波一波击打在他的心壁上。不过因为他心壁厚重而结实，弹性十足，不管多么大的声音都被它挡了回去。而我们不明白，把他那驿动的心误认为了古井。

拾语者不说话，不是他不爱说，他非常想说。他内心的冲撞需要找到一个突破口，就像地震一样，那其实是地球对压抑在心中情绪的一种排解。但他已经不知道怎么说了，好不容易张开口，却只能发出几个简单的枯燥的音。这样的微言是否蕴藏着大义，他不是圣人，没有谁耐心替他解读。

他觉得他是把以前能够口若悬河的那些话全给丢了，他需要重新把它找回来。不过他其实也不愿意真找回来，他已经厌倦了曾经说过的那些话，他想要的是一种新的语言，一种能准确安全而不是地震一样破坏性地引出他心中冲撞的语言，一种让他充满惊奇迷醉的能够让他产生恋爱一般感觉的语言，一种生脆结实的又春风一样动人于无形的语言。

但是，这样的语言到哪里去找呢？这成了一个问题。所以很多时候，我们都能看到拾语者在那些十字街口徘徊。城市的十字街口像一块大齿轮，四面八方的车被齿轮咬进来，转一转，又往另一方向吐出去了。车们都有规则，有方向，有格式，行驶顺畅，毫不犹豫。但是拾语者转来转去，却找不到突破口。那一次，我发现他居然被警察抓了起来。一同抓起来的还有个老头，一个第一次从乡下来城里的不识字的老头。站在警察面前，我看到拾语者深埋着头，眼神躲闪。我知道他的内心一定正剧烈挣扎着。忽然间我心里产生了巨大的愤懑和同情，在十字口徘徊，这表明一个拾语者正面临着人生的重大选择。而能够不断调整和选择，正是一个伟大的拾语者不能回避的问题。

我很想立刻上去，把这些事情给那警察解释一下。但我又希望拾语者自己能说，大声地理直气壮地陈述自己的理由，他甚至可以用愤懑的悲悯的忧虑的口气。如果这样，拾语者或许就找到自己的语言了，也不用在这样的十字口徘徊了。可是，还等不及我上前或者拾语者有什么反应，警察就把他和那老头放了。警察粗暴的极不耐烦地把他们俩臭骂了一通，没有羁押，连罚站一会儿也没有。警察闭上眼挥挥手，像挥那些永远清理不干净的苍蝇。

有人告诉拾语者，应该到民间去，到底层、苦难和悲痛那里去。拾语者觉得这样的话相当可疑，怎么去呢？你如果不在底层，你到底层去做什么？施舍？猎奇？你没有底层的苦难经验怎么感同身受？你的话能够代言什么？你不能代言什么凭什么说？但是，这个矛盾不堪的拾语者，他又觉得要不下去一直呆在象牙塔里，将永远找不回来。所以我们经常看到拾语者迟疑不决地在城市的一些“边缘”地带转悠。老街上、小胡同、死巷子、建筑工地、垃圾场、贫民窟。在这些地方走来走去的还有捡垃圾的。背着个大背篼，从垃圾桶、垃圾场以及其他一些隐秘的角落里扒拉起垃圾放进背篼里。不用太长时间，他们就能捡得满满一大篼。可是拾语者转悠半天，他的手上仍然空空如也。而且因为他无所事事的怪异行为，引起了那一带居民的高度重视，只要他走过去，他们立马护住口袋，退让几步，用警惕的眼光看他。有一次，他们甚至叫来了警察。

拾语者离开城市，来到乡下。他寻得一个竹篱茅舍的人家。院坝边有一片繁茂的竹丛，竹下几根石条，石条上坐了三两老头，抽叶子烟，摆闲龙门阵。几只蜻蜓在空中低飞，一忽儿凝然不动，一忽儿又抖抖翅膀，停在竹叶上。几树栀子满满地开着，香气蒸腾，轻烟一般往四处漫溢。蝉声，清泉一样的蝉声涨起来，漫过院坝，一直涨到人脖子的地方。拾语者很兴奋，他觉得身体变得很轻，像要漂起来，脸上的肌肉也松了，喉头有些发痒，似乎有很多话挤挤挨挨要冲出来。但是没有，他再怎么使力，出来的话都是黑的。他忽然醒悟过来，这会不会是在做梦啊，只有梦中才会出现这样的情景！他又莞尔一笑，做梦也好啊，在他的记忆中，历史上有很多失语者，最后都是在梦中把语言找回来的。有一个这样的群落，他们还故意地让自己入睡，拼命吃安眠药呀，喝酒呀，做爱呀，在白天入睡，做白日梦呢。

他猫着腰悄悄摸到那几个老头身边。他的动作很轻，他不想惊动梦中的一切。但是他刚走过去，却立刻就惊动了老头们。老头们停了闲谈，齐齐转过头来看他。这个从城里来的人，这个穿着干净衣服鞋袜的城里人，他来这个穷乡僻落做什么呢？他们围上来，他们的脸上充满好奇、期待、兴奋和激动。他们从家里搬出朽坏的衣服、缺口的锄头、写过的纸、破碎的塑料片、酒瓶子、食物包装袋。老头们递给他一支烟，用有些讨好的语气和他说话。还有很多很多，都堆在家里呢，随你挑选，价格嘛，还可以再便宜一些，这样说吧，只要你给个价，这些东西就归你了。等于是帮我们处理啊，我们屋里都堆不下了！但拾语者摇摇头，他意外地有些愤怒，怎么着，把我当成捡垃圾的了？

他们又搬出另外一些东西。满是泥巴的碗、生满绿霉的陶器、缺个腿儿的雕花桌、锈迹斑斑的铜钱。他们揭开一层一层的红布，发碎的草纸，把一块玉雕的头露了一小点出来，立即又严严实实包紧。他们犹豫不决地说出一个价钱，立即又后悔了，改成另一个价钱。他们十分紧张地看着拾语者的表情，揣摩他的心理。但是拾语者脸上始终一动不动。他只是略微抬抬头，两眼望天，轻轻叹了口气。拾语者已经确定他不是在做梦，他所见到的全是真实的情景。但这真实的情景却像做梦一样，因为他的靠近，那梦气泡一样瞬间就破碎了。

老头们这一次突然变得腼腆，满脸绯红。他们有些扭捏地被别人推着，但最后还是站到他面前。站到他面前后，他们忽然就兴高采烈起来，手里拿着高粱拌子、玉米缨子，扭着，跳着，张开黑乌乌的大嘴唱起来。然后他们忽然就哭了，他们向空旷的院坝挥手，鞠躬，用极不熟练的动作两手向外飞吻。拾语者明白，老头们的这些动作都是从电视里的选秀节目里学来的。拾语者口干舌燥，喉里空空如也，连仅有的一些痰液也咳不出来了。

一个洗得发白的帆布包，一本笔记本，一支圆珠笔。接待拾语者的招商官员进行了一次快速计算，拾语者的这全套装备，总共不足二十元钱。招商官员苦笑一下，如果要引进这个项目，这将是一个投资不足二十元的项目！一切以经济建设为中心，项目在经济建设中至关重要，有项目投入才会有发展，有了发展才会解决发展中遇到的各种困难。每个政府都有项目任务，而且任务每年都以百分之四十以上的速度增长。各地对项目的争夺那是烽烟滚滚，招商口号惊天动地，招商方式如花翻新，招商经费节节拔高，招商人员全国撒网。不过即便这样，一年下来，也引不来一只麻雀，捞不到几粒虾米。

现在有项目主动上门，那当然是天大的喜事。但是这样一个“项目”，咋引进呢？上级对项目的考核，有两个硬指标，一是投资，二是产出。最好的是投资过亿元的项目，投资过千元的项目也勉强可以，投资几百万的项目，已经没什么意思了。而这个拾语者，他投资多少呢？就是捡垃圾的，也像模像样，背一个大背篼，踩一辆三轮车，有时还要租一间几个平方米的仓库。搞得大了，还成立公司，废旧回收公司。国家鼓励的，废物得处理嘛，再生资源嘛！拾语者捡的是什么呢？处理什么呢？再生什么呢？当然，如果没什么投入产出，聚集人气也可以，有了人气就有商机。然而这个沉默寡言的拾语者，这个人脉指数几乎为零的“投资商”，就算投机，也没什么希望啊！

我们看见拾语者满脸羞愧，脸一直红到脖子圈。他深埋着头，勾着身子，默默地从政府退了出去，像一道轻烟从门口消失了。拾语者羞愧什么？为什么脸红？这些年，凡是来政府的人都高昂着头，粗声大气，理直气壮。他们如果脸红，也是因为尽力吼叫，血气充盈在脸上的结果。拾语者难道不能也理直气壮一点？

以后我们几乎再没有看见过拾语者。他找回语言的尝试宣告彻底失败，我们再也没有听到过从他那里发出的任何声音。拾语者到哪里去了呢？我们设想了几种结局：第一种是学会众人的语言，开始说众人的话。第二种是永远沉默不言，直至死亡。第三种是死亡。对，死亡！有人说，人类所面临的全部生存困境都来源于死亡，死亡是个源问题。勘破死亡，所有的问题都解决了，当然包括“失语”问题。所以很多作家都在文章把自己的主人公写“死”，写不死时，就干脆自己结束自己的生命。

不过，拾语者会同意我们给他安排的这些结局吗？拾语者是讨厌一切结局的。

张生全散文评论节选①

张生全的写作始终不离乡土，其散文显然可以归在“乡土散文”名下。乡土散文，是散文发展中的重要传统。古往今来，乡土散文不知寄托了多少作家的情思，不知展示了多少不同地域与不同时代的风土人情，又不知为多少人提供了美的享受。一般而言，乡土散文总是与怀乡有关，多数情况下，是灵魂长期流浪疲惫之后的怀想，表现的是作家感知到生命与故土相因依而引发的乡情、乡思、乡愁，毕竟故土难离啊！怀乡，的确是乡土散文作家的普遍姿态。张生全则不同，作者之于乡土，不是失落后的“寻找”，不是离去后的返身回顾。他与乡土是一体的，其精神就像他作品中所写的“父亲种植的桤木树”或“田埂上的野蒿野蓬”，根底在那方水土，枝蔓在那片天空。他不是“怀乡”，而是沉潜于朴实厚道的乡村现实，切身体会“乡土”的

① 邓芳. 大地之子的乡土恋曲——略论张生全的散文. 当代文坛，2003（1）.

温热。他写家乡，完全把自己的生命融化进去，使读者不能不和他一道去感受和体验那些含辛茹苦的日子，去静心聆听老街的吆喝、月夜的鸡声和草窠里的虫鸣。他的乡土散文，有着独特的色彩，他是从乡村生活的内部带着疼爱地抚摸那片温润的土地。

……

张生全不是不谙散文文体的自由之道，却偏偏专心致志地致力于细微的刻画，诸如一片叶子的浅脉，一只鸡举足投步的过程，都要放大、拉长了来展现。这样的笔法，表现了作者严谨务实的文风和精雕细琢的特长，它带给读者的不只是文学的语言魅力，还有引读者脱开浮华，返璞归真，让心性与世间人事风物生气郁郁的原生情态相对接的审美力量。这种散文文体，不说是别开生面，至少也是一种有益的尝试。

当然，太专注于文学语言上的雕琢，有时也成了向生活的更深层面开拓的羁绊；太沉浸于细节的描绘，有时也会妨碍文学往灵智的更高层次升腾。张生全的作品，那实在厚密的乡村生活叙述中，就很少展示出作者的人文思考，这是作者在今后的写作中，应该注意的。

【问题与思考】

1. 在场主义是一个散文流派还是一种文学理想？

2. 有人认为在场主义散文是高扬主体自由精神，借鉴西方哲学理论直面中国文学现实，你是怎样理解的？

3. 怎样理解在场主义散文的“精神性”、“介入性”、“当下性”、“自由性”和“发现性”，其缺失表现在哪些方面？

4. 通过周闻道的《七城书》来分析在场主义散文的基本特征。

5. 怎样理解散文性与在场精神的关系。

【相关作品与文献】

1. 周伦佑．散文观念：推倒或重建．红岩，2008（3）．

2. 周闻道．从天空打开缺口．广州：花城出版社，2008.

3. 周闻道．从灵魂的方向看．广州：花城出版社，2009.

4. 陈剑晖. 巴比伦塔与散文的推倒重建——驳周伦佑的《散文观念：推倒或重建》. 文艺争鸣，2009（6）.

5. 厚夫. 但愿不是炒作——我观"在场主义散文"现象. 中国散文评论，2009（2）.

6. 唐小林. 眉山散文作家群自我命名的意义. 中国散文评论，2009（2）.

7. 徐江. 在场主义散文现象论. 求索，2009（7）.

8. 袁少冲. 当躁动与喧哗已成过往——谈谈在场主义散文及论争. 红岩，2009（12）.